"十二五"普通高等教育本科国家级规划教材

审计

（第三版）

SHENJI

主编　吕先锫

西南财经大学出版社

图书在版编目(CIP)数据

审计/吕先锫主编．—3版．—成都：西南财经大学出版社，2016.3
(2019.12重印)
ISBN 978-7-5504-2236-0

Ⅰ.①审… Ⅱ.①吕… Ⅲ.①审计学 Ⅳ.①F239.0

中国版本图书馆CIP数据核字(2016)第284456号

审计(第三版)
主编 吕先锫

责任编辑:林伶
封面设计:墨创文化
责任印制:朱曼丽

出版发行	西南财经大学出版社(四川省成都市光华村街55号)
网　　址	http://www.bookcj.com
电子邮件	bookcj@foxmail.com
邮政编码	610074
电　　话	028-87353785
照　　排	四川胜翔数码印务设计有限公司
印　　刷	郫县犀浦印刷厂
成品尺寸	185mm×260mm
印　　张	20.25
字　　数	460千字
版　　次	2016年3月第3版
印　　次	2019年12月第3次印刷
印　　数	6001—8000册
书　　号	ISBN 978-7-5504-2236-0
定　　价	39.80元

前　言

审计作为西南财经大学会计系列教材之一，自2006年初版、2008年再版以来，得到了广大读者的认可和肯定。初版至今已有10年，10年国家社会经济环境已发生深刻变化，审计的环境、理论与技术方法的研究与应用也已上了一个新台阶，主要表现在审计功能拓展、审计内容延伸、审计准则更新、审计技术进步、审计报告改进等方面。为了适应这些变化，反映审计理论研究的最新成果和审计实务的新准则与标准，本书在保留原书特色的基础上，做了较大变动。主要体现在：

第一，本书在保留原书整体思路和基本结构的基础上，对第二部分内容做了较大改动。按照初学者的逻辑思维，从审计的基本流程和技术入手；按照既要保证审计质量又要控制审计成本的思路，利用风险管理和目标管理的思路与方法，强化审计方案的针对性和有效性，依据目标导向和风险评价的结果来指导与规范审计实施阶段的工作。

第二，本书体现了最新的审计社会需求和实务规则，以注册会计师审计为主，兼顾政府审计和内部审计，依据新修订的《审计准则及应用指南》，对审计规范、审计技术和审计报告等相关内容进行了修订。

第三，本书按照创新人才、发散思维和信息技术的要求，精简了知识性的介绍内容，重在应用基本技能、案例分析和职业判断培养审计思维，强调审计人员的专业能力和职业判断，关注审计程序的选择和审计职业判断的运用。

第四，为了帮助学习者理解和掌握教学重点，本书每章都列示了学习目标。

在广泛征求意见的基础上，本书的结构和框架由主编拟定。本书各章作者如下：吕先锫教授修订第一章、第二章、第三章、第四章，李越冬副教授修订第五章、第六章、第七章、第八章，刘新琳副教授修订第九章、第十章、第十三章、第十四章，唐敏副教授修订第十一章和第十二章。

教材的修订和质量提升是一个持续过程，鉴于修订时间紧和作者能力有限，教材难免存在缺陷和不足，敬请各位读者和老师批评指正，以便进一步提高教材的质量，更好地适应教学需要。

编　者

2016年2月

目　录

第一章
审计要素

学习目标：

通过本章学习，你应该能够：

- ●理解受托责任与审计的关系；
- ●掌握审计与鉴证；
- ●了解能够提供的主要业务；
- ●明确不同主体的组织模式及差异；
- ●区分会计与审计的关系。

在开始学习审计之前，我们首先需要了解审计是从哪里来的、谁需要审计、审计能够做什么。要回答以上问题，先阅读下面引例。

［引例］陈欣下岗发了 5 万元遣散费，认为存银行利率太低，投资购房本钱太少，想投资于股票市场。到证券公司办理了各项手续后，他便开始选择要投资的股票，但不知购买哪一家上市公司的股票。他请教了几个朋友。朋友元芳认为，挑一家每股盈余最大的公司做投资，投资回报肯定不错。吴卫说挑一家每股现金流量最大的公司，投资最为保险。李刚说哪家公司股票涨得好就买哪家，跟着庄家炒收益一定好。另一个朋友文众提醒他，最好看看公司公布的审计报告，看注册会计师是怎样说的。陈欣想，我买上市公司股票，与审计有什么关系？

第一节　审计动因

一、国家分权与政府审计

政府审计源于国家的产生，国家经济发展到一定程度，国家管理日益复杂，国家资源的所有者与管理者实施分离，形成受托经济责任关系，从客观上诱发了审计的产生。

我国政府审计萌芽于夏禹时期，即公元前 21 世纪，其主要标志是“会稽”的产生。《史记·夏本纪》载：“自虞、夏时，贡赋备矣。或言禹会诸侯江南，记功而崩，因葬焉，命曰会稽。会稽者，会计也。”“会稽”应取会聚考核验证之意，即对诸侯王的治水以及政绩考功和交纳贡赋的稽验。可以讲，夏朝孕育了国家审计的萌芽。

据《周礼》记载，西周在天子之下设有天、地、春、夏、秋、冬六卿，冢宰为天官之长、六卿之首，相当于后世的宰相。其中，国家财计机构分为两个系统：一是掌管财政收入的“地官司徒”系统；二是掌管财政支出、会计核算、审计监督等事项的“天官冢宰”系统。在中大夫下设置“宰夫”，行使审计职责。据《周礼·天官·宰夫》记载：“宰夫之职，掌治朝之法，以正王及三公、六卿、大夫群吏之位。掌其禁令，叙群吏之治。”宰夫“岁终，则令群吏正岁会；月终，则令正月要；旬终，则令正日成。而以考其治，治不以时举者，以告而诛之。”“掌治法，以考百官府郡都县鄙之治，乘其财用之出入。凡失财用物辟名者，以官刑诏冢宰而诛之；其足用长财善物者，赏之。”由上述文献记载可见，宰夫地位虽然低下，但已经具有一定的独立性，标志着我国政府审计的产生，如图 1-1 所示。

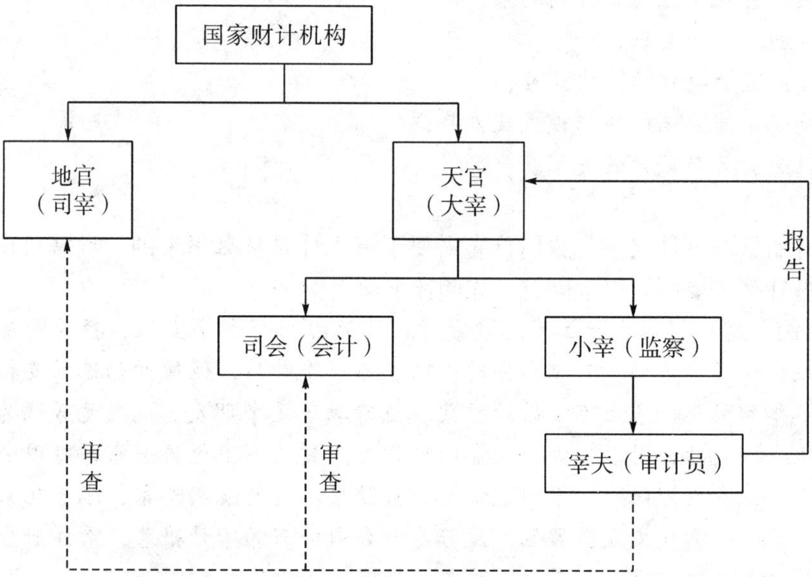

图 1-1　西周审计示意图

秦汉时期是我国审计的确立阶段，主要表现在三个方面：一是初步形成了统一的审计模式。秦建立起一套由君主直接控制的监察系统，在官制上秦朝实行“三公九卿”制，“三公”是指丞相、御史大夫和太尉。其中，御史大夫执掌图籍章奏，弹劾、纠察百官之权，即行使政治、军事、经济的监察大权，并辅助丞相处理政务，集审计与监察于一身。二是“上计”制度日趋完善。三是审计地位提高，职权扩大。秦汉时期审计制度虽已确立，但仍属初步发展时期。

隋唐时代是我国封建社会的鼎盛时期，宋代是我国封建社会经济的持续发展时期。在这一时期，审计在制度方面日臻完善。隋、唐两代，在刑部之下设比部，与司法监督并列，是我国最早的独立于财政机关以外的司法审计监督机关。据《旧唐书·职官志》记载，比部官员的职责是：“掌勾诸司百僚俸料，公廨、赃赎，调敛、徒役、课程，逋悬数物，周知内外之经费而总勾之。”据《唐六典·刑部》记载，“诸司百僚俸料，公廨、赃赎。成上、中、下差。凡京师有别借食本。每季一申省……比部总勾复之。”由此可见，到唐代，凡国家财计，无论军政、内外、上下，无所不审，审计范围通达国家财政经济的各个领域，一直下伸到州、县，史无前例。建炎元年（公元 1127 年），为避宋高宗赵构名讳，将诸司诸军专勾司改称审计院，下设干办诸司审计司和干办诸军审计司两大部门，负责户部所辖诸司诸军的财务审计。审计院的创立标志着我国用“审计”一词命名的审计机构的产生。

元、明、清各朝，由于实行了日益强化的君主专制，审计虽有发展，但总体上是停滞不前的。元、明两代均未设独立审计机构。清代直至光绪年间，才拟定单独设立审计院，并草订《审计院官职条例》二十条，由于清政府被推翻而未能实施。

辛亥革命后，中华民国于 1912 年在国务院下设审计处，1914 年北洋政府将其改为审计院；同年颁布《审计法》，这是我国正式颁布的第一部审计法。1928 年国民党政府设审计院，并颁布了《审计法》及其实施细则，次年颁布《审计组织法》。1933 年改审计院为审计部，直属监察院，将审计机构置于监察系统之中。并于 1938 年修订了《审计法》，以后又有几次修改补充，审计制度日臻完善。

据考证，早在古罗马、古埃及和古希腊时代，就有了官厅审计机构。审计人员以“听证”的方式，对掌管国家财物和赋税的官吏进行考核。西方国家中，英国的审计具有悠久的历史，是近代审计的发源地。英国的王室财政审计制度早在 13 世纪就已正式建立，至今有 770 年的历史。在威廉一世和亨利一世时代，财政部就设置了审计监督部门，即上、下两院，上院（收支监督局）和下院（收支局）执行审计监督。为实施分权管理，建立约束机制，英国在 1215 年颁布了制约英王权力的《大宪章》，奠定了英国政府审计制度产生和发展的政治基础。现代意义上的政府审计，是近代民主政治发展的产物。按照民主政治的原则，人民有权对国家事务和人民财产的管理进行监督。因此，各级政府机关和官员在受托管理属于全民所有的公共资金和资源时，应接受经济责任制度的严格约束。这种约束方式表现为政府审计机关对受托管理者的经济责任进行审计监督。

二、企业财产权与注册会计师审计

注册会计师审计起源于意大利，形成于英国，发展于美国。早在 16 世纪的意大利，商业城市威尼斯出现了最早的合伙企业。在合伙企业中，有的合伙人不参与经营管理，委托另一些合伙人管理企业事务，于是出现了两权（所有权与经营权）分离。不参与企业管理的合伙人，客观上希望能有一个独立的第三者对合伙企业的经营情况进行监督与检查，产生了对注册会计师审计的最初需要。1581 年，一批具有良好的会计知识、专门从事查账和公证工作的专业人员，在威尼斯创立了威尼斯会计协会。注册会计师审计虽然起源于意大利，但它对后来注册会计师审计事业的发展影响不大。

英国在创立和传播注册会计师审计职业的过程中发挥了重要作用。工业革命开始后的 18 世纪下半叶，资本主义的生产力得到了迅速发展，生产的社会化程度大大提高。股份公司制产生，公司规模扩大，所有权与经营权进一步分散，大多数股东已完全脱离经营管理，股东及潜在的市场投资者非常关心公司的经营成果，以便做出是否继续持有或购买公司股票的决定。了解公司经营成果等方面的情况主要是依据财务报表来进行的。因此，在客观上进一步产生了由独立会计师对公司财务报表进行审计，以保证财务报表信息真实可靠的需求。促使注册会计师审计产生的“催化剂”是1721年英国的“南海公司事件”，南海公司以虚假会计信息诱骗投资者上当，最终导致公司破产，给股东和债权人带来严重损失。英国议会聘请会计师查尔斯·斯内尔（Charles Snell）对南海公司进行审计。查尔斯·斯内尔成了世界上第一位注册会计师。1853年苏格兰爱丁堡创立了第一个注册会计师的专业团体——爱丁堡会计师协会。该协会的成立，标志着注册会计师职业的诞生。

美国南北战争后，英国巨额资本开始流入美国，促进了美国经济的发展，出现了一些民间的会计组织。1887年，美国公共会计师协会成立；1916年该协会改组为美国注册会计师协会，现成为世界上最大的注册会计师协会。在20世纪初期，由于金融资本对产业资本的广泛渗透，公司同银行的联系更加紧密，银行逐步把资产负债表作为了解企业信用的依据，于是产生了资产负债表审计，即美国式注册会计师审计。审计方法也逐步从单纯的详细审计过渡到初期的抽样审计。

到20世纪三四十年代，资本主义国家出现了严重的经济危机，大批企业倒闭，投资人和债权人遭受了巨大的经济损失，迫使企业的相关利益人关心企业的经营结果。1933年，美国《证券法》规定，在证券交易所上市企业的财务报表必须接受注册会计师审计，向社会公众公布注册会计师的审计报告。美国注册会计师协会与证券交易所合作的特别委员会与纽约证券交易所上市委员会于1936年发表的《独立注册会计师对财务报表的检查》（Examination of Financial Statements by Independent Public Accountants）明确规定，应当检查全部财务报表并向股东报告，尤其强调利润表审计。随着商品经济的发展，促使注册会计师审计由最初的详细审计发展到资产负债表审计，进而发展为财务报表审计。审计的目标由查错防弊发展到对财务报表发表审计意见。注册会计师审计的服务对象逐步由所有者扩大到债权人及整个社会。

第二次世界大战后，跨国公司得到空前发展，国际资本的流动带动了注册会计师审计的国际化，形成了一大批国际性会计师事务所。至2005年，国际性会计师事务所已经合并为“四大”，即是普华永道（Price House Coopers）、安永（Ernst & Young）、毕马威（KPMG）、德勤（Deloitte Touche Tohmatsu）。与此同时，审计技术也在不断发展，抽样审计方法普遍使用，制度基础审计方法得到推广，风险导向审计的开始应用以及计算机辅助审计技术被广泛采用。注册会计师业务扩大到代理纳税、会计服务、投资咨询、管理咨询等领域。美国注册会计师审计发展阶段的对比如表1-1所示。

表 1-1 注册会计师审计的发展过程

阶段		资产负债表审计（20 世纪初至 30 年代）	财务报表审计（20 世纪三四十年代）	现代审计（二战后至今）
特点	1. 审计对象	由会计账目扩大到资产负债表	所有财务报表和相关财务资料	所有财务报表和相关财务资料
	2. 审计目的	主要是通过对资产负债表数据的检查，判断企业信用状况（偿债能力）	对财务报表发表审计意见	对财务报表发表审计意见
	3. 审计技术	从详细审计初步转到抽样审计	广泛采用抽样审计	普遍运用抽样审计，推广应用制度基础审计、风险导向审计；广泛采用计算机辅助审计技术
	4. 报告使用者	除企业股东外，更突出了债权人	社会公众	社会公众
	5. 审计范围		扩大到测试相关的内部控制	扩大到测试相关的经营风险与内部控制
	6. 其他		制定审计准则，推行注册会计师资格考试制度	会计师事务所跨国发展；业务范围扩大到鉴证、咨询服务等

辛亥革命之后，我国出现了中国民族资本主义的萌芽。1918 年年初，时任中国银行总司长的谢霖向当时的北洋政府农商部、财政部递呈了执行会计师业务的呈文和章程——《会计师暂行章程》；同年 9 月，北洋政府农商部核准了该章程，颁布了我国第一部注册会计师法规——《会计师暂行章程》，并批准谢霖先生为中国的第一位注册会计师。与此同时，谢霖创办了中国第一家会计师事务所——正则会计师事务所。1930 年，国民政府颁布了《会计师条例》，确立了会计师的法律地位，之后，上海、天津、广州等地也相继成立了多家会计师事务所。1925 年在上海成立了全国会计师公会。1933 年，成立了全国会计师协会。至 1947 年，全国已拥有注册会计师 2 619 人，并建立了一批会计师事务所。

新中国成立后，注册会计师审计在我国的经济恢复工作中发挥了积极作用。党的十一届三中全会以后，随着外商来华投资日益增多，1980 年 12 月 14 日财政部颁布了《中华人民共和国中外合资经营企业所得税法实施细则》，规定外资企业财务报表要由注册会计师进行审计，这为恢复我国注册会计师制度提供了法律依据。1980 年 12 月 23 日，财政部颁发了《关于成立会计顾问处的暂行规定》，1981 年 1 月 1 日在上海成立了恢复注册会计师制度后的第一家会计师事务所——上海会计师事务所。随后，全国各地纷纷成立会计师事务所（审计事务所），从而推动了我国注册会计师审计的发展。我国注册会计师审计的发展如表 1-2 所示。

表 1-2　　　　　　　　　　我国注册会计师审计的发展过程

时间	重要事件
1980 年 12 月 23 日	财政部发布《关于成立会计顾问处的暂行规定》，是我国恢复注册会计师的标志
1981 年 1 月 1 日	新中国第一家会计师事务所——上海会计师事务所成立
1986 年 7 月 3 日	颁布第一部注册会计师法规——《中华人民共和国注册会计师条例》
1988 年 11 月 15 日	中国注册会计师协会成立
1991 年	恢复全国注册会计师统一考试
1993 年 10 月 31 日	颁布了第一部注册会计师法律——《中华人民共和国注册会计师法》
1995 年 12 月	正式颁布第一批独立审计准则，并于 1996 年 1 月 1 日起开始施行
1996 年 10 月	中国注册会计师协会加入亚太会计师联合会
1997 年 5 月	国际会计师联合会（IFAC）接纳中国注册会计师协会为正式会员，并同时成为国际会计准则委员会的正式成员
1999 年 2 月	发布了第三批独立审计准则，于 1999 年 7 月 1 日开始施行
2006 年 2 月	发布了与国际准则趋同的执业准则体系，并于 2007 年 1 月 1 日起执行

三、公司管理分权与内部审计

从世界范围内来考察，内部审计的发展先后经历了庄园内部审计、行会内部审计和企业内部审计三种不同形态。

（一）庄园内部审计

欧洲的庄园随着封建制度的确立形成于 9 世纪，13 世纪达到顶峰。庄园是欧洲农村的基本生活中心，13 世纪 90%的人口生活在庄园里。庄园是封建制度下的政治经济单位，是国王封给封臣的土地，封臣即庄园主，称为领主。庄园的土地分为领主的自营地和农奴的份地。领种份地的农奴必须服劳役无偿耕种领主的自营地。领主为了巩固自己的地位，任命庄园官吏——总管、管家和庄头管理庄园。庄头通常是农奴，具体负责庄园农业经营，并记录账簿。领主和庄头之间形成委托受托关系。为了检查庄头的行动，建立了监视制度，包括由领主任命审计人一年一次对庄头编制的账簿进行审计。审计通过听账或者检查的方式核对账簿，如果发现有应付未付的领主财物时，可以把庄头示众或者关入监狱，直至所欠款付清为止。

（二）行会内部审计

行会是城市手工业者和商人保障自身利益的行业内部组织，最早于 10 世纪出现在意大利，后来传入法国、英国和德国。行会的成员称为行东，行会名义上拥有财产，可以对外签订合同，其财产和合同属于全体行员所有。经国王认可的商人行会，可以获得其所在区域内的交易独占权。会员可以自负盈亏或者与其他会员合伙进行交易，但大多数行会拥有会员投入、行会管理的财产。为了管理行会的财产，行会设置了各种管理理事和会计。行会每年召开一次行会成员大会，其主要议题是：①选举行会理事会成员和审计人员；②评价理事会工作情况，听取审计人员报告审计工作情况。审计人员的主要任务是：定期检查“行会账户”的账簿和行会账户记录；其工作重点是对行会理事会及其成员管理行会业务的情况，并定期向行会大会报告审计结果，行会审计作为一种独特的内部审计形式，最早出现于英国。根据审计史研究文献记载，14 世纪中叶伦敦市杂货商行会、16 世纪中叶伦敦市合金工匠行会及 17 世纪后期的木匠行会，都曾实行过行会审计。

（三）企业内部审计

18 世纪以后，产业革命促进了整个欧洲经济的发展。手工业经济组织向现代工业企业过渡，给企业所有权带来了新的变化。股份公司出现后，由于大量股东分散在社会各方，企业的重大经营决策只能由股东选出的董事会进行。董事会成员作为股东之一，接受股东大会委托，组织企业经营活动，并向广大股东承担经济责任。在经营过程中，董事会作为决策机构，又任命具体的经理人员负责对董事会决策的全面组织、实施。因此，广大股东为维护自身的利益，不仅要求了解董事会决策是否对自己有利，也要求及时了解经营管理人员所执行的经营方针，以及利润分红政策是否对其有利。19 世纪末，在一次次经济危机的严重打击下，深受股份公司破产之苦的股东和债权人强烈要求对企业的会计记录与资产管理加强监督。为了满足这些正当的要求，英国议会于 1844 年率先制定公司法，从法律制度上明确要求企业设监事之职，行使内部审计之权，从而初步确立了近代内部审计制度。

德国克虏伯公司在军火工业中占据着统治地位，它是一个将采煤、冶金、机器和军火生产合为一体的巨大康采恩。1875 年，该公司也实行了内部审计制度。该公司的审计手册指出：审计人员应确定公司业务是否正确地遵循了法律、合同、政策和程序，并取得成功。就此而论，审计人员应提出建议，以改进现存设备和程序，并改进管理。这表明，该公司已配备审计人员，并初步实施了合规审计和经营审计。

在美国，铁道部门是最早认识到审计的必要性并建立内部审计制度的行业。它们在 19 世纪末就配备了内部审计人员，负责巡视各铁路售票机构，检查现金记录的正确性，故这些审计人员也称为“巡回审计师”。约在 1919 年，美国一家大型铁路公司就曾利用内部审计人员对餐车业务进行了财务审计和经营审计。这些审计人员在审计报告中不仅揭露了工作差错和舞弊行为，而且详细列举了浪费现象。

四、审计发展历程揭示

（1）审计是政治经济发展到一定阶段的产物，其直接原因是财产所有权与经营权的分离以及内部的分权管理。政府审计的产生以国家为前提，国家出现剩余物品后，交予各级官吏管理，于是产生了剩余财产国王所有与官员管理的分离。注册会计师审计萌芽于地中海的合伙制企业，产生于英国的股份制公司。内部审计产生于组织内部的分权管理。

（2）审计随着经济的发展而发展。经济的发展程度不同，审计的制度和效用不同。政府审计萌芽于夏朝，产生于周朝，发达于隋、唐，衰落于元、明、清。注册会计师审计萌芽于地中海商品经济，产生于英国股份制经济，发达于美国的资本经济。

（3）审计功能和范围逐步拓展，审计技术和程序日趋成熟。审计功能从检查到评价，审计技术从全面到抽查，从复核到制度风险导向，审计范围从会计账目到财务报表到经营管理。

（4）审计组织具有独立的身份，审计人员具备客观、公正的态度。

第二节　审计概念

一、审计关系

在经济不发达的时期，对于小规模的经济，生产资料的所有者可以亲自管理，生产资料的所有者也是生产资料的管理者和监督者。随着社会生产力的提高和社会经济的发展，社会财富日益增多，剩余产品逐渐增加。当生产资料的所有者不能直接管理和经营其所拥有的财富时，就有必要授权或委托他人代为管理和经营，必然导致生产资料所有权与经营管理权的分离，从而产生委托和受托责任关系。如图1-2所示。

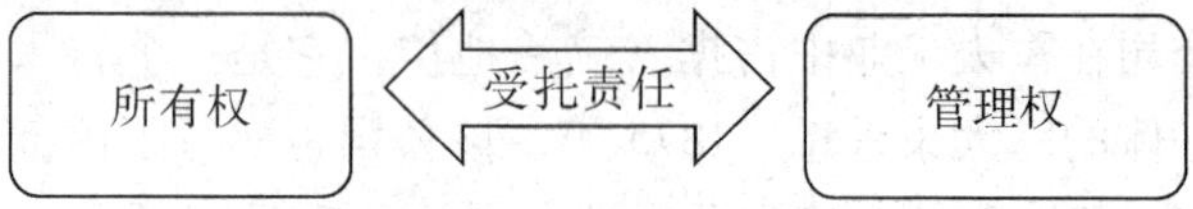

图 1-2　受托责任关系

当社会生产力发展到一定的水平上，奴隶主国家疆土的扩大与财富的增多，导致了统治者分封王族、功臣和贵族到各地做诸侯，这些诸侯受命于国王，管理国王的土地，并向国王交纳一定的贡赋。这种土地国王所有制与管理权的分离，也即是国家授权管理的开始，它使国王与各路诸侯之间不仅存在政治依附关系，也出现了经济责任关系。

当合伙人企业出现后，企业合伙人授权或委托部分合资者管理企业，需要了解管理者履行合伙契约的情况。当企业生产规模进一步发展以后，股份有限公司的企业组织一出现，生产资料的所有者和经营者得到了进一步分离，企业所有者增加——股东与债权人，受托责任范围进一步扩大。

财产所有权和管理权的分离，所有者或者委托者将自己的经济资源交予管理者进行经营管理，管理者承担经济资源保值和增值的责任，在所有或者委托者和管理者之间形成受托责任关系。所有或者委托者不直接参与管理者的经营管理活动，为了了解经营管理的现状和结果，特委托具有专业能力的第三者（审计者）对管理者进行审计，以便解除管理者的受托责任。两权分离引发了社会经济生活对审计的需求，产生了审计关系。没有两权分离，就没有审计关系的产生。如图 1-3 所示。

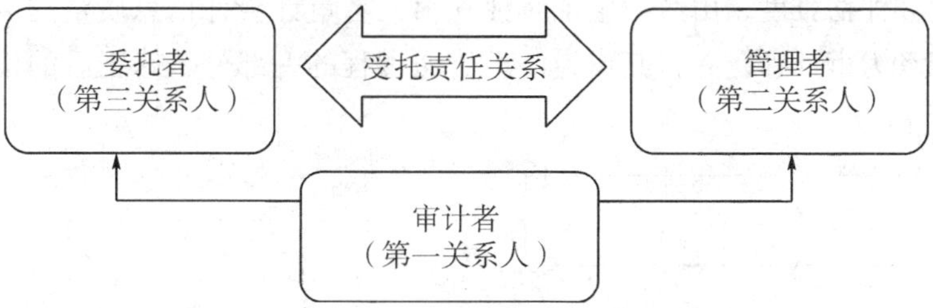

图 1-3　审计关系

所谓审计关系就是构成审计需求的三要素之间的责任关系。作为审计主体的第一关系人在审计活动中起主导作用，它既要接受第三关系人的委托或授权，又要对第二关系人所履行的受托责任进行审查和评价，还要独立于第二关系人及第三关系人，其独立性影响审计效果。因此，受托责任关系是审计产生的基础。

二、审计的定义

受托责任的解除需要借助管理层提供的会计信息。从会计信息的传递过程来看，会计信息传递的基本目的在于把关于经济活动的信息转换和传递给会计信息使用者（股东等），如图 1-4 所示。

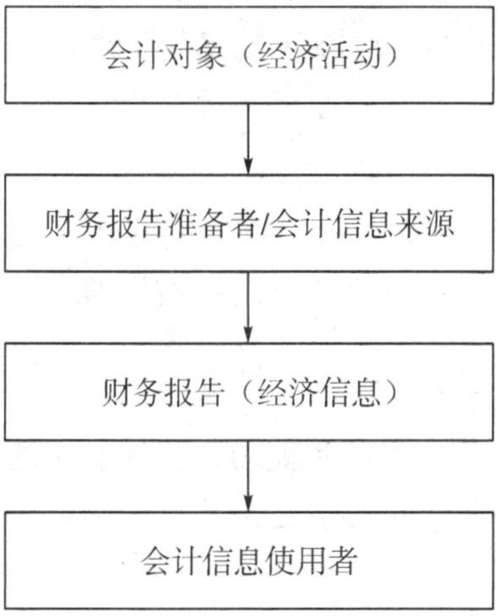

图 1-4　会计信息的传递过程

会计信息使用者收到信息后通常有两种判断：①把信息内容转换成他所需了解的经济事项的相关知识；②需评价收到的信息的质量。

如果会计信息使用者有能力对这两项判断做出正确的分析，那么审计也没有产生的可能。

如果会计信息使用者无法评价会计信息质量，他要么信任信息的质量（在没有利益冲突时），要么依赖于第三者来帮助其评估信息质量。但由于委托者与受托人之间天生的利益冲突，以及经济后果的严重性，会增加会计信息使用者评估信息质量的重要性和评估难度，由此产生了对独立第三者审计会计信息质量的需求。我们称独立第三者为审计师，并将其作为信息传递过程的一部分。修正后的信息传递如图 1-5 所示。

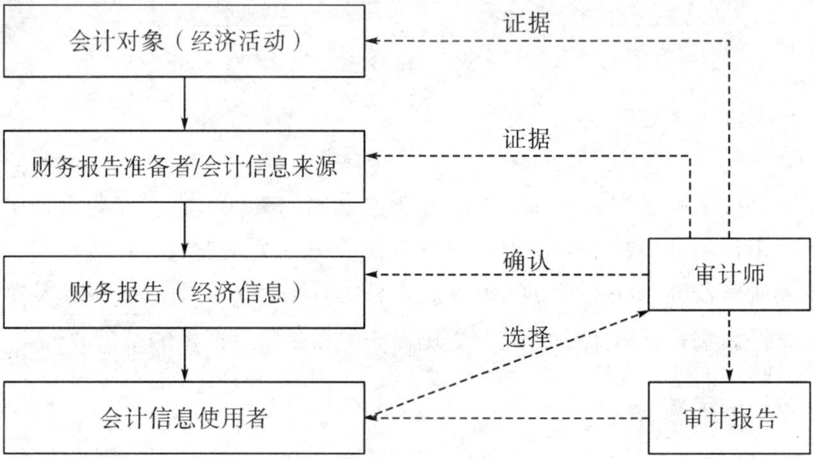

图 1-5　审计功能

如图 1-5 所示，审计师的增加并未改变使用者和经济事项之间基本的信息传递（实线连线部分），而是增加了一个次级的审计师和使用者之间的信息确认过程（虚线连线部分）。信息传递的基本目的在于满足使用者可靠信息的需要。审计确认的目的在于帮助使用者判断信息质量，是一种提高会计信息的可信度、降低会计信息风险的一种保障服务。

审计（Audit）是指具有专业胜任能力的独立人员，客观地获取证据以评价有关认定的一个系统过程，其目的是确认这些认定的可靠性和有效性。正确理解这一概念应从以下几方面进行：

（一）独立的专业胜任能力

审计人员必须有专业知识、经验和能力，熟知既定的标准，具有得出适当结论所需的职业判断；同时，审计人员必须在审计形式和审计实质上都能够保持独立的身份和态度。

（二）客观收集和评价的系统过程

审计的目的是基于制订审计计划和审计策略，通过实施系列的审计程序来获取证据，以评价这些证据与既定标准的相符程度。既定标准是指判断被审计单位认定时所使用的标准。这些标准既可能是立法机关、政府部门所制定的法律法规，或管理当局所制定的预算或其他绩效衡量标准，也可能是权威团体所发布的一般公认会计准则。

（三）相关认定

相关认定是被审计单位确认并承诺的，需要传达给认定的需求者和使用者（是指所有使用或依赖审计报告的个体，对一个企业来说通常包括股东、管理当局、债权人、政府机构和一般社会公众）。认定的范围是由受托责任界定的，主体是经济责任，也可能包括环境责任、社会责任等，具体表现为财务报表、内部控制、财政预算及决算等。审计的责任是对这些认定发表审计意见，如财务报表是上市公司管理层的认定。审计需要对财务报表认定发表意见，并报告上市公司股东等信息使用者。

（四）可靠性与有效性

通过独立的、外部的视角，审计可以提高认定信息的可靠性和有效性，从而降低认定信息的风险。美国财务会计概念公告第1号《企业财务报表的目标》（Objectives of Financial Reporting by Business Enterprises）精辟阐释了审计的作用："如果决策者掌握了反映企业经营状况和成果的信息，并将其应用于评价各种备选方案的预期回报、成本和风险，那么，个人、企业、市场和政府在各项相互竞争的用途之间分配稀缺资源的有效性将得以提高。经过独立第三者对财务报表以及其他可能的信息进行检查或审核，可以提高信息的可靠性或可信度。"

目前，审计已经拓展到鉴证。按照AICPA鉴证服务委员会的定义，鉴证是"提高决策者所需信息或相关内容的质量的独立专业服务"。鉴证业务包括三方关系、鉴证对象、标准、证据和鉴证报告五要素。

（1）三方关系。三方关系人分别是注册会计师、责任方和预期使用者。注册会计师对由责任方负责的鉴证对象或鉴证对象信息提出结论，以增强除责任方之外的预期使用者对鉴证对象信息的信任程度。

（2）鉴证对象。鉴证对象具有多种不同的表现形式，如财务或非财务的业绩或状况、物理特征、系统与过程、行为等。不同的鉴证对象具有不同特征。

（3）标准。标准即用来对鉴证对象进行评价或计量的基准，当涉及列报时，还包括列报的基准。

（4）证据。通过实施程序获取充分、适当的证据是注册会计师提出鉴证结论的基础。

（5）鉴证报告。注册会计师应当针对鉴证对象信息（或鉴证对象）在所有重大方面是否符合适当的标准，以书面报告的形式发表能够提供一定保证程度的结论。

三、会计与审计的关系

审计通常与会计信息的产生过程有关，审计多数的证据来源于会计系统，一个审计师必须具备会计的专门知识和技能（而会计师却不必有审计的专门知识和技能）。如图1-6所示，在形成财务报告的过程中，会计人员按照适当的会计准则确认、计量、分类、披露和报告财务信息。审计人员则以会计准则作为标准来评价财务表达的公允性。

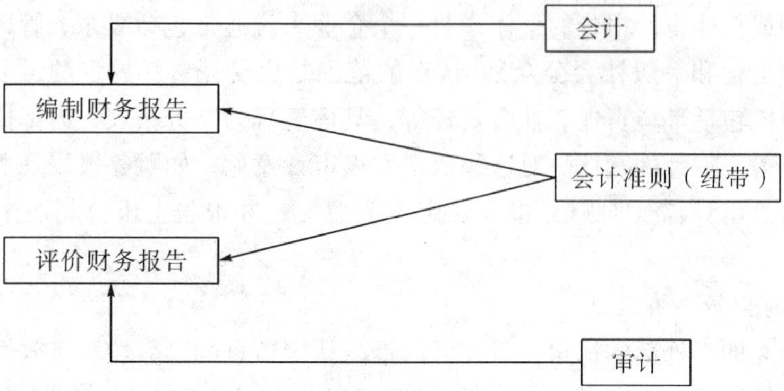

图 1-6　会计与审计的关系

会计和审计的区别：

（一）目的不同

（1）会计的目的是为决策者提供可靠和相关的会计信息；

（2）审计目的是通过证据判断会计信息的可信程度，形成审计意见。

（二）方法不同

会计方法包括计量、描述和解释经济数据时所采用的各种技术和程序，包括计量、记录、报告的方法。通过应用这些方法，反映了取得、使用和处理经济资源的活动。这种描述和解释程序的结果是用财务报表的形式进行表述。会计是一个产生有用的、可定量的经济信息的创造过程。

审计方法包括收集和评价用以判定已产生的会计信息和既定标准吻合程度的证据技术与程序。调查的结果和评价的过程通常以某种鉴证的形式向会计信息使用者表述，帮助他们在多大程度上依靠所得到的信息做出决策。因而，审计本质上是一个收集有用和做出判断的信息鉴定过程。它通常并不产生任何新的经济信息，它能够而且确实提高会计过程中产出的经济信息的价值。

（三）流程不同

会计与审计流程的区别，如图 1-7 所示。

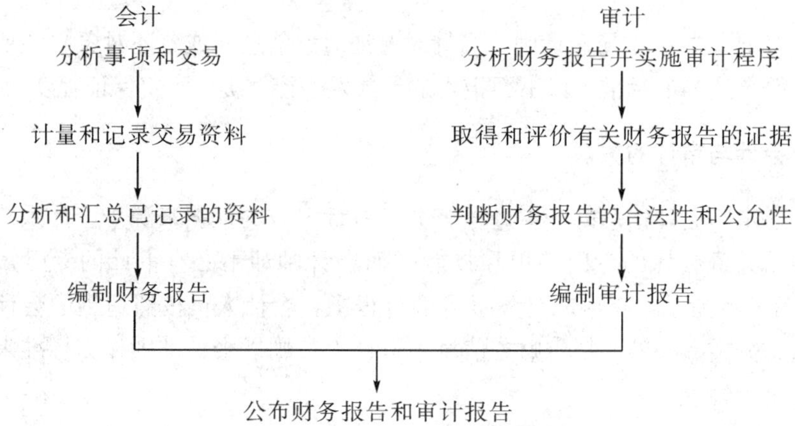

图 1-7　会计与审计流程的比较

［案例分析］周小康是一家公司的经营负责人，在经营期结束之后，他请当地一家会计师事务所对其经营期内的财务报表进行审计。该会计师事务所经过审计，出具了无保留意见审计报告。不久，检察机关接到举报，有人反映周小康在经营期内，暗自收受回扣，侵吞国家财产。为此，检察机关传讯周小康。周小康到检察机关后，手持会计师事务所审计报告，振振有词地说："会计师事务所已经出具了审计报告，证明我没有经济问题。如果不信，你们可以问注册会计师。"你是否同意周小康的话？如果你是会计师事务所的负责人，你将如何回答这一问题？

第三节　审计业务

审计业务范围取决于受托责任范围，受托责任主要指经济责任，但也可能包括环境责任、社会责任等。按照不同的标准考察审计业务，会形成不同的审计业务类型。

一、按内容分类

审计按照业务内容，可以划分为财政（财务）审计、合规审计、绩效审计。

（1）财政（财务）审计是指对被审计单位的财政（财务）收支所进行的审计，如开展财务报表审计对是否按照适用的财务报表编制基础发表审计意见。财务报表编制基础分为通用目的编制基础和特殊目的编制基础。其中，通用目的编制基础主要是指会计准则和会计制度，特殊目的编制基础包括计税核算基础、现金收付实现核算等。财务报表通常包括资产负债表、利润表、现金流量表、所有者权益（或股东权益）变动表以及财务报表附注。

（2）合规审计是指对被审计单位是否遵循了特定的法律、法规、程序或规则，或者是否遵守将影响经营或报告合同的要求所进行的审计，如法规的遵循审计、合同审计等。

（3）绩效审计是指对被审计单位经营活动的经济和效率以及程序所进行的审计。美国政府审计准则对绩效审计做出如下规定："经济和效率审计包括确定：①经济主体取得、保护和使用其资源（如人员、财产和空间）时是否具备经济性和效率性；②低效或不经济的成因；③经济主体是否遵守法律法规中关于经济和效率的规定。程序审计包括确定：①立法机关或其他权威机构的预测结果或多或少影响收益的实现程度；②组织、系统、业务活动或职能的效力；③经济主体是否遵循法律法规所适用于该系统的规定。"绩效审计要对企业生产、经营、管理的全过程进行审计。绩效审计的对象不限于会计，还包括组织机构、计算机系统、生产方法、市场营销等领域。其任务是：揭露经营管理过程中存在的问题和薄弱环节，探求解决问题的有效途径，提出改善经营管理、提高经济效益的措施。

二、按主体分类

审计按照执行的主体，可以划分为政府审计、内部审计和注册会计师审计。

（1）政府审计是指政府审计机关依法所实施的审计。其审计内容包括对中央和地方政府各部门及其他公共机构财政财务收支的真实性、合法性，运用公共资源的有效性以及提供公共服务的质量。

（2）内部审计是组织内部审计机构对本部门、本单位的财政财务收支和其他经济活动所进行的审计。2001 年 1 月国际内部审计师协会发布的新版《国际内部审计专业实务框架》中，将内部审计定义为：内部审计是一种独立、客观的确认和咨询活动，旨在增加价值和改善组织的运营。它通过应用系统的、规范的方法，评价并改善风险管理、控制及治理过程的效果，帮助组织实现其目标。

（3）注册会计师审计（也称为独立审计、民间审计）是指注册会计师接受委托对财务报表等所进行的审计。

三、按实施时间分类

审计按照实施时间，可以划分为事前审计、事中审计和事后审计。

（1）事前审计是指在被审计单位经济业务实际发生以前所进行的审计，例如：政府审计机关对财政预算编制的合理性、重大投资项目的可行性等进行的审查；会计师事务所对企业盈利预测文件的审核；内部审计组织对本企业生产经营决策和计划的科学性与经济性、经济合同的完备性所进行的评价。开展事前审计，有利于被审计单位进行科学决策和管理，保证未来经济活动的有效性，避免因决策失误而遭受重大损失。

（2）事中审计是指在被审计单位经济业务执行过程中进行的审计。如对预算执行审计、基本建设工程跟踪审计、信息系统运行有效性审计、内部控制运行有效性审计等。通过这种审计，能够及时发现和反馈问题，尽早纠正偏差，从而保证经济活动按预期目标合法合理和有效地进行。

（3）事后审计是指在被审计单位经济业务完成之后进行的审计。大多数审计活动都属于事后审计。如上市公司的年度财务报表审计、领导干部任期经济责任审计、决算审计等。

四、按审计技术模式分类

审计按照采用技术模式，可以分为账项基础审计、制度基础审计和风险基础审计三种。这三种审计技术模式代表着审计技术的进步与发展，但就具体的审计项目来讲，往往几种技术模式同时采用。

（1）账项基础审计是指以会计账目记录为基础，通过审查会计资料收集有关审计证据，从而形成审计意见的一种审计取证模式。审计目标是查错防弊。审计方法主要是详细审计，即对大量的凭证、账目、财务报表等进行逐项审查。其优点是：这种取证方式可以直接取得具有实质性意义的审计证据，审计质量有保障。其缺点是：在审计范围和审计目标发生巨大变化的条件下，账目基础审计已无法兼顾审计质量和审计效率两方面的要求。

（2）制度基础审计是指从评价被审计单位内部控制入手，根据对内部控制风险的评估结果，确定实质性程序的审查范围和重点，依据综合测试证据形成审计意见的一种审计取证模式。由于公司规模扩大，财务报表审计无法采用传统的详细审计，因而改为运用抽查方法。其优点是：根据内部控制的测评结果确定实质性程序的范围和重点。这种取证方式较好地适应了审计环境和审计目标的变化，提高了审计质量和效率，同时也减少了审计取证的盲目性，降低了审计风险。其缺点是：内部控制的可依赖程度与实质性程序所需要的检查工作之间缺乏量化关系；被审计单位虽然建立了较为完善的内部控制，如果其管理人员不予执行，内部控制的有效性难以保障。

风险基础审计是指在通过对被审计单位各种风险因素进行充分评估分析的基础上，将风险控制方法融入传统审计方法中，进而获取审计证据，形成审计结论的一种审计取证模式。该审计大量运用于财务报表审计。风险基础审计立足于对风险进行系统的分析和评价。在审计过程中，审计人员不仅要对控制风险进行评价，而且要对审计各个环节的风险进行评价，并在评价的基础上运用相应的方法进行实质性程序。这种技术既可以提高审计效率，又可以保证审计工作质量。

审计分类的标准有很多，可归纳如表 1-3 所示。

表 1-3　　审计分类汇总表

基本分类（体现审计本质）	按主体分类	政府审计 内部审计 民间审计（注册会计师审计）
	按内容分类	财务报表审计 合规审计 绩效审计
其他分类	按技术模式分类	账项基础审计 制度基础审计 风险基础审计
	按实施时间分类	事前审计 事中审计 事后审计
	按执行地点分类	就地审计 报送审计
	按与被审计单位关系分类	内部审计 外部审计
	按是否取酬分类	有偿审计 无偿审计

不同审计主体主要从事的审计业务类型及关注的重点领域各有不同，归纳总结如表 1-4 所示。

表 1-4　　不同审计主体从事的审计类型及关注的重点领域比较

	政府审计	注册会计师审计	内部审计
绩效审计	次要	较少	主要
财务审计	较少	主要	较少
合规审计	主要	次要	次要

第四节　审计组织

一、会计师事务所的组织形式

会计师事务所是注册会计师依法承办业务的机构。综观世界各国注册会计师行业的发展，会计师事务所有独资、普通合伙制、股份有限公司制和有限责任合伙制四种形式。

（一）独资

独资会计师事务所是由具有注册会计师执业资格的个人独立开办，承担无限责任的会计师事务所。这类会计师事务所执业人员少，经营方式灵活，但无力承担大型业务，发展受到限制。

（二）普通合伙制

普通合伙制会计师事务所是由两位或两位以上的注册会计师组成的合伙组织。合伙人以各自的财产对会计师事务所的债务承担无限连带责任。这类会计师事务所有利于专业发展，但发展过程较慢。

（三）股份有限公司制

股份有限公司制会计师事务所是由注册会计师认购会计师事务所的股份，并以其所认购股份对会计师事务所的债务承担有限责任的会计师事务所。会计师事务所以其全部资产对债务承担有限责任。这类会计师事务所容易形成规模经营，能承担大型业务，但降低了风险责任对执业行为的高度约束，降低了注册会计师个人的责任。

（四）有限责任合伙制

有限责任合伙（Limited Liability Partnership，LLP），国内称特殊普通合伙制。在特殊的普通合伙会计师事务所的合伙人中，一个合伙人或者数个合伙人在执业活动中因故意或者重大过失造成合伙事务所债务的，应当承担无限责任或者无限连带责任，而其他合伙人以其在合伙事务所中的财产份额为有限承担责任。合伙人在执业活动中非因故意或者重大过失造成的合伙事务所债务以及合伙事务所的其他债务，由全体合伙人承担无限连带责任。它具有合伙制和股份有限公司制的优点。

各个会计师事务所都有自己的组织结构，设立分所的会计师事务所一般按照业务类型或者地区组织，每个业务类别或者地区都由一个合伙人或者负责人全权负责该类业务或者地区业务。

每个审计项目由合伙人或者负责人领导的项目小组负责实施，由合伙人或者负责人以及项目经理签署报告，并对审计结果承担责任。合伙人或者负责人负责项目的各项决策，包括审计范围、审计策略以及重大会计审计事项等。项目经理具体负责管理项目审计各项活动，包括制订审计计划、与被审计单位沟通、分配小组成员任务，指导、监督和复核小组成员工作等。

参与项目审计工作的注册会计师，按照国际惯例实行“考试+注册”登记制度。考试划分为专业阶段和综合阶段。专业阶段主要测试受试者是否具备注册会计师执业所需的专业知识，是否掌握基本技能和职业道德要求。专业阶段的考试科目为：审计、财务成本管理、经济法、会计、公司战略与风险管理、税法。综合阶段主要测试受试者是否具备在注册会计师执业环境中运用专业知识，保持职业价值观、职业态度与职业道德，有效解决实务问题的能力。综合阶段的考试科目为：职业能力综合测试。考试合格的考生从事两年审计实务工作后可以注册成为签字注册会计师。

二、政府审计的组织模式

政府审计机关的组织模式与各个国家的权力分配和制衡相适应，它充分体现各国的政治体制特色。目前，世界各国政府审计机关的组织模式大体有如下几种：

（一）立法型政府审计机关

立法型政府审计机关服务于立法部门。这是现代政府审计机关中最为普遍的一种形式，美国、加拿大、英国、澳大利亚等政府审计机关都属于这一类型。立法型政府审计机关的特点是：由议会直接领导，能够对政府行政部门独立行使审计监督而不受行政当局的控制和干预。这种模式的政府审计机关必须有强有力的立法机构体系和完善的立法程序做后盾，才能保证发挥其职能作用。

（二）司法型政府审计机关

司法型政府审计机关服务于国家司法部门，拥有很强的司法权，西班牙、法国、土耳其等政府审计机关都属于这一类型。这种模式的特点是：政府审计机关实施审计时不受任何第三者干扰，只受法律约束，同时拥有一定的司法权。实际上这是将政府审计司法化，从而强化审计职能。

（三）行政型政府审计机关

行政型政府审计机关服务于政府行政部门，是政府行政部门的一个职能部门，也有少数将其隶属于财政部门。瑞典、瑞士等政府审计机关均属于这一类型。这种模式的政府审计机关直接对政府负责，有权对各级政府和部门及国有企事业单位独立行使审计职权。由于政府行政部门具有广泛的行政权力，因此，在审计工作的开展和审计建议的执行方面，这类审计机关可能具有更为便利的条件。

（四）独立型审计机关

这种模式的特点是：政府审计机关独立于立法、司法和行政机构之外，由法律规定其服务对象。这种审计可以确保政府审计不带政治偏向的、公正地行使审计监督职能。德国是独立型审计制度的最早实践者。德国的联邦审计法院与法国的审计法院的区别在于：虽然德国政府审计人员与法国一样，享有司法地位，但并不直接拥有处理权和直接进行终审判权，而只是采取批判态度，根据自己在审计过程中发现的问题和收集的资料，向立法部门提供信息，以等最后的裁决。日本借鉴了德国政府审计模式，其会计检察院是一个独立于国会、内阁和司法部门的经济监督机构，现行会计检察院法是一部很有特色的政府审计法。

从上述四种政府审计模式的比较可以得出：各国在实现政府审计现代化的过程中，必须善于从各种不同审计模式中找到适合本国发展的经验，走出自己的路子，如图 1-8 所示。

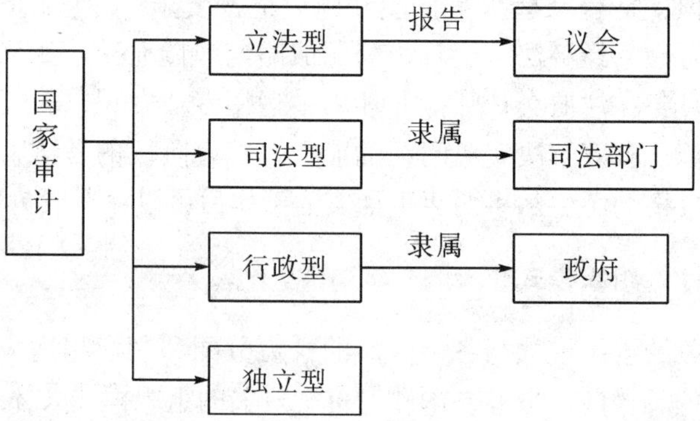

图 1-8　政府审计的组织类型

我国实行的是行政审计模式。1983 年 9 月中华人民共和国审计署正式成立，1995 年 1 月 1 日起《中华人民共和国审计法》开始实施。该法对我国政府审计机关的职责和权限做出明确规定，并赋予政府审计机关职责和权限的法律地位。

目前，我国政府审计机构共分四级：审计署，各省、自治区、直辖市审计（厅）局，省辖市、自治州、盟、行政公署（省人民政府派出结构）审计局，县、旗、县（市）级审计局。此外，中国人民解放军系统也设置了审计机构。我国的地方各级审计机关，分别在省长、市长和审计署的双重领导下，组织领导本行政区的审计工作，负责对本级政府所属单位和下一级政府的财政财务收支进行审计。此外，从 1984 年开始，审计署在国务院下属各部门及上海、成都等地先后设立了派驻机构。我国审计体制如图 1-9 所示。

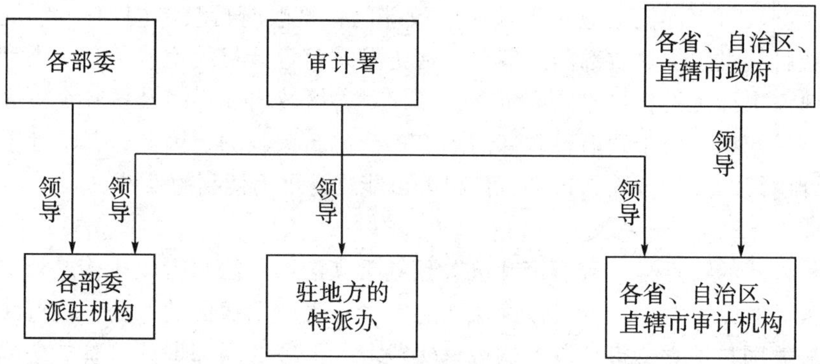

图 1-9　我国审计体制示意图

政府审计人员是指各级政府审计机关中从事审计的工作人员，一般属于国家公务员。其职称一般分为三种：高级审计师、审计师、助理审计师。

三、内部审计的组织形式

内部审计是组织内部设置审计机构和人员所从事的审计工作。内部审计协会将内部审计定义为一种独立、客观的确认和咨询活动。它通过运用系统、规范的方法，审查和评价组织的业务活动、内部控制和风险管理的适当性和有效性，以促进组织完善治理、增加价值和实现目标。内部审计产生于组织内部分权管理的需要，其权利来源于组织内部授权。世界上内部审计机构的组织形式如表 1-5 所示。

表 1-5　　世界上内部审计机构的组织形式

	组织模式	独立性和权威性	监察效果
1	公司总经理直接分管	独立性较强，提高执行效率。	对经理层的监督受限。
2	在董事会或董事会下设的审计委员会领导之下	独立性强，能涉及经营管理的各个层面，确保董事会对决策执行的了解与控制。	对董事会本身无法监控。
3	隶属于监事会	独立性强，能够检查公司的财务及经营管理，可以对董事进行监督。	如果监事会有职无权，则效果不理想。
4	总裁和董事会双重领导	能够充分发挥内部审计工作效果，其独立性、权威性有保障。	取决于制度规范授权。

内部审计人员是组织内部雇员。与内部审计职业相关的资格有：

（一）国际注册内部审计师

国际注册内部审计师（CIA）考试是国际内部审计师协会组织的最主要的资格认证考试，也是内部审计领域国际公认的权威认证。CIA 是由国际内部审计师协会于 1974 年创办的全球性考试，凡通过考试的人员均由国际内部审计师协会颁发注册内部审计师证书。至今，全世界已有近 50 个国家、地区组织了 CIA 资格考试，已颁发 CIA 资格证书的人员有近 3 万余人。考试的语种分别有英语、法语、德语、西班牙语、希伯来语、意大利语和汉语等。考试的内容包括四个科目：内部审计在治理、风险和控制中的作用，实施内部审计业务，经营分析和信息技术，经营管理技术。

（二）内部控制自我评估认证

内部控制自我评估认证（CCSA）是内部控制自我评估人员的专项认证，也是国际内部审计师协会开发的第一项专项资格认证。CCSA 认证体系明确了成功的内部控制自我评估人员所需要的技能、方法，并且提供操作指南。

四、注册会计师审计与政府审计的关系

政府审计与注册会计师审计都属于外部审计，是审计体系的重要组成部分，但又各自独立、各司其职，具有明显的区别，如表 1-6 所示。

（一）注册会计师审计与政府审计的区别

表 1-6　　　　　　　　政府审计与注册会计师审计的比较

比较	政府审计	注册会计师审计
1. 在审计目标上	依法对被审计单位的财政或者财务收支的真实、合法和效益进行审计。	依法对被审计单位财务报表的合法性与公允性进行审计。
2. 在审计标准上	依据《中华人民共和国审计法》和政府审计准则进行审计。	依据《中华人民共和国注册会计师法》和独立审计准则进行审计。
3. 在经费或收入来源上	经费来源于政府财政预算，由本级人民政府保证。	收入来源于客户，由注册会计师与客户商定。
4. 在取证权限上	有权就审计事项的有关问题向有关单位和个人进行调查，并取得有关证明材料。有关单位和个人应当提供支持与协助，如实反映情况，提供有关证明材料。	在获取证据时很大程度上有赖于被审计单位及相关单位配合与协助，对被审计单位及相关单位没有行政强制力。
5. 在处理方式上	审定审计报告；对违反国家规定的财政收支、财务收支行为，需要给予处理、处罚的，在法定职权范围内做出审计决定或者向有关主管机关提出处理、处罚意见。	对审计过程中发现需要调整或披露的事项只能提请被审计单位调整或披露；如果被审计单位拒绝调整或披露，注册会计师视情况出具保留意见或否定意见的审计报告。如果审计范围受到限制，注册会计师视情况出具保留或无法表示意见的审计报告。

（二）注册会计师审计与政府审计的联系

政府审计和注册会计师审计均是外部审计，都具有较强的独立性。

（1）它们之间既相互联系又各自独立，在不同领域实施审计。

（2）它们各有特点，相互不可替代，共同构成审计体系。

五、内部审计与注册会计师审计的关系

内部审计与注册会计师审计都是现代审计体系的重要组成部分，都是对被审计单位经济活动的有关事项进行审计。注册会计师审计具体执行的深度和广度，与内部审计工作的质量有很大关系，因此，注册会计师审计需要利用内部审计工作以提高工作效率，而内部审计也需要注册会计师审计提供管理建议。通常情况下，外部审计都需要了解和利用内部审计的工作成果。这是因为：

（1）内部审计是单位内部控制制度的重要组成部分。外部审计在对被审计单位进行审计时，需要对内部控制制度进行测试，必然会了解内部审计的设置和工作情况。

（2）内部审计和外部审计在审计依据、审计内容、审计方法等方面都具有一致

性。如财务审计都以会计准则为依据，都涉及会计凭证、会计账簿、财务报表等内容，都需要采用内控制度测试等方法。

（3）外部审计利用内部审计工作成果，可以提高审计工作效率、节约审计费用。

尽管内部审计与外部审计拥有许多相同或相似的地方，但内部审计与注册会计师审计比较仍有很大差别，如表 1-7 所示。

表 1-7　内部审计与注册会计师审计的比较

	授权方式	独立性	审计的重点	审计的作用
内部审计	组织内部授权	相对于本部门、本单位的各个职能部门及下属单位而言是独立的。	内部控制审计和为改进管理、提高效益的绩效审计。	结论只能作为组织内部改善管理的参考，对外不起鉴证作用。
注册会计师审计	委托授权	拥有一定的双向独立性。	财务报表审计。	要对股东、债权人及社会投资者负责，出具的审计报告对外起鉴证作用。

第二章
自律与道德约束

学习目标：

通过本章学习，你应该能够：

- 了解职业道德的重要性和强制性；
- 理解独立、客观、公正原则；
- 理解应有的职业谨慎；
- 明确专业胜任能力；
- 区分注册会计师的不同职业责任；
- 掌握威胁职业道德的主要情形；
- 明确会计师事务所和注册会计师对职业道德的责任。

罗斯科·庞德（Roscoe Pound）指出，所谓职业，就是富于为公众服务精神的，并把一门有学问的艺术当作共同的天职来追求的一群人。即使这种追求是一种谋生手段，但其本质仍然是一种公共服务。职业的存在并不是说从事这门职业的人都应获得高额的报酬，而是应为社会服务。亚伯拉罕·弗莱克斯纳（Abraham Flexner）提出了识别职业的六条标准：①伴随着重大个人责任的智力作业；②从科学和学术中吸取原理；③实际运用这些原理；④可通过教育传播的技术；⑤通过行业自治进行组织的趋势；⑥逐渐增强的利他主义动力。“作为一种职业，审计应对所有依靠其工作的人承担责任……审计只有接受这些社会责任，才会确立它作为一种职业的地位。”（Mautz，Sharaf，1961）。

［**引例**］西部股份有限公司主要生产厨房设备，公诚信会计师事务所多年从事该公司财务报表审计工作，前两年因公司经营困难，拖欠审计费用 20 万元。西部股份有限公司总经理李实建议，将拖欠的审计费用转化为对公司的优先股，并认为优先股对公司没有选举权，不会影响会计师事务所的独立性。如果公司情况好转，这些股票会偿还的。会计师事务所接受了公司的建议，并一直承担该公司的年度财务报表审计工作。

思考：你是否同意这种做法？为什么？

职业道德是人们从事职业活动所要求遵循的行为标准，它既是从业人员在职业活动中的行为标准和要求，又是职业对社会所负的道德责任与义务。注册会计师职业道德是指注册会计师在职业活动中应当遵循的行为标准，是公众对注册会计师行为的期望，通过道德准则让公众增强对专业服务的信心。职业道德的实质是行为责任，包括对同事的责任和对客户与公众的责任。

第一节　职业道德原则

注册会计师为履行职业责任，必须遵守一系列前提或一般原则。这些基本原则是对注册会计师道德行为基本概念的阐述，包括下列职业道德基本原则：独立、客观和公正、专业胜任能力和应有的职业关注、保密、职业责任等。

一、独立、客观和公正

独立、客观和公正是注册会计师职业道德中的三个重要原则，也是对注册会计师职业道德最基本的要求。公正是一种品质，是注册会计师赢得公众信任的保证，是注册会计师提供专业服务价值的保障，独立是客观、公正的前提和基础。

（一）独立

独立性是注册会计师的灵魂和最珍贵的美德。Michael J. Pratt（1982）曾形象地指出："没有独立性，审计人员将成为无足轻重的人，事实上比没有审计人员更坏，因为他可以对财务报表赋予不应有的可信性，就像给臭蛋糕覆上一层糖衣。"在市场经济条件下，投资者主要依赖财务报表判断投资风险，在投资机会中做出选择。如果注册会计师不能与客户保持独立性，而是存在经济利益、关联关系，或屈从于外界压力，就很难取信于社会公众。

美国注册会计师协会在1947年发布的《审计暂行标准》（The Tentative Statement of Auditing Standards）中指出："独立性的含义相当于完全诚实、公正无私、无偏见、客观认识事实、不偏袒。"独立是指有独立的思想、独立的人格、有独自生活的条件及自由意志。注册会计师及会计师事务所执行鉴证业务时应当保持实质上和形式上的独立，不得因任何利害关系影响其客观、公正的立场。所谓实质上的独立性，又称为"精神"独立性，是要求注册会计师与被鉴证单位之间必须实实在在地毫无利害关系。它要求注册会计师在审计过程中严格保持超然境界，不能主动袒护任何一方当事人，尤其是不能使专业结论依附或屈从于持反对意见利益集团或人士的影响和压力。所谓形式上的独立性，它是针对第三方而言的，注册会计师及会计师事务所必须在第三方面前呈现一种独立于被鉴证单位的身份，即在他人看来是独立的。如不拥有被鉴证单位的股权或担任被鉴证单位的高级职务，不是被鉴证单位的重要借款人，与被鉴证单位管理当局没有亲属关系等。实质上的独立性是无形的，难以观察和度量，而形式上的独立性则是有形的和可观察的。社会公众往往通过形式上的独立性来推断实质上的独立性，因此形式上的独立性是实质上的独立性的载体和重要前提。

（二）客观

客观是一种精神状态，要求注册会计师应当力求公平，不因成见或偏见、利益冲突和他人影响而损害其专业性。注册会计师在许多领域提供专业服务，在不同情况下均应表现出其客观状态。在确定那些情况和业务尤其需要遵循客观性规范时应当充分考虑以下因素：

（1）注册会计师可能被施加压力，这些压力可能损害其客观性；

（2）列举和描述在制定准则以识别实质上或形式上可能影响注册会计师客观性的关系时，应体现合理性；

（3）应避免那些导致偏见或受到他人影响，从而损害客观性的关系；

（4）注册会计师有义务确保参与专业服务的人员遵守客观性原则；

（5）注册会计师既不得接受也不得提供可被合理认为对其职业判断或对其业务交往对象产生重大不当影响的礼品或款待，尽量避免使自己专业声誉受损的情况。

（三）公正

公正是一种品德，注册会计师在提供专业服务时，应当坦率、诚实，保证公正。公正不仅仅指诚实，还有公平交易和真实的含义。无论提供何种服务、担任何种职务，注册会计师都应维护其专业服务的公正性，并在判断中保持专业性。

二、专业胜任能力

注册会计师应当具有专业知识、技能或经验，能够胜任承接的业务。专业胜任能力既要求注册会计师具有专业知识、技能和经验，又要求其经济、有效地完成客户委托的业务。如果注册会计师缺乏足够的知识、技能和经验提供专业服务，就可能构成了一种欺诈。一个合格的注册会计师不仅要充分认识自己的能力，对自己充满自信。更重要的是，必须清醒地认识自己在专业胜任能力方面的不足，不承接自己不能胜任的业务。

注册会计师可以通过获得适当的建议和帮助，以使其能满意地提供专业服务。如果注册会计师没有能力实施专业范围的某些特定部分，可以向其他职业会计师、律师、精算师、工程师、地质专家、评估师等寻求技术建议。在这种情况下，虽然注册会计师是依赖专家的技术能力，但不能自动假定这些专家了解了有关的职业道德要求。

专业胜任能力可以分为两个独立的阶段：一是专业胜任能力的获取。获取专业胜任能力首先需要高水平的普通教育，以及与专业相关学科的专门教育、培训和考试，而且无论是否有明确规定，一般都要求有一定的工作经验。二是专业胜任能力的保持。专业胜任能力的保持需要不断学习、培训和研究注册会计师职业的法律、法规、经验和技能的要求。

三、应有的职业谨慎

注册会计师提供专业服务时，应当保持应有的职业谨慎，以确保客户能够享受到高水平的专业服务。应有的职业谨慎要求注册会计师在执业过程中保持职业谨慎，以质疑的思维方式评价所获取证据的有效性，并对有怀疑的证据保持警觉。按照应有职业谨慎的要求，注册会计师需要具有：①慎重的实务家的观念，做出相当于社会水平的判断；②能理智地运用他拥有的知识；③在其日常的执业中拥有并能运用合理的技能；④认识并适当运用自己的经验。

应有的职业谨慎要求注册会计师做到：

（1）注册会计师将采取措施获得任何容易到手的知识，以使他能预见到不合理的风险或对他人的危害。

（2）只要注册会计师自身的或他人的经验、被鉴证单位的历史表明在人员、部门、业务类型或资产方面存在着特别的风险，注册会计师就应该对这种危险给予特别的关注。

（3）注册会计师在制订工作计划和实施工作阶段，应考虑各种不正常情况和关系。

（4）注册会计师应该认识不熟悉的情况，并且采取与环境相适应的正当的预防措施。如果专业术语、实务操作和业务关系等超乎寻常并且对注册会计师来说十分陌生，或者难以获取充足的信息，注册会计师就应采取特别的预防措施。

（5）注册会计师将采取一切适当的措施消除自己对关系鉴证意见事项的疑虑（包括对所有会带来严重后果的问题，应获得充分的证据）。

（6）注册会计师应跟上专业领域的发展，竭力掌握有关舞弊、差错及其发现方法的知识和技能。注册会计师应在执业之前证实获得了令人满意的技能，并采取必要的措施熟悉鉴证领域的新进展。

（7）注册会计师应认识到检查其助手工作的必要性，而且应在充分理解其重要性的基础上进行这种检查。

四、职业责任

注册会计师应当遵守职业道德标准，履行相应的社会责任，维护社会公众利益。

（一）对客户的责任

客户是注册会计师业务的委托者，注册会计师与客户之间是一种契约关系，对客户责任即是履行契约责任，具体包括：①注册会计师应当在维护社会公众利益的前提下，竭诚为客户服务；②注册会计师应当按照业务约定履行对客户的责任；③注册会计师应当对执行业务过程中知悉的商业秘密保密，并不得利用其为自己或他人谋取利益。

（二）对同行的责任

对同行的责任是指会计师事务所、注册会计师在处理与其他会计师事务所、注册会计师相互关系中所应遵守的道德标准。注册会计师在向公众传递信息以及推介自己和工作时，应当客观、真实，遵守相关法律法规，维护同行的职业声誉。

注册会计师不得有损害同行利益的下列行为：①贬低或无根据地比较其他注册会计师的工作；②夸大宣传所提供的服务、拥有的资质或获得的经验；③以向他人支付佣金等不正当方式招揽业务，向客户或通过客户获取服务费之外的任何利益。

五、保密

注册会计师在承接业务的过程中，不可避免地会接触客户的秘密信息。注册会计师从事职业活动必须建立在为客户信息保密的基础上。这里所说的客户信息，通常是指涉及商业秘密的信息。一旦涉密信息被泄露或被利用，往往会给客户造成损失。因此，许多国家规定，在公众领域执业的注册会计师，在没有取得客户同意的情况下，不能泄露任何客户的涉密信息。

保密原则要求注册会计师应当对在职业活动中获知的涉密信息予以保密，不得有下列行为：①未经客户授权或法律法规允许，向会计师事务所以外的第三方披露其所获知的涉密信息；②利用所获知的涉密信息为自己或第三方谋取利益。

注册会计师在社会交往中应当履行保密义务。应当对拟接受的客户或拟受雇的工作单位向其披露的涉密信息保密。在终止与客户或工作单位的关系之后，仍然应当对在职业关系和商业关系中获知的信息保密。如果变更工作单位或获得新客户，注册会计师可以利用以前的经验，但不应利用或披露任何由于职业关系和商业关系获得的涉密信息。会员应当明确在会计师事务所内部保密的必要性，采取有效措施，确保其下级员工以及为其提供建议和帮助的人员遵循保密义务。

注册会计师在下列情况下可以披露涉密信息：

（1）法律法规允许披露，并且取得客户或工作单位的授权；

（2）根据法律法规的要求，为法律诉讼、仲裁准备文件或提供证据，以及向有关监管机构报告发现的违法行为；

（3）在法律法规允许的情况下，在法律诉讼、仲裁中维护自己的合法权益；

（4）接受注册会计师协会或监管机构的执业质量检查，答复其询问和调查；

（5）法律法规、执业准则和职业道德规范规定的其他情形。

第二节　潜在利益冲突

注册会计师应当采取适当措施，识别可能产生利益冲突的情形。这些情形可能对职业道德基本原则产生不利影响：

一、自我利益威胁

这种威胁产生于鉴证小组成员及会计师事务所追求其自我利益的过程。自我利益包括鉴证小组成员情感上、财务上及其他方面的个人利益。鉴证小组成员可能会有意识或无意识地将自我利益凌驾于实施高质量鉴证服务所导致的公众利益之上。

经济利益是指注册会计师因持有某一实体的股权、债券和其他证券以及其他债务性的工具而拥有的利益，包括为取得这种利益享有的权利和承担的义务。经济利益包括直接经济利益和重大的间接经济利益。经济利益对独立性有着实质性的伤害。鉴证小组及会计师事务所应当考虑经济利益对独立性的损害。可能损害独立性的情形主要包括以下几种：

（1）与鉴证客户存在专业服务收费以外的直接经济利益或重大的间接经济利益，如注册会计师持有被审计单位的股票或债券，或会计师事务所对鉴证客户提供过担保等。

（2）收费主要来源于某一鉴证客户或者过分担心失去某项业务。如果会计师事务所从某一客户收取的全部费用占其收费总额的比重很大，则对该客户的依赖及对可能失去该客户的担心将因自身利益或外在压力产生不利影响。

不利影响的严重程度主要取决于下列因素：①会计师事务所的业务类型及收入结构；②会计师事务所成立时间的长短；③该客户对会计师事务所是否重要。如某公司是会计师事务所的大客户，会计师事务所15%以上的收入都来源于该公司所缴纳的鉴证费用。

（3）与鉴证客户存在密切的经营关系。具体表现为：

①会计师事务所或鉴证小组成员与鉴证客户或其管理层之间存在密切的经营关系，会带来商业的或共同的经济利益，并产生经济利益威胁和外界压力威胁。如在与鉴证客户或对其有控制权的所有者、董事、经理或其他高级管理人员合资的企业中拥有重大的经济利益。

②将会计师事务所的一种或多种服务与鉴证客户的一种或多种服务或产品相结合，并将双方的这些服务或产品进行一揽子交易。

③会计师事务所作为鉴证客户产品或服务的分销商或交易商，或鉴证客户作为会计师事务所服务的分销商或交易商。

（4）对鉴证业务采取或有收费的方式。鉴证收费应是为客户提供的专业服务的价值的公允反映，它通常以适当的小时费用率或日费用率为基础，按照实施专业服务的每个人员所耗用的时间来计算。

鉴证收费的确定应考虑以下几个方面：①各类专业服务所需的技能与知识；②实施专业服务所需人员的培训水平和经验；③实施专业服务所承担的责任的程度。所谓或有收费是指服务的报酬不是按照其投入的工作时数而定，而是根据提供服务以后是否让客户得到特定的结果而定。如注册会计师为即将上市的企业提供财务报表审计，而审计的收费是按发行收入的一定比例收取的。在这种情况下，注册会计师就可能忽视或引导委托人虚增利润的行为，以提高股票的发行价格，最终造成投资人的损失。

会计师事务所向审计客户提供非鉴证服务，也可能对独立性产生不利影响。注册会计师在接受委托向审计客户提供非鉴证服务之前，会计师事务所应当确定提供该服务是否将对独立性产生不利影响。在评价某一特定非鉴证服务产生不利影响的严重程度时，会计师事务所应当考虑审计项目组认为提供其他相关非鉴证服务将产生的不利影响。如果没有防范措施能够将不利影响降低至可接受的水平，会计师事务所不得向审计客户提供该非鉴证服务。

注册会计师在评价经济利益威胁的重要性以及用以消除威胁或将其降至可接受水平的适当防范措施时，有必要检查经济利益的性质，包括评价拥有经济利益人员的角色、经济利益的性质和经济利益的类型（直接或间接）。在评价经济利益的类型时，应当考虑经济利益的范围，包括拥有者对所拥有的投资工具或经济利益没有控制权情况下的经济利益，以及对经济利益有控制权或能够影响投资决策的情况下的经济利益。在评价对独立性威胁的重要性时，考虑对中间工具、拥有的经济利益或其他投资策略施加控制或影响的程度很重要。当存在控制时，经济利益应被认为是直接的；相反，当经济利益的拥有者不能实施这样的控制时，经济利益应被认为是间接的。如果鉴证小组成员或其直系亲属在鉴证客户内拥有直接经济利益或重大的间接经济利益，所产生的经济利益威胁就会非常重要，以致只能采取以下防范措施：①直接的经济利益处置；②间接的经济利益处置，或对其中的足够数量进行处置，使剩余利益不再重大；③将该鉴证小组成员调离鉴证业务；④拒绝执行该鉴证业务。

二、自我复核威胁

这种威胁产生于鉴证小组成员及审查自己或同一会计师事务所其他鉴证小组成员的工作。审查自己的工作或同一会计师事务所其他鉴证小组成员的工作很难保持客观的态度，这时自我复核威胁就产生了。

如果注册会计师对自己或者其所在会计师事务所的其他人员以前的判断或服务结果做出鉴证评价，鉴证小组及会计师事务所应当考虑自我评价对独立性的损害。可能损害独立性的情形主要包括以下几种：

（1）鉴证小组成员曾是鉴证客户的董事、经理、其他关键管理人员或能够对鉴证业务产生直接重大影响的员工。不利影响存在与否及其严重程度取决于多种因素，包括该成员在鉴证项目组的角色、在客户中的职位等。

（2）为鉴证客户提供直接影响鉴证业务对象的其他服务。如会计师事务所为上市公司同时提供资产评估和报表审计业务。

（3）为鉴证客户编制属于鉴证业务对象的数据或其他记录。会计师事务所向审计客户提供编制会计记录或财务报表等服务，随后又审计该财务报表，将因自我评价产生不利影响。

三、熟悉/信任威胁

这种威胁源于鉴证小组成员与鉴证客户之间所存在的密切关系。当鉴证小组成员对鉴证客户非常熟悉或信任，鉴证小组成员可能会对客户的认定未能保持足够的怀疑，而轻易接受其观点，此时熟悉/信任威胁就会产生。

鉴证小组成员与鉴证客户的董事、经理或某些特定角色的员工之间存在家庭和个人关系，可能产生影响独立性的威胁。其影响重要性将取决于诸多因素，包括相应人员在鉴证小组内的职责、关系的密切程度以及相应家庭成员或其他成员在鉴证客户中的角色。

鉴证小组及会计师事务所应当考虑可能损害独立性的关联关系：

（1）与鉴证小组成员关系密切的家庭成员是鉴证客户的董事、经理、其他关键管理人员或能够对鉴证业务产生直接重大影响的员工。不利影响存在与否及其严重程度取决于多种因素，包括该成员在鉴证项目组的角色、其家庭成员或相关人员在客户中的职位以及关系的密切程度等。

（2）鉴证客户的董事、经理、其他关键管理人员或能够对鉴证业务产生直接重大影响的员工是会计师事务所的高级管理人员。

（3）会计师事务所的高级管理人员或签字注册会计师与鉴证客户长期交往。在一项鉴证业务中长期委派同一名高级职员，可能产生关联关系威胁。其取决于以下几种因素：①该人员成为鉴证小组成员的时间长短；②该人员在鉴证小组中的角色；③会计师事务所的结构；④鉴证业务的性质。

（4）接受鉴证客户或其董事、经理、其他关键管理人员或能够对鉴证业务产生直接重大影响的员工的贵重礼品或超出社会礼仪的款待。

（5）与鉴证客户发生雇佣关系。如果鉴证客户的董事、经理或所处职位能够对鉴证业务的对象产生直接重大影响的员工，曾经是鉴证小组的成员或会计师事务所的合伙人，那么会计师事务所或鉴证小组成员的独立性可能受到威胁。如果参与鉴证业务的人员有理由相信其会或可能会在未来某一时间加入鉴证客户，那么鉴证小组成员的独立性也会受到威胁。

（6）最近曾在鉴证客户中工作。如果在鉴证报告涉及的期间内，鉴证小组的成员曾经是鉴证客户的经理或董事，或曾经是一名所处职位能够对鉴证业务对象产生直接重大影响的员工，所产生的威胁就会非常大，以致没有防范措施能够将其降至可接受水平。

以上威胁的重要性取决于以下几种因素：①相关人员在客户中的职位；②该专业人员在鉴证小组中的作用。

四、拥护/倡导威胁

这种威胁产生于鉴证小组成员及会计师事务所极力倡导或反对客户的立场或意见，而不以客户有关信息的无偏见的鉴证者身份出现。如当鉴证小组成员为客户承销证券时，这种威胁就会产生。

过度推介导致不利影响的情形主要包括：①会计师事务所推介鉴证客户的股份；②在鉴证客户与第三方发生诉讼或纠纷时，注册会计师担任该客户的辩护人。

五、胁迫威胁

这种威胁是指鉴证小组成员及会计师事务所处于或他们认为处于鉴证客户或其他利益集团公开的或秘密的胁迫之下。例如，当鉴证小组成员或其会计师事务所与客户就会计原则的运用产生争议时受到客户更换会计师事务所的威胁。

如果注册会计师受到实际的压力或感受到压力（包括实施不当影响的意图）而无法客观行事，将产生外在压力导致的不利影响。外在压力导致不利影响的情形主要包括以下几种：

（1）在重大会计、审计等问题上与鉴证客户存在意见分歧而受到解聘威胁。

（2）客户威胁将起诉会计师事务所。

（3）会计师事务所受到降低收费的影响而不恰当地缩小工作范围。注册会计师及会计师事务所通过比别人更低的费用报价保留客户并非一定是不适当的，但当通过收取明显低于现任会计师收费或其他会计师报价的费用获取业务时，应清楚地认识到其工作质量会被认为受到损害的风险。相应地，在为客户提供的专业服务确定费用报价时，注册会计师应确定费用报价能够保证：一是在提供服务时，工作质量不会受到损害，并且能保持应有的谨慎，遵守所有的职业准则和质量控制程序；二是在该费用报价所涵盖服务的准确范围及未来收费的基础等方面，客户不会受到误导。

（4）会计师事务所合伙人告知注册会计师，除非同意鉴证客户不恰当的会计处理，否则将影响晋升。

会计师事务所应当明确解决职业道德问题的思路和方法，用以指导注册会计师：①识别对职业道德基本原则的不利影响；②评价不利影响的严重程度；③必要时采取防范措施消除不利影响或将其降低至可接受的水平。

会计师事务所应当制定政策，识别损害独立性的因素。这些政策包括：

（1）会计师事务所的高级管理人员重视独立性，并要求鉴证小组成员保持独立性；

（2）制定识别损害独立性的因素、评价损害的严重程度以及可采取的维护措施办法；

（3）建立必要的监督及惩戒机制以促使有关政策和程序得到遵循；

（4）及时向所有高级管理人员和员工传达有关政策与程序及其变化；

（5）制定能使注册会计师向更高级别人员反映独立性问题的政策和程序。

识别出可能影响独立性的因素后，会计师事务所应当采取措施维护其独立性。具体包括：

（1）安排鉴证小组以外的注册会计师进行复核；

（2）定期轮换项目负责人及签字注册会计师；

（3）与鉴证客户的审计委员会或监事会讨论独立性问题；

（4）向鉴证客户的审计委员会或监事会告知服务性质和收费范围；

（5）制定确保鉴证小组成员不代替鉴证客户行使管理决策或承担相应责任的政策和程序；

（5）将独立性受到损害的鉴证小组成员调离鉴证小组。

当维护措施不足以消除损害独立性因素的影响或将其降至可接受水平时，会计师事务所应当拒绝承接业务或解除业务约定。

第三章
业务准则与执行

学习目标：

通过本章学习，你应该能够：

- ●理解业务准则与审计（鉴证）质量；
- ●理解鉴证业务关系；
- ●明确财务报表出具不同审计意见的条件与标准；
- ●明确会计师事务所的质量控制内容；
- ●理解会计师事务所如何贯彻业务标准与行为标准。

审计的价值在于以服务对象期望的能力水平提供专业服务，而专业服务的质量取决于专业技术标准。设立专业技术标准的目标是保证一定水平的工作质量，业务准则设定了客户和公众期望审计人员工作质量的最低标准。

［引例］蓝田股份是一家以农业为主的综合性经营企业，自1996年6月上市以来一直保持了业绩优良高速成长的特性，其业绩主要来自“神奇”的“无氧鱼”故事。据估计，蓝田一亩水面的产值要达到二三万元，才能符合其业绩水平。但是，据瞿家湾镇一位村民介绍：“每口塘是17亩水面，养鱼能产出七八万元，即使加上养鸭的收入，每亩水面的产出也很难突破1万元。”每亩3万元，意味着蓝田一亩水面至少要产三四千千克鱼，就是说不到一米多深的水塘里，每平方米水面下要有五六千克鱼在游动。这么大的密度，不说别的，光是氧气供应就是大问题。而同样是在湖北养鱼，武昌鱼在招股说明书中称，公司6.5万亩鱼塘的武昌鱼，养殖收入每年五六千万元，单亩产值不足1 000元。

而从事年报审计的会计师事务所一名工作人员称：“蓝田资产不实的问题，当时我们也不清楚，我们提出要求做评估，并且按照评估的意见加以认定。”“至于虚报利润，我们并不是专家，鱼塘到底有多少鱼，到底能卖多少钱，我们只能借助专家的评估、预测。我们当时去的时候，也要求公司做评估。后来我们是在专家的评估判断后才签的字。”“对于我们本身认定不了的东西，我们找专家了，也找评估机构了。除此之外，我们还能做些什么？”

思考：应该如何审计蓝田股份的存货？

第一节 业务准则

业务准则是注册会计师实施鉴证业务活动应当遵守和执行的技术标准。审计职业本身需要有一套完整的业务规范技术标准，以便为注册会计师履行职责提供可靠的技术指导。只要注册会计师执行鉴证、审计业务，均应遵照执行。

一、业务准则框架

执行业务的主体不同，规范执业的依据就不相同。三类审计主体形成三个业务准则体系：政府审计业务准则体系、内部审计业务准则体系和注册会计师审计业务准则体系（也称为独立审计准则）。

（一）政府审计业务准则

政府审计业务准则是对政府审计活动全过程的业务规范，是审计机关和审计人员制订审计方案、实施审计程序、审定审计报告、出具审计意见书、做出审计决定和进行审计业务管理时应当遵循的业务规则。1996 年，审计署首次发布《中华人民共和国国家审计基本准则》；2000 年 1 月，修订发布新的《中华人民共和国国家审计基本准则》（以下简称《国家审计准则》）。国家审计业务准则的框架包括三个层次：第一个层次是基本准则，第二个层次是通用审计准则和专业审计准则，第三个层次是审计指南。

（1）国家审计基本准则是制定其他审计准则和审计指南的依据，是中国国家审计准则的总纲，是审计机关和审计人员依法办理审计事项时应该遵循的行为规范，是衡量审计质量的基本准则，审计机关和审计人员依法从事审计工作都必须遵照执行。它由总则、一般准则、作业准则、报告准则、审计报告处理准则和附则组成。

（2）通用审计准则是依据国家基本审计准则制定的，审计机关和审计人员在依法办理审计事项、提交审计报告、评价审计事项、出具审计意见书和做出审计决定时应当遵循的一般具体规范。通用审计准则包括《审计方案准则》《审计工作底稿准则》《审计证据准则》等，审计机关和审计人员在所有项目审计活动中都必须遵守这些准则。

（3）专业审计准则是依据国家基本审计准则制定的，审计机关和审计人员依法办理审计事项时，在遵循通用审计准则的基础上，应当遵循特殊具体规范。专业审计准则包括《审计机关对财政部门具体组织预算执行审计准则》《审计机关对行政部门财务审计准则》《审计机关对中国人民银行财务审计准则》等，审计机关和审计人员在对某一行业或某一事项审计时必须遵照执行这些专业审计准则。

（4）审计指南是对审计机关和审计人员办理审计事项提出的审计操作规程与方法，为审计机关和审计人员从事专门审计工作提供可操作的指导性意见。国家审计基本准则、通用审计准则、专业审计准则规定的审计工作要求是审计机关和审计人员必须遵循的，而审计指南是指导审计机关和审计人员办理审计事项的操作规程与方法，它是指导性的，不具有法律强制性。

（二）内部审计业务准则

内部审计业务准则是对组织内部审计机构和人员审计业务的技术规范。它包括三个部分：内部审计基本准则、内部审计具体准则和内部审计实务指南。

（1）内部审计基本准则是内部审计准则的总纲，是内部审计机构和人员进行内部审计时应当遵循的基本规范，是制定内部审计具体准则、内部审计实务指南的基本依据。它主要包括一般准则、作业准则、报告准则和内部管理准则。

（2）内部审计具体准则是依据内部审计基本准则制定的，是内部审计机构和人员在进行内部审计时应当遵循的具体规范。它包括审计计划、审计通知书、审计证据、审计工作底稿、舞弊的预防、检查与报告、审计报告、后续审计、内部审计督导、内部审计与外部审计的协调、结果沟通、遵循性审计、评价外部审计工作质量、利用外部专家服务和分析性复核等。

（3）内部审计实务指南是依据内部审计基本准则和内部审计具体准则制定的，为内部审计机构和人员进行内部审计而提供的具有可操作性的指导意见。内部审计基本准则和内部审计具体准则是内部审计机构与人员必须遵照执行的，有法律强制性，而内部审计实务指南是具体的指导，没有法律强制性。

（三）注册会计师审计业务准则

注册会计师业务准则包括鉴证业务准则和相关业务准则。而鉴证业务准则又包括鉴证业务基本准则、鉴证业务具体准则。具体准则又分为审计准则、审阅准则和其他鉴证业务准则。其中，审计准则是整个执业准则体系的核心。

（1）审计准则用以规范注册会计师执行历史财务信息审计业务的技术标准。在提供审计服务时，注册会计师对所审计信息是否不存在重大错报提供合理保证，并以积极方式提出结论。具体审计准则见表 3-1。

（2）审阅准则用以规范注册会计师执行历史财务信息审阅业务的技术标准。在提供审阅服务时，注册会计师对所审阅信息是否不存在重大错报提供有限保证，并以消极方式提出结论。

（3）其他鉴证业务准则用以规范注册会计师执行历史财务信息审计或审阅以外的其他鉴证业务的技术标准，根据鉴证业务的性质和业务约定的要求，提供有限保证或合理保证。

相关服务准则用以规范注册会计师代编财务信息、执行商定程序，提供管理咨询等其他服务。在提供相关服务时，注册会计师不提供任何程度的保证。

表 3-1 **具体审计准则**

准则类别		准则大类		小类及编号	
1	审计准则（对历史财务信息不存在重大错报提供合理保证）	1	一般准则与责任	01	财务报表审计目标和一般原则
				11	审计业务约定书
				21	历史财务信息审计的质量控制
				31	审计工作底稿
				41	财务报表审计中对舞弊的考虑
				42	财务报表审计中对法律法规的考虑
				51	与治理层的沟通
				52	前后任注册会计师的沟通
		2	风险评估与应对	01	计划审计工作
				11	了解被审计单位及其环境并评估重大错报风险
				12	对被审计单位使用服务机构的考虑
				21	重要性
				31	针对评估的重大错报风险实施的程序
		3	审计证据	01	审计证据
				11	存货监盘
				12	函证
				13	分析程序
				14	审计抽样和其他选取测试项目的方法
				21	会计估计的审计
				22	公允价值计量与披露的审计
				23	关联方
				24	持续经营
				31	首次接受委托时对期初余额的审计
		3	审计证据	32	期后事项
				41	管理当局声明
		4	利用其他主体工作	01	利用其他注册会计师的工作
				11	考虑内部审计工作
				21	利用专家的工作
		5	审计结论与报告	01	审计报告
				02	非标准审计报告
				11	比较数据
				21	含有已审计财务报表的文件中的其他信息
		6	特殊领域审计	01	对特殊目的的审计业务出具审计报告
				02	验资
				11	商业银行财务报表审计
				12	银行间函证程序
				13	与银行监管机构的关系
				21	对小型被审计单位审计的特殊考虑
				31	财务报表审计中对环境事项的考虑

二、鉴证业务准则

（一）鉴证业务

鉴证业务是指注册会计师对鉴证对象信息提出结论，以增强除责任方之外的预期使用者对鉴证对象信息信任程度的业务。鉴证对象信息是按照标准对鉴证对象进行评价和计量的结果。如责任方按照会计准则和相关会计制度对其财务状况、经营成果与现金流量（鉴证对象）进行确认、计量和列报而形成的财务报表（鉴证对象信息）。

在国外，如美国、加拿大等国家有鉴证业务（Assurance）、验证业务（Attestation）和审计业务（Auditing）。其中，鉴证业务的定义是："Assurance services are independent professional services that improve the quality of information for decision makers。"（鉴证业务是提高决策者所需信息或相关内容的质量的独立专业服务。）验证业务的定义是："attestation service is a type of assurance service in which the CPA firm issues a report about the reliability of an assertion that is the responsibility of another party。"（验证业务是注册会计师对被验证单位认定的可靠性发表意见。）我国准则所指的鉴证业务包括国外的鉴证业务（Assurance）和验证业务（Attestation）。鉴证业务（Assurance）、验证业务（Attestation）和审计业务（Auditing）三者的关系如图 3-1 所示。

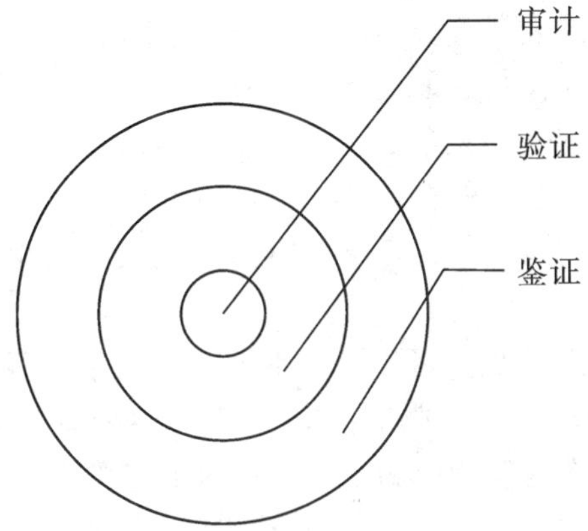

图 3-1　鉴证业务、验证业务和审计业务的关系

由此可见，鉴证业务的范围比审计业务广，审计只是鉴证业务里的一个部分。

根据鉴证的性质不同，鉴证业务可以分为以下几类：①历史财务信息审计业务；②历史财务信息审阅业务；③其他鉴证业务。其中，历史财务信息审阅业务是指注册会计师接受委托，主要通过实施查询和分析性程序，说明是否发现财务报表在所有重大方面有违反企业会计准则及国家其他有关财务会计法规规定的情况。财务报表审阅并非审计，注册会计师不发表审计意见，因此不能满足使用人对财务报表审计的要求。其他鉴证业务是指除历史财务信息审计业务和历史财务信息审阅业务之外的其他鉴证业务，包括预测性财务信息的审核。在美国包括网络信任（Web Trust）、系统信任（SysTrust）、企业业绩衡量措施的相关性和可靠性、风险评估、年长者照顾等。

根据鉴证的对象不同，鉴证业务可以分为基于责任方认定的业务和直接报告业务。在基于责任方认定的业务中，责任方对鉴证对象进行评价或计量，鉴证对象信息以责任方认定的形式为预期使用者获取。注册会计师基于责任方认定开展鉴证业务，比如财务报表审计或审阅。在直接报告业务中，注册会计师直接对鉴证对象进行评价或计量，或者从责任方获取对鉴证对象评价或计量的认定，而该认定无法被预期使用者获取，预期使用者只能通过阅读鉴证报告获取鉴证对象信息。这种业务属于直接报告业务，比如信息系统鉴证。

根据保证程度不同，鉴证业务分为合理保证和有限保证。合理保证鉴证业务的目标是：注册会计师将鉴证业务风险降至该业务环境下可接受的低水平，以此作为以积极方式提出结论的基础。有限保证鉴证业务的目标是：注册会计师将鉴证业务风险降至该业务环境下可接受的水平，以此作为以消极方式提出结论的基础。财务报表审计属于合理保证，而财务报表审阅属于有限保证。

（二）鉴证业务关系

鉴证业务关系是指注册会计师、责任方和预期使用者之间的关系。责任方与预期使用者可能是同一方，也可能不是同一方。

责任方是指在直接报告业务中，对鉴证对象负责的组织或人员或在基于责任方认定的业务中，对鉴证对象信息负责并可能同时对该鉴证对象负责的组织或人员。责任方可能是鉴证业务的委托方，也可能不是委托方。

对责任方的界定与所执行鉴证业务的类型有关。责任方是指下列组织或人员：

（1）在直接报告业务中，对鉴证对象负责的组织或人员。例如，在系统鉴证业务中，注册会计师直接对系统的有效性进行评价并出具鉴证报告，该业务的鉴证对象是被鉴证单位系统的有效性，责任方是对该系统负责的组织或人员，即被鉴证单位的管理层。

（2）在基于责任方认定的业务中，对鉴证对象信息负责并可能同时对鉴证对象负责的组织或人员。例如，企业聘请注册会计师对企业管理层编制的持续经营报告，由该企业管理层负责，企业管理层为责任方。该业务的鉴证对象为企业的持续经营状况，它同样由企业的管理层负责。责任方可能是鉴证业务的委托人，也可能不是委托人。注册会计师通常提请责任方提供书面声明，表明责任方已按照既定标准对鉴证对象进行评价或计量，无论该声明是否能为预期使用者获取。在基于责任方认定的业务中，注册会计师对责任方认定出具鉴证报告，责任方通常会提供有关该认定的书面声明。在直接报告业务中，当委托人与责任方不是同一方时，注册会计师可能无法获取此类书面声明。

预期使用者是指预期使用鉴证报告的组织或人员。注册会计师可能无法识别使用鉴证报告的所有组织和人员，尤其在各种可能的预期使用者对鉴证对象存在不同的利益需求时。注册会计师应当根据法律法规的规定或与委托者签订的协议识别预期使用者。在可行的情况下，鉴证报告的收件人应当明确为所有的预期使用者。对于注册会计师而言，无论在什么情况下他们都应该负责确定鉴证业务程序的性质、时间和范围，并对鉴证业务中发现的、可能导致对鉴证对象信息做出重大修改的问题进行跟踪。当鉴证业务服务于特定的使用者，或具有特定目的时，注册会计师应当考虑在鉴证报告中注明该报告的特定使用者或特定目的，对报告的用途加以限定。因此，是否存在三方关系人是判断某项业务是否属于鉴证业务的重要标准之一。如果某项业务不存在除责任方之外的其他预期使用者，那么该业务不构成一项鉴证业务。

（三）鉴证对象与范围

鉴证对象是鉴证客体，注册会计师应该选择恰当的鉴证对象。一般来说，适当的鉴证对象应当同时具备以下条件：①鉴证对象可以识别；②不同的组织或人员对鉴证对象按照既定标准进行评价或计量的结果合理一致；③注册会计师能够收集与鉴证对象有关的信息，获取充分、适当的证据，以支持其提出适当的鉴证结论。鉴证对象与鉴证对象信息的形式主要包括以下几种：

（1）当鉴证对象为财务业绩或状况时（如历史或预测的财务状况、经营成果和现金流量），鉴证对象信息是财务报表；

（2）当鉴证对象为非财务业绩或状况时（如企业的运营情况），鉴证对象信息可能是反映效率或效果的关键指标；

（3）当鉴证对象为物理特征时（如设备的生产能力），鉴证对象信息可能是有关鉴证对象物理特征的说明文件；

（4）当鉴证对象为某种系统和过程时（如企业的内部控制或信息技术系统），鉴证对象信息可能是关于其有效性的认定；

（5）当鉴证对象为一种行为时（如遵守法律法规的情况），鉴证对象信息可能是对法律法规遵循情况或执行效果的声明。

（四）鉴证标准

注册会计师在运用职业判断对鉴证对象做出合理评价或计量时，需要有适当的标准。标准是指用于评价或计量鉴证对象的基准，当涉及列报时，还包括列报的基准。标准可以是正式的规定，如编制财务报表所使用的企业会计准则和相关会计制度；也可以是某些非正式的规定，如单位内部制定的行为准则或确定的绩效水平。

注册会计师基于自身的预期、判断和个人经验对鉴证对象进行的评价与计量，不构成适当的标准。

标准可能是由法律法规规定的，或由政府主管部门或国家认可的专业团体依照公开、适当的程序发布的，也可能是专门制定的。采用标准的类型不同，注册会计师为评价该标准对于具体鉴证业务的适用性所需执行的工作也不同。

标准应当能够为预期使用者获取，以使预期使用者了解鉴证对象的评价或计量过程。

如果确定的标准仅能被特定的预期使用者获取，或仅与特定目的相关，鉴证报告的使用也应限于这些特定的预期使用者或特定目的。

（五）鉴证报告

注册会计师应当出具含有鉴证结论的书面报告，该鉴证结论应当说明注册会计师就鉴证对象信息获取的保证。注册会计师应当考虑其他报告责任，包括在适当时与治理层沟通。

在合理保证的鉴证业务中，注册会计师应当将鉴证业务风险降至具体业务环境下可接受的低水平，以获取合理保证，作为以积极方式提出结论的基础。在有限保证的鉴证业务中，由于证据收集程序的性质、时间和范围与合理保证的鉴证业务不同，其风险水平高于合理保证的鉴证业务，但注册会计师实施的证据收集程序至少应当足以获取有意义的保证水平，作为以消极方式提出结论的基础。当注册会计师所获取的保证水平很有可能在一定程度上增强预期使用者对鉴证对象信息的信任时，这种保证水平是有意义的保证水平。

合理保证提供的保证水平低于绝对保证。由于下列因素的存在，将鉴证业务风险降至零几乎不可能，也不符合成本效益原则。

（1）选择性测试方法的运用；

（2）内部控制的固有局限性；

（3）大多数证据是说服性而非结论性的；

（4）在获取和评价证据以及由此得出结论时涉及大量判断；

（5）在某些情况下鉴证对象具有特殊性。

提出鉴证结论的方式有积极方式和消极方式两种，它们分别适用于合理保证的鉴证业务和有限保证的鉴证业务。

在合理保证的鉴证业务中，注册会计师应当以积极方式提出结论，如“我们认为，根据×标准，内部控制在所有重大方面是有效的”或“我们认为，责任方做出的‘根据×标准，内部控制在所有重大方面是有效的’这一认定是公允的”。

在有限保证的鉴证业务中，注册会计师应当以消极方式提出结论，如“基于本报告所述的工作，我们没有注意到任何事项使我们相信，根据×标准，×系统在任何重大方面是无效的”或“基于本报告所述的工作，我们没有注意到任何事项使我们相信，责任方做出的‘根据×标准，×系统在所有重大方面是有效的’这一认定是不公允的”。

三、审计意见类型

注册会计师从事审计业务，在出具审计报告时，必须正确地判断审计意见的类型。审计意见的类型可归纳如下：

（1）无保留意见，表明被审计单位财务报表按照会计准则和会计制度的规定，在所有重大方面公允地反映了被审计单位的财务状况、经营成果和现金流量。

（2）保留意见，表明除了与保留事项相关的影响外，被审计单位财务报表按照会计准则和会计制度的规定，在所有重大方面公允地反映了被审计单位的财务状况、经营成果和现金流量。

（3）否定意见，表明被审计单位财务报表整体没有按照会计准则和会计制度的规定公允地反映被审计单位的财务状况、经营成果和现金流量。

（4）无法表示意见，表明审计范围受到限制可能产生的影响非常重大和广泛，注册会计师不能获取充分、适当的审计证据，以致无法对财务报表是否公允地反映形成审计意见。

就具体的审计项目，注册会计师应按照合法性与公允性目标的要求，运用专业判断确定。具体应考虑以下标准，如图 3-2 所示。

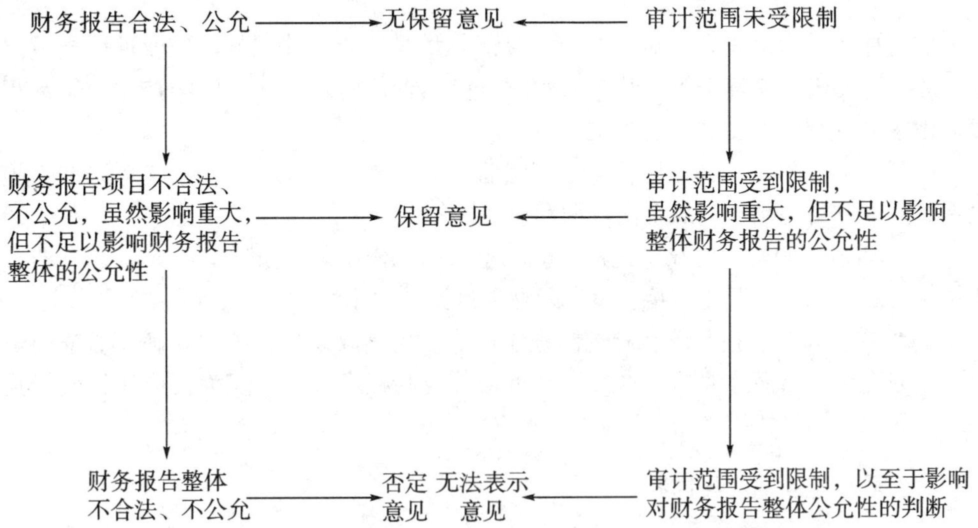

图 3-2　审计意见类型与合法性、公允性的相关性

（1）满足合法性、公允性的程度；

（2）审计范围是否受到限制及限制程度；

（3）被审计单位是否愿意就审计发现的重要问题进行调整。

注册会计师的审计意见，应合理保证财务报表使用人确定已审计财务报表的可靠程度，但不应被认为是对被审计单位持续经营能力及其经营效率、效果做出的承诺。

第二节　控制准则

［**引例**］注册会计师程实在一家规模不大的会计师事务所工作，多年受托从事东方电子公司财务报表审计，没有发现公司存在重大错报的情况。东方电子公司急需审计报告，要求程实在委托之日起 10 天内完成所有的审计业务，并出具审计报告；否则，超过一天即不付审计费用。而如果提前完成，公司可以额外加付审计费用 50 000 元/天。程实同意了这一条件。为了尽快完成任务，程实临时雇用了一批在校的会计专业学生，并对这些学生就如何核对账册、检查凭证等基本技能进行了培训。3 天后，程实生病住院。为了保证工作进度，他指派一名学习成绩较好的学生作为该项目的临时负责人，安排他们独立进行收入、存货等项目审计，他自己则在医院进行电话指挥。10 天之后，这些学生带回厚厚一叠工作底稿，程实将这些工作底稿稍作整理，就草拟了审计报告，并在委托到期之前出具。

思考：注册会计师程实的行为有哪些不妥？

业务准则是审计（鉴证）业务质量的技术标准，道德准则是注册会计师执行业务的行为标准，要贯彻执行技术标准和行为标准，需要组织机构引入质量控制措施，实施管理保障。质量控制准则就是保障业务标准和行为标准贯彻执行的管理标准。

一、理解质量控制

质量控制是指组织为了确保审计（鉴证）质量符合法律法规、职业道德规范以及业务准则要求，明确组织及其人员的质量控制责任而建立和实施的控制政策和程序。该定义具有以下几方面的含义：

（1）质量控制的主体是承担审计（鉴证）的组织，组织有责任和义务采取措施确保业务准则与道德规范的全面贯彻和执行。

（2）质量控制的目的在于促进组织和个人的工作质量，保障审计（鉴证）业务质量符合法律法规、职业道德规范以及业务准则的要求。

（3）质量控制由控制政策和控制程序构成。控制政策是指组织为确保业务质量符合业务准则要求而采取的基本方针与策略；控制程序是指组织为贯彻执行质量控制政策而采取的具体措施与方法。

二、质量控制的主要内容

组织质量控制标准主要表现在以下几个方面：

（1）满足职业道德要求。组织的人员应当坚持独立、客观、公正、保密和职业行为的原则。

（2）技术与专业胜任能力。组织应当配备能达到并保持以应有的职业谨慎履行其职责所需的技术水准和专业胜任能力的人员。

（3）工作委派。业务工作应当指派给具有相应的技术资格和熟练能力的人员。

（4）督导。对每个层次的工作应进行适当的指导、监督和检查，以合理保证所执行的工作满足相关质量标准的要求。

（5）咨询。必要时，应向具有相关专业知识的人员进行咨询。

（6）接受与保留客户。组织应当对新客户做出评价，并对老客户进行经常性的检查。在决定接受或保留某客户时，应考虑会计师事务所的独立性、向客户提供适当服务的能力以及客户管理当局的品德。

（7）监控。组织应当监控质量控制政策和程序是否仍然完善及其执行的效果。

三、组织的质量控制责任

组织应该以质量为核心，形成和传播质量至上的内部文化。因此，领导层的示范对组织内部文化有重大影响。组织各级领导应当强调质量控制政策和程序的重要性，要求各级人员按照法律法规、职业道德规范和业务准则的规定执行工作，根据具体情况出具恰当的报告。

组织的领导层应该树立质量至上的意识，确定管理责任，以质量为导向评价业绩、薪酬。通过下列措施实现质量控制的目标：

（1）合理确定管理责任，以避免重商业利益轻业务质量；

（2）建立以质量为导向的业绩评价、薪酬及晋升的政策和程序；

（3）投入足够的资源制定和执行质量控制政策与程序，并形成相关文件记录。

质量控制的最终责任由主任会计师承担，委派能够承担质量控制有效运行的责任人。质量责任人应当具有足够、适当的经验和能力以及必要的权限以履行其责任。

四、遵循职业道德规范

职业道德是规范注册会计师行为道德的标准，会计师事务所应该制定控制政策和程序遵循道德守则，具体措施包括领导层的示范、教育和培训、监控、对违反职业道德规范行为的处理等。会计师事务所及其工作人员应恪守独立、客观、公正的原则，保持专业胜任能力和应有的关注，并对执业过程中获取的信息保密。

会计师事务所的政策和程序需要合理保证会计师事务所及其人员，包括聘用的专家和其他需要满足独立性要求的人员，保持职业道德规范要求。这些政策和程序应当能够：向相关人员传达独立性要求；识别和评价对独立性造成威胁的情况和关系，并采取适当的防护措施以消除对独立性的威胁，或将其降至可接受的水平。

项目负责人及成员应当做到以下几点：

（1）项目负责人应该提供与客户业务相关的信息，以使会计师事务能够评价这些信息对保持独立性的总体影响；

（2）项目负责人及小组成员，以及需要保持独立性的其他人员能够且必须报告对独立性造成威胁的情况和关系，以便组织采取适当行动；

（3）收集相关信息并向适当人员传达，以便于确定会计师事务所及其人员是否满足独立性要求；保持并更新有关独立性的记录；针对已识别的对独立性的威胁采取适当的行动。

会计师事务所和项目负责人应采取适当行动以消除对独立性的威胁或将威胁降至可接受的水平，或解除业务约定。这些措施包括以下几个方面：

（1）为需要保持独立性的人员提供关于独立性政策和程序的培训。每年至少一次向所有受独立性要求约束的人员获取其遵守独立性政策和程序的书面确认函。

（2）防范同一高级人员由于长期执行某一客户的鉴证业务可能对独立性造成的威胁：建立适当的标准，以便确定是否需要采取防护措施，将由于关系密切造成的威胁降至可接受的水平；对所有的上市公司财务报表审计，按照法律法规的规定定期轮换项目负责人。

五、业务关系

客户是会计师事务所的业务来源，但客户的风险也可能转化为注册会计师风险。为此，会计师事务所对业务管理应当制定统一的政策和程序，并做好以下工作：

（一）评价客户的诚信

了解以下信息，评价客户的诚信。具体包括以下内容：

（1）客户主要股东、关键管理人员、关联方及治理层的身份和商业信誉；

（2）客户的经营性质；

（3）客户主要股东、关键管理人员及治理层对内部控制环境和会计准则等的态度；

（4）客户是否过分考虑将收费维持在尽可能低的水平；

（5）工作范围受到不适当限制的迹象；

（6）客户可能涉嫌洗钱或其他刑事犯罪行为的迹象；

（7）变更会计师事务所的原因。

可以通过下列途径获取与客户诚信相关的信息：

（1）与为客户提供专业会计服务的现任或前任人员进行沟通，并与其他第三方讨论。这种沟通包括询问是否存在与客户意见不一致的事项及该事项的性质，客户是否有人为地、错误地影响注册会计师出具恰当的报告的情形及其证据等。

（2）询问会计师事务所其他人员或金融机构、法律顾问和客户的同行等第三方，询问可以涵盖客户管理层对于遵守法律法规要求的态度。

（3）从相关数据库中搜索客户的背景信息。例如，通过客户的年报、中期财务报表、向监管机构提交的报告等，获取相关信息。

（二）考虑具有执行业务必要的人员、专业胜任能力、时间和资源

在确定是否具有接受新业务所需的必要素质、专业胜任能力、时间和资源时，应当考虑下列事项，以评价新业务的特定要求和所有相关级别的现有人员的基本情况。

（1）工作人员是否熟悉相关行业或业务对象；

（2）工作人员是否具有执行类似业务的经验，以及有效获取必要技能和知识的能力；

（3）单位是否拥有足够的具有必要素质和专业胜任能力的人员；

（4）在需要时，是否能够得到专家的帮助；

（5）如果需要项目质量控制复核，是否具备符合标准和资格要求的项目质量控制复核人员；

（6）是否能够在提交报告的最后期限内完成业务。

（三）能够满足职业道德规范要求

在确定是否接受新业务时，应当考虑接受该业务是否满足职业道德规范要求，是否会导致现实或潜在的利益冲突。同时，考虑以前业务执行过程中发现的重大事项，对保持客户关系可能造成的影响。

如果在接受业务后如果获知某项信息，可能导致拒绝该项业务，应当考虑：①适用于该业务环境的法律责任，包括是否向委托方报告或在某些情况下向监管机构报告；②解除该项业务约定或同时解除该项业务约定及其客户关系的可能性。

在确定解除业务约定或客户关系时应考虑：

（1）与客户适当级别的管理层和治理层讨论可能采取的适当行动；

（2）如果确定解除业务约定或同时解除业务约定及其客户关系是适当的，应当就解除的情况及原因与客户适当级别的管理层和治理层讨论；

（3）考虑是否存在职业准则或法律法规的规定，要求保持现有的客户关系，或向监管机构报告解除的情况及原因；

（4）记录重大事项及其咨询情况、咨询结论和得出结论的依据。

六、人力资源管理

会计师事务所是一个“人合”组织，应当“以人为本”，制定政策和程序合理保证拥有足够的具有必要素质和专业胜任能力并遵守职业道德规范的人员，以使会计师事务所和项目负责人能够按照法律法规、职业道德规范和业务准则的规定执行业务，并根据具体情况出具适当的报告。

人力资源政策和程序包括：①招聘；业绩评价；②人员素质；③专业胜任能力；④职业发展；⑤晋升；⑥薪酬；⑦人员需求预测。

招聘时应选择正直的、通过发展能够具备执行业务所需的必要素质和专业胜任能力的人员。组织人事部门通常应该定期或不定期地评价总体人员需求，并根据现有人员的数量及层次结构、现有客户数、业务量、业务结构、预期业务增长率、人员流动率和晋升变化等因素，确定招聘目标和方案。

应该通过职业教育、培训、工作经验等方式提高人员素质和专业胜任能力。应该特别强调对各级别人员进行继续培训的重要性，并提供必要的培训资源和帮助，以使人员能够发展和保持必要的素质与专业胜任能力。

应当制定业绩评价、薪酬及晋升程序，对发展和保持专业胜任能力并遵守职业道德规范的人员给予应有的肯定和奖励。

七、项目组的委派

审计业务通常按照项目组织实施的。项目组负责人和成员的委派是否得当，直接关系到业务完成的质量。会计师事务所应当制定委派项目负责人和配备项目小组成员的政策与程序，确保项目负责人及其小组成员具有履行职责必要的素质、专业胜任能力、权限和时间。

会计师事务所应当根据具体情况委派适当人员担任项目合伙人，并清楚界定和告知项目合伙人的职责，以使其能够发挥对某项业务质量的控制作用。

选派的项目负责人应该达到以下要求：

（1）通过适当的培训和参与业务，获得执行类似性质和复杂程度业务的知识与经验；

（2）掌握法律法规、职业道德规范和业务准则的规定；

（3）具有相关技术知识，包括信息技术知识；

（4）熟悉客户所处的行业，具有职业判断能力；

（5）掌握会计师事务所质量控制政策和程序。

会计师事务所应当配备具有必要素质、胜任能力和时间的项目组成员，按照职业准则和法律法规的规定执行业务，以使会计师事务所和项目合伙人能够出具适合具体情况的报告。委派项目组成员时应考虑下列事项：

（1）业务类型、规模、重要程度、复杂性和风险；
（2）需要具备的经验、专业知识和技能；
（3）对人员的需求以及在需要时能否获得具备相应素质的人员；
（4）拟执行工作的时间；
（5）人员的连续性和轮换要求；
（6）在职培训的机会；
（7）需要考虑独立性和客观性的情形。

对于大型会计师事务所，由于项目数量众多，往往会产生人员和项目的矛盾。对于复杂或规模大、风险高的项目，会计师事务所应当在人员安排上保证这个项目有足够的人员；对于高风险的审计项目，可以规定委派具有丰富经验的审计人员担任第二项目合伙人或质量控制复核负责人加强风险控制。

八、业务执行控制

（一）指导、监督与复核

会计师事务所应当制定政策和程序，以合理保证按照法律法规、职业道德规范和业务准则的规定执行业务，使会计师事务所和项目负责人能够根据具体情况出具恰当的报告。会计师事务所通常使用书面或电子手册、标准化底稿以及指南性材料等文件使其制定的政策和程序得到贯彻。

项目组的所有成员事前应当了解拟执行工作的目标。项目负责人应当通过适当的团队工作和培训，使经验较少的项目组成员清楚了解所分派工作的目标。

项目负责人事中对业务的监督包括以下几个方面：
（1）追踪业务进程；
（2）考虑项目组各成员的素质和专业胜任能力，以及是否有足够的时间执行工作，是否理解工作指令，是否按照计划的方案执行工作；
（3）解决在执行业务过程中发现的重大问题，考虑其重要程度并适当修改原计划的方案；
（4）识别在执行业务过程中需要咨询的事项，或需要由经验较丰富的项目组成员考虑的事项。

在复核项目组成员已执行的工作时，复核人员应当考虑：
（1）工作是否已按照法律法规、职业道德规范和业务准则的规定执行；
（2）重大事项是否已提请进一步考虑；
（3）相关事项是否已进行适当咨询，由此形成的结论是否记录和执行；
（4）是否需要修改已执行工作的性质、时间和范围；
（5）已执行的工作是否支持形成的结论，并得到适当记录；
（6）获取的证据是否充分、适当；
（7）业务程序的目标是否实现。

（二）咨询

注册会计师不是万能的，为保持项目小组的业务胜任能力，可以通过会计师事务所的咨询政策，确保业务质量。

（1）就疑难问题或争议事项进行适当咨询；

（2）可获取充分的资源进行适当咨询；

（3）咨询的性质和范围得以记录；

（4）咨询形成的结论得到记录和执行。

咨询途径包括与内部或外部具有专门知识、经验及技能的人员，在适当专业层次上进行的讨论，以解决疑难问题或争议事项。

应当建立与执行处理和解决项目组内部、项目组与被咨询者之间以及项目负责人与项目质量控制复核人员之间的意见分歧的政策和程序。只有意见分歧问题得到解决，项目负责人才能出具报告。

（三）项目质量控制复核

对于特定的业务项目，应该建立项目质量控制复核制度，以客观评价项目组做出的重大判断以及在准备报告时得出的结论。项目质量控制复核是指不参与该项目业务的人员，在出具报告前，对项目组做出的重大判断和在准备报告时形成的结论做出客观评价的过程。所有上市公司财务报表审计应实施项目质量控制复核。

项目质量控制复核制度应当包括以下内容：

（1）项目质量控制复核的性质、时间和范围；

（2）项目质量控制复核人员的资格标准；

（3）对项目质量控制复核的记录要求。

九、业务工作底稿

业务工作底稿是对业务实施全过程的工作记录，会计师事务所应当制定政策和程序，以满足下列要求：

（1）安全保管业务工作底稿并对业务工作底稿保密；

（2）保证业务工作底稿的完整性；

（3）便于使用和检索业务工作底稿；

（4）按照规定的期限保存业务工作底稿。

十、监控

为合理保证质量控制的政策和程序是相关与适当的，并正在有效运行，会计师事务所应该建立监控机制。对质量控制政策和程序遵守情况的监控旨在评价：

（1）遵守法律法规、职业道德规范和业务准则的情况；

（2）质量控制制度设计是否适当，运行是否有效；

（3）质量控制政策和程序应用是否得当，以便组织和项目负责人能够根据具体情况出具恰当的业务报告。

对质量控制制度的监控应当由具有专业胜任能力的人员实施，可以委派主任会计师、副主任会计师或具有足够、适当经验和权限的其他人员履行监控责任。

根据会计师事务所的规模、分支机构的数量及分布、前期实施监控程序的结果、人员和分支机构的权限、会计师事务所业务和组织结构的性质及复杂程度、与特定客户和业务相关的风险，合理确定监控的组织方式。

实施周期性的业务检查，周期最长不得超过 3 年。在每个周期内，应对每个项目合伙人的业务至少选取一项进行检查。

会计师事务所应当从以下几个方面对质量控制制度进行持续考虑和评价：

（1）确定质量控制制度的完善措施，包括要求对有关教育与培训的政策和程序提供反馈意见；

（2）与适当人员沟通已识别的质量控制制度在设计、理解或执行方面存在的缺陷；

（3）由适当人员采取追踪措施，以对质量控制政策和程序及时做出必要的修正。

会计师事务所应当适当处理有关投诉和指控，其相关政策和程序，要确保其能够接收到有关质量方面的投诉和指控，及时、专业和公正地对投诉和指控进行调查，以及根据调查结果做出适当的处理。

第四章
法律责任

学习目标：

通过本章学习，你应该能够：

●了解不同时期注册会计师承担的责任为何不同；

●理解审计法律责任；

●区分管理责任与审计责任；

●明确注册会计师在业务活动中应当查找哪些问题；

●明确注册会计师法律责任的引发原因；

●理解注册会计师承担民事法律责任的不同要件；

●理解注册会计师为避免法律诉讼应当采取哪些措施。

在任何一个国家，从事任何一项专门职业，都要承担与其社会地位相应的责任，我们称为职业责任。注册会计师向客户和第三方提供意见与报告，客户和第三方利用这些意见和报告，一旦遭受损失，他们会选择控告注册会计师，以寻求补偿。

[引例] 基金提供公司（Fund of Funds）是一家专门购买其他共同基金的共同投资公司，20 世纪 70 年代末，决定实施多元化经营，计划大量投资石油和天然气资产。根据和金资源公司（King Resource Company）签订的合同，基金提供公司支付大约 9 000 万美元购买了 400 吨石油和天然气，合同约定该资产出售价格既要使基金提供公司满意，又要让金资源公司可以接受。

同一家会计师事务所审计了这两家公司。在审计金资源公司时，会计师事务所了解到该公司将同一产品销售给基金提供公司的价格比销售给其他客户的价格高许多，但会计师事务所没有公开这个秘密，也没有告诉基金提供公司管理当局。很久以后，基金提供公司知道价格差异后便起诉会计师事务所，认为会计师事务所要么应向自己披露对方违反协议的情况，要么应辞去其中一家公司的审计业务，而会计师事务所以保密责任为由抗辩。

思考：你认为会计师事务所应承担责任吗？为什么？

第一节 责任界定

一、审计责任的演进

在审计发展史上，注册会计师的审计责任不是一成不变的，而是随着社会经济的发展和使用者的预期不断演进发展。主要经历了以下三个阶段：

（一）以揭弊查错为主的阶段

揭弊查错审计责任，这一阶段起始于民间审计产生之时，到20世纪30年代财务报表审计形成为止。这一阶段，社会对审计需求的主要原因，在于公司股东需要通过审计来了解掌握公司管理人员履行其经营职能的情况，因此，审计的目的就是揭露在业务经营过程中管理人员有无舞弊行为和差错。虽然以后人们逐渐认识到，注册会计师不可能承担揭露所有的欺诈、舞弊和差错的责任，公司管理层也有责任采取措施预防欺诈、舞弊和差错的发生，但对重大的舞弊和差错，注册会计师有责任予以揭露；否则，就没有履行其职责，没有达到审计目标。

（二）以验证财务报表的真实公允为主的阶段

这一阶段始于20世纪30年代中期到80年代。在这一阶段，审计的责任转向对财务报表是否真实公允地反映了公司的财务状况和经营成果，发表具有权威性的专家鉴证意见，因此，注册会计师必须对其发表意见的正确性、可靠性负责。这一阶段审计责任产生的原因是多方面的。

1. 社会环境的变化

20世纪以后，以美国为代表的资本主义经济开始迅速发展，特别是股份公司的大量涌现，使经济生活出现了两个新变化：一是企业管理者受托经济责任的范围扩大，企业管理责任不再仅仅表现在与股东和债权人的关系上，还表现在与其他许多利益相关者的直接关系上，包括工人的就业、顾客的消费权利、潜在投资者、债权人的投资安全保障等。由于这种关系集中地表现在对企业财务信息的需求上，因此，随着管理责任的强化，社会对企业财务信息需求也日益增加。二是企业的筹资逐渐由银行转向证券市场，使企业风险的承担者由银行转向证券市场，即由银行转为广大的股东。虽然银行仍然是企业的重要债权人，仍然关心企业的财务状况，但对企业更有影响的大量股东的出现，使整个社会对企业会计信息的关注从财务状况迅速转向盈利能力。上述两个变化的出现推动了审计责任的转换。

2. 审计新技术的发展

内部控制理论的出现及其在实务中的运用对审计产生了两个重要影响：一是审计界开始认为，欺诈舞弊可以通过建立完善的内部控制制度来予以控制，因而，防止舞弊主要是企业管理层的职责。20世纪三四十年代，这一观点就已被广大公司的管理部门所接受。二是由于内部控制理论的建立，使审计技术发生了重大的变革。由于企业业务的扩张和审计费用的相对有限，抽查方法已在当时得到运用，但由于抽查方法仅凭经验判断，因此，抽查结论的正确性就受到怀疑。内部控制理论的出现，将当时业已存在的抽查方法建立在对内部控制制度的测试基础上，这样不仅可以提高工作效率，而且对保证审计的质量起了相当大的作用。揭弊查错的职责由注册会计师转向公司管理部门，又将抽查方法建立在对内部控制的评价基础之上，使注册会计师对财务报表的真实公允性进行验证，不仅具有可能性，而且具有现实性，从而使这一转变正式完成。

（三）以验证财务报表的真实公允与揭弊查错并重的阶段

这一阶段的开始以《审计准则公告》的发布为标志。促使揭弊查错重新成为审计主要目标的首要原因是20世纪60年代以后企业管理人员欺诈舞弊案的增加及诉讼爆炸。在此之前，防止雇员舞弊是企业管理部门的职责，但现在管理人员也参加舞弊，这样对社会造成的危害则是巨大的，因此，社会对注册会计师应承担揭弊查错的责任的呼声越来越强烈。实际上，从社会公众的观点看，揭弊查错一直是他们对注册会计师提出的要求，再加上政府管理机构的压力，使得注册会计师职业界不得不把真实公允与揭弊查错并重为审计责任。

二、理解法律责任

英国著名学者汤姆李在《企业审计》一书中，将审计责任按不同的责任对象划分为三部分。一是法律责任：审计师对企业及其股东的契约责任。二是道德责任：审计师遵循职业行为规范对自己的职业和同行应负的责任。三是道义责任：审计师对法律上未要求其负责的那些人（如贷款人、供应商、政府机构和雇员等）应负的社会责任。

审计（鉴证）是一个职业，注册会计师从事职业活动应承担的责任即是职业责任，它是这个职业赖以生存和发展的基础。注册会计师的法律责任是指注册会计师在履行职业责任时，未按法律法规、业务准则和道德规范执业，社会强制其承担的法律后果。

职业责任是法律责任的前提，法律责任建立在履行职业责任的基础上，注册会计师承担法律责任与否取决于职业责任履行是否正确充分。注册会计师的职业责任在于按照执业准则的要求出具审计报告，其职业的性质决定了他所担负的是对社会公众的责任，履行职业责任是其职责所在，法律责任则是对其履行职业责任行为的规范、约束及其责任履行不当给予的制裁。

注册会计师是否承担法律责任以及承担法律责任的大小要视其履行职业责任的情况及其履职过程中是否存在违约、重大过失或欺诈等行为。通常情况下，注册会计师诉讼事项需要证明：

（1）财务报表存在一个或者多个重大错报；

（2）运用业务准则可以发现这些重大错报；

（3）原告依赖了该财务报表；

（4）原告由于这种依赖受到了损失。

职业责任明确了注册会计师应履行的职责，指出什么是可作为的且应当作为的；法律责任明确了未按要求正确充分履行职业责任需负的行政责任或民事责任或刑事责任，强调什么是禁止行为及若作为所带来的法律后果。

三、管理责任与审计责任

（一）管理责任

公司的所有权与经营权分离后，管理层负责公司的日常经营管理并承担受托责任。管理层通过编制财务报表反映受托责任的履行情况。为了借助公司内部之间的权力平衡和制约关系（内部控制）保证财务信息的质量，现代公司治理结构往往要求治理层对管理层编制财务报表的过程实施有效的监督。

在治理层的监督下，管理层作为会计工作的行为人，对编制财务报表负有直接责任。《中华人民共和国会计法》第二十一条规定，财务会计报告应当由单位负责人和主管会计工作的负责人、会计机构负责人（会计主管人员）签名并盖章；设置总会计师的单位，还须由总会计师签名并盖章。单位负责人应当保证财务会计报告真实、完整。

在被审计单位治理层的监督下，按照适用的会计准则和相关会计制度的规定编制财务报表是被审计单位管理层的责任。管理层对编制财务报表的责任具体包括以下几个方面：

1. 选择适用的会计准则和相关会计制度

管理层应当根据会计主体的性质和财务报表的编制目的，选择适用的会计准则和相关会计制度。就会计主体的性质而言，民间非营利组织适合采用《民间非营利组织会计制度》，事业单位通常适合采用《事业单位会计制度》，而企业根据规模和行业性质，分别适合采用《企业会计准则》《企业会计制度》《金融企业会计制度》和《小企业会计制度》等。

按照编制目的，财务报表可以分为通用目的和特殊目的两种报表。前者是为了满足范围广泛的使用者的共同信息需要，如为公布目的而编制的财务报表；后者是为了满足特定信息使用者的信息需要。相应地，编制和列报财务报表适用的会计准则和相关会计制度也有所不同。

2. 选择和运用恰当的会计政策

会计政策是指企业在会计确认、计量和报告所采用的原则、基础和会计处理方法。管理层应当根据企业的具体情况，选择和运用恰当的会计政策。

3. 根据企业的具体情况，做出合理的会计估计

会计估计是指企业对其结果不确定的交易或事项以最近可利用的信息为基础所做的判断。财务报表中涉及大量的会计估计，如固定资产的预计使用年限和净残值、应收账款的可收回金额、存货的可变现净值以及预计负债的金额等。管理层有责任根据企业的实际情况，做出合理的会计估计。

为了履行编制财务报表的职责，管理层通常设计、实施和维护与财务报表编制相关的内部控制，以保证财务报表不存在由于舞弊或错误而导致的重大错报。

（二）审计责任

注册会计师作为独立的第三方，对财务报表发表审计（鉴证）意见，有利于提

高财务报表的可信赖程度。为履行这一职责，注册会计师应当遵守职业道德规范，按照业务准则的规定，获取充分、适当的审计证据，并根据获取的审计证据得出合理的审计结论，发表恰当的审计意见。注册会计师通过签署审计报告确认其责任。

财务报表审计不能减轻被审计单位管理层和治理层的责任。法律法规要求管理层和治理层对编制财务报表承担责任，有利于从源头上保证财务信息质量。同时，在某些方面，注册会计师与管理层和治理层之间可能存在信息不对称。管理层和治理层作为内部人员，对企业的情况更为了解，更能做出适合企业特点的会计处理决策和判断，因此管理层和治理层理应对编制财务报表承担完全责任。尽管在审计过程中，注册会计师可能向管理层和治理层提出调整建议，甚至在不违反独立性的前提下为管理层编制财务报表提供一些协助，但管理层仍然对编制财务报表承担责任，并通过签署财务报表确认这一责任。

注册会计师按照业务准则的规定执行审计工作，能够对财务报表整体不存在重大错报提供合理保证。由于审计中存在的固有限制影响注册会计师发现重大错报的能力，注册会计师不能对财务报表整体不存在重大错报获取绝对保证。导致固有限制的因素主要包括：①选择性测试方法的运用；②内部控制的固有局限性；③大多数审计证据是说服性而非结论性的；④为形成审计意见而实施的审计工作涉及大量判断；⑤某些特殊性质的交易和事项可能影响审计证据的说服力。

四、应当承担的责任类型

按照业务准则的要求，注册会计师有责任和义务揭示财务报表中的重大错报。若注册会计师未能揭示管理层财务报表中的重大错报，可能形成注册会计师的法律责任。

（一）查找错误、舞弊与违反法规行为

1. 错误

错误是指导致财务报表错报的非故意的行为。错误的主要情形包括以下几种：①为编制财务报表而收集和处理数据时发生失误；②由于疏忽和误解有关事实而做出不恰当的会计估计；③在运用与确认、计量、分类或列报（包括披露）相关的会计政策时发生失误。

2. 舞弊

舞弊是指被审计单位的管理层、治理层、员工或第三方使用欺骗手段获取不当或非法利益的故意行为。舞弊行为主体的范围很广，可能是被审计单位的管理层、治理层、员工或第三方。涉及管理层或治理层一个或多个成员的舞弊通常被称为“管理层舞弊”，只涉及被审计单位员工的舞弊通常被称为“员工舞弊”。无论是何种舞弊，都有可能涉及被审计单位内部或与外部第三方的串谋，而舞弊行为的目的则是为特定个人或利益集团获取不当或非法利益。

与财务报表审计相关的舞弊行为。一类是对财务信息做出虚假报告，另一类是侵占资产。这两类行为都可能导致财务报表发生错报。

对财务信息做出虚假报告，可能是管理层希望误导财务报表使用者对被审计单位业绩或盈利能力的判断。之所以会发生这种行为，是因为管理层需要履行受托资

产保值增值的经管责任，而财务业绩（特别是盈利能力）往往被视为受托经管责任履行情况的替代指标。对财务信息做出虚假报告通常出于下列重要动机：①迎合市场预期或特定监管要求；②牟取以财务业绩为基础的私人报酬最大化；③偷逃或骗取税款；④骗取外部资金；⑤掩盖侵占资产的事实。对财务信息做出虚假报告的重要表现形式，包括对会计记录或相关文件记录的操纵、伪造或篡改，对交易、事项或其他重要信息在财务报表中的不真实表达或故意遗漏，以及对会计政策和会计估计的故意误用。对财务信息做出虚假报告的行为往往是受到被审计单位管理层的授意和掌控的，因此通常与管理层凌驾于控制之上有关。管理层通过凌驾于控制之上实施舞弊的重要手段有以下几种：

（1）编制虚假的会计分录，特别是在临近会计期末时；

（2）滥用或随意变更会计政策；

（3）不恰当地调整会计估计所依据的假设及改变原先做出的判断；

（4）故意漏记、提前确认或推迟确认报告期内发生的交易或事项；

（5）隐瞒可能影响财务报表金额的事实；

（6）构造复杂的交易以歪曲财务状况或经营成果；

（7）篡改与重大或异常交易相关的会计记录和交易条款。

侵占资产是指被审计单位的管理层或员工非法占用被审计单位的资产。侵占资产的常用手段包括以下几种：

（1）贪污收入款项。如侵占收回的货款、将汇入已注销账户的收款转移至个人银行账户。

（2）盗取货币资金、实物资产或无形资产。如窃取存货自用或售卖、通过向公司竞争者泄露技术资料以获取回报。

（3）使被审计单位对虚构的商品或劳务付款。如向虚构的供应商支付款项、收受供应商提供的回扣并提高采购价格、虚构员工名单并支取工资。

（4）将被审计单位资产挪为私用。如将公司资产作为个人贷款或关联方贷款的抵押。

对财务信息做出虚假报告的动机可能是掩盖侵占资产的事实。实际上，侵占资产通常伴随着虚假或误导性的文件记录，其目的是隐瞒资产缺失或未经适当授权使用资产的事实。

防止或发现舞弊是被审计单位治理层和管理层的责任。在防止或发现舞弊的责任方中，治理层发挥的是一种监督职责，即监督管理层建立和维护内部控制。治理层积极的监督有助于保证管理层诚信责任的履行。在行使治理职能时，治理层有责任考虑管理层凌驾于控制之上或对财务报表过程产生其他不当影响的可能性，例如，管理层试图操纵利润以误导财务报表使用者对被审计单位财务业绩的看法。管理层有责任在治理层的监督下建立良好的控制环境，维护有关政策和程序，以保证有序和有效地开展业务活动，包括制定和维护与财务报表可靠性相关的控制，并对可能导致财务报表发生重大错报的风险实施管理。

3. 违反法规行为

违反法规行为是指被审计单位有意或无意地违反会计准则和相关会计制度之外的法律法规的行为。对财务报表审计而言，适用的会计准则和相关会计制度是注册会计师评价财务报表的合法性和公允性时直接使用的判断依据。也就是说，被审计单位违反会计准则和相关会计制度，将直接影响财务报表的合法性和公允性。而被审计单位如违反其他法律法规，可能与财务报表无关，但也可能对财务报表造成影响。违反法规行为具体涉及下列三个方面：

（1）被审计单位从事的违反法规行为；

（2）以被审计单位名义从事的违反法规行为，如控股股东以被审计单位名义从事的违反法规行为；

（3）管理层或员工以被审计单位名义从事的违反法规行为，但不包括管理层和员工个人从事的、与被审计单位经营活动无关的不当行为。

保证经营活动符合法律法规的规定，防止和发现违反法规行为是被审计单位管理层的责任。注册会计师不应当、也不能对防止被审计单位违反法规行为负责，但执行年度财务报表审计可能是遏制违反法规行为的一项措施。在设计和实施审计程序以及评价和报告审计结果时，注册会计师应当充分关注被审计单位违反法规行为可能对财务报表产生重大影响。注册会计师应实施相应的审计程序，以确定是否存在可能对财务报表产生重大影响的违反法规行为。在考虑被审计单位的一项行为是否违反法律法规时，注册会计师应当征询法律意见。因为判断某行为是否违法需要法律裁决，通常超出了注册会计师的专业胜任能力。虽然注册会计师通过培训获得的知识、个人执业经验和对被审计单位及其行业的了解，可能为确定某项引起其注意的行为是否违反法律法规提供了基础，但注册会计师通常根据有资格从事法律业务的专家的意见，确定某项行为是否违反法律法规或可能违反法律法规。

错误、舞弊和违反法规行为的发生主体是被审计单位，被审计单位管理当局对此承担直接责任和会计责任。注册会计师并不直接对被审计单位的错误、舞弊和违反法规行为承担法律责任。注册会计师只要按照执业准则的规定，保持了职业上应有的职业谨慎态度，实施了适当且必要的审计程序，是可以将财务报表中的重大错误、舞弊及违反法规行为查出来的。但由于注册会计师审计自身的固有局限性，不能要求注册会计师发现和揭露被审计单位财务报表中的所有错误、舞弊及违反法规行为，既不对财务报表中所有未查出的错报承担责任，也不意味着注册会计师对未能查出被审计单位财务报表中的错报没有责任，关键是看未能查出财务报表错报的原因是否源于注册会计师的过失，如表4-1所示。

表4-1　　错误与舞弊、违反法规行为的区别

不同点	错误	舞弊	违法
1. 原因不同	无意	故意	同舞弊
2. 手段不同	未实施掩盖手法	实施掩盖手法	同舞弊
3. 形式不同	原理性、技术性的差错明显	隐蔽难以查证	同舞弊

表4-1（续）

不同点	错误	舞弊	违法
4. 目的不同	不以实现结果为目的	以实现结果为目的	同舞弊
5. 结果不同	可能影响他人、自己收益	肯定影响他人、自己收益	同舞弊
6. 性质不同	过失	不法行为	同舞弊

（二）揭示经营失败

经营失败是指由于极端经营风险发生而导致企业破产或者不能偿还债权人的借款。经营失败是经营风险的极端表现。经营风险是指企业由于经济或经营条件，比如经济萧条、管理决策失误或者同行之间的恶性竞争等，导致债权人的借款不能归还或者无法实现投资人的预期收益。随着经济的发展和社会竞争的日益加剧，企业的经营失败随时有可能发生。

审计失败是指注册会计师由于没有遵守执业准则而形成或出具了错误的审计意见。企业出现经营失败，可能存在审计失败，也可能不存在审计失败。主要取决于注册会计师在审计过程中是否遵守了审计准则，是否存在过失行为。如果注册会计师遵守了执业准则的规定，没有过失行为，即使出现经营失败，也不会存在审计失败。但是，在实际审计工作中，注册会计师确属遵守了执业准则的规定，也有可能提出错误的审计意见，我们把这种情况称为审计风险。

经营失败与审计失败之间并不存在因果关系。但当经营失败发生，注册会计师未发现重大错报，提出了错误的审计意见时，如何判断是审计失败还是审计风险，在财务报表使用者和注册会计师之间就会产生差异。使用者在企业经营失败发生时，往往会指责审计失败，部分原因是他们不了解注册会计师的责任，而更主要的原因是他们希望从注册会计师和会计师事务所那里得到经济补偿。作为注册会计师来讲，当上述情况出现时，应就审计质量进行辩护，说明自己已经尽到了应有的职业谨慎，遵守了执业准则的规定，不存在过失行为。尽管审计工作的复杂性致使在实践中很难确定注册会计师是否尽到应有的职业谨慎，由于司法传统，也很难判断谁有权期望获得审计利益，但注册会计师也许有责任向财务报表使用者和其他关系人说明注册会计师的作用和经营风险、审计失败与审计风险之间的区别。

五、引起法律责任的原因

如果注册会计师存在以下未尽履职责任的情况，可能承担法律责任。

（一）过失

所谓过失（Negligence）是指在一定条件下，注册会计师缺少应具备的合理的职业谨慎。判断注册会计师是否具有过失，是以在相同条件下其他合格的注册会计师可做到的谨慎为标准。当注册会计师的过失给审计报告使用者造成损害时，应承担过失责任。过失责任按程度可以分为普通过失和重大过失。

1. 普通过失

普通过失（Ordinary Negligence）又称为一般过失，通常是指没有保持职业上应有的合理的谨慎（Reasonable Care）。对于注册会计师审计来讲，普通过失是指注册会计师在执业过程中没有完全遵守审计专业准则的要求。比如，对于应收账款的存在认定审计项目，由于函证的数量不够，没有能够取得必要和充分的函证回函就做出了财务报表反映的应收账款项目是真实的审计结论，可视为普通过失。

2. 重大过失

所谓重大过失（Gross Negligence）是指最低的职业谨慎（Minimum Care）都未保持，对业务或事务不加考虑，满不在乎。就注册会计师来讲，重大过失是指根本没有遵守审计专业准则或者没有按专业准则的基本要求执行审计。例如，不遵守独立审计准则的规定，对应收账款根本未采取函证程序，就做出了财务报表反映的应收账款项目真实的结论，应作为重大过失。

此外，如果注册会计师对于他人承担过失责任，但同时他人自己也未能保持合理的谨慎而存在过失，我们称之为共同过失。例如，在审计过程中，注册会计师未能发现现金短少而被管理层控告过失责任，注册会计师则可以现金短少是由于被审计单位内部控制制度无效造成的为理由，反诉被审计单位。这种过失称为共同过失。

"重要性"和"内部控制"这两个概念有助于区分注册会计师的普通过失和重大过失。如果财务报表中个别项目存在重大错报事项，注册会计师运用常规审计程序应该能够发现，但因工作疏忽大意而未能将重大错报查出来，就很有可能在法律诉讼中被解释为重大过失。如果财务报表有多处错报事项，但每处都不重大，综合起来对财务报表影响较大，即财务报表作为一个整体可能严重失实。在这种情况下，法院一般认为注册会计师具有普通过失，而非重大过失，因为常规审计程序发现每处较小错误事项的可能性较小。

财务报表审计依赖内部制度，即以评价内部控制风险为基础开展实质性程序。如果内部控制制度不健全或者无效，注册会计师应调整实质性程序的性质、范围和时间。如果注册会计师对被审计单位控制风险的评价出现重大误差，导致财务报表中的重大错报未能查出来，应承担重大过失责任。如果被审计单位的内部控制制度本身健全，但由于被审计单位有关人员串通作弊，而导致被审计单位内部控制失效。通常情况下，注册会计师查出这种错误的可能性较小，一般会认为注册会计师没有过失或者具有普通过失。

注册会计师是否具有过失？是普通过失还是重大过失？有无欺诈行为？具体到每一个案例，其表现不尽相同，如图 4-1 所示。

（二）欺诈

欺诈（Fraud），即注册会计师舞弊，是指以欺骗或坑害他人为目的的一种故意行为（Intent to Deceive）。作案者具有不良动机是欺诈的重要特征，也是欺诈与普通过失和重大过失的主要区别之一。对于注册会计师而言，欺诈就是为了达到欺骗他人的目的，明知被审计单位的财务报表存在重大错报，仍给以虚伪的陈述，出具不恰当审计意见的审计报告。

与欺诈相关的另一个概念是推定欺诈，又称为涉嫌欺诈，是指行为人虽无故意欺诈或坑害他人的动机，但确存在极端或异常的过失。推定欺诈和重大过失这两个概念往往难以界定。在美国，许多法院将注册会计师的重大过失解释为推定欺诈，特别是近年来，一些法院放宽了欺诈的范围，使推定欺诈与欺诈在法律上成为等效概念，使注册会计师的法律责任进一步加大。

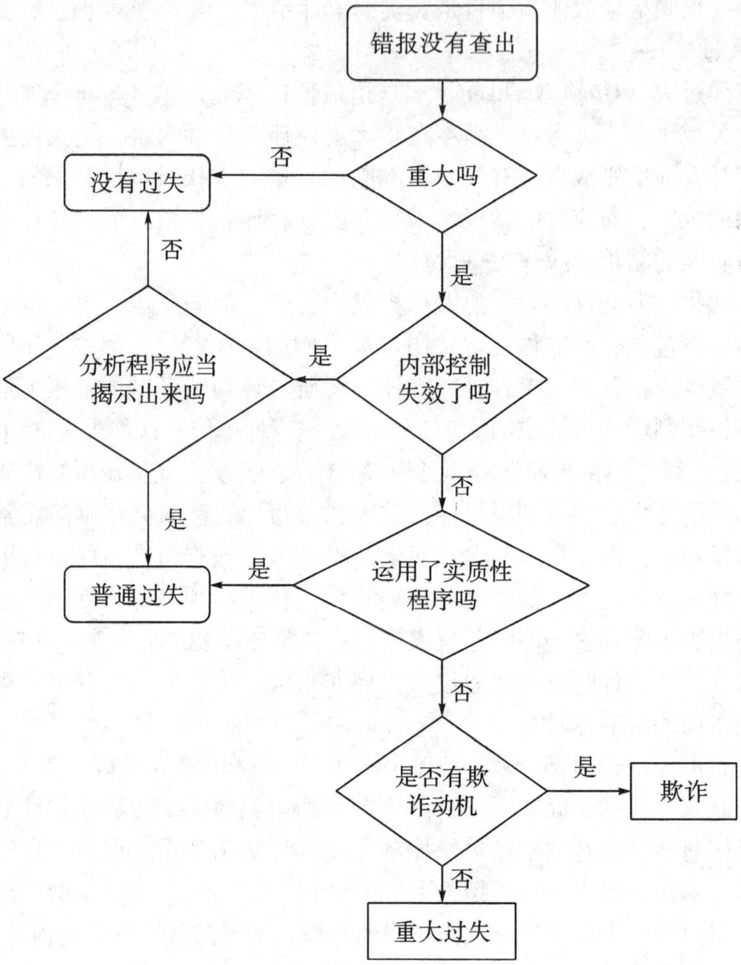

图 4-1 注册会计师责任认定

（三）违约

违约是指合同一方或几方未能达到合同条款的要求。注册会计师业务的合同主要表现为审计业务约定书。如果注册会计师或者会计师事务所没有按照审计业务约定书的要求，按质按时完成委托的审计业务，给委托人导致损失时，应承担违约责任。如未能按时完成委托的审计业务、未能遵守为被审计单位保守商业秘密等，注册会计师和会计师事务所应按有关规定赔偿违约损失。

第二节　民事法律责任认定

一、法律责任的种类

注册会计师为社会公众提供服务，承担的法律责任非常重大。注册会计师承担的法律责任包括行政责任、民事责任和刑事责任。行政责任主要是指在行政上的处罚，对注册会计师个人来说，包括警告、暂停执业、吊销注册会计师证书；对会计师事务所来说，包括警告、没收非法所得、罚款、暂停执业、撤销等。民事责任主要是指赔偿受害人的损失。刑事责任主要是指按照有关法律程序判处一定的徒刑。行政责任、民事责任和刑事责任可以单处，也可以并处。三大责任中，影响最大的是民事责任，如表 4-2 所示。

表 4-2　　注册会计师法律责任的种类

	原　因	处　罚
行政责任	违约、过失引起	就注册会计师而言，包括警告、暂停执业、吊销注册会计师证书； 就会计师事务所而言，包括警告、没收违法所得、罚款、暂停执业、撤销
民事责任	违约、过失、欺诈引起	赔偿受害人损失（影响最大）
刑事责任	由欺诈引起	按有关法律程序判处一定的徒刑

二、对客户的责任

注册会计师承担的法律责任，要么是对客户，要么是对第三方，因为他们都依赖注册会计师的专业服务和意见。通常情况下，采取民事法律行动需要证明：

（1）责任（注册会计师有过错）；

（2）因果关系（注册会计师执业失败导致损害发生）；

（3）损害赔偿（损失已经明确发生）。

注册会计师依据业务委托书（合约）提供审计服务，审计业务约定书规定或者依附的法律法规指明注册会计师的责任。客户起诉注册会计师，依据的是业务约定，即违反合同，只有合约当事人才能起诉注册会计师。

谨慎责任。注册会计师应该对什么承担责任，客户与注册会计师的意见不一定统一，注册会计师认为已经尽到了应有的职业谨慎，但客户可能认为没有尽到应有关注，两者的依据都是业务准则。注册会计师对应有谨慎应该达到其他专业人员在相似情况下普遍履行的关注和技能，其判断的标准是业务准则。注册会计师对客户承担的责任包括一般过失、重大过失和欺诈行为，但原告（客户）应承担举证责任。

保密责任。注册会计师与客户之间因业务产生保密关系。在实施审计业务过程中，注册会计师不可避免地会获得许多客户的秘密信息。如果注册会计师将这些秘密信息透露给他人，将会破坏保密关系。注册会计师对于泄露的具有商业价值的秘密信息，应对客户承担保密责任与义务的法律后果。

三、对第三方的责任

美国注册会计师法律责任的演变过程伴随成文法和习惯法的发展过程，通过对美国注册会计师成文法演变和习惯法中的几个著名案例，可以对美国注册会计师法律责任的演变过程有一个管窥。

（一）成文法下的责任

1.《1933 年证券法》

《1933 年证券法》是在借鉴英国证券立法经验和美国各州立法的基础上产生的。在民事责任方面，主要针对发行证券申报登记文件中重大事实的不实陈述的法律责任进行了规定。其中规定登记文件不实陈述的法律责任的条款主要是第 11 节。有权就注册会计师不当行为提出诉讼的原告仅限于证券的原始购买人，二级市场当中更广泛的投资大众无权就注册会计师在发行上市材料当中的误述或者遗漏提出赔偿。但注册会计师只要犯有普通过失，就必须承担民事赔偿责任；原告（证券原始购买人）只需证明他遭受了损失并且说明审计报告令人误解，其他举证责任，如是否存在过错、投资者的损失与审计报告之间是否存在因果关系，则转移到注册会计师身上，即所谓的举证责任倒置。

在刑事责任方面，《1933 年证券法》中的有关刑事责任的规定是：故意违反证券法的规定及有重大虚假陈述的注册会计师，一经证明有罪，应处以不超过 10 000 美元的罚金或者不超过 5 年的有期徒刑，或者两者并罚。

2.《1934 年证券交易法》

《1934 年证券交易法》第十八（a）条规定了注册会计师的不实陈述民事责任。该法赋予享有权利的人群大大扩大，注册会计师要对使用上市公司财务报表和审计报告、买卖证券的任何人（即第三人）负责。但是原告不仅需要证明他遭受了损失以及财务报表有误，而且要向法院证明它信赖了令人误解的财务报表，即损失与财务报表之间的因果关系。另外，注册会计师的责任也仅限于重大过失和欺诈。

《1934 年证券交易法》中的有关刑事责任的规定是：故意违反本法的虚假陈述行为在证实基础上应被处以 100 万美元以下的罚款或处以 10 年以下有期徒刑，或两者并处。如果该人员为非自然人，则应处以 250 万美元以下的罚款；但是任何人如果证明其不知道有关规则、规章的规定，个人不得因违反此类规则或规章而判处有期徒刑。

3.《私人证券诉讼改革法案》

自 20 世纪 70 年代开始，证券市场的投资者掀起了对注册会计师行业的诉讼浪潮。原因之一是信息的依赖得到“欺诈市场”理论的支持。司法审判加重了注册会计师的法律责任。为了减轻诉讼带来的沉重民事赔偿负担，国会终于在 1995 年通过了《私人证券诉讼改革法案》。该法案与《1933 年证券法》和《1934 年证券交易法》相比，最大的突破就是用“公允份额”的比例责任系统替代以往的连带责任规则。根据比例责任原则，除非被告是故意违反证券法律，否则被告仅需要赔偿他们在比例责任中应分摊的份额。

4.《萨班斯—奥克斯利法案》

2001年开始，美国相继爆出一系列会计造假丑闻，而且愈演愈烈。这不仅引起了民众的震惊，也严重打击了投资者的信心和美国股市。美国政府对会计造假丑闻做出了快速反应，国会于2002年7月25日通过了《萨班斯—奥克斯利法案》。该法案中涉及注册会计师法律责任的内容主要有审计独立性的强化、处罚措施的细化、刑事责任的加重和诉讼时效的延长。该法案设立了注册会计师行业外部的自律性监督机构——上市公司会计监管委员会。该委员会一旦发现备案会计师事务所或有关人员的行为违反了本法案、委员会规则、证券法律中关于编制和出具审计报告以及会计师责任的条款，就可以实施其认为适当的惩戒或纠正性处罚。该法案加重了对注册会计师违法行为的处罚力度。

从以上几部美国成文证券法律的演变可以看出，美国注册会计师的法律责任经历了两个阶段。第一阶段是从证券法到私人证券诉讼改革法案，法律规则由粗略到细化、由严厉到缓和。具体体现在过错认定、比例责任和赔偿额的限定。第二阶段是《萨班斯—奥克斯利法案》颁布后法律责任有所加重。主要体现在处罚措施的细化、刑事责任的加重及诉讼时效的延长。

（二）习惯法下的责任

1. 1931年的厄特马斯法案

道奇尼文会计师事务所（Ultramares V. Touche）受聘为主要从事橡胶生意的弗雷德·斯特公司审计，弗雷德·斯特公司经营不善，营运资金周转困难，于1925年1月宣告破产。厄特马斯公司是一家主要从事应收账款业务的金融公司，于1924年3月根据弗雷德·斯特公司审计后的财务报表批准向其提供了三笔共计16.5万美元的贷款。厄特马斯公司于弗雷德·斯特公司提出破产后起诉会计师事务所，认为其审计时不负责任甚至有欺诈可能，才导致了公司损失。该法案是美国第一起审计报告使用者起诉注册会计师的案例，由于判例的空白，经过数次审判和上诉，最终以“道奇尼文会计师事务所因事先不知审计报告的具体使用者是谁”而免于赔偿。这是一个划时代的案例，它创造了“厄特马斯主义”（即知悉法则）：如果是一般过失，注册会计师只需对已确知其姓名的审计报告的主要受益者这一特定的第三者负责任；如果是重大过失和欺诈行为，则对一切可合理预见的第三者负责任。

2. 1983年的罗森布勒姆法案

作为被告的注册会计师为巨人仓储公司的财务报表签发了无保留意见的审计报告，报告显示该公司是盈利的。以这些报表为依据，罗森布勒姆向巨人仓储公司出售了一项业务，换取了巨人仓储公司的股份。然而，不久巨人仓储公司因资不抵债，提出破产申请，其股票变得一文不值。为此，罗森布勒姆指控巨人仓储公司的注册会计师犯有普通过失。

在这一案件中，首先对厄特马斯主义提出了挑战，判定注册会计师不仅要对客户及直接受益人负责，还要对因依赖存在重大错报的财务报表而遭受损失的可预见第三者负责。

3. 1983 年的花旗州银行案

威斯康星州法院进一步扩大了第三者的范围，将其扩大到所有可合理预见的第三者。它进一步偏离了厄特马斯主义，而采用美国侵权法修订法案（第二版）第 522 款。法官放弃知悉法则的一个考虑，正如威斯康星州法院所宣称的："如果依赖信息的第三者，如债权人，不允许从注册会计师那里得到赔偿，那么公众所承担的信贷成本将会提高，因为债权人将被迫或者承担因信赖错误的报表而发放的不良贷款的损失，或者雇佣独立会计师验证财务信息，而注册会计师则可以通过投保职业责任险转移、分散风险。"

4. 1985 年的信贷同盟公司案

原告信贷同盟公司将大约 900 万美元贷款给斯密斯公司，该公司随后就宣告破产。信贷同盟公司（Credit Allianc）以斯密斯公司用经安达信会计师事务所审计后的财务报表来争取贷款为由，起诉安达信，最后信贷同盟公司胜诉。但纽约上诉法院也重申了厄特马斯主义，并进一步创设了三点关联测试以判定知悉是否存在，从而确定注册会计师是否应当对第三者承担法律责任。

5. 1993 年的 Bily V. Anhur Young Co 案

加利福尼亚高等法院在审理安永会计师事务所一案中，驳回了购买奥斯邦计算机公司（Osboune Computer Corporation）股票投资人的起诉（这些投资人在购买奥斯邦计算机公司股票后不久，该公司即宣告破产）。这些投资人诉讼的理由是：他们轻信了经该会计师事务所审计过的奥斯邦计算机公司 1992 年的财务报表，而该报表实际上存在严重错误。但法院认为，由于原告不符合上述三个条件，所以，不予以立案。在该案件的判决中，加利福尼亚高等法院认为："注册会计师在审计过程中仅对客户负有合理谨慎的责任"，因为"如果……简单地准许第三者以客户的财务报表存在错误为由起诉注册会计师并得到赔偿，注册会计师事实上就不仅成为财务报表的保证人，还成为不良贷款和投资的担保人"。知悉法则的重新确立，一定程度上减轻了注册会计师诉讼的风险，使得注册会计师面临的法律环境得以改善。

从判例法看，美国民事法律惩罚机制的安排也走过反反复复的历程，其间，始终没有发生重大变化的是，原告始终必须证明他遭受了损失、财务报表存在错误、依赖了财务报表、注册会计师行为存在缺陷，即民事诉讼四要素。注册会计师的法律责任经历了只是对委托人负有限责任到注册会计师对第三者开始承担责任的年代到对一切可合理预见的第三者负责任。

2006 年 7 月 31 日，湖北蓝田股份有限公司（后改名为"生态农业"）造假案，由武汉市中级人民法院公开宣判：83 名原告向 11 名被告索赔 617 万余元，法院判决被告生态农业公司赔偿原告 540 多万元。包括华伦会计师事务所在内的其他 8 名被告，被法院判决对原告的经济损失承担连带赔偿责任。这是中国会计师事务所在"虚假陈述证券民事赔偿案"中承担民事责任的首例判决。蓝田股份有限公司造假案的判决和 2007 年 6 月 4 日最高人民法院审判委员会第 1 428 次会议通过《最高人民法院关于审理涉及会计师事务所在审计业务活动中民事侵权赔偿案件的若干规定》的颁布，标志着注册会计师民事责任的强化，民事诉讼逐渐完善。

[**讨论案例**] 艾·瑞克作为纽约的一个商人，管理位于曼哈顿第五大街1136号的1 136租户公司。麦克森·罗森堡会计师事务所的一位合伙人与瑞克达成口头协议，为1 136租户提供代理记账或簿记服务，报酬600美元。瑞克从该公司挪用了近13万美元。租户们无法收回被挪用的资金，便对为1 136租户公司编制年度财务报表和纳税申报表的罗森堡会计师事务所提起诉讼，主要指控事实为该会计师事务所没有发现并报告瑞克贪污基金的行为。

根据法院审判前的审问，说明原告口头上与被告公司协议，要求罗森堡会计师事务所根据原告的管理者瑞克所提供的资料进行记账，被告定期按通常会计格式向原告方及其股东报告。不幸的是，瑞克提供给他们的原始资料完全是错误的。尽管按照协议，罗森堡会计师事务所提供的仅是记账服务，但法庭仍认为，会计师事务所应有职业上的义务，对执行业务过程中引起他们关注的一些特别事项与租户进行沟通。罗森堡会计师事务所的一位合伙人证实说：他的下属人员的确查阅了银行对账单和其他一些相关资料，以求对租户基金项目所报告的金额予以核实。原告法律顾问认为，租户方有理由相信罗森堡会计师事务所提供了超过记账的服务。例如，罗森堡会计师事务所提供的收入报表中，包括了一项1 136租户的费用，罗森堡会计师事务所将其列作“审计费用”。法庭认为，罗森堡会计师事务所未能提供一份有说服力的证明书，以否认他们没有执行审计工作，而仅仅是编制未经全面审计的财务报表，故法庭判决罗森堡会计师事务所应赔给原告1 136租户23万美元。

思考：法庭判决的依据是什么？为什么？

第三节　防范措施

注册会计师需要对社会公众提供专业服务，其职业性质决定了它是一个容易遭受法律诉讼的行业，而那些蒙受经济损失的受害人总是想通过起诉注册会计师及会计师事务所以得到经济补偿。在西方国家，法律诉讼一直是困扰注册会计师职业的一大难题。特别是近些年，随着注册会计师法律责任的扩展和被控诉案件的急剧增加，整个注册会计师职业界都在积极研究如何避免法律诉讼的问题。

注册会计师要有效应对法律诉讼，关键是采取切实可行的措施，减少过失行为，防止欺诈行为的发生。

一、缩小期望差距

会计信息使用者总是希望能用钱换来他们据以决策的可靠会计信息，由于多数会计信息使用者不能控制被审计单位而承担信息使用的决策风险，他们开始把注册会计师看成风险分摊者，从而将自己的风险转嫁在注册会计师身上。由于企业经营管理过程的复杂性以及注册会计师总要受到众多的客户、时间和成本的约束，注册会计师难以在结果上向信息需求者提供会计信息准确无误的保证，而只能期望做到过程上的公正和谨慎的保证。审计委托者、利益相关者、社会大众等对审计质量的无限期望（公众期望）与注册会计师及会计师事务所对审计质量的有限期望（业界期望）之间便形成了一种差异，这种差异就是审计期望差异。审计期望差异构成注册会计师审计法律责任形成的根本原因。

从绝对意义上讲，审计期望差异是客观地、永久地存在的，在某一特定历史时段，这一差异可能趋于接近，之后又可能开始加大；但从总体上讲，随着社会公众对注册会计师的职责及审计目标的逐步了解与理解，公众期望会缓慢下调，同时随着注册会计师执业水平的不断提高，业界期望则会逐渐上升。

从相对意义上讲，公众期望与业界期望有着不同的关注点，公众由于要依据审计结果做出有关判断与决策，故其关注审计结果，期望审计结果无缺陷，而业界由于注重动态质量控制，故其关注审计过程，期望审计过程无缺陷。根据国际会计师组织联合会1995年对其36个国家47个成员组织（代表全球90%的注册会计师）的调查，以会计信息使用者为代表的公众与以注册会计师为代表的业界之间的期望差异是造成诉讼泛滥的重要原因。

从动因理论来讲，注册会计师法律诉讼发生的原因主要是财务报表使用者的期望与注册会计师职业特性之间存在明显的差距，即使用者的期望过高，注册会计师的满足能力不足。对于财务报表使用者的过高期望，一方面应加强对使用者的教育，让他们了解注册会计师职业的特性，不对绝无错误承担责任，对审计后的财务报表只能提供合理保证；另一方面，注册会计师及会计师事务所应通过反击诉讼来解脱责任，告诫财务报表使用者，即使从短期来看，反击诉讼的成本大于私了成本，也应在所不惜，以维护长期利益。

就注册会计师职业本身来讲，在增加满足能力的同时，更为详细地说明已经完成的审计工作，关注重大错报的财务报表。主要包括：①健全业务准则，以使注册会计师能更好地了解揭示可能存在重大错报的财务报表的审计责任。如更大范围地检查主要错报、更好地执行审计程序、更好地与使用者沟通、改进同管理当局的沟通等。②改进注册会计师的标准审计报告，使其能更好地表达注册会计师完成的审计工作。③保护注册会计师。如要求管理当局提供声明书、增加同业复核等。

二、谨慎受托

注册会计师审计是受托审计，有委托才能进行审计。做好受托环节的工作，预防法律诉讼的发生。

（一）审慎选择客户

中外注册会计师法律诉讼的历史告诉我们，注册会计师意欲避免卷入法律诉讼，必须对被审计单位进行必要的了解，审慎选择客户。特别应注意陷入财务和法律困境的委托单位、频繁变更委托的单位以及管理当局品质不正的单位。资金周转不灵、面临破产公司的股东和债权人总是想为他们的损失寻找替罪羊。喜好舞弊的被审计单位管理当局总是设计好圈套让注册会计师往里钻。

（二）加强对被审计单位的了解

会计是经济活动的载体，财务报表审计并不是仅对会计资料进行审计，而且还要对被审计单位会计资料及其反映的经济业务活动进行审计。为此，注册会计师在接受业务委托之前，应充分了解被审计单位的情况以及所在行业经济业务活动的特征。在实际工作中，许多的诉讼就是因为注册会计师不了解被审计单位所在行业的情况以及被审计单位的业务，而导致重要错报未能发现。因此，在接受业务委托之前，应充分关注被审计单位及其所在行业的经济环境，关注风险的高低。

（三）强化业务约定书

业务约定书是明确注册会计师与委托单位责任的重要法律文书，具有经济合同的性质。会计师事务所在接受任何业务的委托之前，都应按要求与委托人签订业务约定书，明确规定双方的权利和义务。业务约定书规定得越具体和明确，越有利于发生法律诉讼时，减少纠纷的领域，保护注册会计师和会计师事务所。

三、严格标准执业

注册会计师只有遵守专业规范，在执业时保持应有的职业谨慎，才可能减少或者避免过错的发生，规避法律诉讼。为此，注册会计师应严格遵守业务准则、道德准则的各项规定，理解和掌握专业技术标准和行为道德标准的要求，会计师事务所应严格制定和执行质量控制政策和程序，建立健全质量控制制度，并将制度推行到每一个人、每一个部门、每一项业务，使注册会计师严格按照专业标准执业，保证整个会计师事务所的工作质量。特别是严格关键环节的管理，比如注册会计师和会计师事务所的独立性、执业时注册会计师应有的职业谨慎、执业过程中的执业监督等。同时，加强与被审计单位审计委员会的沟通和交流。

四、诉讼准备

由于财务报表使用者对注册会计师职业的错误理解以及经济补偿利益的驱动，注册会计师及会计师事务所难免不涉及法律诉讼。为此，应做好以下工作：

（一）提取风险基金和购买责任保险

我国《注册会计师法》规定，会计师事务所应当按规定建立职业风险基金，并购买职业保险。建立职业风险基金和购买职业保险是会计师事务所极为必要的保护措施，尽管不能直接免除可能受到的法律诉讼，但能够防止或减少诉讼失败时会计师事务所所发生的灾难性损失。

（二）聘请熟悉注册会计师法律责任的律师

会计师事务所应尽可能聘请熟悉有关法律和注册会计师法律责任的律师。在执业过程中，如遇重大法律问题，应同本所或者外聘律师详细讨论所有潜在的危险情况，并仔细考虑律师的建议。一旦发生法律诉讼，也应聘请经验丰富的律师参与法律诉讼。

第五章
基本审计流程

学习目标：

通过本章学习，你应该能够：

●理解审计基本流程包括哪些阶段；

●掌握业务约定书的内容；

●了解评价被审计单位环境的要素；

●明确审计工作底稿的特点；

●区分控制测试与实质性程序。

［引例］A集团系中央直属管理的国有重要骨干企业集团之一，主营业务为大型发电设备的制造、安装和成套设备出口，从水电、煤电、气电、核电、新能源产品、环保产品、舰船驱动、电力驱动与控制保护到现代制造服务业，各类重大电力项目都有涉足，兼营房地产业务，集团拥有H股上市公司一家。现需要对A集团2013年度财务报表及合并财务报表进行审计，出具审计报告、专项审计报告和管理建议书；对公司内部控制制度的健全性和执行的有效性进行审核，出具内部控制评价报告；对公司资产质量进行调查，出具资产质量调查报告。

思考：审计的基本流程应该是怎么样的？多项审计的流程相同吗？

第一节 审计流程概述

审计流程是指审计从接受客户委托或者授权开始，到制订审计计划、收集与评价审计证据和出具审计报告为止的整个过程。一般包括三个阶段：审计计划工作阶段、审计实施阶段和审计报告阶段。审计计划阶段包括受托、签约和计划审计工作，审计实施阶段主要是运用控制测试和实施性测试收集审计证据，审计报告阶段主要包括做出审计结论和出具审计报告。

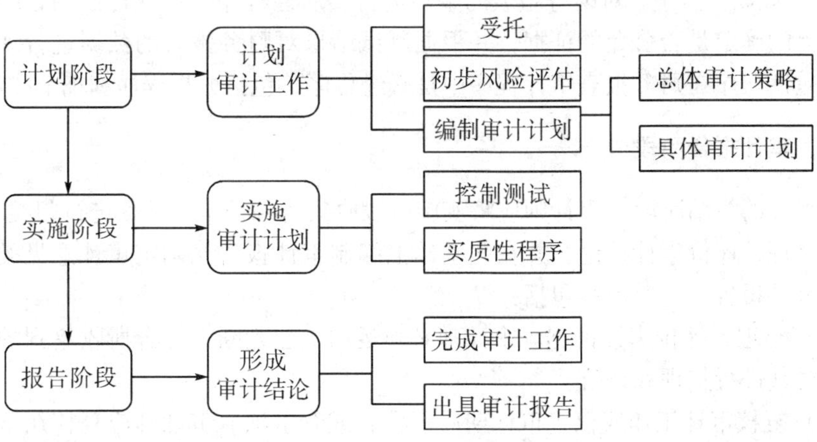

图 5-1　审计流程

一、审计计划阶段

在审计计划阶段，审计师的工作主要有：

（1）接受业务约定。接受客户委托，并签订审计业务约定书。签约的目的是明确双方各自的责任与业务，增进会计师事务所与委托人或被审计单位之间的了解。

（2）初步风险评估。通过对被审计单位的经营情况与特点、组织结构向管理层进行了解，以掌握被审计单位的经营与管理方面的基本情况。通过了解被审计单位的财务状况、管理水平和经营状况，有助于审计师正确地评估审计风险，以便对财务报表整体发表审计意见，使审计风险保持在适当的水平。

（3）执行分析程序。执行分析程序可以帮助审计师找出可能存在的潜在错漏报领域，以确定审计程序的性质、时间和范围。

（4）确定重要性水平。在计划审计工作时，审计师应当对重要性水平做出初步判断，以确定审计范围和所需审计证据的数量。

（5）制订审计计划。在对被审计单位的情况有初步了解的基础上，审计师需要制订总体审计策略和具体审计计划，对审计工作进行总体安排和具体安排。

二、审计实施阶段

审计实施阶段是指审计计划的执行阶段，即审计师根据审计计划阶段所确定的工作方案，实施审计程序，收集和评价审计证据，形成审计结论。在审计实施阶段，审计师的工作主要有：

（1）控制测试。控制测试是在对被审计单位内部控制了解的基础上，对内部控制的设计合理性和运用有效性进行的测试。在风险导向审计技术下，财务报表审计程序主要分为三个部分：风险评估程序（包括了解内部控制）、控制测试和实质性程序。对被审计单位内部控制是否进行测试，关键取决于内部控制的了解和审计师是否准备信赖内部控制，并以对内部控制测试结果——控制风险的高低，来决定实质性程序的性质、时间和范围。

(2) 实质性程序。对财务报表的金额进行实质性程序，可取得证明管理层在财务报表上的确定是否公允的证据，并根据测试结果对财务报表的数据进行评价和鉴定。实质性程序在财务报表审计程序中是必经程序，包括分析程序和细节测试。

三、审计报告阶段

在审计的终结阶段，审计师应将实施阶段收集的各种审计证据进行归类、汇总、分析、整理，评价审计结论，并在此基础上编制审计报告，确定审计意见类型，最后提交审计报告。主要内容包括：

(1) 整理、评价审计证据。审计师必须运用专业判断，综合所收集到的审计证据，并对其进行整理和评价。

(2) 复核审计工作底稿，审计期后事项和或有事项。审计师应复核在审计实施阶段所形成的各种类型的审计工作底稿；期后事项和或有事项都是对审计报告的结论会产生较大影响的事项，因此审计师应在审计的终结阶段对此应采取专门的审计程序予以审查。

(3) 评价审计结果。主要是整理在实施阶段收集的各种审计证据，在此基础上确定将要发表的审计意见类型。

(4) 编制并提交审计报告。审计师应按照审计准则的要求，编制审计报告，并在规定的时间内提交审计报告。

第二节 计划审计工作

审计计划阶段的主要工作是依据审计项目委托或者授权，安排项目审计流程，其主要工作我们称为计划审计工作。其内容包括：

一、业务受托

审计师在接受审计业务委托之前，应通过对被审计单位情况的了解来评价客户的诚信度，防范管理层因缺乏诚信或承受异常的压力引发舞弊而转移风险。同时，考虑会计事务所的业务经验、能力以及职业道德关于独立性要求的满足情况决定是否接受委托。一旦确定接受委托，应签订业务约定书。

(一) 审计业务约定书的作用

审计业务约定书（Audit Engagement Letter）是指会计师事务所与被审计单位签订的，用以记录和确认审计业务的委托与受托关系、审计工作的目标和范围、双方的责任以及出具报告的格式等事项的书面协议。

审计师应当在审计业务开始前，与客户就审计业务约定条款达成一致意见，并签订审计业务约定书，以避免双方对审计业务的理解产生分歧。

审计业务约定书的含义可从以下几个方面加以理解：

(1) 签约主体通常是会计师事务所和被审计单位。但也存在委托人与被审计单位不是同一方的情形，在这种情形下，签约主体通常还包括委托人。

（2）约定内容主要涉及审计业务的委托与受托关系、审计目标和范围、双方责任以及报告的格式。

（3）文件性质属于书面协议，具有委托合同的性质，一经有关签约主体签字或盖章，在各签约主体之间即具有法律约束力。

签署审计业务约定书的目的是为了明确双方的责任与义务，保护双方的利益。其主要作用有：①增进双方的了解，减少误会；②鉴定审计业务的完成情况和检查审计义务的履行情况；③鉴定双方的责任范围。

（二）审计业务约定书的内容

审计业务约定书的内容和格式，因审计业务和被审计单位的不同而异。《中国审计师审计准则第1111号——审计业务约定书》将初次审计时与客户签订的审计业务约定书内容区分为两个层次：一是审计师应当在审计业务约定书中列明的内容；二是根据情况需要，审计师应当考虑在审计业务约定书中列明的其他内容。

1. 应当在审计业务约定书中列明的内容

（1）财务报表审计的目标，即审计师通过实施审计工作，对财务报表在所有重大方面是否按照适用的会计准则和相关会计制度公允反映发表意见。

（2）审计工作的范围和依据，包括提及在执行财务报表审计时遵守的中国审计师的审计准则。

（3）管理层的责任和义务：

①管理层对财务报表的责任，即按照适用的会计准则和相关会计制度的规定编制和列报财务报表；

②管理层编制财务报表采用的会计准则和相关会计制度；

③管理层为审计师提供必要的工作条件和协助；

④审计师不受限制地接触任何与审计有关的记录、文件和所需要的其他信息；

⑤管理层对其做出的与审计有关的声明予以书面确认。

（4）审计师的责任和义务：

①审计师的责任，即按照中国审计师审计准则的要求对财务报表发表意见；

②对执业过程中获知的客户信息保密。

（5）审计测试的限制：由于测试的性质和审计的其他固有限制，以及内部控制的固有局限性，不可避免地存在着某些重大错报可能仍然未被发现的风险。

（6）审计业务执行的结果的报告形式或其他沟通方式，即以书面报告或其他报告方式将审计业务的执行结果报告给客户。

（7）收费的计算基础和收费安排：审计业务约定书上应明确审计收费的计费依据、计费标准及付费方式与时间。

（8）审计报告格式和对审计结果的其他沟通形式，即以书面报告或其他报告方式将审计业务的执行结果报告给客户。

（9）违约责任。

（10）解决争议的办法。

（11）签章。签约双方法定代表人或其授权代表的签字或盖章，以及签约双方加盖的公章。

2. 审计业务约定书的特殊考虑

（1）考虑特定需要

如果情况需要，审计师在应当考虑在审计业务约定书中列明下列内容：

①在某些审计方面对利用其他审计师和专家工作的安排；

②与审计涉及的客户内部审计人员和其他员工工作的协调；

③在首次接受审计委托时，对与前任审计师沟通的安排；

④预期向被审计单位提交的其他函件或报告；

⑤与治理层整体直接沟通；

⑥审计师与客户之间需要达成进一步协议的事项。

（2）集团审计

如果负责集团财务报表审计的审计师同时负责组成部分财务报表的审计，审计师应当考虑下列因素，决定是否与各个组成部分单独签订审计业务约定书。

①组成部分审计师的委托人。如果集团和组成部分审计是由不同的委托人委托的，审计师应当与不同的委托人分别签订审计业务约定书。例如，××会计师事务所受甲集团母公司委托，对甲集团合并财务报表及集团母公司年度财务报表进行审计，同时，甲集团所属子公司乙公司也聘请××会计师事务所对年度财务报表进行审计。在这种情况下，××会计师事务所应当分别与甲公司和乙公司签订审计业务约定书。

②是否对组成部分单独出具审计报告。如果集团母公司聘请审计师对集团合并财务报表和集团组成部分的年度财务报表进行审计，但明确不对集团组成部分单独出具审计报告，那么，审计师一般无须与组成部分另行签订审计业务约定书。

③法律法规的规定。如果法律法规有明确要求，应按相关要求办理。

④母公司、总公司或总部占组成部分的所有权份额。如果母公司、总公司或总部占组成部分的所有权份额很大，那么审计师可能无须与组成部分另行签约。

⑤组成部分管理层的独立程度。组成部分管理层是指负责编制组成部分财务信息的管理层。

在某些情况下，组成部分管理层没有独立决策的权力（如组成部分是某公司的销售部门），而由集团管理层进行日常经营决策，而且很可能该组成部分在法律上也不具备独立签约的资格，那么审计师与其签约是没有意义的。

（3）连续审计

在连续审计的情况下，审计师并不需要在每一期间与客户签订新的审计业务约定书，可与被审计单位签订长期审计业务约定书。但如果出现下列情况，审计师应当考虑重新签订审计业务约定书：

①有迹象表明客户误解审计的目标和工作范围；

②需要修改约定条款或增加特别条款；

③高级管理人员、董事会或所有权结构近期发生变动；

④客户业务的性质或规模发生重大变化；

⑤法律法规的要求；

⑥管理层编制财务报表采用的会计准则和相关会计制度发生变化。

（4）变更审计

在具体的审计实务中，客户可能由于下述原因在审计师完成审计业务前要求将审计业务变更为保证程度较低（如财务报表审阅）的鉴证业务。①情况变化对审计服务的需求产生影响；②对原来要求的审计业务的性质存在误解；③审计工作范围存在限制。审计师应分析和判断业务变更是否合理，若同意客户将审计业务变更为相关服务之前，还应当考虑变更业务对法律责任或合同条款的影响。如果认为变更业务具有合理的理由，并且已实施的审计工作遵守了审计准则，审计准则也适用于变更后的业务，审计师可以根据修改后的业务约定条款出具报告。为避免引起报告使用者的误解，报告不应提及下列内容：

①原来的审计业务；

②在原来的审计业务中可能已执行的任何程序。

只有将审计业务变更为执行商定程序业务，审计师才可以在报告中提及已执行的程序。

如果变更业务约定条款，审计师应当与客户就新的条款达成一致意见；如果没有合理理由，审计师不应同意变更业务；如果无法同意变更业务，客户又不允许继续原来的审计业务，审计师应当解除业务约定，并考虑是否有义务向董事会或者股东等方面报告解除业务约定的理由。

审计业务约定书签订好后应归入审计档案。会计师事务所或委托人如需修改、补充审计业务约定书，应当以适当方式获得对方的认可。

二、了解被审计单位及其环境

审计师应当从下列方面了解被审计单位及其环境：①相关行业状况、法律环境和监管环境及其他外部因素；②被审计单位的性质；③被审计单位对会计政策的选择和运用；④被审计单位的目标、战略以及可能导致重大错报风险的相关经营风险；⑤对被审计单位财务业绩的衡量和评价；⑥被审计单位的内部控制。

（一）相关行业状况、法律环境和监管环境及其他外部因素

审计师应当了解被审计单位的行业状况，主要包括：①所处行业的市场与竞争，包括市场需求、生产能力和价格竞争；②生产经营的季节性和周期性；③与被审计单位产品相关的生产技术；④能源供应与成本；⑤行业的关键指标和统计数据。被审计单位所处的法律环境与监管环境，审计师需要了解的内容主要包括：①会计原则和行业特定惯例；②受管制行业的法规框架；③对被审计单位经营活动产生重大影响的法律法规，包括直接的监管活动；④税收政策（关于企业所得税和其他税种的政策）；⑤目前对被审计单位开展经营活动产生影响的政府政策，如货币政策（包括外汇管制）、财政政策、财政刺激措施（如政府援助项目）、关税或贸易限制政策等；⑥影响行业和被审计单位经营活动的环保要求。其他影响被审计单位经营的外部因素，主要包括总体经济情况、利率、融资的可获得性、通货膨胀水平等。

比如当前的宏观经济状况以及未来的发展趋势如何，目前国内或本地区的经济状况（如增长率、通货膨胀率、失业率、利率等）怎样影响被审计单位的经营活动，被审计单位的经营活动是否受到汇率波动或全球市场力量的影响。

（二）被审计单位的性质

1. 所有权结构

对被审计单位所有权结构的了解有助于审计师识别关联方关系并了解被审计单位的决策过程。审计师应当了解所有权结构以及所有者与其他人员或实体之间的关系，获取被审计单位提供的所有关联方信息，并考虑关联方关系是否已经得到识别，关联方交易是否得到恰当记录和充分披露。例如，了解被审计单位是属于国有企业、外商投资企业、民营企业，还是属于其他类型的企业，还应当了解其直接控股母公司、间接控股母公司、最终控股母公司和其他股东的构成，以及所有者与其他人员或实体（如控股母公司控制的其他企业）之间的关系。

同时，审计师可能需要对其控股母公司（股东）的情况做进一步的了解，包括控制母公司的所有权性质、管理风格及其对被审计单位经营活动及财务报表可能产生的影响；控股母公司与被审计单位在资产、业务、人员、机构、财务等方面是否分开，是否存在占用资金等情况；控股母公司是否施加压力，要求被审计单位达到其设定的财务业绩目标。

2. 治理结构

良好的治理结构可以对被审计单位的经营和财务运作实施有效的监督，从而降低财务报表发生重大错报的风险。审计师应当了解被审计单位的治理结构。例如：董事会的构成情况、董事会内部是否有独立董事；治理结构中是否设有审计委员会或监事会及其运作情况；治理层是否能够在独立于管理层的情况下对被审计单位事务（包括财务报表）做出客观判断。

3. 组织结构

复杂的组织结构可能导致某些特定的重大错报风险。审计师应当了解被审计单位的组织结构，考虑复杂组织结构可能导致的重大错报风险，包括财务报表合并、商誉减值以及长期股权投资核算等问题。例如，对于在多个地区拥有子公司、合营企业、联营企业或其他成员机构，或者存在多个业务分部和地区分部的被审计单位，不仅编制合并财务报表的难度增加，还存在其他可能导致重大错报风险的复杂事项，包括对于子公司、合营企业、联营企业和其他股权投资类别的判断及其会计处理，商誉在不同业务分部间的减值等。

4. 经营活动

了解被审计单位经营活动有助于审计师识别预期在财务报表中反映的主要交易类别、重要账户余额和列报。审计师应当了解被审计单位的经营活动。主要包括：①主营业务的性质；②与生产产品或提供劳务相关的市场信息；③业务的开展情况；④联盟、合营与外包情况；⑤从事电子商务的情况；⑥地区分布与行业细分；⑦生产设施、仓库和办公室的地理位置，存货存放地点和数量；⑧关键客户；⑨货物和服务的重要供应商；⑩劳动用工安排；⑪研究与开发活动及其支出；⑫关联方交易等。

5. 投资活动

审计师应当了解被审计单位的投资活动，以便关注被审计单位在经营策略和方向上的重大变化。主要包括：

（1）近期拟实施或已实施的并购活动与资产处置情况，包括业务重组或某些业务的终止。审计师应当了解并购活动如何与被审计单位目前的经营业务相协调，并考虑它们是否会引发进一步的经营风险。例如，被审计单位并购了一个新的业务部门，审计师需要了解管理层如何管理这一新业务，而新业务又如何与现有业务相结合，发挥协同优势，如何解决原有经营业务与新业务在信息系统、企业文化等各方面的不一致。

（2）证券投资、委托贷款的发生与处置。

（3）资本性投资活动，包括固定资产和无形资产投资，近期或计划发生的变动以及重大的资本承诺等。

（4）不纳入合并范围的投资。例如，联营、合营或其他投资，包括近期计划的投资项目。

6. 筹资活动

了解被审计单位筹资活动有助于审计师评估被审计单位在融资方面的压力，并进一步考虑被审计单位在可预见未来的持续经营能力。审计师应当了解被审计单位的筹资活动，主要包括：①债务结构和相关条款，包括资产负债表外融资和租赁安排；②主要子公司和联营企业（无论是否处于合并范围内）；③实际受益方及关联方；④衍生金融工具的使用等。

7. 财务报表

了解财务报表情况，有助于审计师判断财务报表的合法性和公允性，主要包括：①会计政策和行业特定惯例，包括特定行业的重要活动（如银行业的贷款和投资、医药行业的研究与开发活动）；②收入确认惯例；③公允价值会计核算；④外币资产、负债与交易；⑤异常或复杂交易（包括在有争议的或新兴领域的交易）的会计处理（如对以股票为基准的薪酬的会计处理）。

（三）被审计单位对会计政策的选择和运用

1. 重大和异常交易的会计处理方法

了解本期执行的会计政策及发生的重大和异常交易行为。例如，本期发生的企业合并的会计处理方法。某些被审计单位可能存在与其所处行业相关的重大交易。例如，银行向客户发放贷款、证券公司对外投资、医药企业的研究与开发活动等，审计师应当考虑对重大的和不经常发生的交易的会计处理方法是否适当。

2. 在缺乏权威性标准或共识、有争议的或新兴领域采用重要会计政策产生的影响

在缺乏权威性标准或共识的领域，审计师应当关注被审计单位选用了哪些会计政策、为什么选用这些会计政策以及选用这些会计政策产生的影响。

3. 会计政策的变更

如果被审计单位变更了重要的会计政策，审计师应当考虑变更的原因及其适当性。①会计政策变更是不是法律、行政法规或者适用的会计准则和相关会计制度要求的变更；②会计政策变更是否能够提供更可靠、更相关的会计信息。除此之外，审计师还应当关注会计政策的变更是否得到充分披露。

除上述与会计政策的选择和运用相关的事项外，审计师还应对被审计单位下列与会计政策运用相关的情况予以关注：①是否采用激进的会计政策、方法、估计和判断；②财会人员是否拥有足够的运用会计准则的知识、经验和能力；③是否拥有足够的资源支持会计政策的运用，如人力资源及培训、信息技术的采用、数据和信息的采集等；④被审计单位是否按照适用的会计准则和相关会计制度的规定恰当地进行了列报，并披露了重要事项。列报和披露的主要内容包括：财务报表及其附注的格式、结构安排、内容，财务报表项目使用的术语，披露信息的明细程度，项目在财务报表中的分类以及列报信息的来源等。

（四）被审计单位的目标、战略以及可能导致重大错报风险的相关经营风险

经营风险是指可能对被审计单位实现目标和实施战略的能力产生不利影响的重要状况、事项、情况、作为（或不作为）而导致的风险，或由于制定不恰当的目标和战略而导致的风险。不同的企业可能面临不同的经营风险，这取决于企业经营的性质、所处行业、外部监管环境、企业的规模和复杂程度。管理层有责任识别和应对这些风险。

审计师应当了解被审计单位是否存在于下列方面有关的目标和战略，并考虑相应的经营风险。①行业发展；②开发新产品或提供新服务；③业务扩张；④新的会计要求；⑤监管要求；⑥本期及未来的融资条件；⑦信息技术的运用；⑧实施战略的影响，特别是由此产生的需要运用新的会计要求的影响。

（五）对被审计单位财务业绩的衡量和评价

被审计单位管理层经常会衡量和评价关键业绩指标（包括财务和非财务的）、预算及差异分析、分部信息和分支机构、部门或其他层次的业绩报告以及与竞争对手的业绩比较。此外，外部机构也会衡量和评价被审计单位的财务业绩，如分析师的报告和信用评级机构的报告。

在了解被审计单位财务业绩衡量和评价情况时，审计师应当关注下列信息：①关键业绩指标（财务或非财务的）、关键比率、趋势和经营统计数据；②同期财务业绩比较分析；③预算、预测、差异分析，分部信息与分部、部门或其他不同层次的业绩报告；④员工业绩考核与激励性报酬政策；⑤被审计单位与竞争对手的业绩比较。

内部财务业绩衡量可能显示未预期的结果或趋势。在这种情况下，管理层通常会进行调查并采取纠正措施。与内部财务业绩衡量相关的信息可能显示财务报表存在错报风险。例如，内部财务业绩衡量可能显示被审计单位与同行业其他单位相比具有异常快的增长率或盈利水平，此类信息如果与业绩资金或激励性报酬等因素结

合起来考虑，可能显示管理层在编制财务报表时存在某种倾向的错报风险。因此，审计师应当关注被审计单位内部财务业绩衡量所显示的未预期到的结果或趋势，管理层的调查结果和纠正措施，以及相关信息是否显示财务报表可能存在重大错报。

如果拟利用被审计单位内部信息系统生成的财务业绩衡量指标，审计师应当考虑相关信息是否可靠，以及利用这些信息是否足以实现审计目标。许多财务业绩衡量中使用的信息可能由被审计单位的信息系统生成。如果被审计单位管理层在没有合理基础的情况下，认为内部生成的衡量财务业绩的信息是准确的，而实际上信息有误，那么根据有误的信息得出的结论也可能是错误的。

（六）被审计单位的内部控制

内部控制是被审计单位为了合理保证财务报表的可靠性、经营的效率和效果以及对法律法规的遵守，由治理层、管理层和其他人员设计与执行的政策及程序。内部控制包括下列要素：①控制环境；②风险评估过程；③与财务报表相关的信息系统和沟通；④控制活动；⑤对控制的监督。

内部控制的目标旨在合理保证财务报表的可靠性、经营的效率和效果以及对法律法规的遵守。审计师审计的目标是对财务报表是否不存在重大错报发表审计意见，要求审计师在财务报表审计中考虑与财务报表编制相关的内部控制，但目的并非直接对被审计单位内部控制的有效性发表意见。因此，审计师需要了解和评价的内部控制只是与财务报表审计相关的内部控制，并非被审计单位所有的内部控制。

1. 控制环境

控制环境包括治理职能和管理职能，以及治理层和管理层对内部控制及其重要性的态度、认识和措施。控制环境设定了被审计单位的内部控制基调，影响员工对内部控制的认识和态度。良好的控制环境是实施有效内部控制的基础。

防止或发现并纠正舞弊和错误是被审计单位治理层和管理层的责任。在评价控制环境的设计和实施情况时，审计人员应当了解管理层在治理层的监督下，是否营造并保持了诚实守信和合乎道德的文化，以及是否建立了防止或发现并纠正舞弊和错误的恰当控制。实际上，在审计业务承接阶段，审计人员就需要对控制环境做出初步了解和评价。

在评价控制环境的设计时，审计人员应当考虑构成控制环境的要素，以及这些要素如何被纳入被审计单位业务流程：①对诚信和道德价值观念的沟通与落实；②对胜任能力的重视；③治理层的参与程度；④管理层的理念和经营风格；⑤组织结构；⑥职权与责任的分配；⑦人力资源政策与实务。

控制环境对重大错报风险的评估具有广泛影响，审计人员应当考虑控制环境是否为内部控制的其他要素提供了适当的基础，并且未被控制环境中存在的缺陷所削弱。

2. 风险评估

被审计单位的经营活动中会面临各种各样的风险，风险对其生存和竞争能力产生影响。很多风险并不为经济组织所控制，但管理层应当确定可以承受的风险水平，识别这些风险并采取一定的应对措施。

可能产生风险的事项和情形包括以下内容：

（1）监管及经营环境的变化；

（2）新员工的加入；

（3）新信息系统的使用或对原系统进行升级；

（4）业务快速发展；

（5）新技术；

（6）新生产型号、产品和业务活动；

（7）企业重组；

（8）发展海外经营；

（9）新的会计准则。

财务报表目标的风险评估过程包括识别与财务报表相关的经营风险，评估风险的重大性和发生的可能性，以及采取措施管理这些风险。与财务报表相关的风险也可能与特定事项和交易有关。审计人员应当了解被审计单位的风险评估过程和结果。在评价被审计单位风险评估过程的设计和执行时，审计人员应当确定管理层如何识别与财务报表相关的经营风险，如何估计该风险的重要性，如何评估风险发生的可能性，以及如何采取措施管理这些风险。如果被审计单位的风险评估过程符合其具体情况，了解被审计单位的风险评估过程和结果有助于审计人员识别财务报表重大错报的风险。

3. 信息系统与沟通

信息系统与沟通是收集与交换被审计单位执行、管理和控制业务活动所需信息的过程，包括收集和提供信息（特别是履行内部控制岗位职责所需的信息）给适当人员，使之能够履行职责。信息系统与沟通的质量直接影响到管理层对经营活动做出正确决策和编制可靠的财务报表的能力。

与财务报表相关的信息系统，包括用以生成、记录、处理和报告交易、事项和情况，对相关资产、负债和所有者权益履行经营管理责任的程序和记录。交易可能通过人工或自动化程序生成。记录包括识别和收集与交易、事项有关的信息。处理包括编辑、核对、计量、估价、汇总和调节活动，可能由人工或自动化程序来执行。报告是指用电子或书面形式编制财务报表和其他信息，供被审计单位用于衡量和考核财务及其他方面的业绩。

与财务报表相关的信息系统应当与业务流程相适应。业务流程是指被审计单位开发、采购、生产、销售、发送产品和提供服务、保证遵守法律法规、记录信息等一系列活动。

审计人员应当从下列方面了解与财务报表相关的信息系统：

（1）在被审计单位经营过程中，对财务报表具有重大影响的各类交易。

（2）在信息技术和人工系统中，交易生成、记录、处理和报告的程序。在获取了解时，审计人员应当同时考虑被审计单位将交易处理系统中的数据过入总分类账和财务报表的程序。

（3）与交易生成、记录、处理和报告有关的会计记录、支持性信息和财务报表中的特定项目。企业信息系统通常包括使用标准的会计分录，以记录销售、购货和现金付款等重复发生的交易，或记录管理层定期做出的会计估计，如应收账款可回收金额的变化。信息系统还包括使用非标准的分录，以记录不重复发生的、异常的交易或调整事项，如企业合并、资产减值等。

（4）信息系统如何获取除各类交易之外的对财务报表具有重大影响的事项和情况，如对固定资产和长期资产计提折旧或摊销、对应收账款计提坏账准备等。

（5）被审计单位编制财务报表的过程，包括做出的重大会计估计和披露。编制财务报表的程序应当同时确保适用的会计准则和相关会计制度要求披露的信息得以收集、记录、处理和汇总，并在财务报表中得到充分披露。

在了解与财务报表相关的信息系统时，审计人员应当特别关注由于管理层凌驾于账户记录控制之上，或规避控制行为而产生的重大错报风险，并考虑被审计单位如何纠正不正确的交易处理。

与财务报表相关的沟通包括使员工了解各自在与财务报表有关的内部控制方面的角色和职责、员工之间的工作联系，以及向适当级别的管理层报告例外事项的方式。公开的沟通渠道有助于确保例外情况得到报告和处理。沟通可以采用政策手册、会计和财务报表手册与备忘录等形式进行，也可以通过发送电子邮件、口头沟通和管理层的行动来进行。

审计人员应当了解被审计单位内部如何对财务报表的岗位职责，以及与财务报表相关的重大事项进行沟通。审计人员还应当了解管理层与治理层（特别是审计委员会）之间的沟通，以及被审计单位与外部（包括与监管部门）的沟通。

4. 控制活动

控制活动是指有助于确保管理层的指令得以执行的政策和程序，包括与授权、业绩评价、信息处理、实物控制和职责分离等相关的活动。

（1）授权

审计人员应当了解与授权有关的控制活动，包括一般授权和特别授权。授权的目的在于保证交易在管理层授权范围内进行。一般授权是指管理层制定的要求组织内部遵守的普遍适用于某类交易或活动的政策。特别授权是指管理层针对特定类别的交易或活动逐一设置的授权，如重大资本支出和股票发行等。特别授权也可能用于超过一般授权限制的常规交易。

（2）业绩评价

审计人员应当了解与业绩评价有关的控制活动，主要包括被审计单位分析评价实际业绩与预算（或预测、前期业绩）的差异，综合分析财务数据与经营数据的内在关系，将内部数据与外部信息来源相比较，评价职能部门、分支机构或项目活动的业绩，以及对发现的异常差异或关系采取必要的调查与纠正措施。

通过调查非预期的结果和非正常的趋势，管理层可以识别可能影响经营目标实现的情形。管理层对业绩信息的使用（如将这些信息是只用于经营决策，还是同时用于对财务报表系统报告的非预期结果进行追踪），决定了业绩指标的分析是只用于经营目的，还是同时用于财务报表目的。

（3）信息处理

审计人员应当了解与信息处理有关的控制活动。被审计单位通常执行各种措施，检查各种类型信息处理环境下的交易的准确性、完整性和授权。信息处理控制可以是人工的、自动化的，或是基于自动流程的人工控制。信息处理控制分为两类，即信息技术的一般控制和应用控制。

信息技术一般控制是指与多个应用系统有关的政策和程序，有助于保证信息系统持续恰当地运行（包括信息的完整性和数据的安全性），支持应用控制作用的有效发挥，通常包括数据中心和网络运行控制，系统软件的购置、修改及维护控制，接触或访问权限控制，应用系统的购置、开发及维护控制。例如，程序改变的控制、限制接触程序和数据的控制、与新版应用软件包实施有关的控制等都属于信息系统一般控制。

信息技术应用控制是指主要在业务流程层次运行的人工或自动化程序，与用于生成、记录、处理、报告交易或其他财务数据的程序相关，通常包括检查数据计算的准确性，审核账户和试算平衡表，设置对输入数据和数字序号的自动检查，以及对例外报告进行人工干预。

（4）实物控制

审计人员应当了解实物控制，主要包括了解对资产和记录采取适当的安全保护措施，对访问计算机程序和数据文件设置授权，以及定期盘点并将盘点记录与会计记录相核对。例如，现金、有价证券和存货的定期盘点控制。实物控制的效果影响资产的安全，从而对财务报表的可靠性及审计产生影响。

（5）职责分离

审计人员应当了解职责分离，主要包括了解被审计单位如何将交易授权、交易记录以及资产保管等职责分配给不同员工，以防范同一员工在履行多项职责时可能发生的舞弊或错误。当信息技术运用于信息系统时，职责分离可以通过设置安全控制来实现。某项经济业务授权批准的职务和该项经济业务执行的职务应分离。常见的职务分离包括：①执行某项经济业务的职务和审查稽核该项经济业务的职务应分离；②执行某项经济业务的职务与该项经济业务的记录职务；③保管某项财产物资的职务和该项财产物资的记录职务；④保管某项财产物资的职务和对该项财产物资进行清查的职务；⑤记录总账的职务和记录明细账、日记账的职务等。

在了解控制活动时，审计人员应当重点考虑一项控制活动单独或连同其他控制活动，是否能够以及如何防止或发现并纠正各类交易、账户余额、列报存在的重大错报。审计人员的工作重点是识别和了解针对重大错报可能发生的领域的控制活动。如果多项控制活动能够实现同一目标，审计人员不必了解与该目标相关的每项控制活动。

5. 监督

管理层的重要职责之一就是建立和维护控制并保证其持续有效运行，对控制的监督可以实现这一目标。监督是由适当的人员，在适当、及时的基础上，评估控制的设计和运行情况的过程。对控制的监督是指被审计单位评价内部控制在一段时间内运行有效性的过程，该过程包括及时评价控制的设计和运行，以及根据情况的变化采取必要的纠正措施。例如，管理层对是否定期编制银行存款余额调节表进行复核，内部审计人员评价销售人员是否遵守公司关于销售合同条款的政策，法律部门定期监控公司的道德规范和商务行为准则是否得以遵循等。监督对控制的持续有效运行十分重要。例如，如果没有对银行存款余额调节表是否得到及时和准确的编制进行监督，该项控制可能无法得到持续的执行。

审计人员应当了解被审计单位对控制的持续监督活动和专门的评价活动。通常，被审计单位通过持续的监督活动、专门的评价活动或两者相结合，来实现对控制的监督。

持续的监督活动通常贯穿被审计单位的日常经营活动与常规管理工作中。例如，管理层在履行其日常管理活动时，取得内部控制持续发挥功能的信息。当业务报告、财务报表与他们获取的信息有较大差异时，会对有重大差异的报告提出疑问，并做必要的追踪调查和处理。被审计单位可能使用内部审计人员或具有类似职能的人员对内部控制的设计和执行进行专门的评价，以找出内部控制的优点和不足，并提出改进建议。

被审计单位可能利用与外部有关各方沟通或交流所获取的信息监督相关的控制活动。在某些情况下，外部信息可能显示内部控制存在的问题和需要改进之处。例如，客户通过付款来表示其同意发票金额，或者认为发票金额有误而不付款。监管机构（如银行监管机构）可能会对影响内部控制运行的问题与被审计单位沟通。管理层可能也会考虑与审计人员就内部控制问题进行沟通，通过与外部信息的沟通，可以发现内部控制存在的问题，以便采取纠正措施。

审计人员应当了解与被审计单位监督活动相关的信息来源，以及管理层认为信息具有可靠性的依据。如果拟利用被审计单位监督活动使用的信息（包括内部审计报告），审计人员应当考虑该信息是否具有可靠的基础，是否足以实现审计目标。

三、初步评估重大错报风险

审计师了解被审计单位及其环境，目的是为了识别和评估财务报表的重大错报风险，从而确定可接受检查风险、控制终极审计风险。

审计风险是指财务报表存在重大错报或漏报，而审计人员审计后发表不恰当审计意见的可能性。审计人员的审计风险主要受制于客户财务报表的重大错报风险和来自于自身的检查风险，而客户财务报表的重大错报风险则主要来源于整个企业的经营风险。审计风险的计算公式为：

审计风险 = 重大错报风险×检查风险

重大错报风险是指财务报表在审计前存在重大错报的可能性，含固有风险和控制风险。审计人员在风险评估时应全面了解被审计单位经营环境、自身情况及内部控制，从而评估重大错报风险，并针对重大错报风险实施具有针对性的审计测试程序。审计人员在设计审计程序以确定财务报表整体是否存在重大错报时，审计人员应当从财务报表层次和各类交易、账户余额、列报与披露认定层次考虑重大错报风险。

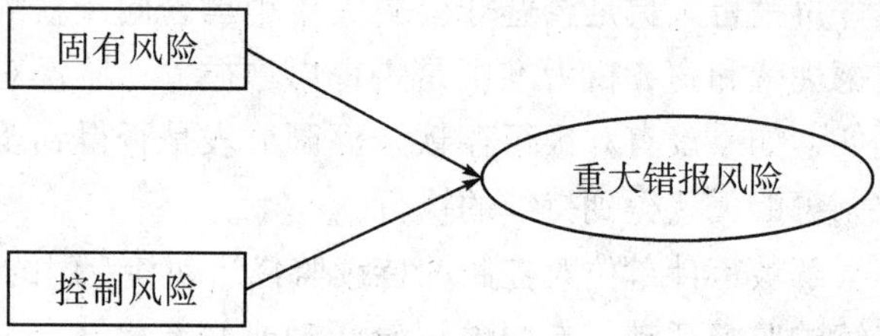

图 5-2

检查风险是指某一认定存在错报，该错报单独或连同其他错报是重大的，但审计人员没有发现这种错报的可能性。检查风险取决于审计程序设计的合理性和执行的有效性。审计人员应当合理设计审计程序的性质、时间和范围并有效执行，以控制检查风险。

审计风险由重大错报风险和检查风险组成。其中，重大错报风险是固有风险和控制风险的联合，与被审计单位有关，可以通过对被审计单位的调查和分析进行评估。而检查风险则与审计人员执行审计程序的适当性，即审计人员做出的审计方法的选择、样本规模和审计程序的时间安排等决策有关。也就是说，审计人员能够控制可接受的检查风险水平。

从定量的角度看，审计风险要素的相互关系可用下列公式表示：

可接受的审计风险=重大错报风险×检查风险

因此，在既定的审计风险下，检查风险的计算公式为：

$$可接受的检查风险=\frac{可接受的审计风险}{重大错报风险}$$

在既定的审计风险水平下，可接受的检查风险水平与认定层次重大错报风险的评估结果成反向关系。评估的重大错报风险越高，可接受的检查风险越低；评估的重大错报风险越低，可接受的检查风险越高。例如，审计人员确定的可接受的审计风险为5%，被审计单位的重大错报风险为40%，则可接受的检查风险为：

$$可接受的检查风险=\frac{审计风险}{重大错报风险}=\frac{5\%}{40\%}=12.5\%$$

从定性的角度看，审计风险要素的相互关系如表5-1所示。

表 5-1　　审计风险要素之间的关系

重大错报风险	检查风险
高	低
中	中
低	高

上述审计风险模型一般在制订审计计划时使用。由表 5-1 可知，可接受的检查风险与重大错报风险水平成反比关系。在可接受的审计风险一定的情况下，重大错报风险越高，审计人员可接受的检查风险就越低，所需的审计证据数量越多。例如，审计人员确定的检查风险为 5%时，就需要比检查风险为 10%时收集更多的审计证据，以支持低的检查风险水平。可见，重大错报风险与审计证据的数量成正向关系，而可接受的检查风险与审计证据的数量成反向关系。

表 5-2　　风险等级与审计证据成本的关系

期望审计风险	重大错报风险评估水平	可接受的检查风险水平	所需证据的数量及成本
高	低	高	低
低	低	中	中
低	高	低	高
中	中	中	中
高	低	中	中

审计人员应当针对评估的财务报表层次重大错报风险确定总体应对措施，并针对评估的认定层次重大错报风险设计和实施进一步审计程序，以将审计风险降至可接受的低水平。

四、编制审计计划

审计计划是指审计师为了完成项目审计业务，达到预期的审计目标，在具体执行审计程序之前编制的工作计划。充分细致的审计计划有助于审计师关注重点审计领域、及时发现和解决潜在问题、并恰当地组织和管理审计工作，以使审计工作效果更加有效。

审计计划要按照既定的审计目标，制订适用的操作方案，选择必要的审计程序和审计步骤，并对审计程序的应用范围、审计重点、人员配备、时间预算、指导和复核要求等做出周密的安排。审计计划通常由项目负责人编制，并以书面形式记录于审计工作底稿。审计计划的主要作用为：

（1）可以明确整个审计工作的总体要求以及为达到这一要求所采取的审计策略。通过制订审计计划，可以使审计师心中有数，对整个审计工作起一个预先规划的作用。

（2）为设计具体审计程序提供依据。审计计划的制订，有利于审计师在实施审计之前对审计业务的范围和重点做出较为全面的分析，以便据以制订合理、有效的审计程序计划。

（3）有利于提高审计工作的效率。通过制订审计计划，安排适当的工作进度，进行人员配置，可以保持合理的审计成本，提高审计工作的效率和质量。

（4）便于对审计业务助理人员进行指导和监督。由于审计计划对各级审计师的工作做了事先安排，可以对审计小组工作完成情况进行有效监督、考核和评价。

计划审计工作是一个持续的、不断修正的过程，贯穿整个项目审计业务的始终。由于未预期事项、条件的变化或在实施审计程序中获取的审计证据等原因，在审计过程中，审计师应当在必要时对总体审计策略和具体审计计划做出更新与修改。

审计计划分为总体审计策略和具体审计计划两个层次。图 5-3 列示了计划审计工作的两个层次。审计师应当针对总体审计策略中所确定的事项，制订具体审计计划，并考虑通过有效利用审计资源以实现审计目标。值得注意的是，虽然制定总体审计策略的过程通常在具体审计计划之前，但是随着审计的深入，总体审计策略可能发生变化，两项计划具有内在紧密联系，对其中一项的决定可能会影响甚至改变对另外一项的决定。例如，审计师在了解被审计单位及其环境的过程中，注意到被审计单位对主要业务的处理依赖复杂的自动化信息系统，因此计算机信息系统的可靠性及有效性对其经营、管理、决策以及编制可靠的财务报表具有重大影响。对此，审计师可能会在具体审计计划中制定相应的审计程序，并相应调整总体审计策略的内容。

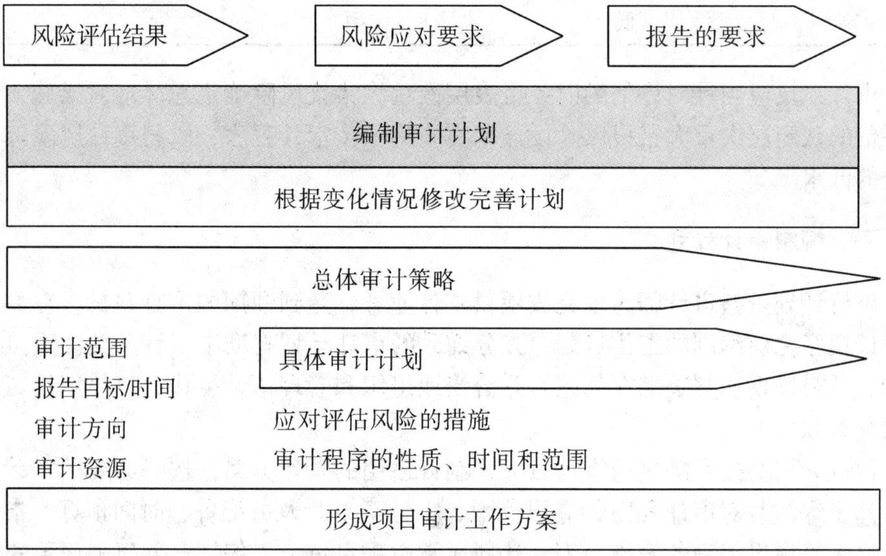

图 5-3　审计计划的两个层次

总体审计策略（Overall Audit Planning）是对审计的预期范围和实施方式所做的规划，是审计师从接受审计任务到出具审计报告整个过程基本工作内容的综合计划。它确定了审计业务的范围、审计工作的时间安排和方向，清楚地说明向特定审计领域调配的资源、数量、时间，以及如何管理、指导和监督这些资源。总体审计策略可以说是整个审计任务的蓝图。

总体审计策略的主要内容包括：

（1）被审计单位的基本情况。即说明被审计单位的业务性质、组织结构、经营规模、财务会计机构及工作组织，以前年度接受审计情况，所属行业及其经营特点，被审计单位面临的经营风险等。

（2）审计目的、审计范围和审计策略。即说明接受的审计是报表审计还是专项审计；根据审计目的和范围初步判断所要实施的审计方法等。

（3）主要会计问题及重点审计领域。根据对被审计单位基本情况的了解和分析来确定其可能存在的重要会计问题，进而决定审计工作的重点领域。重要会计问题和重点审计领域的确定主要由被审计单位业务的复杂程度和账户的重要性，以及对固有风险和控制风险的评价以及审计师的经验判断等因素综合决定。

（4）审计工作进度及时间、费用预算。即对各种审计程序的实施时间及业务进度做出规划，特别要明确有时间限制的审计程序（如存货监盘、函证等）何时实施。同时，对审计全过程各级别审计师所需的工作时间应做出合理预计，并按照有关收费标准，确定应予收取的审计费用。

（5）审计小组组成及人员分工。即确定审计小组的成员构成，针对每个审计师的审计经验、胜任能力、独立性及各自的专长合理搭配。

（6）审计重要性的确定及审计风险的评估。即初步确定重要性总体水平和财务报表中的重大错报风险，并对审计风险做出适当地评估。

（7）对专家、内部审计人员及其他审计师工作的利用。当审计师需要利用专家或被审计单位内部审计师的工作时，应当考虑其独立性和专业胜任能力，并对其工作做出合理安排。

（8）需被审计单位提供的帮助及其他有关内容。

审计师应当在总体审计策略中清楚地说明下列内容：①向特定审计领域调配的资源，包括向高风险领域分派有适当经验的项目组成员，就复杂的问题利用专家工作等；②向特定审计领域分配资源的数量，包括安排到重要存货存放地观察存货盘点的项目组成员的数量，对高风险领域安排的审计时间预算等；③何时调配这些资源，包括是在期中审计阶段还是在关键的截止日期调配资源等；④如何管理、指导、监督这些资源，包括预期何时召开项目组工作分派会和情况汇报会，预期项目合伙人和经理如何进行复核，是否完成项目质量控制复核等。

总体审计策略一经制定，审计师就能够针对总体审计策略中所识别的不同事项，制订更详细的审计计划，并考虑通过有效利用审计资源，实现审计目标。

在制定总体审计策略时，时间预算是一项重要内容。时间预算是就执行审计程序的各个步骤、各项工作所需的人员和相应的工作时间所编制的计划。时间预算既是合理确定审计收费的依据，又是控制审计工作的进度和考核审计师的工作效率的依据。

时间预算主要包括各审计项目上年耗用时间、本年预算、本年实际耗用时间、各项目执行人员以及实际耗用与预算的差异及原因等内容，一般采用表格式，如表5-3所示。

表 5-3 **时间预算表**

耗用时间 审计项目	去年实际耗用时间	本年实际耗用时间其中：			本年实际耗用与预算差异	差异说明
		××	××	××		
现金						
应收账款						
存货						
……						
……						
总计						

在执行审计业务过程中，时间预算并非固定不变，审计师应视具体情况的需要进行合理的调整，当调整时间预算而影响到审计费用金额的变化，应及时通知委托人并取得谅解。

具体审计计划比总体审计策略更加详细，其内容包括：为获取充分、适当的审计证据以将审计风险降至可接受的低水平，项目组成员拟实施的审计程序的性质、时间和范围。可以说，为获取充分、适当的审计证据，而确定审计程序的性质、时间和范围的决策是具体审计计划的核心。具体审计计划包括风险评估程序、计划实施的进一步审计程序和其他审计程序。风险评估程序是为了足够识别和评估财务报表重大错报风险，审计师计划实施的风险评估程序的性质、时间安排和范围。进一步审计程序是指针对评估的认定层次的重大错报风险，审计师计划实施的进一步审计程序的性质、时间和范围。进一步审计程序包括控制测试和实质性程序。通常，审计师计划的进一步审计程序可以分为进一步审计程序的总体方案和拟实施的具体审计程序（包括进一步审计程序的具体性质、时间安排和范围）两个层次。进一步审计程序的总体方案主要是指审计师针对各类交易、账户余额和披露决定采用的总体方案（包括实质性方案或综合性方案）。具体审计程序则是对进一步审计程序的总体方案的延伸和细化，它通常包括控制测试和实质性程序的性质、时间安排和范围。另外，完整、详细的进一步审计程序的计划包括对各类交易、账户余额和披露实施的具体审计程序的性质、时间安排和范围，包括抽取的样本量等。在实务中，审计师可以统筹安排进一步审计程序的先后顺序，如果对某类交易、账户余额或披露已经做出计划，则可以安排先行开展工作，与此同时再制定其他交易、账户余额和披露的进一步审计程序。其他审计程序是指计划的其他审计程序可以包括上述进一步程序的计划中没有涵盖的、根据其他审计准则的要求审计师应当执行的既定程序。

具体审计计划是依据总体审计策略编制的，因而具体审计计划所采用的审计程序的性质、时间和范围取决于总体审计策略的基本内容。具体审计计划的编制可以通过编制审计程序表来制定。审计程序表是具体审计计划的载体，它也应归入审计工作底稿中。常见的审计程序表如表 5-4 所示。

表 5-4　　　　审计程序表

被审计单位名称：__________	签名	日期	索引号
审计项目名称：__________	编制人		
会计期间或截止日：________	复核人		页次

	执行情况		
	工作底稿索引	执行人	日期
审计目标 1. 2. …… 二. 审计程序 1. 2. ……			

第三节　实施审计测试

审计实施阶段主要是通过实施控制测试和实质性程序收集证据。

一、控制测试

（一）控制测试的含义

控制测试是指用于评价内部控制在防止或发现并纠正认定层次重大错报方面运行有效性的审计程序。这一概念需要“测试内部控制”。“测试内部控制”包含两层含义：一是评价控制的设计；二是确定控制是否得到执行。测试控制运行的有效性与确定控制是否得到执行所需获取的审计证据是不同的。比如，财务经理每月审核实际销售收入（按产品细分）和销售费用（按费用项目细分），并与预算数和上年同期数比较，对于差异金额超过5%的项目进行分析并编制分析报告；销售经理审阅该报告并采取适当跟进措施。审计师抽查了最近3个月的分析报告，并看到上述管理人员在报告上签字确认，证明该控制已经得到执行。然而，审计师在与销售经理的讨论中发现他对分析报告中明显异常的数据并不了解其原因，也无法做出合理解释，从而显示该控制并未得到有效的运行。

在实施风险评估程序以获取控制是否得到执行的审计证据时，审计师应当确定某项控制是否存在，被审计单位是否正在使用。

在测试控制运行的有效性时，审计师应当从下列方面获取关于控制是否有效运行的审计证据：

（1）控制在所审计期间的相关时点是如何运行的；

（2）控制是否得到一贯执行；

（3）控制由谁或以何种方式执行。

从这三个方面来看，控制运行有效性强调的是控制能够在各个不同时点按照既定设计得以一贯执行。因此，在了解控制是否得到执行时，审计师只需抽取少量的交易进行检查或观察某几个时点。但在测试控制运行的有效性时，审计师需要抽取足够数量的交易进行检查或对多个不同时点进行观察。

此外，控制测试并非在任何情况下都需要实施。当存在下列情形之一时，审计师应当实施控制测试。①在评估认定层次重大错报风险时，预期控制的运行是有效的；②仅实施实质性程序并不能够提供认定层次充分、适当的审计证据。控制测试的目的是评价控制是否有效运行；实质性程序中的细节测试的目的是发现认定层次的重大错报。尽管两者目的不同，但审计师可以考虑针对同一交易同时实施控制测试和细节测试，以实现双重目的。例如，审计师通过检查某笔交易的发票可以确定其是否经过适当的授权，也可以获取关于该交易的金额、发生时间等细节证据。当然，如果拟实施双重目的测试，审计师应当仔细设计和评价测试程序。

（二）控制测试的时间

控制测试的时间包含两层含义：一是何时实施控制测试；二是测试所针对的控制适用的时点或期间。如果测试特定时点的控制，审计师仅得到该时点控制运行有效性的审计证据；如果测试某一期间的控制，审计师可以获取控制在该期间有效运行的审计证据。因此，审计师应当根据控制测试的目的确定控制测试的时间，并确定拟信赖的相关控制的时点或期间。

如果审计师在期中实施了控制测试，并已获取有关控制在期中运行有效性的审计证据，仍然需要考虑如何能够将控制在期中运行有效性的审计证据合理延伸至期末，一个基本的考虑是针对期中至期末这段剩余期间获取充分、适当的审计证据。因此，如果已获取有关控制在期中运行有效性的审计证据，并拟利用该证据，审计师应当实施下列审计程序：①获取这些控制在剩余期间发生重大变化的审计证据；②确定针对剩余期间还需获取的补充审计证据。

（三）控制测试的范围

对于控制测试的范围，其含义主要是指某项控制活动的测试次数。审计师应当设计控制测试，以获取控制在整个拟信赖的期间有效运行的充分、适当的审计证据。

在确定控制测试的范围时，除考虑对控制的信赖程度外，审计师还可能考虑以下因素：

（1）在拟信赖期间，被审计单位执行控制的频率。控制执行的频率越高，控制测试的范围越大。

（2）在所审计期间，审计师拟信赖控制运行有效性的时间长度。拟信赖控制运行有效性的时间长度不同，在该时间长度内发生的控制活动次数也不同。审计师需要根据拟信赖控制的时间长度确定控制测试的范围。拟信赖期间越长，控制测试的范围越大。

（3）控制的预期偏差。预期偏差可以用控制未得到执行的预期次数占控制应当得到执行次数的比率加以衡量（也可称为预期偏差率）。考虑该因素，是因为在考虑测试结果是否可以得出控制运行有效性的结论时，不可能只要出现任何控制执行偏差就认定控制运行无效，所以需要确定一个合理水平的预期偏差率。控制的预期偏差率越高，需要实施控制测试的范围越大。如果控制的预期偏差率过高，审计师应当考虑控制可能不足以将认定层次的重大错报风险降至可接受的低水平，从而针对某一认定实施的控制测试可能是无效的。

（4）通过测试与认定相关的其他控制获取的审计证据的范围。针对同一认定，可能存在不同的控制。当针对其他控制获取审计证据的充分性和适当性较高时，测试该控制的范围可适当缩小。

（5）拟获取的有关认定层次控制运行有效性的审计证据的相关性和可靠性。

对自动化控制的测试，由于信息技术处理具有内在一贯性，除非系统发生变动，一项自动化应用控制应当一贯运行。对于一项自动化应用控制，一旦确定被审计单位正在执行该控制，审计师通常无须扩大控制测试的范围，但需要考虑执行下列测试以确定该控制持续有效运行：

（1）测试与该应用控制有关的一般控制的运行有效性；

（2）确定系统是否发生变动，如果发生变动，是否存在适当的系统变动控制；

（3）确定对交易的处理是否使用授权批准的软件版本。

例如，审计师可以检查信息系统安全控制记录，以确定是否存在未经授权的接触系统硬件和软件，以及系统是否发生变动。

二、实质性程序

（一）实质性程序的含义

实质性程序是指用于发现认定层次重大错报的审计程序，包括对各类交易、账户余额和披露的细节测试以及实质性分析程序。细节测试是对各类交易、账户余额和披露的具体细节进行测试，目的在于直接识别财务报表认定是否存在错报。细节测试被用于获取与某些认定相关的审计证据，如存在、准确性、计价等。实质性分析程序从技术特征上讲仍然是分析程序，主要是通过研究数据间关系评价信息，只是将该技术方法用做实质性程序，即用以识别各类交易、账户余额和披露及相关认定是否存在错报。实质性分析程序通常更适用于在一段时间内存在可预期关系的大量交易。由于细节测试和实质性分析程序的目的和技术手段存在一定差异，因此，各自有不同的适用领域。审计师应当根据各类交易、账户余额和披露的性质选择实质性程序的类型；对在一段时间内存在可预期关系的大量交易，审计师可以考虑实施实质性分析程序。

如果认为评估的认定层次重大错报风险是特别风险，审计师应当专门针对该风险实施实质性程序。例如，如果认为管理层面临实现盈利指标的压力而可能提前确认收入，审计师在设计询证函时不仅应当考虑函证应收账款的账户余额，还应当考虑询证销售协议的细节条款（如交货、结算及退货条款）；审计师还应当考虑在实施函证的基础上针对销售协议及其变动情况询问被审计单位的非财务人员。如果针对特别风险实施的程序仅为实质性程序，这些程序应当包括细节测试，或将细节测试和实质性分析程序结合使用，以获取充分、适当的审计证据。做此规定的考虑是，为应对特别风险需要获取具有高度相关性和可靠性的审计证据，仅实施实质性分析程序不足以获取有关特别风险的充分、适当的审计证据。

（二）实质性程序的时间

实质性程序的时间选择与控制测试的时间选择既有共同点，也有很大差异。共同点在于：两类程序都面临着对期中审计证据和对以前审计获取的审计证据的考虑。两者的差异在于：①在控制测试中，期中实施控制测试并获取期中关于控制运行有效性审计证据的做法更具有一种“常态”；而由于实质性程序的目的在于更直接地发现重大错报，在期中实施实质性程序时更需要进行其成本效益的权衡。②在本期控制测试中拟信赖以前审计获取的有关控制运行有效性的审计证据，已经受到了很大的限制；而对于以前审计中通过实质性程序获取的审计证据，则采取了更加慎重的态度和更严格的限制。

如果在期中实施了实质性程序，审计师应当针对剩余期间实施进一步的实质性程序，或将实质性程序和控制测试结合使用，以将期中测试得出的结论合理延伸至期末。在将期中实施的实质性程序得出的结论合理延伸至期末时，审计师有两种选择：一是针对剩余期间实施进一步的实质性程序；二是将实质性程序和控制测试结合使用。如果拟将期中测试得出的结论延伸至期末，审计师应当考虑针对剩余期间仅实施实质性程序是否足够。如果认为实施实质性程序本身不充分，审计师还应测试剩余期间相关控制运行的有效性或针对期末实施实质性程序。对于舞弊导致的重大错报风险（作为一类重要的特别风险），被审计单位存在故意错报或操纵的可能性，那么审计师更应慎重考虑能否将期中测试得出的结论延伸至期末。因此，如果已识别出由于舞弊导致的重大错报风险，为将期中得出的结论延伸至期末而实施的审计程序通常是无效的，审计师应当考虑在期末或者接近期末实施实质性程序。

（三）实质性程序的范围

审计师在确定实质性程序的范围时需要重点考虑评估的认定层次重大错报风险和实施控制测试的结果。审计师评估的认定层次的重大错报风险越高，需要实施实质性程序的范围越广。如果对控制测试结果不满意，审计师应当考虑扩大实质性程序的范围。

第四节　编制工作底稿

一、审计工作底稿的作用

审计工作底稿（Audit Workpapers）是指审计师对制订的审计计划、实施的审计程序、获取的审计证据，以及得出的审计结论做出的记录。审计工作底稿通常包括总体审计策略、具体审计计划、分析表、问题备忘录、重大事项概要、询证函回函、管理层声明书、核对表、有关重大事项的往来信件（包括电子邮件），以及对被审计单位文件记录的摘要或复印件等。此外，审计工作底稿还包括审计业务约定书、管理建议书、项目组内部或项目组与被审计单位举行的会议记录、与其他人士的沟通文件及错报汇总表等。审计工作底稿通常不包括已被取代的审计工作底稿的草稿或财务报表的草稿、对不全面或初步思考的记录、存在印刷错误或其他错误而作废的文本，以及重复的文件记录等。

审计工作底稿的作用主要表现在以下几个方面：

（一）审计工作底稿为组织和协调审计工作提供支持

审计项目小组一般由多人组成，实施审计时往往由各组员分别对各审计事项进行审查。如果要把各组员的审计工作有机的连接起来，形成整体的审计意见，就必须借助于审计工作底稿。另外，多人共同从事一项审计业务，审计工作可能涉及被审计单位的人、财、物、供、产、销等各个方面，为避免重复和遗漏重要的环节，审计师也必须借助于审计工作底稿，将已经审计的事项记录下来。

（二）审计工作底稿是审计师形成审计结论、发表审计意见的直接依据

审计结论和审计意见是审计师根据收集的审计证据，运用专业判断形成的，而这些过程全部在审计工作底稿中得以记录。审计报告的具体内容由审计工作底稿提供，审计结论和审计意见由审计工作底稿来论证。由此可见，审计工作底稿是形成审计结论和审计意见的直接依据。

（三）审计工作底稿是解脱或减轻审计的审计责任，评价或考核审计师专业能力与工作业绩的依据

审计师必须遵循审计准则，实施了必要的审计程序，才能解脱或减轻审计责任。审计师专业能力的强弱、工作业绩的优劣，主要体现在审计程序的选择、执行和有关的专业判断上，而审计师是否实施了必要的审计程序，审计程序的选择是否合理，专业判断是否准确等都将通过审计工作底稿反映出来。因此，有关方面可以通过审计工作底稿对审计责任是否解脱或减轻、专业能力是否胜任等做出判断。

（四）审计工作底稿为审计质量控制与质量检查提供了可能

审计部门进行审计质量控制，主要是指导和监督审计师对审计程序的选择和实施，以及审计工作底稿的编制，并对审计工作底稿进行复核。有关管理部门依法进行的审计工作质量的检查，也主要是检查审计工作底稿。因为审计工作底稿是审计过程的全程记录，没有审计工作底稿，审计质量的控制和检查就无法落到实处。

（五）审计工作底稿对未来的审计业务具有参考价值

审计业务有一定的连续性，同一被审计单位前后年度的财务报表审计具有众多联系或共同点。因此，当年的审计工作底稿对以后年度的财务报表审计具有很大的参考作用。同时，审计工作底稿还能为审计师的培训、审计教学提供案例资料。

二、审计工作底稿的要素

审计工作底稿因其作用不同、性质不同、来源不同，其所包括的要素也不相同。有些审计工作底稿具有专门的内容和格式，如审计计划；有些审计工作底稿则视情

况而定，如大多数备查类工作底稿。但无论是直接编制的，还是取得的，尤其是业务类工作底稿，一般应包括以下基本要素：

（1）被审计单位的名称，即财务报表的编报单位。如果被审计单位有子公司，或设有车间、部门等，则应注明该子公司或车间、部门的名称。

（2）审计项目名称，即某一财务报表项目名称或某一审计程序及实施对象的名称。例如，审查应收账款项目或是对销售及收款循环的内部控制进行控制测试等。

（3）审计项目时点或期间。对于资产负债表项目，应写明审计内容的时点；对于利润表项目，应写明审计内容的期间。

（4）审计过程记录，即审计师对审计程序实施的全过程的详细记录。它体现了审计师的工作轨迹。

（5）审计标识及其说明，即审计工作底稿中所使用的标识符号以及各种标识符号所代表的含义的说明。其目的是便于他人理解。

常用的审计标识符号表如表 5-5 所示。

表 5-5　　常用审计标识符号表

标识	代表的含义
B	与上年结转数核对相符
T	与原始凭证核对一致
G	与总分类账核对一致
S	与明细分类账核对一致
T/B	与试算平衡表核对一致
C	已发询证函
C-	已收回询证函
∧	纵加核对
<	横加核对
N/A	不适用
※	备注一
※※	备注二
………	………

（6）审计结论，即审计师通过实施审计程序后，对某一审计事项所的专业判断。比如：通过对某一循环的控制测试，审计师判断的内部控制的有效性及遵守情况以及可信赖程度；通过对某一审计事项的余额或发生额的实质性程序，审计师判断的余额或发生额是否真实。

（7）索引号及页次。索引号是审计师为整理利用审计工作底稿，将具有同一性质或反映同一具体审计事项的审计工作底稿分别归类，形成相互联系、相互控制所做的特定编号；页次是在同一索引号下不同的审计工作底稿的顺序编号。

（8）编制者及日期。

（9）复核者及日期。

（10）其他应说明的事项。

表 5-6 说明了审计工作底稿的基本要素。

表 5-6　　　　　　　　　　　应收账款的审计工作底稿

索引号　　　　　　　　应收账款审定表　　　　　　　编制人：李×　日期：2008. 3. 20

被审计单位：ABC 公司　　　　　　　　　　　　　　复核人：王×　日期：2008. 3. 26

单位名称	未审数	审计调整	重分类	审定数	索引号	备注
T 公司	490 000S	10 000	0	500 000 < C	D-1	
K 公司	750 000S	0	0	750 000 < C	D-2	
L 公司	2 000S	0	0	2 000 <		
H 公司	50 000S	0	0	50 000 <		
……	……	……	…	……		
合计	3 945 000G	30 000	0	4 245 000 < T/B		
∧	∧	∧	∧			

审计标识说明：

S：与明细账核对一致；G：与总账核对一致；T/B：与审计后的试算平衡表核对一致

C：已收回询证函，且与审定数一致；∧：纵加核对；<：横加核对

D-1，D-2：应收账款询证函

审计结论：调整后的应收账款余额可以确认。

三、审计工作底稿的编制

审计工作底稿反映审计工作的轨迹，其编制的是否完整，记录的是否清晰，对审计结论会产生直接的影响。

（一）审计工作底稿的编制要求

（1）内容完整，即构成审计工作底稿的基本要素必须完整。

（2）格式规范，即审计工作底稿在结构设计上应当合理，并有一定的逻辑性。

（3）标识一致。审计工作底稿中可以使用标识符号，但应说明每一标识符号的含义，并保持前后一致。

（4）记录清晰，即审计工作底稿上记录的内容要连贯，文字要清晰，计算要正确。

（5）结论明确，即审计师按审计程序对审计项目实施审计后，应对该审计项目明确表达其最终的专业判断意见。

审计师对形成的审计工作底稿，还应当使用简洁易懂的索引号，相关的审计工作底稿之间应保持清晰的勾稽关系，相互引用时还应交叉注明索引编号。

（二）常用的审计工作底稿类型及其编制

一般情况下，审计师应根据审计业务的类型、被审计单位的经营性质，选用不同的审计工作底稿，对年终财务报表的年度审计。常用的审计工作底稿主要包括以下内容：

（1）与被审计单位设立有关的法律性资料，如企业的营业执照、公司合同等；

（2）与被审计单位组织机构及管理层人员结构有关的资料；
（3）重要的法律文件、合同、协议和会议记录的摘录或副本；
（4）被审计单位相关内部控制的研究与评价记录；
（5）审计业务约定书；
（6）被审计单位未审计财务报表及审计差异调整表；
（7）审计计划；
（8）实施具体审计程序的记录和资料；
（9）与其他有关人员会谈的记录、往来函件；
（10）被审计单位管理层声明书；
（11）审计报告、管理建议书底稿及副本；
（12）审计约定事项完成后的工作总结；
（13）其他与完成审计约定事项有关的资料。

以下列示几种常用的审计工作底稿的格式：

表 5-7　　业务类审计工作底稿的基本格式

被审计单位名称：__________
审计项目名称：__________
会计期间或截止日：__________

	签名	日期	索引号
编制人			
复核人			页次

索引号	审计内容及说明	金额
	审计程序实施记录	
		***
		***
		***（交叉索引号）
	审计标识说明	
	资料来源说明	
审计结论：		

表 5-8

审计差异调整表

——调整分录汇总表

被审计单位名称：________

审计项目名称：________

会计期间或截止日：________

	签名	日期	索引号
编制人			
复核人			页次

序号	索引号	调整分录及说明	资产负债表		利润表		被审计单位调整情况及未调整原因
			借方	贷方	借方	贷方	
合　　计							

四、审计工作底稿的复核

（一）项目组成员实施的复核

《中国审计师审计准则第 1121 号——对财务报表审计实施的质量控制》规定，由项目组内经验较多的人员（包括项目合伙人）复核经验较少人员的工作时，复核人员应当考虑：

（1）审计工作是否已按照法律法规、相关职业道德要求和审计准则的规定执行；

（2）重大事项是否已提请进一步考虑；

（3）相关事项是否已进行适当咨询、由此形成的结论是否得到记录和执行；

（4）是否需要修改已执行审计工作的性质、时间安排和范围；

（5）已执行的审计工作是否支持形成的结论，并已得到适当记录；

（6）获取的审计证据是否充分、适当，足以支持审计结论：

（7）审计程序的目标是否已经实现。

为了监督审计业务的进程，并考虑助理人员是否具备足够的专业技能和胜任能力，以执行分派的审计工作，了解审计指令及按照总体审计策略和具体审计计划执行工作，有必要对执行业务的助理人员进行适当的督导和复核。

复核人员应当知悉并解决重大的会计和审计问题，考虑其重要程度并适当修改总体审计策略和具体审计计划。此外，项目组成员与客户的专业判断分歧应当得到解决，必要时，应考虑寻求恰当的咨询。

复核工作应当由至少具备同等专业胜任能力的人员完成，复核时应考虑是否已按照具体审计计划执行审计工作，审计工作和结论是否予以充分记录，所有重大事项是否已得到解决或在审计结论中予以反映，审计程序的目标是否已实现，审计结论是否与审计工作的结果一致并支持审计意见。

复核范围因审计规模、审计复杂程度以及工作安排的不同而存在显著差异。有时由高级助理人员复核低层次助理人员执行的工作，有时由项目经理完成，并最终由项目合伙人复核。

（二）项目质量控制复核

《中国审计师审计准则第 1121 号——对财务报表审计实施的质量控制》规定，审计师在出具审计报告前，会计师事务所应当指定专门的机构或人员对审计项目组执行的审计实施项目质量控制复核。

项目合伙人有责任采取以下措施：

（1）确定会计师事务所已委派项目质量控制复核人员；

（2）与项目质量控制复核人员讨论在审计过程中遇到的重大影响，包括项目质量控制复核中识别的重大事项；

（3）在项目质量控制复核完成后，才能出具审计报告。

项目质量控制复核应当包括客观评价下列事项：

（1）项目组做出的重大判断；

（2）在准备审计报告时得出的结论。

会计师事务所采用制衡制度，以确保委派独立的、有经验的审计人员作为其所熟悉行业的项目质量控制复核人员。复核范围取决于审计项目的复杂程度以及未能根据具体情况出具审计报告的风险。许多会计师事务所不仅对上市公司审计进行项目质量控制复核，也会联系审计客户的组合，对那些高风险或涉及公众利益的审计项目实施项目质量控制复核。

五、审计工作底稿的管理

（一）审计工作底稿的归档

审计师应当按照会计师事务所质量控制政策和程序的规定，及时将审计工作底稿归整为最终审计档案。项目审计工作底稿的归档期限为审计报告日后60天内。如果审计师完成外勤工作而未能出具审计报告，审计工作的归档期限为外勤工作实质完成的60天内；如果审计师未能完成审计业务，审计工作底稿的归档期限为审计业务中止后的60天内。

（二）审计工作底稿的管理要求

（1）对审计工作底稿安全保管和保密；

（2）保证审计工作底稿的完整性；

（3）便于对审计工作底稿的使用和检索；

（4）按照规定的期限保存审计工作底稿。

在审计报告日后将审计工作底稿归整为最终审计档案是一项事务性的工作，不涉及实施新的审计程序或得出新的结论。

通常，审计工作底稿在归档后，没有特殊原因不得随意变动；如果在归档期间对审计工作底稿做出的变动如果属于事务性的，审计师可以做出变动。主要包括以下几项：

（1）删除或废弃被取代的审计工作底稿；

（2）对审计工作底稿进行分类、整理和交叉索引；

（3）对审计档案归整工作的完成核对表签字认可；

（4）记录在审计报告日前获取的、与审计项目组相关成员进行讨论并取得一致意见的审计证据。

在完成最终审计档案的归整工作后，如果发现有必要修改现有审计工作底稿或增加新的审计工作底稿，无论修改或增加的性质如何，审计师均应当记录下列事项：

（1）修改或增加审计工作底稿的时间和人员，以及复核的时间和人员；

（2）修改或增加审计工作底稿的具体理由；

（3）修改或增加审计工作底稿对审计结论产生的影响。

在完成最终审计档案的归整工作后，审计师不得在规定的保存期届满前删除或废弃审计工作底稿。

会计师事务所应制定审计档案保管制度，妥善管理审计档案。会计师事务所应当自审计报告之日起，对审计工作底稿至少保存10年。如果审计师未能完成审计业务，会计师事务所应当自审计业务中止日起，对审计工作底稿至少保存10年。

（三）审计档案的保密与调阅

会计师事务所应建立相应的档案保密制度，除下列情况外，不得对外泄露审计档案中涉及的商业秘密和有关内容：

（1）法院、检察院及其他部门因工作需要，在按规定办理了手续后，可依法查阅审计档案。

（2）审计师协会或政府监管部门对审计师执业情况进行审查时，可查阅审计档案。

（3）不同会计师事务所的审计师，因工作需要，并经委托人同意，在下列情况下，办理了相关手续后，可以查阅审计档案：

①被审计单位更换会计师事务所，后任审计师可以调阅前任审计师的审计档案；

②基于合并财务报表审计的需要，母公司的审计师可调阅子公司的审计师的审计档案；

③联合审计；

④会计师事务所认为合理的其他情况。

拥有审计工作底稿的会计师事务所应当对要求查阅者提供适当的协助，并决定是否允许阅览、复印或摘录有关内容。对查阅者因误用而造成的后果，与拥有审计工作底稿的会计师事务所无关。

第六章
关键审计流程

学习目标：

通过本章学习，你应该能够：

●理解管理当局认定；

●掌握财务报表审计目标；

●了解审计证据的特点；

●明确管理当局认定、审计目标与审计程序的关系；

●区分不同审计证据和审计程序。

［引例］2015 年 11 月 30 日，某审计小组对某市抽纱工艺品进出口公司总经理进行了离任审计，查处了该公司从 2009 年 5 月—2015 年 8 月长达 7 年之久的大额“小金库”1 970 万元、偷漏税费 98 万元的违纪行为。审计前，审计人员首先与该公司的有关人员召开了座谈会，认真地听取了财务人员汇报经理任期内的资产、负债和损益等情况。通过离任经理的述职报告，了解了其任期内的业绩及政绩。在该公司，审计人员注意到接任和离任经理都分别乘坐豪华轿车。随后，审计人员对该公司的库存现金、存货、固定资产等实物进行了盘点，并对有关会计资料进行了审计。审计过程中，结合听汇报和观察工作环境及条件，审计人员发现“固定资产”账户内没有两个经理乘坐的高级轿车，查看历年的“固定资产”明细账，从未有过购建职工宿舍等业务。那么，高级轿车和职工宿舍是怎么来的呢？凭着多年的审计经验，审计人员敏感地认为公司有账外账。为查清上述疑点，审计人员采取跟踪追击的方法，多次追问财务科科长是否还有另外一套账。财务科科长说自己才任职 3 个月，所有的会计资料都提交给审计人员了。于是审计人员找到了前任财务科科长，争取得到他们的配合，以便了解账外资金的来源和使用情况，但他们均以各种理由回避审计问题，审计陷入了困境。此时，审计人员一方面继续做好本审计单位有关人员的政治思想工作，解决他们的认识问题；另一方面加大内外调查力度，采取多种方式与职工交谈，经过详查和内调、外调，审计人员终于掌握了该公司大量购买固定资产的原始资料。

思考：该案例中的审计目标是什么？采用了哪些收集证据的程序？

项目审计工作主要围绕审计程序展开，涉及三个方面：①如何选择审计程序；②实施审计程序；③评价审计结果。本章介绍相关内容，即认定、目标、程序、证据及其相互关系，见图 6-1。

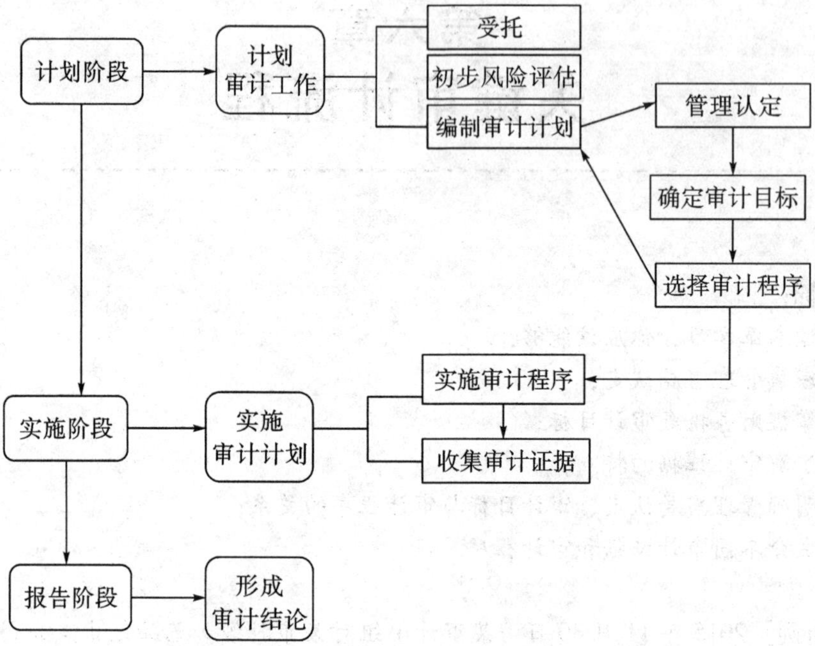

图 6-1　关键审计流程

第一节　审计目标

一、管理层认定

管理层的认定是指被审计单位管理层对财务报表各组成要素的确认、计量、列报做出的明确或隐含的表达。保证财务报表公允反映被审计单位的财务状况和经营情况等是管理层的责任。当管理层声明财务报表已按照适用的财务报表编制基础进行编制，在所有重大方面做出公允反映时，就意味着管理层对财务报表各组成要素的确认、计量、列报以及相关的披露做出了认定。管理层在财务报表上的认定反映了管理层在处理各项经济业务时，遵循会计准则及相关财务会计制度的范围、程度和结果。管理层对财务报表的认定既有明确性的，又有隐含性的。例如，××股份有限公司资产负债表列：

流动资产：

存货　　　　100 万元

管理层在资产负债表中做如上报告，意味着管理层做了以下两个明示性认定：①存货项目是存在的；②存货项目的正确金额为 100 万元。同时，管理层也做了如下隐含性认定：①所有应报告的存货，都已包括在该存货项目内；②存货项目的所有报告存货都属于该公司所有，且存货的使用不受任何条件限制。

此外，管理层还暗示性认定已报告的存货是资产负债表上流动资产项目中存货项目规定的内容，且在报表附注中未做任何说明。假如这些认定中的任何一项报告有误，那么财务报表就有可能存在主要错报。

实际上，被审计单位管理层对财务报表中的所有资产、负债、所有者权益、收入、费用、利润等都做了与上述情形相同的认定。

(1) 目前审计准则将认定分为以下三个层次：

所审计期间的各类交易和事项运用的认定通常分为以下种类：①发生：记录的交易和事项已发生且被与审计单位有关。②完整性：所有应当记录的交易和事项均已记录。③准确性：与交易的事项有关的金额及其他数据已恰当记录。④截止：交易和事项已记录于正确的会计期间。⑤分类：交易和事项已记录于恰当的账户。

(2) 期末账户余额运用的认定通常分为以下种类：①存在：资产、负债和所有者权益是存在的。②权利和义务：资产和负债在期末归属于被审计单位。③完整性：所有应当记录的资产、负债和所有者权益均以记录。④计价和分摊：资产、负债和所有者权益以恰当的金额反映在财务报表中，之后的计价或分摊调整已恰当记录。

(3) 表达与披露运用的认定通常分为以下种类：①发生的权益和义务：披露的交易、事项和其他情况已发生且与被审计单位有关。②完整性：所有应当包括在财务报表中的披露均已被包括。③分类和可理解性：会计信息已被恰当地列报和描述，且披露内容表述清楚。④准确性和计价：会计信息和其他信息已公允披露，且金额恰当。

上述三个层次的认定可归纳为五类认定：

(1) 存在或发生；

(2) 完整性；

(3) 权利和义务；

(4) 估价或分摊；

(5) 表达与披露。

(一) 存在或发生

“存在或发生”认定是指资产负债表所列的各项资产、负债和所有者权益在资产负债表日是否确实存在，损益表（或利润表）所列各项收入、费用在规定的会计期间内是否确实发生。例如，管理层认定资产负债表日，资产负债表所列的存货确实存在并可供其使用，所列应付账款确实存在并有待偿还。如果审计师查出有多计存货或者高估应收账款的行为，则管理层违反了“存在或发生”认定。又如，管理层认定损益表所列营业收入反映了本期实际已经发生的商品和劳务的交易。如果审计师查出本期营业收入中有销售不成立的收入，或者其他会计期间发生的营业收入挤入本期，就说明管理层违反了“存在或发生”认定。

这里需要注意的是，“存在或发生”认定所要解决的问题是，管理层是否把那些不应包括的项目（如不存在的项目或者不曾发生的交易结果）挤入了本期财务报表，不涉及所报告的金额是否正确。如果审计师查出被审计单位有挤入不应包括的项目，应该纪录多少正确金额，这个问题与“估价或分摊”认定相关。

可见，“存在或发生”认定，主要与财务报表组成要素的高估（也称“夸大错误”）有关。

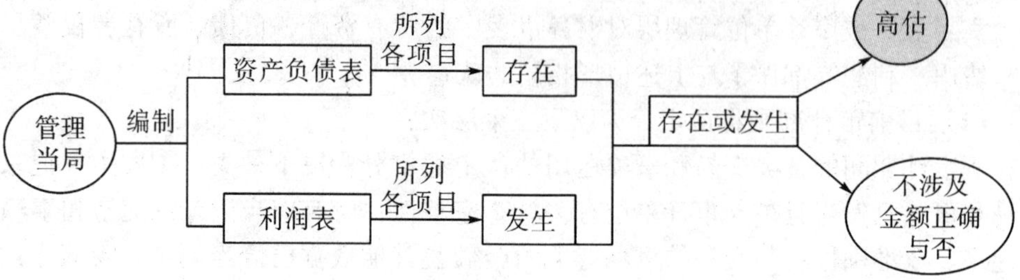

图 6.2　存在或发生的含义示意图

（二）完整性

“完整性”认定是指在财务报表中应该列示的所有交易和项目是否都已列入。对报告在财务报表上的所有项目，管理层都暗示性认定：所有有关的交易和项目都已包括在内。例如，管理层认定：存货项目 100 万元已包括了所有存货的交易结果，应付账款 500 万元包括了所有应该列入的购货交易结果，营业收入 5 000 万元已包括了本期所有应该成立的商品或劳务交易，如果审计师查出被审计单位有少计存货、隐瞒应付账款或者虚减营业收入的行为，则说明管理层违反了“完整性”认定。

同存在或发生一样，“完整性”认定所要解决的问题是，管理层是否把应该包括的项目给遗漏或者省略了，也不涉及所报告的金额是否正确。如果审计师查出被审计单位有被遗漏或者省略的事项，所涉及的金额应该记录多少属于“估价或分摊”认定解决的问题。可见，“完整性”认定与“存在或发生”认定正好相反，它主要与财务报表组成要素的低估（也称“缩小错误”）有关。

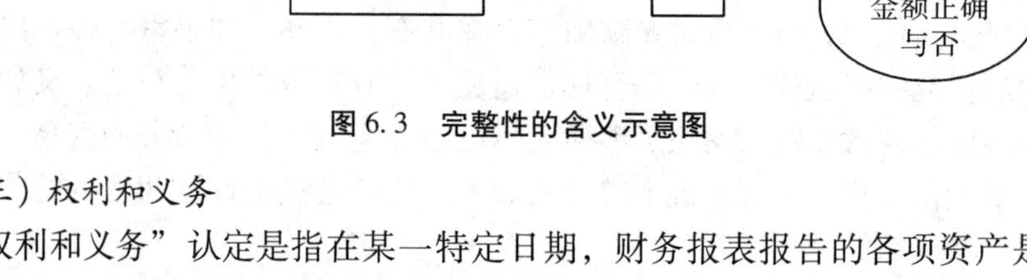

图 6.3　完整性的含义示意图

（三）权利和义务

“权利和义务”认定是指在某一特定日期，财务报表报告的各项资产是否属于公司的权利，各项负债是否属于公司的义务。这项认定通常涉及所有权权利（Ownership Rights）和法律义务（Legal Obligations）问题。例如，管理层暗示性地认定，资产负债表上所报告的各项流动资产、固定资产、长期投资、无形资产等归公司所有，所列各项流动负债、长期负债都是公司的法律义务。

“权利和义务”认定也涉及资产使用权和非法律义务的负债问题。例如，公司根据融资租赁合同，有权使用所有权仍归出租人的租赁资产。又如，公司短期性的增加退休金就是一项非法律的义务的负债。这里需要特别指出的是，前两个认定都与资产负债表和损益表的组成要素相关，但“权利和义务”认定与资产负债表的组成要素相关。

（四）估价或分摊

“估价或分摊”认定是指财务报表所列的各项资产、负债、所有者权益、收入、费用等要素是否按适当的金额予以反映。财务报表报告的金额是否适当，不仅取决于金额的确定是否遵守了一般会计原则的规定，而且还取决于在数字上或文字处理上有无错误。所谓一般会计原则是指被审计单位适当地运用了成本、配比及一贯性等会计原则。

估价或分摊认定既可能涉及总值，也可能涉及净值。例如，“应收账款”项目通常既要列明资产负债表日应该向客户收取的总值，还应列报备抵坏账准备后的净值。又如，“固定资产”项目通产既要列报固定资产原则，又要列报扣除折旧后的固定资产净值。数字上的正确性不仅包括各种会计账簿的登记和数字加工处理的正确，还包括有关项目计算的正确性。

总之，“估价或分摊”认定包括三个方面的内容：①总值估计（Gross Valuation）；②净值估计（Net Valuation）；③数字上的准确性（Mathematical Accuracy）。此外，“估价或分摊”认定还涉及管理层会计估计（Accounting Estimates）的合理性。

（五）表达与披露

“表达与披露”认定是指财务报表的组成要素是否被适当地加以分类、说明和披露。在财务报表上，管理层暗示性地认定所有内容都表达适当，且披露充分。例如，房屋已经抵押，其权利受到限制，被审计单位管理层未在财务报表附注中予以充分披露，就属于违反这一认定的行为。再如，一年内到期的长期投资未在财务报表的流动资产项目内反映，也违反了这一认定的要求。

表 6-1　　　　管理层对财务报表五项基本认定的性质、特点

认定种类	性 质	特 点
1. 存在或发生	资产负债表所列的各项资产、负债、权益在特定日期均存在，所有已进行会计记录的交易在特定期间均已发生，没有虚构。	与资产负债表、损益表有关；如有错误，主要与财务报表组成要素的高估（夸大错误）有关。
2. 完整性	在财务报表中所有应列示的交易和事项均已列入，没有遗漏。	与资产负债表、损益表有关；如有错误，主要与财务报表组成要素的低估（缩小错误）有关。
3. 权利和义务	在特定日期，各项资产均属公司的权利，各项负债均是公司的义务。	只与资产负债表有关；如有错误，会同时影响存在或发生认定或完整性认定。

表6-1(续)

认定种类	性 质	特 点
4. 估价或分摊	各项资产、负债、权益、收入和费用等要素均已按适当的方法进行计价，列入财务报表的金额正确。	与所有报表有关；如有错误，一定影响金额，包括总值估价、净值估价和计算精确性三方面内容。
5. 表达与披露	财务报表上的特定组成要素已被适当地加以分类、说明和披露。	与所有报表有关；如有错误，属分类不当、披露不充分。

二、财务报表的审计目标

审计的目的是提高财务报表预期使用者对财务报表的信赖程度。这一目的可以通过审计师对财务报表是否在所有重大方面按照适用的财务报表编制基础编制发表审计意见得以实现。

根据《中国审计师审计准则第1101号——财务报表审计的目标和一般原则》的规定，财务报表审计的总目标是审计师通过执行审计工作，对财务报表的下列方面发表审计意见：

（1）财务报表是否按照适用的会计准则和相关会计制度的规定编制；

（2）财务报表是否在所有重大方面公允地反映被审计单位的财务状况、经营成果和现金流量。

可见，财务报表审计的目标为被审计单位财务报表的合法性、公允性发表意见。合法性是指被审计单位财务报表的编制及其会计处理，遵循了国家颁布的企业会计准则和相关会计制度。合法性是判断其他审计目标的前提。只有在合法的前提下，才能决定企业资产的安全和完整，经营成果和财务状况的真实可靠，财务报表披露的充分适当等。公允性是指被审计单位财务报表在符合国家颁布的企业会计准则和相关会计制度的规定的前提下，在所有重大方面公允反映了被审计单位的财务状况、经营成果和现金流量。

三、具体审计目标的确定

认定是指被审计单位管理层对其财务报表所做的断言或声明。由于审计师的基本职责就在于确定被审计单位管理层对其财务报表的认定是否有理由，因此审计目标与被审计单位管理层对财务报表的认定密切相关。审计师要想对被审计单位财务报表发表审计意见，就必须以充分、适当的审计证据做基础，而审计证据是通过审计师实施审计程序取得的，至于采取何种审计程序则取决于审计的具体目标，而具体目标的确定受制于被审计单位管理层对财务报表的认定及审计总目标的双重制约。

管理层认定与具体审计目标的逻辑关系是“财务报表认定与审计总目标→审计具体目标→审计程序→审计证据→审计工作底稿→审计意见”的专业判断程序。

一般说来，审计具体目标必须根据审计总目标和被审计单位管理层的认定来确定。管理层的认定与具体审计目标是一一对应的。因此，具体审计目标也分为如下三个层次：

（一）与所审计期间各类交易和事项相关的审计目标

（1）发生：由发生认定推导的审计目标是确认已记录的交易是真实的。例如，如果没有发生销售交易，但在销售日记账中记录了一笔销售，则违反了该目标。

发生认定所要解决的问题是管理层是否把那些不曾发生的项目列入财务报表，它主要与财务报表组成要素的高估有关。

（2）完整性：由完整性认定推导的审计目标是确认已发生的交易确实已经记录。例如，如果发生了销售交易，但没有在销售明细账和总账中记录，则违反了该目标。

发生和完整性两者强调的是相反的关注点。发生目标针对潜在的高估，而完整性目标则针对漏记交易（低估）。

（3）准确性：由准确性认定推导出的审计目标是确认已记录的交易是按正确金额反映的。例如，如果在销售交易中，发出商品的数量与账单上的数量不符，或是开账单时使用了错误的销售价格，或是账单中的乘积或加总有误，或是在销售明细账中记录了错误的金额，则违反了该目标。

准确性与发生、完整性之间存在区别。例如，若已记录的销售交易是不应当记录的（如发出的商品是寄销商品），则即使发票金额是准确计算的，仍违反了发生目标。再如，若已入账的销售交易是对正确发出商品的记录，但金额计算错误，则违反了准确性目标，但没有违反发生目标。在完整性与准确性之间也存在同样的关系。

（4）截止：由截止认定推导出的审计目标是确认接近于资产负债表日的交易记录于恰当的期间。例如，如果本期交易推到下期，或下期交易提到本期，均违反了截止目标。

（5）分类：由分类认定推导出的审计目标是确认被审计单位记录的交易经过适当分类。例如，如果将现销记录为赊销，将出售经营性资产所得的收入记录为营业收入，则导致交易分类的错误，违反了分类的目标。

（二）与期末账户余额相关的审计目标

（1）存在：由存在认定推导的审计目标是确认记录的金额确实存在。例如，如果不存在某顾客的应收账款，在应收账款明细表中却列入了对该顾客的应收账款，则违反了存在性目标。

（2）权利和义务：由权利和义务认定推导的审计目标是确认资产归属于被审计单位，负债属于被审计单位的义务。例如，将他人委托代销商品列入被审计单位的存货中，违反了权利目标；将不属于被审计单位的债务记入账内，违反了义务目标。

（3）完整性：由完整性认定推导的审计目标是确认已存在的金额均已记录。例如，如果存在某顾客的应收账款，在应收账款明细表中却没有列入对该顾客的应收账款，则违反了完整性目标。

（4）计价和分摊：资产、负债和所有者权益以恰当的金额包括在财务报表中，与之相关的计价或分摊调整已恰当记录。

（三）与列报和披露相关的审计目标

（1）发生以及权利和义务：将没有发生的交易、事项，或与被审计单位无关的交易和事项包括在财务报表中，则违反该目标。例如，复核董事会会议记录中是否记载了固定资产抵押等事项，询问管理层固定资产是否被抵押，即是对列报的权利认定的运用。如果被审计单位拥有被抵押的固定资产，则需要将其在财务报表中列报，并说明与之相关的权利受到限制。

（2）完整性：如果应当披露的事项没有包括在财务报表中，则违反了该目标。例如，检查关联方和关联交易，以验证其在财务报表中是否得到充分披露，即是对列报的完整性认定的运用。

（3）分类和可理解性：财务信息已被恰当地列报和描述，且披露内容表述清楚。例如，检查存货的主要类别是否已披露，是否将一年内到期的长期负债列为流动负债，即是对列报的分类和可理解性认定的运用。

（4）准确性和计价：财务信息和其他信息已公允披露，且金额恰当。例如，检查财务报表附注是否分别对原材料、在产品和产成品等存货成本核算方法做了恰当说明，即是对列报的准确性和计价认定的运用。

第二节　审计程序

一、审计程序的类别

审计程序是指为了获取审计证据而实施的步骤和方法。在设计审计程序时，审计师通常使用规范的措辞或术语，以使审计人员能够准确理解和执行。例如，审计师为了验证 Y 公司应收账款 12 月 31 日的存在性，取得 Y 公司编制的应收账款明细账，对应收账款进行函证。

在审计过程中，审计师可以根据需要单独或综合运用以下审计程序，以获取充分、适当的审计证据。

（一）检查

检查是指审计师对被审计单位内部或外部生成的，以纸质、电子或其他介质形式存在的记录和文件进行审查，或对资产进行实物审查。检查记录或文件可以提供可靠程度不同的审计证据，审计证据的可靠性取决于记录或文件的性质和来源，而在检查内部记录或文件时，其可靠性则取决于生成该记录或文件的内部控制的有效性。在检查的时候可以采用逆查法或者顺查法。顺查法也称为正查法，是指按照会计业务处理的先后顺序依次进行审查的方法。顺查法的审计程序与会计处理的顺序完全一致，在审查时首先审阅原始凭证和记账凭证，然后将记账凭证与账簿记录相核对，最后将财务报表与账簿记录相核对。在采用顺查法时，通过对凭证、账簿和报表的审阅和核对可以发现是否漏记相关交易、余额，用于检查是否满足完整性的审计目标。逆查法也称为倒查法，是指按会计处理顺序的相反顺序依次进行的审查。即先检查财务报表，在财务报表审查的基础上检查账簿记录，最后再检查会计凭证和原始凭证。在采用逆查法时，可以发现是否被记录的交易事项都有真实的原始凭证来支持它，也就是可以检查是否满足存在性的审计目标。此外，检查有形资产可为其存在提供可靠的审计证据，但不一定能够为权利和义务或计价等认定提供可靠的审计证据。

（二）观察

观察是指审计师查看相关人员正在从事的活动或实施的程序。例如，审计师对被审计单位人员执行的存货盘点或控制活动进行观察。观察可以提供执行有关过程或程序的审计证据，但观察所提供的审计证据仅限于观察发生的时点，而且被观察人员的行为可能因被观察而受到影响，这也会使观察提供的审计证据受到限制。

（三）询问

询问是指审计师以书面或口头方式，向被审计单位内部或外部的知情人员获取财务信息和非财务信息，并对答复进行评价的过程。作为其他审计程序的补充，询问广泛应用于整个审计过程中。询问可能为审计师提供尚未获悉的信息或者提供已获取的其他信息存在重大差异的信息，一般审计人员采用询问方式可以找到审计的突破口。尽管对通过询问获取的审计证据予以佐证通常特别重要，但在询问管理层意图时，获取的支持管理层意图的信息可能是有限的。在这种情况下，了解管理层过去所声称意图的实现情况、选择某项特别措施时声称的原因以及实施某项具体措施的能力，可以为佐证通过询问获取的证据提供相关信息。针对某些事项，审计师可能认为有必要向管理层（如适用）获取书面声明，以证实对口头询问的答复。询问本身并不足以测试控制运行的有效性。因此，审计师需要将询问与其他审计程序结合使用。将询问与检查或重新执行结合使用，可能比仅实施询问和观察获取更高水平的保证。例如，被审计单位针对处理收到的邮政汇款单设计和执行了相关的内部控制，审计师通过询问和观察程序往往不足以测试此类控制的运行有效性，还需要检查能够证明此类控制在所审计期间的其他时段有效运行的文件和凭证，以获取充分、适当的审计证据。

（四）函证

函证是指审计师直接从第三方（被询证者）获取书面答复以作为审计证据的过程，书面答复可以采用纸质、电子或其他介质等形式。函证既可以采用肯定式函证，也可以采用否定式函证。肯定式函证是指审计师在任何情况下都可以收到第三方回复的函证；否定式函证是指审计师只有在第三方发现函证内容与其记录的内容不符时才会收到回复的函证。函证一般都需要审计师对发出和收取进行控制，不能经过被审计单位的手。

（五）重新计算

重新计算是指审计师对记录或文件中的数据计算的准确性进行核对。重新计算可以通过手工方式或电子方式进行。重新计算包括对被审计单位的原始凭证及会计记录中的数据进行验算或另行计算，以获取审计证据的方法。审计师在运用计算方法时，不仅要注意计算结果的正确性，还应关注其他可能的差错（如计算结果的过账和转账有误）。

（六）重新执行

重新执行是指审计师独立执行原本作为被审计单位内部控制组成部分的程序或控制。

（七）分析程序

分析程序是指审计师通过分析不同财务数据之间以及财务数据与非财务数据之间的内在关系，对财务信息做出评价。分析程序还包括在必要时对识别出的、与其他相关信息不一致或与预期值差异重大的波动或关系进行调查。

二、审计程序的运用

上述审计程序单独或组合起来，可用做风险评估、控制测试和实质性程序。由于实质性程序是针对各类交易、账户余额和披露及相关认定而实施的，其审计程序涵盖上述除重新执行以外的所有程序。下面分别介绍具体审计程序在风险评估和控制测试中的运用。

（一）风险评估的运用程序

审计准则规定，审计师必须实施风险评估程序，以此作为评估财务报表层次和认定层次重大错报风险的基础。风险评估程序是指审计师为了解被审计单位及其环境，以识别和评估财务报表层次和认定层次的重大错报风险（无论该错报由于舞弊或错误导致）而实施的审计程序。风险评估程序是必要程序，了解被审计单位及其环境为审计师在许多关键环节做出职业判断提供了重要基础。了解被审计单位及其环境实际上是一个连续和动态地收集、更新与分析信息的过程，贯穿整个审计过程的始终。一般来说，实施风险评估程序的主要工作包括：了解被审计单位及其环境；识别和评估财务报表层次以及各类交易、账户余额和披露认定层次的重大错报风险，包括确定需要特别考虑的重大错报风险（即特别风险）以及仅通过实施实质性程序无法应对的重大错报风险等。

审计师应当实施下列风险评估程序，以了解被审计单位及其环境：①询问管理层和被审计单位内部其他人员；②实施分析程序；③观察和检查。

1. 询问管理层和被审计单位内部其他人员

询问管理层和被审计单位内部其他人员是审计师了解被审计单位及其环境的一个重要信息来源。审计师可以考虑向管理层和财务负责人询问下列事项：

（1）管理层所关注的主要问题，如新的竞争对手、主要客户和供应商的流失、新的税收法规的实施以及经营目标或战略的变化等。

（2）被审计单位最近的财务状况、经营成果和现金流量。

（3）可能影响财务报表的交易和事项，或者目前发生的重大会计处理问题。如重大的购并事宜等。

（4）被审计单位发生的其他重要变化。如所有权结构、组织结构的变化，以及内部控制的变化等。

审计师通过询问获取的大部分信息来自于管理层和负责财务报表的人员。审计师也可以通过询问被审计单位内部的其他不同层级的人员获取信息，或为识别重大错报风险提供不同的视角。

2. 实施分析程序

审计师在实施风险评估程序时，应当运用分析程序，识别那些可能表明财务报表存在重大错报风险的异常变化。因此，所使用的数据汇总性比较强，其对象主要是财务报表中账户余额及其相互之间的关系，并辅之以趋势分析和比率分析。在运用分析程序时，应重点关注关键的账户余额、趋势和财务比率关系等方面，对其形成一个合理的预期，并与被审计单位记录的金额、依据记录金额计算的比率或趋势相比较。如果分析程序的结果显示的比率、比例或趋势与审计师对被审计单位及其环境的了解不一致，并且被审计单位管理层无法做出合理的解释，或者无法取得相关的支持性文件证据，审计师应当考虑其是否表明被审计单位的财务报表存在重大错报风险。

审计师对已记录的金额或比率做出预期时，需要采用内部或外部的数据。来自被审计单位内部的数据包括：①前期数据，并根据当期的变化进行调整；②当期的财务数据；③预算或预测；④非财务数据等。来自审计单位外部的数据包括：①政府有关部门发布的信息，如通货膨胀率、利率、税率，有关部门确定的进出口配额等；②行业监管者、贸易协会以及行业调查单位发布的信息，如行业平均增长率；③经济预测组织，包括某些银行发布的预测消息，如某些行业的业绩指标等；④公开出版的财务信息；⑤证券交易所发布的信息等。

3. 观察和检查

观察和检查程序可以支持对管理层和其他相关人员的询问结果，并可以提供有关被审计单位及其环境的信息，审计师应当实施下列观察和检查程序。

（1）观察被审计单位的经营活动。例如，观察被审计单位人员正在从事的生产活动和内部控制活动，增加审计师对被审计单位人员如何进行生产经营活动及实施内部控制的了解。

（2）检查文件、记录和内部控制手册。例如，检查被审计单位的经营计划、策略、章程，与其他单位签订的合同、协议，各业务流程操作指引和内部控制手册等，了解被审计单位组织结构和内部控制制度的建立健全情况。

（3）阅读由管理层和治理层编制的报告。例如，阅读被审计单位年度和中期财务报表，股东大会、董事会会议、高级管理层会议的会议记录或纪要，管理层的讨论和分析资料，对重要经营环节和外部因素的评价，被审计单位内部管理报告以及其他特殊目的的报告（如新投资项目的可行性分析报告）等，了解自上一期审计结束至本期审计期间被审计单位发生的重大事项。

（4）实地察看被审计单位的生产经营场所和厂房设备。通过现场访问和实地察看被审计单位的生产经营场所和厂房设备，可以帮助审计师了解被审计单位的性质及其经营活动。在实地察看被审计单位的厂房和办公场所的过程中，审计师有机会与被审计单位管理层和担任不同职责的员工进行交流，可以增强审计师对被审计单位的经营活动及其重大影响因素的了解。

（5）追踪交易在财务报表信息系统中的处理过程（穿行测试）。这是审计师了解被审计单位业务流程及其相关控制时经常使用的审计程序。通过追踪某笔或某几笔交易在业务流程中如何生成、记录、处理和报告，以及相关控制如何执行，审计师可以确定被审计单位的交易流程和相关控制是否与之前通过其他程序所获得的了解一致，并确定相关控制是否得到执行。

（二）控制测试的运用程序

控制测试采用审计程序的类型包括询问、观察、检查和重新执行。

1. 询问

审计师可以向被审计单位适当员工询问，获取与内部控制运行情况相关的信息。例如，询问信息系统管理人员有无未经授权接触计算机硬件和软件，向负责复核银行存款余额调节表的人员询问如何进行复核，包括复核的要点是什么、发现不符事项如何处理等。然而，仅仅通过询问不能为控制运行的有效性提供充分的证据，审计师通常需要印证被询问者的答复，如向其他人员询问和检查执行控制时所使用的报告、手册或其他文件等。

2. 观察

观察是测试不留下书面记录的控制（如职责分离）的运行情况的有效方法。观察也可运用于实物控制，如查看仓库门是否锁好，或空白支票是否妥善保管。审计师还要考虑其所观察到的控制在审计师不在场时可能未被执行的情况。

3. 检查

对运行情况留有书面证据的控制，检查非常适用。书面说明、复核时留下的记号，或其他记录在偏差报告中的标志，都可以被当作控制运行情况的证据。例如，检查销售发票是否有复核人员签字，检查销售发票是否附有客户订购单和出库单等。

4. 重新执行

通常只有当询问、观察和检查程序结合在一起仍无法获得充分的证据时，审计师才考虑通过重新执行来证实控制是否有效运行。例如，为了合理保证计价认定的准确性，被审计单位的一项控制是由复核人员核对销售发票上的价格与统一价格单上的价格是否一致。但是，要检查复核人员有没有认真执行核对，仅仅检查复核人员是否在相关文件上签字是不够的，审计师还需要自己选取一部分销售发票进行核对，这就是重新执行程序。如果需要进行大量的重新执行，审计师就要考虑通过实施控制测试以缩小实质性程序的范围是否有效率。

三、认定、目标与程序

为实现财务报表的审计目标，围绕被审计单位管理层针对财务报表的三个层次分明的认定，审计师应设计和实施适当的审计程序，以便收集充分和适当的审计证据，通过对所收集的审计证据的证明力的判断，得出恰当的审计结论，最终实现财务报表的审计目标。因此，审计目标、管理层对财务报表的认定、审计程序与审计证据之间存在着一定的联系。一般来说，审计师先根据管理当局认定推出审计目标，再根据审计目标选择具体收集证据的程序。

（1）针对各类交易和事项运用认定推导的审计目标和审计程序，如表 6-2 所示。

表 6-2

举例	认定	审计目标	审计程序
未发生销售交易，但在销售日记账和总账中记录了该笔交易。	发生	发生（确认已记录的交易是真实的，没有高估的错误）	检查文件资料（逆查法）
发生了销售交易，但在销售日记账和总账中却没有记录该笔交易。	完整性	完整性（确认已发生的交易确实已经记录，没有低估的错误）	检查相关销售交易的文件资料（顺查法）
若在销售交易中，发出商品的数量与账单上的数量不符；或乘积加总有误；或记录了错误金额。	准确性	准确性（确认已记录的交易是按正确的金额记录）	检查相关文件资料，重新计算
将本期的交易推到下期，或将下期的交易提前到本期。	截止	截止（确认接近于资产负债表日的交易记录于恰当的会计期间，入账时间是否正确）	检查相关文件资料
将现销记录为赊销；将固定资产的租金收入计入主营业务收入。	分类	分类（确认记录的交易均经过适当分类）	检查相关文件资料

（2）针对期末账户余额运用认定推导的审计目标和审计程序，如表 6-3 所示。

表 6-3

举例	认定	审计目标	审计程序
如果不存在某顾客的应收账款，在应收账款明细账中却列入了对该顾客的应收账款。	存在	存在（确认记录的金额确认存在）	向顾客进行函证或者检查相关文件资料（逆查法）
如果存在某顾客的应收账款，在应收账款明细账中却未列入对该顾客的应收账款。	完整性	完整性（确认已存在的金额均已记录）	检查相关文件资料（顺查法）
若将代管商品物资列入本单位的存货中。	权利和义务	权利和义务（确认资产归属于被审计单位，负债属于被审计单位应当履行的偿还义务）	检查相关文件资料
如各类存货项目金额恰当，减值损失已合理列入。	计价和分摊	计价和分摊（资产、负债和所有者权益以恰当的金额包括在财务报表中，与之相关的计价或分摊已恰当记录）	重新计算减值损失

（3）针对列报披露运用认定推导的审计目标和审计程序，如表 6-4 所示。

表 6-4

举例	认定	审计目标	审计程序
将没有发生的交易、事项，或与被审计单位无关的交易和事项包含在财务报表中。	发生及权利和义务	发生及权利和义务（确认披露的交易、事项均已发生且与被审计单位有关）	检查相关文件资料（顺查法）
将应该披露的事项没有包括在财务报表中。	完整性	完整性（所有应当包括在财务报表中的披露均已包括）	检查相关文件资料（逆查法）
将于一年内到期的长期负债列为流动负债。	分类和可理解性	分类和可理解性（财务信息已被恰当地列报和描述，且披露内容表述清楚）	检查相关文件资料
财务报表附注是否对长期股权投资的核算办法做了恰当说明，计价是否准确，金额是否恰当。	准确性和计价	准确性和计价（财务信息和其他信息已公允披露，且金额恰当）	重新计算

第三节 审计证据

审计证据是指审计师为了得出审计结论、形成审计意见时使用的凭据。审计证据包括构成财务报表基础的会计记录所含有的信息和其他凭据。审计师必须在每项审计工作中获取充分、适当的审计证据，以满足发表审计意见的要求。

一、审计证据的分类

一般地说，审计证据可以按外形特征、证据的来源等标准进行分类。

（一）按外形特征的分类

审计证据按外形特征为标准，分为实物证据、书面证据、口头证据和环境证据四种。

1. 实物证据

实物证据是指审计师通过实地观察或清查盘点所取得的，以确定某些实物资产是否真实存在的证据。实物证据提供了证明资产存在性的初步证据，它通常适用于库存现金、有价证券、存货和固定资产等有实物形态的资产的审计，而且通过监盘这些实物资产可以验证其真实性及其数量。

实物证据是证明实物资产是否存在的非常有说服力的证据，但其本身也有局限性：一是只能证明实物资产的存在性，而不能证实资产的所有权；二是可以证明实物资产的数量，难以证实其资产的质量。因此，审计师在取得实物证据的同时，还应就其所有权归属及其价值情况另行审计。实物证据可以通过观察和检查两种审计程序来获取。

2. 书面证据

书面证据是指审计师获取的各种以书面文件为形式的一类审计证据。它包括与审计有关的各种原始凭证、记账凭证、会计账簿、财务报表等会计资料，还包括与审计有关的各种会议记录、文件、合同、往来函件、声明书和报告等。书面证据是审计师收集证据的主要领域，也是形成审计意见的重要基础。它来源广泛，数量众多，是审计证据的主要组成部分，也称为基本证据。书面证据可以通过检查、函证、分析程序等程序来获取。

3. 口头证据

口头证据是指由被审计单位职员或其他人员对审计师提问做口头答复所形成的一类证据。如被审计单位职员对计提各种准备的解释等。一般而论，口头证据本身并不足以证明事情的真相，但审计师可以从中发掘需要审计的情况，提供获取其他证据的线索，并可以作为其他证据的佐证材料。

在审计过程中，审计师应把各种重要的口头证据尽快转为书面证据，并注明是何人、何时、在何种情况下所做的口头陈述，必要时还应获得被询问人的签名确认。一般地，口头证据的证明力较差，但如果审计师对不同人员针对同一问题所做的口头陈述相同时，口头证据则具有较高的可靠性。口头证据通常采用查询或询问的方式来获取，但证明力有限，往往需要得到其他相应证据的支持。

4. 环境证据

环境证据也称为状况证据，是指对被审计单位产生影响的各种环境事实。

环境证据主要包括以下几种：

（1）有关内部控制的情况。被审计单位的内部控制的情况直接影响到审计工作的效果，其完善程度还决定审计师收集审计证据的数量的多少。内部控制愈健全、愈严密，所需的其他各类审计证据就越少；反之，审计师就必须获得较大数量的其他审计证据。

（2）被审计单位管理人员的素质。被审计单位管理人员的素质越高，其提供的证据发生差错的可能性就越小，证据的可靠程度就越高。

（3）各种管理条件和管理水平。如果被审计单位内部管理严格，管理水平较高，那么其提供的审计证据的可靠性也就越高。

环境证据可以采用观察程序来获取，可以帮助审计师了解被审计单位及其经济活动所处的环境，是审计师进行判断所必须掌握的资料。

（二）按审计证据的来源分类

审计证据按来源为标准，可分为亲历证据、外部证据和内部证据。

1. 亲历证据

亲历证据是指审计师亲自获取的各种审计证据。如审计师自己编制的各种审计工作底稿，各种计算表、分析表等。此种审计证据有着较强的证明力。

2. 外部证据

外部证据是由被审计单位以外的组织机构或人士所编制的书面证据。它通常比内部证据具有较强的证明力。

外部证据可以分为两类：一是由被审计单位以外的机构或人士编制并由其直接递交给审计师的外部证据。如应收账款的函证回函、保险公司的证明等。二是由被审计单位以外的机构或人士编制，但由被审计单位转交给审计师的书面证据。如购货发票、应收票据等。一般情况下，前者的证明力强于后者。

3. 内部证据

内部证据是由被审计单位内部机构或职员编制和提供的书面证据。如被审计单位的会计记录、管理层声明书等。

通常情况下，在外部流转并获得其他单位或个人认可的内部证据具有较强的证明力，如销售发票。只在内部流转的书面证据，其可靠程度取决于被审计单位内部控制的健全有效与否。

内部证据主要包括以下几种：

（1）会计记录

会计记录包括各种自制的原始凭证、记账凭证、账簿记录、试算表和汇总表等。这类证据是审计师取自被审计单位内部的非常重要的一类证据。会计记录的可靠程度主要取决于被审计单位在填制时的内部控制状况。

（2）被审计单位管理层声明书

被审计单位管理层声明书是审计师从被审计单位管理层处获取的书面声明。其主要内容包括以书面形式确认被审计单位在审计过程中所做的各种重要陈述和保证。被审计单位管理层声明书是可靠性较低的内部证据，不可替代审计师实施其他必需的审计程序。

被审计单位管理层声明书的作用主要有：①明确被审计单位管理层的会计责任；②将被审计单位在审计期间所回答的问题予以书面化，并列入审计工作底稿中；③可以作为被审计单位管理层未来意图的佐证。

（3）其他书面文件

其他书面文件是指被审计单位提供的其他有助于审计师形成审计意见和结论的书面文件，如被审计单位的董事会和股东大会的重要会议纪要、公司的合同、章程、计划及预算等。

二、审计证据的特性

审计证据的特性是指审计证据的充分性和适当性。

（一）充分性

审计证据的充分性是对审计证据数量的衡量，主要与审计师确定的样本量有关，审计师需要获取的审计证据的数量受其对重大错报风险评估的影响（评估的重大错报风险越高，需要的审计证据可能越多）、并受审计证据质量的影响（审计证据质量越高，需要的审计证据可能越少）。然而，仅靠获取更多的审计证据可能无法弥补其质量上的缺陷。

审计证据的充分性还表明，审计证据的数量并非越多越好，而应以能否支持审计意见为限。为符合审计的成本—效益原则，审计师应把所需审计证据的范围限制在最低程度。

审计证据的充分与否，是审计师的专业判断。每一审计项目、每一种取得审计证据的方法和途径，都会对审计证据的数量需求产生影响。审计师必须根据具体情况确定审计证据的数量需求。

判断审计证据是否充分，审计师应考虑以下影响因素：

1. 重大错报风险

审计证据的充分性主要与重大错报风险有关。如果财务报表层和账户余额或某类交易层的重大错报风险水平越高，审计师就应收集越多的审计证据；反之，则可收集较少的审计证据。由此可见，重大错报风险的估计水平与审计证据的数量呈同向变动关系。

2. 具体审计项目的重要程度

对重要的审计项目，审计师应获取充分的审计证据，减少对整体判断失误的可能性；对于一般的审计项目，审计师可以减少审计证据的数量，因为即使出现偏差也不会引发整体判断的失误。

3. 审计经验

经验丰富的审计师能从较少的审计证据中判断出被审计事项是否存在错弊，由此可以减少对审计证据的数量依赖；相反，缺乏经验的审计师难以根据少量的审计证据，做出被审计事项是否存在错弊的正确判断，因而需要较多的审计证据。

4. 审计过程中是否发现错弊

如果审计师在审计过程中发现错弊的情况，就应增加审计证据的数量，确保做出合理的审计结论，形成恰当的审计意见。

5. 审计证据的类型和获取途径

来自独立于被审计单位的第三者的审计证据，因本身不易伪造，质量较高，审计师可减少审计证据的数量；反之，来自被审计单位内部的证据就需要较多的数量。

此外，审计师还应考虑以下几个因素：①经济因素，即在收集审计证据时应考虑时间和成本。当增加时间和成本不能带来相应的效益，审计师就应考虑采取更有效的审计程序来收集高质量的、足够的审计证据。②总体规模和特征。一般而言，总体规模越大，所需的审计证据越多；总体的特征越相同，审计证据越少，反之，则越多。

（二）适当性

审计证据的适当性是对审计证据质量的衡量，即审计证据在支持各类交易、账户余额、列报与披露的相关认定，或发现其中存在错报方面具有相关性和可靠性。具体为审计证据的相关性和可靠性。

审计证据的充分性与适当性密切相关。审计师所需获取的审计证据的数量不仅受到错报风险的影响，还受到审计证据质量的影响。错报风险越大，需要的审计证据可能越多；审计证据质量越高，需要的审计证据可能越少，但仅仅获取更多的审计证据可能难以弥补其质量上的缺陷。

1. 审计证据的相关性

审计证据的相关性是指审计证据应与审计目标相关联。审计证据必须和审计结论有关。只有当审计证据和审计结论存在符合逻辑的内在联系，才能对被审计工作事项进行客观反映，才能证明和否定被审计单位所认定的事项。例如，存货监盘结果只能证明存货是否存在，而不能证明其计价和所有权的情况。

审计证据的相关性表明，审计师只能在利用与审计目的相关的审计证据来证明和否定被审计事项，因此，必须使取证程序与审计目的相关。

2. 审计证据的可靠性

审计证据的可靠性是指审计证据应能如实反映客观事实。审计结论建立在审计证据的基础上，如果审计证据不可靠，则审计结论也难以被社会认可。审计师只有在可靠的审计证据上做出审计结论，才能使被审计单位和社会接受。

审计证据的可靠性主要受取证环境的影响，与证据的来源、及时性和客观性三因素有关。一般地说，证据的来源越独立，受个人、被审计单位支配的程度缺小，则被篡改和伪造的机会越小，证据的可靠程度越高。因此，审计证据的可靠性受到其来源和性质的影响，并取决于获取审计证据的具体环境。

审计师通常按照下列原则考虑审计证据的可靠性：

（1）从外部独立来源获取的审计证据比从其他来源获取的审计证据更可靠。从外部独立来源获取的审计证据未经被审计单位有关职员之手，从而减少了伪造、更改凭证或业务记录的可能性，因而其证明力最强。此类证据如银行询证函回函、应收账款询证函回函、保险公司税等机构出具的证明等。相反，从其他来源获取的审计证据，由于证据提供者与被审计单位存在经济或行政关系等原因，其可靠性应受到质疑。此类证据如被审计单位内部的会计记录、会议记录等。

（2）内部控制有效时内部生成的审计证据比内部控制薄弱时内部生成的审计证据更可靠。如果被审计单位有着健全的内部控制且在日常管理中得到一贯的执行，会计记录的可信赖程度将会增加。如果被审计单位的内部控制薄弱，甚至不存在任何内部控制，被审计单位内部凭证记录的可靠性就大为降低。例如，如果与销售业务相关的内部控制有效，审计师就能从销售发票和发货单中取得比内部控制不健全时更加可靠的审计证据。

（3）直接获取的审计证据比间接获取或推论得出的审计证据更可靠。例如，审计师观察某项内部控制的运行得到的证据比询问被审计单位某项内部控制的运行得到的证据更可靠。间接获取的证据有被涂改及伪造的可能性，降低了可信赖程度。推论得出的审计证据，其主观性较强，人为因素较多，可信赖程度也受到影响。

（4）以文件、记录形式（无论是纸质、电子还是其他介质）存在的审计证据比口头形式的审计证据更可靠。例如，会议的同步书面记录比对讨论事项事后的口头表述更可靠。口头证据本身并不足以证明事实的真相，仅仅提供了一些重要线索，为进一步调查确认所用。如审计师在对应收账款进行账龄分析后，可以向应收账款负责人询问逾期应收账款收回的可能性。如果该负责人的意见与审计师自行估计的坏账损失基本一致，则这一口头证据就可成为证实审计师对有关坏账损失判断的重要证据。但在一般情况下，口头证据往往需要得到其他相应证据的支持。

（5）从原件获取的审计证据比从传真件或复印件获取的审计证据更可靠。审计师可审查原件是否有被涂改或伪造的迹象，排除伪证，提高证据的可信赖程度。而传真件或复印件容易是篡改或伪造的结果，可靠性较低。

审计师在按照上述原则评价审计证据的可靠性时，还应当注意可能出现的重要例外情况。例如，审计证据虽然是从独立的外部来源获得，但如果该证据是由不知情者或不具备资格者提供，审计证据也可能是不可靠的。同样，如果审计师不具备评价证据的专业能力，那么即使是直接获取的证据，也可能不可靠。

获取审计证据需支付成本，审计师必须考虑成本效益原则。一般情况下，获取高质量的审计证据，所耗费的审计成本较高。为此，审计师应本着节约的原则，在不影响审计证据质量的前提下，放弃那些需要付出很高代价才能获取的理想证据，转而收集其成本不太高的、质量稍逊的其他证据，通过增加这类证据的数量，来满足审计目的的要求。

（三）充分性和适当性之间的关系

充分性和适当性是审计证据的两个重要特征，两者缺一不可，只有充分且适当的审计证据才是有证明力的。一般来说，审计证据的适当性会影响审计证据的充分性，审计证据质量越高，需要的审计证据数量可能越少。需要注意的是，尽管审计证据的充分性和适当性相关，但如果审计证据的质量存在缺陷，那么审计师仅靠获取更多的审计证据可能无法弥补其质量上的缺陷。例如，审计师应当获取与销售收入完整性相关的证据，实际获取到的却是有关销售收入真实性的证据，审计证据与完整性目标不相关，即使获取的证据再多，也证明不了收入的完整性。同样地，如果审计师获取的证据不可靠，那么证据数量再多也难以起到证明作用。

第七章
重要审计策略

学习目标：

通过本章学习，你应该能够：

●理解重要性概念；

●掌握重要性在审计各个阶段的运用；

●了解审计师为什么和如何利用内部审计和专家工作；

●明确重大错报风险的应对措施；

●区分报表层次的重大错报风险和认定层次的重大错报风险。

［**引例**］安然公司的崩溃引起了人们对许多会计和审计问题的思考，该公司1997年的一项未调整事项成为其中最令人关注的问题之一。在当年的审计中，安达信曾建议安然公司将当年的利润从1.05亿美元调减为0.51亿美元。但安然公司拒绝调整，而安达信最终也将这项未调整事项判断为“不重要”。在被问及为什么净利润调减为0.51亿美元（接近当年净利润的50%）还不算重要时，时任安达信首席执行官的约瑟夫·伯拉迪诺（Joeseph F. Berardino）试图为安达信的行为辩护。他在美国国会的证词中说道：“1997年安然公司发生了一大笔非经常性费用。当该公司准备忽略这项拟调整事项时，我们的审计人员必须判断该公司的决定是否会对财务报表产生重要影响，但问题是审计人员应该使用当年1.05亿美元的报告收益还是应考虑影响可比性项目前的收益——会计师称之为‘正常的’收益？鉴于安然公司1996年报告了5.84亿美元的净收益，1995年是5.20亿美元，1994年为4.53亿美元，因此我们认为使用正常收益是恰当的。根据我们以数量为基础的判断，安然公司忽略的这项调整事项不是重要的，（因为它）不足正常收益的8%。”

思考：审计如何确定和运用重要性？

随着被审计单位规模的扩大和经济业务的复杂，审计引入风险管理，将主要资源集中在高风险的地方，以便保证审计质量。这就要求在计划阶段采用风险管理技术，确定重大错报风险领域。本章将介绍风险审计技术的重要审计策略，见图7-1。

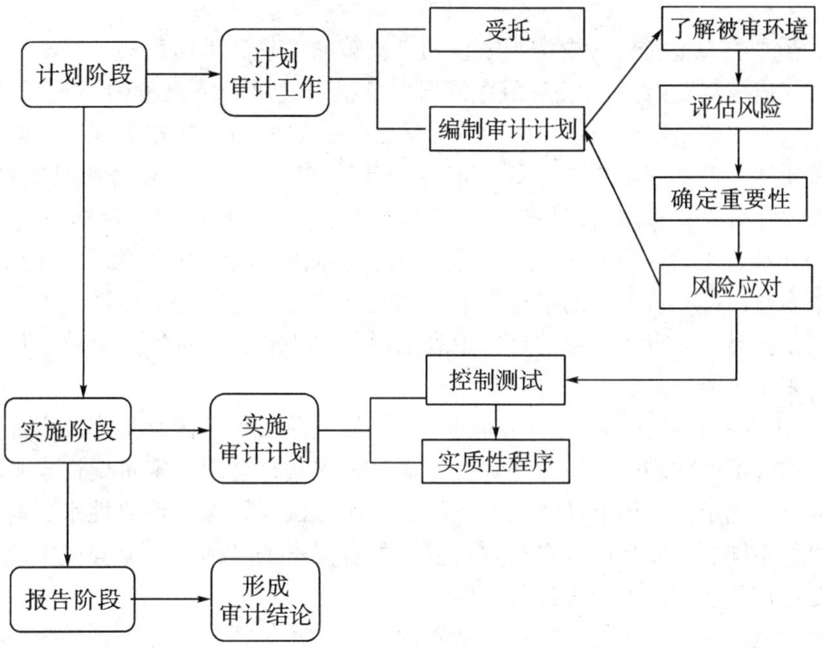

图 7-1　风险导向审计流程

第一节　重要性

重要性是审计学的一个基本概念。审计重要性的运用贯穿整个审计过程。在计划审计工作时，审计师应当在了解被审计单位及其环境的基础上，确定一个可接受的重要性水平，即首先为财务报表层次确定重要性水平，以发现在金额上重大的错报。同时，审计师还应当评估各类交易、账户余额和披露认定层次的重要性，以便确定进一步审计程序的性质、时间安排和范围，将审计风险降至可接受的低水平。在确定审计意见类型时，审计师也需要考虑重要性水平。

一、重要性的含义

重要性取决于在具体环境下对错报金额和性质的判断。如果一项错报单独或连同其他错报可能影响财务报表使用者依据财务报表做出的经济决策，则该项错报是重大的。

理解重要性的概念，需要从以下几个方面进行：

（1）重要性概念中的错报包含漏报。财务报表错报包括财务报表金额的错报和财务报表披露的错报。

（2）重要性包括对数量和性质两个方面的考虑。数量方面是指错报的金额大小，性质方面则是指错报的性质。一般而言，金额大的错报比金额小的错报更重要。在有些情况下，某些金额的错报从数量上看并不重要，但从性质上考虑，则可能是重要的。

（3）重要性概念是针对财务报表使用者决策的信息需求而言的。判断一项错报重要与否，应视其对财务报表使用者依据财务报表做出经济决策的影响程度而定。如果财务报表中的某项错报足以改变或影响财务报表使用者的相关决策，则该项错报就是重要的，否则就不重要。如果审计人员对特殊目的审计业务出具审计报告，在确定重要性时需要考虑特定使用者的信息需求，以实现特殊审计目标。

（4）重要性的确定离不开具体环境。由于不同的被审计单位面临不同的环境，不同的报表使用者有着不同的信息需求，因此审计人员确定的重要性也不相同。某一金额的错报对某被审计单位的财务报表来说是重要的，而对另一个被审计单位的财务报表来说可能不重要。

（5）对重要性的评估需要运用职业判断。影响重要性的因素很多，审计人员应当根据被审计单位面临的环境，并综合考虑其他因素，合理确定重要性水平。不同的审计人员在确定同一被审计单位财务报表层次和认定层次的重要性水平时，得出的结果可能不同。主要是因为对影响重要性的各因素的判断存在差异。因此，审计人员需要运用职业判断来合理评估重要性。

需要注意的是，如果仅从数量角度考虑，重要性水平只是提供了一个门槛或临界点。在该门槛或临界点之上的错报就是重要的；反之，该错报则不重要。重要性并不是财务信息的主要质量特征。

二、重要性的运用

重要性的运用贯穿审计的始终，运用于审计计划阶段、审计实施阶段和审计报告阶段。

审计师在计划阶段使用重要性的目的有：①决定风险评估程序的性质、时间安排和范围；②识别和评估重大错报风险；③确定进一步审计程序的性质、时间安排和范围。在计划审计工作时，审计人员应当考虑导致报表层次发生重大错报的原因，并应当在了解被审计单位及其环境的基础上，确定一个可接受的整体财务报表重要性水平；同时，审计人员还应当评估各类交易、账户余额及列报认定层次的重要性，以便确定进一步审计程序的性质、时间和范围，将审计风险降至可接受的低水平。

在审计实施阶段，随着审计过程的推进，审计人员应当及时评价计划阶段确定的重要性水平是否仍然合理，并根据具体环境的变化或在审计执行过程中进一步获取的信息，修正计划的重要性水平，进而修改进一步审计程序的性质、时间和范围。例如，随着审计证据的累积，审计人员可能认为初始选用的重要性基准并不恰当，需要选用其他的基准来计算重要性水平。审计人员在确定审计程序的性质、时间和范围时应当考虑重要性与审计风险之间的反向关系。重要性水平越高，审计风险越低；反之，重要性水平越低，审计风险就越高。审计人员应当选用下列方法将审计风险降至可接受的低水平。

（1）如有可能，通过扩大控制测试范围或实施追加的控制测试，降低评估的重大错报风险，并支持降低后的重大错报风险水平；

（2）通过修改计划实施的实质性程序的性质、时间和范围，降低检查风险。

在审计报告阶段，要使用报表层次重要性水平和为了特定交易类别、账户余额和披露而制定的较低金额的重要性水平来评价已识别的错报对财务报表的影响和对审计报告中审计意见的影响。

（一）计划阶段

在计划审计工作时，审计师应当确定一个可接受的重要性水平，以发现在金额上重大的错报。审计师在确定计划的重要性水平时，需要考虑对被审计单位及其环境的了解、审计的目标、财务报表各项目的性质及其相互关系、财务报表项目的金额及其波动幅度。同时，还应当从性质和数量两个方面合理确定重要性水平。

1. 从性质方面考虑重要性

在某些情况下，金额相对较少的错报可能会对财务报表产生重大影响。例如，一项不重大的违法支付或者没有遵循某项法律规定，但该支付或违法行为可能导致一项重大的或有负债、重大的资产损失或者收入损失，就应认为上述事项是重大的。下列描述了可能构成重要性的因素：

（1）对财务报表使用者需求的感知；

（2）获利能力趋势；

（3）因没有遵守贷款契约、合同约定、法规条款和法定的或常规的报告要求而产生错报的影响；

（4）计算管理层报酬（资金等）的依据；

（5）由于错误或舞弊而使一些账户项目对损失的敏感性；

（6）重大或有负债；

（7）通过一个账户处理大量的、复杂的和相同性质的个别交易；

（8）关联方交易；

（9）可能的违法行为、违约和利益冲突；

（10）财务报表项目的重要性、性质、复杂性和组成；

（11）可能包含了高度主观性的估计、分配或不确定性；

（12）管理层的偏见；

（13）管理层一直不愿意纠正已报告的与财务报表相关的内部控制的缺陷；

（14）与账户相关联的核算与报告的复杂性；

（15）自前一个会计期间以来账户特征发生的改变（如新的复杂性、主观性或交易的种类）；

（16）个别极其重大但不同的错报抵消产生的影响。

2. 从数量方面考虑重要性

（1）报表层次的重要性。

由于财务报表审计的目标是审计人员通过执行审计工作对财务报表发表审计意见，因此，审计人员应当考虑财务报表层次的重要性。只有这样，才能得出财务报表是否公允反映的结论。审计人员在制定总体审计策略时，应当确定财务报表层次的重要性水平。确定重要性需要运用职业判断。通常先选定一基准，再乘以某一百分比作为财务报表整体的重要性。很多审计人员根据所在会计师事务所的惯例及自己的经验，考虑重要性水平。审计人员通常先选择一个恰当的基准，再选用适当的百分比乘以该基准，从而得出财务报表层次的重要性水平。

在实务中，有许多汇总性财务数据可以用作确定财务报表层次重要性水平的基准，如总资产、净资产、销售收入、费用总额、毛利、净利润等。在选择适当的基准时，审计人员应当考虑的因素包括：

①财务报表的要素（如资产、负债、所有者权益、收入和费用等）、适用的会计准则和相关会计制度所定义的财务报表指标（如财务状况、经营成果和现金流量），以及适用的会计准则和相关会计制度提出的其他具体要求；

②对某被审计单位而言，是否存在财务报表使用者特别关注的报表项目（如特别关注与评价经营成果相关的信息）；

③被审计单位的性质及所在行业；

④被审计单位的规模、所有权性质以及融资方式。

审计人员对基准的选择有赖于被审计单位的性质和环境。例如：对以营利为目的的被审计单位，来自经常性业务的税前利润或税后净利润可能是一个适当的基准；而对收益不稳定的被审计单位或非营利组织来说，选择税前利润或税后净利润作为判断重要性水平的基准就不合适。对资产管理公司，净资产可能是一个适当的基准。审计人员通常选择一个相对稳定、可预测且能够反映被审计单位正常规模的基准。由于销售收入和总资产具有相对稳定性，审计人员经常将其用作确定计划重要性水平的基准。

在确定恰当的基准后，审计人员通常运用职业判断合理选择百分比，据以确定重要性水平。以下是一些参考数值的举例：

①对以营利为目的的企业，来自经常性业务的税前利润或税后净利润的 5%，或总收入的 0.5%；

②对非营利组织，费用总额或总收入的 0.5%；

③对共同基金公司，净资产的 0.5%。

对重要性的评估需要职业判断。审计人员执行具体审计业务时，可能认为采用比上述百分比更高或更低的比例是适当的。当根据不同的基准计算出不同的重要性水平时，审计人员应当根据实际情况决定采用何种计算方法更为恰当。

此外，审计人员在确定重要性时，通常考虑以前期间的经营成果和财务状况、本期的经营成果和财务状况、本期的预算和预测结果、被审计单位情况的重大变化（如重大的企业购并）以及宏观经济环境和所处行业环境发生的相关变化。例如，审计人员在将净利润作为确定某被审计单位重要性水平的基准时，因情况变化使该被审计单位本年度净利润出现意外的增加或减少，审计人员可能认为选择近几年的平均净利润作为确定重要性水平的基准更加合适。

审计人员在确定重要性水平时，不需考虑与具体项目计量相关的固有不确定性。例如，财务报表含有高度不确定性的大额估计，审计人员并不会因此而确定一个比不含有该估计的财务报表的重要性更高或更低的重要性水平。

(2) 各类交易、账户余额、列报认定层次的重要性水平。

由于财务报表提供的信息由各类交易、账户余额、列报认定层次的信息汇集加工而成，审计人员只有通过对各类交易、账户余额、列报认定层次实施审计，才能得出财务报表是否公允反映的结论。因此，审计人员还应当考虑各类交易、账户余额、列报认定层次的重要性。

各类交易、账户余额、列报认定层次的重要性水平称为“可容忍错报”。可容忍错报的确定以审计人员对财务报表层次重要性水平的初步评估为基础。它是在不导致财务报表存在重大错报的情况下，审计人员对各类交易、账户余额、列报确定的可接受的最大错报。

在确定各类交易、账户余额、列报认定层次的重要性水平时，审计人员应当考虑以下主要因素：①各类交易、账户余额、列报的性质及错报的可能性；②各类交易、账户余额、列报的重要性水平与财务报表层次重要性水平的关系。由于各类交易、账户余额、列报确定的重要性水平即可容忍错报，对审计证据数量有直接的影响，因此，审计人员应当合理确定可容忍错报。

在制定总体审计策略时，审计人员应当对那些金额本身就低于所确定的财务报表层次重要性水平的特定项目做额外的考虑。审计人员应当根据被审计单位的具体情况，运用职业判断，考虑是否能够合理地预计这些项目的错报将影响使用者依据财务报表做出的经济决策（如有这种情况的话）。审计人员在做出这一判断时，应当考虑的因素包括以下几种情况：

(1) 会计准则、法律法规是否影响财务报表使用者对特定项目计量和披露的预期（如关联方交易、管理层及治理层的报酬）；

(2) 与被审计单位所处行业及其环境相关的关键性披露（如制药业的研究与开发成本）；

(3) 财务报表使用者是否特别关注财务报表中单独披露的特定业务分部（如新近购买的业务）的财务业绩。

了解治理层和管理层对上述问题的看法和预期，可能有助于审计人员根据被审计单位的具体情况做出这一判断。

(二) 审计实施阶段

在审计实施过程中，审计人员一般采用实际执行的重要性。实际执行的重要性是指审计师确定的低于财务报表整体重要性的一个或多个金额，旨在将未更正和未发现错报的汇总数超过财务报表整体的重要性的可能性降至适当的低水平。如果适用，实际执行的重要性还指审计师确定的低于特定类别的交易、账户余额或披露的重要性水平的一个或多个金额。

确定实际执行的重要性需要审计师运用职业判断，并考虑下列因素的影响：①对被审计单位的了解（这些了解在实施风险评估程序的过程中得到更新）；②前期审计工作中识别出的错报的性质和范围；③根据前期识别出的错报对本期错报做出的预期。

通常而言，实际执行的重要性通常为财务报表整体重要性的50%~75%。接近财务报表整体重要性 50%的情况有以下两种：①经常性审计：②以前年度审计调整较多项目总体风险较高（如处于高风险行业，经常面临较大市场压力，首次承接的审计项目或者需要出具特殊目的报告等。接近财务报表整体重要性 75%的情况有以下两种：①经常性审计，以前年度审计调整较少；②项目总体风险较低（如处于低风险行业，市场压力较小）

计划的重要性与实际执行的重要性之间的关系如图 7-2 所示。

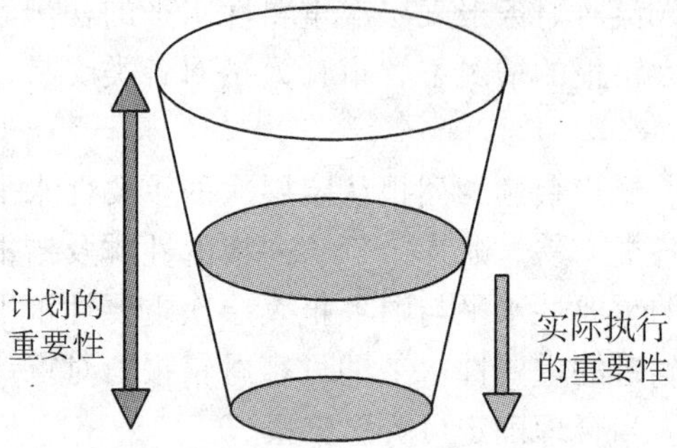

图 7-2　实际执行的重要性

由于存在下列原因，审计师可能需要修改财务报表整体的重要性和特定类别的交易、账户余额或披露的重要性水平（如适用）：①审计过程中情况发生重大变化（如决定处置被审计单位的一个重要组成部分）；②获取新信息；③通过实施进一步审计程序，审计师对被审计单位及其经营的了解发生变化。例如，在审计过程中审计师发现，实际财务成果与最初确定财务报表整体的重要性时使用的预期本期财务成果相比存在很大差异，则需要修改重要性。

（三）审计报告阶段

在审计报告阶段，审计人员需要汇总所有审计过程中的审计错报，并对其进行评价，是形成审计报告重要前提。

1. 汇总尚未更正错报

尚未更正错报的汇总数包括已经识别的具体错报和推断误差。

（1）已经识别的具体错报

已经识别的具体错报是指审计人员在审计过程中发现的能够准确计量的错报，包括下列两类：

① 对事实的错报。这类错报产生于被审计单位收集和处理数据的错误，对事实的忽略或误解，或故意舞弊行为。例如，审计人员在实施细节测试时发现最近购入存货的实际价值为 15 000 元，但账面记录的金额为 10 000 元。因此，存货和应付账款分别被低估了 5 000 元，这里被低估的 5 000 元就是已识别的对事实的具体错报。

② 涉及主观决策的错报。这类错报产生于两种情况：一是管理层和审计人员对会计估计值的判断差异，例如，由于包含在财务报表中的管理层做出的估计值超出了审计人员确定的一个合理范围，导致出现判断差异；二是管理层和审计人员对选择和运用会计政策的判断差异，由于审计人员认为管理层选用会计政策造成错报，管理层却认为选用会计政策适当，导致出现判断差异。

（2）推断误差

推断误差也称为可能误差，是审计人员对不能明确、具体地识别其他错报的最佳估计数。推断误差通常包括下列两类：

① 通过测试样本估计出的总体的错报减去在测试中发现的已经识别的具体错报。例如，应收账款年末余额为 2 000 万元，审计人员抽查样本发现金额有 100 万元的高估，高估部分为账面金额的 20%，据此审计人员推断总体的错报金额为 400 万元（2 000×20%），那么上述 100 万元就是已识别的具体错报，其余 300 万元即推断误差。

② 通过实质性分析程序推断出的估计错报。例如，审计人员根据客户的预算资料及行业趋势等要素，对客户年度销售费用独立地做出估计，并与客户账面金额比较，发现两者间有 50%的差异；考虑到估计的精确性有限，审计人员根据经验认为 10%的差异通常是可接受的，而剩余 40%的差异需要有合理解释并取得佐证性证据；假定审计人员对其中 20%的差异无法得到合理解释或不能取得佐证，则该部分差异金额即为推断误差。

2. 评估汇总错报的影响

审计人员需要在出具审计报告之前，评估尚未更正错报单独或累积的影响是否重大。在评估时，审计人员应当从特定的某类交易、账户余额及列报认定层次和财务报表层次考虑这些错报的金额和性质，以及这些错报发生的特定环境。

审计人员应当分别考虑每项错报对相关交易、账户余额及列报的影响，包括错报是否超过之前为特定交易、账户余额及列报所设定的较之财务报表层次重要性水平更低的可容忍错报。此外，如果某项错报是（或可能是）由舞弊造成的，无论其金额大小，审计人员均应当按照《中国审计人员审计准则第 1141 号——财务报表审计中对舞弊的考虑》的规定，考虑其对整个财务报表审计的影响。考虑到某些错报发生的环境，即使其金额低于计划的重要性水平，审计人员仍可能认为其单独或连同其他错报从性质上看是重大的。

审计人员在评估未更正错报是否重大时，不仅需要考虑每项错报对财务报表的单独影响，而且需要考虑所有错报对财务报表的累积影响及其形成原因，尤其是一些金额较小的错报，虽然单个看起来并不重大，但是其累计数可能对财务报表产生重大的影响。

第二节　重大错报风险评估与应对

一、重大错报风险的识别与评估

审计人员应当识别和评估财务报表层次以及各类交易、账户余额、列报认定层次的重大错报风险。在识别和评估重大错报风险时，审计人员应当实施下列审计程序：

（一）在了解被审计单位及其环境的过程中识别风险，并考虑各类交易、账户余额、列报

审计人员应当运用各项风险评估程序，在了解被审计单位及其环境的整个过程中识别风险，并将识别的风险与各类交易、账户余额和列报相联系。例如，被审计单位因相关环境法规的实施需要更新设备，可能面临原有设备闲置或贬值的风险；宏观经济的低迷可能预示应收账款的回收存在问题；竞争者开发的新产品上市，可能导致被审计单位的主要产品在短期内过时，预示将出现存货跌价和长期资产（如固定资产等）的减值。

（二）将识别的风险与认定层次可能发生错报的领域相联系

审计人员应当确定，识别的重大错报风险是与特定的某类交易、账户余额、列报的认定相关，还是与财务报表整体广泛相关，进而影响多项认定。与财务报表整体相关的是财务报表层次的重大错报风险，其很可能源于薄弱的控制环境。薄弱的控制环境带来的风险可能对财务报表产生广泛影响，难以限于某类交易、账户余额、列报，审计人员应当采取总体应对措施。与特定的某类交易、账户余额、列报的认定相关是认定层次的重大错报。审计人员还应当对其予以汇总和评估，以确定进一步审计程序的性质、时间和范围。例如，销售困难使产品的市场价格下降，可能导致年末存货成本高于其可变现净值而需要计提存货跌价准备，这显示存货的计价认定可能发生错报。

（三）考虑识别的风险是否重大

风险是否重大是指风险造成后果的严重程度。比如产品市场价格大幅下降，导致产品销售收入不能补偿成本，毛利率为负，那么年末存货跌价问题严重，存货计价认定发生错报的风险重大；假如价格下降的产品在被审计单位销售收入中所占比例很小，被审计单位其他产品销售毛利率很高，尽管该产品的毛利率为负，但可能不会使年末存货发生重大跌价问题。

（四）考虑识别的风险导致财务报表发生重大错报的可能性

审计人员还需要考虑识别的风险是否会导致财务报表发生重大错报。例如，考虑存货的账面余额是否重大，是否已适当计提存货跌价准备等。在某些情况下，尽管识别的风险重大，但仍不至于导致财务报表发生重大错报。例如，期末财务报表中存货的余额较低，尽管识别的风险重大，但不至于导致存货的计价认定发生重大错报风险。又如，被审计单位对于存货跌价准备的计提实施了比较有效的内部控制，管理层已根据存货的可变现净值，计提了相应的跌价准备。在这种情况下，财务报表发生重大错报的可能性将相应降低。

审计人员应当利用实施风险评估程序获取的信息，包括在评价控制设计和确定其是否得到执行时获取的审计证据，作为支持风险评估结果的审计证据。审计人员应当根据风险评估结果，确定实施进一步审计程序的性质、时间和范围。

审计人员还需要运用职业判断确定哪些风险是特别风险。审计人员应当考虑：①风险是否属于舞弊风险；②风险是否与近期经济环境、会计处理方法和其他方面的重大变化有关；③交易的复杂程度；④风险是否涉及重大的关联方交易；⑤财务

信息计量的主观程度，特别是对不确定事项的计量存在较大区间；⑥风险是否涉及异常或超出正常经营过程的重大交易。

二、报表层次重大错报风险的应对措施

（一）总体应对措施

与财务报表整体相关的是财务报表层次的重大错报风险，审计师应当针对评估的财务报表层次重大错报风险确定下列总体应对措施：

（1）向项目组强调保持职业怀疑的必要性。

（2）指派更有经验或具有特殊技能的审计人员，或利用专家的工作。由于各行业在经营业务、经营风险、财务报表、法规要求等方面具有特殊性，审计人员的专业分工细化成一种趋势。审计项目组成员中应有一定比例的人员曾经参与过被审计单位以前年度的审计，或具有被审计单位所处特定行业的相关审计经验。必要时，要考虑利用信息技术、税务、评估、精算等方面的专家的工作。

（3）提供更多的指导。对于财务报表层次重大错报风险较高的审计项目，审计项目组的高级别成员，如项目合伙人、项目经理等经验较丰富的人员，要对其他成员提供更详细、更经常、更及时的指导和监督并加强项目质量复核。

（4）在选择拟实施的进一步审计程序时融入更多的不可预见的因素。被审计单位人员尤其是管理层，如果熟悉审计师的审计套路，就可能采取种种规避手段，掩盖财务报表中的舞弊行为。因此，在设计拟实施审计程序的性质、时间安排和范围时，为了避免既定思维对审计方案的限制，避免对审计效果的人为干涉，从而使得针对重大错报风险的进一步审计程序更加有效，审计师要考虑使某些程序不被管理层预见或事先了解。

在实务中，审计师可以通过以下方式提高审计程序的不可预见性：①对某些未测试过的低于设定的重要性水平或风险较小的账户余额和认定实施实质性程序；②调整实施审计程序的时间，使被审计单位不可预期；③采取不同的审计抽样方法，使当期抽取的测试样本与以前有所不同；④选取不同的地点实施审计程序，或预先不告知被审计单位所选定的测试地点。

（5）对拟实施审计程序的性质、时间安排或范围做出总体修改。财务报表层次的重大错报风险很可能源于薄弱的控制环境。因此，审计师对控制环境的了解也影响其对财务报表层次重大错报风险的评估。有效的控制环境可以使审计师增强对内部控制和被审计单位内部产生的证据的信赖程度。如果控制环境存在缺陷，审计师在对拟实施审计程序的性质、时间安排和范围做出总体修改时应当考虑：

①在期末而非期中实施更多的审计程序。控制环境的缺陷通常会削弱期中获得的审计证据的可信赖程度。

②通过实施实质性程序获取更广泛的审计证据。良好的控制环境是其他控制要素发挥作用的基础。控制环境存在缺陷通常会削弱其他控制要素的作用，导致审计师可能无法信赖内部控制，而主要依赖实施实质性程序获取审计证据。

③增加拟纳入审计范围的经营地点的数量。

（二）增加审计程序的不可预见性

1. 增加审计程序不可预见性的思路

（1）对某些以前未测试的低于设定的重要性水平或风险较小的账户余额和认定实施实质性程序。审计师可以关注以前未曾关注过的审计领域，如果这些领域有可能被用于掩盖舞弊行为，审计师就要针对这些领域实施一些具有不可预见性的测试。

（2）调整实施审计程序的时间，使其超出被审计单位的预期。比如，审计师如果一般审计工作都围绕着 12 月或在年底前后进行，那么被审计单位有可能会把一些不适当的会计调整放在年度的 9 月、10 月或 11 月等，因此，审计师可以考虑调整每次实施审计程序时间，有时测试在 9 月，有时测试在 10 月等，让被审计单位不能掌握规律。

（3）采取不同的审计抽样方法，使当年抽取的测试样本与以前有所不同。

（4）选取不同的地点实施审计程序，或预先不告知被审计单位所选定的测试地点。例如，在存货监盘程序中，审计师可以到未事先通知被审计单位的盘点现场进行监盘，以便了解真实情况。

2. 增加审计程序不可预见性的实施要点

（1）审计师需要与被审计单位的高层管理人员事先沟通，要求实施具有不可预见性的审计程序，但不能告知其具体内容。审计师可以在签订审计业务约定书时明确提出这一要求。

（2）虽然对于不可预见性程度没有量化的规定，但审计项目组可以根据对舞弊风险的评估等确定具有不可预见性的审计程序。审计项目组可以汇总那些具有不可预见性的审计程序，并记录在审计工作底稿中。

（3）项目合伙人需要安排项目组成员有效地实施具有不可预见性的审计程序，但同时要避免使项目组成员处于困难境地。

三、认定层次重大错报的应对措施

审计师应当针对评估的认定层次重大错报风险设计和实施进一步审计程序，包括审计程序的性质、时间安排和范围。

（一）进一步审计程序的含义

进一步审计程序相对于风险评估程序而言，是指审计师针对评估的各类交易、账户余额和披露认定层次重大错报风险实施的审计程序，包括控制测试和实质性程序。进一步审计程序的目的包括通过实施控制测试以确定内部控制运行的有效性，通过实施实质性程序以发现认定层次的重大错报；进一步审计程序的类型包括检查、观察、询问、函证、重新计算、重新执行和分析程序。在确定进一步审计程序的性质时，审计人员首先需要考虑的是认定层次重大错报风险的评估结果。审计师设计和实施的进一步审计程序的性质、时间安排和范围，应当与评估的认定层次重大错报风险具备明确的对应关系，比如，审计师评估的重大错报风险越高，实施进一步审计程序的范围通常越大；但是只有首先确保进一步审计程序的性质与特定风险相关时，扩大审计程序的范围才是有效的。

（二）进一步审计程序时需要考虑的因素

（1）风险的重要性。风险的重要性是指风险造成的后果的严重程度。风险的后果越严重，就越需要审计师关注和重视，越需要精心设计有针对性的进一步审计程序。

（2）重大错报发生的可能性。重大错报发生的可能性越大，越需要审计师精心设计进一步审计程序。

（3）涉及的各类交易、账户余额和披露的特征。不同的交易、账户余额和披露，产生的认定层次的重大错报风险也会存在差异，适用的审计程序也有差别，需要审计师区别对待，并设计有针对性的进一步审计程序予以应对。

（4）被审计单位采用的特定控制的性质。不同性质的控制（尤其是人工控制还是自动化控制）对审计师设计进一步审计程序具有重要影响。

（5）审计师是否拟获取审计证据，以确定内部控制在防止或发现并纠正重大错报方面的有效性。如果审计师在风险评估时预期内部控制运行有效，随后拟实施的进一步审计程序就必须包括控制测试，且实质性程序自然会受到之前控制测试结果的影响。

综合上述几方面因素，审计师应当根据对认定层次重大错报风险的评估结果，恰当选用实质性方案或综合性方案。通常情况下，审计师出于成本效益的考虑可以采用综合性方案设计进一步审计程序，即将测试控制运行的有效性与实质性程序结合使用。但在某些情况下（如仅通过实质性程序无法应对重大错报风险），审计师必须通过实施控制测试，才可能有效应对评估出的某一认定的重大错报风险；而在另一些情况下（如审计师的风险评估程序未能识别出与认定相关的任何控制，或审计师认为控制测试很可能不符合成本效益原则），审计师可能认为仅实施实质性程序就是适当的。

（三）进一步审计程序的时间

审计人员可以在期中或期末实施进一步审计程序，如控制测试或实质性程序。当重大错报风险较高时，审计人员应当考虑在期末或接近期末实施实质性程序；或采用不通知的方式，或在管理层不能预见的时间实施审计程序。在期中实施进一步审计程序，可能有助于审计人员在审计工作初期识别重大事项，并在管理层的协助下及时解决这些事项；或针对这些事项制订有效的实质性方案或综合性方案。当然，在期中实施进一步审计程序也存在很大的局限。首先，审计人员往往难以仅凭在期中实施的进一步审计程序获取有关期中以前的充分、适当的审计证据（如某些期中以前发生的交易或事项在期中审计结束时尚未完结）；其次，即使审计人员在期中实施的进一步审计程序能够获取有关期中以前的充分、适当的审计证据，但从期中到期末这段剩余期间还往往会发生重大的交易或事项（包括期中以前发生的交易、事项的延续，以及期中以后发生的新的交易、事项），从而对所审计期间的财务报表认定产生重大影响；最后，被审计单位管理层也完全有可能在审计人员于期中实施了进一步审计程序之后对期中以前的相关会计记录做出调整甚至篡改，审计人员在期中实施了进一步审计程序所获取的审计证据已经发生了变化。如果在期中实施了进一步审计程序，审计人员还应当针对剩余期间获取审计证据。

审计人员在确定何时实施审计程序时应当考虑：

（1）控制环境。良好的控制环境可以抵消在期中实施进一步审计程序的局限性，使审计人员在确定实施进一步审计程序的时间时有更大的灵活度。

（2）何时能得到相关信息。例如，某些控制活动可能仅在期中（或期中以前）发生，而之后可能难以再被观察到；再如，某些电子化的交易和账户文档如未能及时取得，可能被覆盖。在这些情况下，审计人员如果希望获取相关信息，则需要考虑能够获取相关信息的时间。

（3）错报风险的性质。例如，被审计单位可能为了保证盈利目标的实现，而在会计期末以后伪造销售合同以虚增收入，此时审计人员需要考虑在期末（即资产负债表日）这个特定时点获取被审计单位截至期末所能提供的所有销售合同及相关资料，以防范被审计单位在资产负债表日后伪造销售合同虚增收入的做法。

（4）审计证据适用的期间或时点。审计人员应当根据需要获取的特定审计证据确定何时实施进一步审计程序。例如，为了获取资产负债表日的存货余额证据，显然不宜在与资产负债表日间隔过长的期中时点或期末以后时点实施存货监盘等相关审计程序。

（四）进一步审计程序的范围

进一步审计程序的范围是指实施进一步审计程序的数量，包括抽取的样本量，对某项控制活动的观察次数等。在确定审计程序的范围时，审计人员应当考虑下列因素：

（1）确定的重要性水平。确定的重要性水平越低，审计人员实施进一步审计程序的范围越广。

（2）评估的重大错报风险。评估的重大错报风险越高，对拟获取审计证据的相关性、可靠性的要求越高，因此审计人员实施的进一步审计程序的范围也越广。

（3）计划获取的保证程度。计划获取的保证程度，是指审计人员计划通过所实施的审计程序对测试结果可靠性所获取的信心。计划获取的保证程度越高，对测试结果可靠性的要求越高，审计人员实施的进一步审计程序的范围越广。例如，审计人员对财务报表是否不存在重大错报的信心可能来自控制测试和实质性程序。如果审计人员计划从控制测试中获取更高的保证程度，则控制测试的范围就更广。

鉴于进一步审计程序的范围往往是通过一定的抽样方法加以确定的，因此，审计人员需要慎重考虑抽样过程对审计程序范围的影响是否能够有效实现审计目的。

第三节 利用他人工作

一、利用内部审计工作

（一）内部审计涉及的活动

内部审计是各个组织内部进行的一种独立的确认和咨询活动，旨在保障各个组织的各项经营管理活动的真实性、合法性、效率性和效益性，是能够提高组织的经营管理水平的增值服务。内部审计可能包括下列一项或多项活动：

（1）对内部控制的监督。内部审计可能包括评价控制、监督控制的运行以及对内部控制提出改进建议。

（2）对财务信息和经营信息的检查。内部审计可能包括对确认、计量、分类和报告财务信息和经营信息的方法进行评价，并对个别事项进行专门询问，包括对交易、余额及程序实施细节测试。

（3）对经营活动的评价。内部审计可能包括对被审计单位的经营活动（包括非财务活动）的经济性、效率和效果进行评价。

（4）对遵守法律法规情况的评价。内部审计可能包括评价被审计单位对法律法规、其他外部要求以及管理层政策、指令和其他内部要求的遵守情况。内部审计可以对被审计单位在经营过程中遵守相关遵循性标准的情况做出相应的评价，包括评价国家相关法律法规的遵守情况、行业和部门政策的遵守情况、企业经营计划和财务计划的遵守情况、企业经营预算和财务预算的遵守情况、企业制定的各种程序标准的遵守情况、企业签订的各类合同的遵守情况等。

（5）风险管理。内部审计可能有助于被审计单位识别和评估其面临的重大风险，并改进风险管理和控制系统。

（6）治理。内部审计可能包括评估被审计单位为实现下列目标而建立的治理过程：

①道德和价值观；

②业绩管理和经管责任；

③向被审计单位适当部门传达风险和控制信息；

④治理层、审计师、内部审计人员和管理层之间沟通的有效性。

（二）确定是否利用以及在多大程度上利用内部审计人员的工作

虽然审计师可以利用内部审计的工作，但审计师必须对与财务报表审计有关的所有重大事项独立做出职业判断，而不应完全依赖内部审计工作。通常，审计过程中涉及的职业判断，如重大错报风险的评估、重要性水平的确定、样本规模的确定、对会计政策和会计估计的评估等，均应当由审计师负责执行。同样，审计师对发表的审计意见独立承担责任，这种责任并不因利用内部审计人员的工作而减轻。

审计师应当确定：内部审计人员的工作是否可能足以实现审计目的；如果可能足以实现审计目的，内部审计人员的工作对审计师审计程序的性质、时间安排和范围产生的预期影响。

（1）在确定内部审计人员的工作是否可能足以实现审计目的时，审计师应当评价：

①内部审计的客观性。为保证内部审计机构和人员的客观性，内部审计应当具有与其履行职责相应的组织地位。内部审计直接报告的管理、治理机构越高，内部审计机构在企业的威望越大，其独立性越强。审计师应当关注被审计单位管理层对内部审计施加的任何限制或约束，特别是内部审计人员是否能够与外部审计师进行充分的沟通。此外，外部审计师还应当关注被审计单位的治理层和管理层是否重视内部审计的意见和建议，是否建立有关内部审计意见的反馈机制，内部审计意见是否能够得以落实。因此，审计师一般需要考虑以下因素：

第一，内部审计在被审计单位中的地位，以及这种地位对内部审计人员保持客观性能力的影响；

第二，内部审计是否向治理层或具备适当权限的高级管理人员报告工作，以及内部审计人员是否直接接触治理层；

第三，内部审计人员是否不承担任何相互冲突的责任；

第四，治理层是否监督与内部审计相关的人事决策；

第五，管理层或治理层是否对内部审计施加任何约束或限制；

第六，管现层是否根据内部审计的建议采取行动，在多大程度上采取行动以及如何采取行动。

②内部审计人员的专业胜任能力。专业胜任能力是被审计单位内部审计正常发挥作用的根本。内部审计机构和人员必须具备足以胜任检查被审计单位所有活动领域的能力，否则，其工作结果必然是不能信赖的。评价内部审计人员的专业胜任能力时，审计师需要考虑以下因素：

第一，内部审计人员是否属于相关职业团体的会员；

第二，内部审计人员是否经过充分技术培训且精通内部审计业务；

第三，被审计单位是否存在有关内部审计人员任用和培训的既定政策。

③内部审计人员在执行工作时是否可能保持应有的职业关注，包括：

第一，内部审计的活动是否经过适当的计划、监督、复核和记录；

第二，是否存在适当的审计手册或其他类似文件、工作方案和内部审计工作底稿。

④内部审计人员和外部审计师之间是否可能进行有效的沟通。

如果内部审计人员可以自由地与外部审计师坦诚沟通，并满足下列条件，则他们之间的沟通可能是最有效的。

第一，双方在审计期间内每隔一段适当的时间举行会谈；

第二，内部审计人员可以通过相关内部审计报告向外部审计师提供建议，并允许其接触相关内部审计报告；内部审计人员告知外部审计师其注意到的，可能影响审计师工作的所有重大事项；

第三，外部审计师告知内部审计人员可能影响内部审计的所有重大事项。

（2）在确定内部审计人员的工作对外部审计师审计程序的性质、时间安排和范围产生的预期影响时，外部审计师应当考虑：

①内部审计人员已执行或拟执行的特定工作的性质和范围；

②针对特定类别的交易、账户余额和披露，评估的认定层次重大错报风险；

③在评价支持相关认定的审计证据时，内部审计人员的主观程度。

如果内部审计人员的工作是外部审计师在确定实施审计程序的性质、时间安排和范围时考虑的因素，外部审计师事前就下列事项与内部审计人员达成一致意见是有益的。

①内部审计工作的时间安排，包括制订内部审计计划、实施内部审计程序、出具内部审计报告的时间安排。

②内部审计涵盖的范围，包括内部审计覆盖的主体对象及时间范围。

③财务报表整体的重要性（如适用，还包括特定类别的交易、账户余额或披露层次的重要性水平），以及实际执行的重要性。重要性水平取决于在具体环境下对错报金额和性质的判断。

④选取测试项目拟采用的方法，包括使用随机数表或计算机辅助审计技术选样、系统选样和随意选样等。

⑤对所执行工作的记录。内部审计人员应当采用适当的方法记录已实施的工作；应当能够提供充分、适当的记录作为内部审计报告的基础；应当能够提供充足的信息证实内部审计工作是否被恰当地执行，并使其他人能够据此检查内部审计工作的执行情况。

⑥复核和报告程序。内部审计人员应对内部审计工作进行复核，并尽快形成书面报告，将其传递给审计对象及相关管理层。内部审计报告应当说明审计的目标与范围、审计发现的问题及整改建议等。内部审计报告也应揭示在审计工作结束时达成共识的事项。

二、利用专家工作

专家是指在会计或审计以外的某一领域具有专长的个人或组织，并且其工作被审计师利用，以协助审计师获取充分、适当的审计证据。专家既可能是会计师事务所内部专家（如会计师事务或其网络事务所的合伙人或员工，包括临时员工），也可能是会计师事务所外部专家。专家通常可以是工程师、律师、资产评估师、精算师、环境专家、地质专家、IT 专家以及税务专家，也可以是这些个人所从属的组织，如律师事务所、资产评估公司以及各种咨询公司等。

（一）确定是否利用专家的工作

审计师在利用专家工作时，需要明确的目标是：确定是否利用专家的工作。如果利用专家的工作，专家的工作是否足以实现审计目的。如果审计师按照审计准则的规定利用了专家的工作，并得出结论认为专家的工作足以实现审计的，审计师可以接受专家在其专业领域的工作结果或结论，并作为适当的审计证据。但审计师对发表的审计意见独立承担责任，这种责任并不因利用专家的工作而减轻。一般审计师在了解被审计单位及其环境、识别和评估重大错报风险或针对重大错报风险的应对措施等可以利用专家的工作。审计人员需要及时与专家进行沟通，一般来说，审计人员需要与专家达成一致意见，否则会影响发表的审计意见。同时，审计人员应该要求专家对审计过程的信息保密。

在确定是否利用专家的工作时，审计师可能考虑的因素包括：

（1）管理层在编制财务报表时是否利用了管理层的专家的工作。

管理层的专家是指在会计、审计以外的某一领域具有专长的个人或组织，其工作被管理层利用以协助编制财务报表。如果管理层在编制财务报表时利用了管理层的专家的工作，审计师做出是否利用专家的工作的决策可能受到下列因素的影响：

①管理层的专家的工作的性质、范围和目标；

②管理层的专家是否受雇于被审计单位或者为被审计单位所聘请；

③管理层能够对其专家的工作实施控制或施加影响的程度；

④管理层的专家的胜任能力和专业素质；

⑤管理层的专家是否受到技术标准、其他职业准则或行业要求的约束；

⑥被审计单位对管理层的专家的工作实施的各种控制。

（2）事项的性质和重要性，包括复杂程度。

（3）事项存在的重大错报风险。

（4）应对识别出的风险的预期程序的性质，包括审计师对与这些事项相关的专家工作的了解和具有的经验，以及是否可以获得替代性的审计证据。

（二）可能对外部专家客观性产生不利影响的利益和关系

很多情况可能会对外部专家客观性产生不利影响，如自身利益、自我评价、过度推介、密切关系和外在压力等。某些防范措施可能会消除或减少这样的不利影响。一些外部制度的安排（如专家所属的职业团体、法律法规的要求）或专家的工作环境（如质量控制政策和程序）可以建立这些防范措施。此外，也可能存在专门针对审计业务的防范措施。

评价对客观性产生不利影响的严重程度以及是否需要采取防范措施，可能取决于专家在审计中承担的角色和专家工作的重要程度。在某些情况下，采取防范措施不能将不利影响降至可接受的水平。例如，审计师拟聘请的专家是管理层的专家，在编制将作为审计对象的信息的过程中该专家发挥了重要作用。

在评价外部专家的客观性时，下列方面可能是相关的：

（1）向被审计单位询问是否存在可能影响外部专家客观性的任何已知的利益或关系；

（2）与专家讨论各种适用的防范措施（包括适用于专家的职业规范），并评价这些防范措施是否足以将不利影响降至可接受的水平。需要与专家讨论的利益和关系包括：①经济利益；②商业关系和私人关系；③专家提供的其他服务，包括外部专家是一个组织的情况下提供的服务。

在某些情况下，针对外部专家已知的、与被审计单位存在的任何利益或关系，审计师从外部专家获取书面声明可能是适当的。

（三）评价专家工作的恰当性

1. 评价专家工作是否实现审计目标

审计师应当评价专家的工作是否足以实现审计目的，包括：①专家的工作结果或结论的相关性和合理性，以及与其他审计证据的一致性；②如果专家的工作涉及使用重要的假设和方法，这些假设和方法在具体情况下的相关性和合理性；③如果专家的工作涉及使用重要的原始数据，这些原始数据的相关性、完整性和准确性。

2. 评价专家工作的审计程序

评价专家工作是否足以实现审计目的所实施的特定程序可能包括：询问专家；复核专家的工作底稿和报告；实施用于证实的程序。例如：①观察专家的工作；②检查已公布的数据，如来源于信誉高、权威的渠道的统计报告；③向第三方询证相关事项；④执行详细的分析程序；⑤重新计算，必要时（如当专家的工作结果或结论与其他审计证据不一致时）与具有相关专长的其他专家讨论，与管理层讨论专家的报告。

3. 评价专家的工作结果或结论的内容

（1）评价专家工作涉及使用重要的假设和方法的相关性与合理性

审计师应当了解专家选择的假设和方法，并根据专家工作的具体情况，评价专家工作涉及使用重要的假设和方法的相关性与合理性。此外，还要考虑专家选择的假设和方法与以前期间采用的假设和方法是否一致。如果专家的工作是评价管理层做出会计估计时使用的基础假设和方法（包括模型，如适用），审计师实施的程序可能主要是评价专家是否已经充分复核了这些假设和方法。如果专家的工作是形成审计师的点估计，或是形成审计师用来与管理层的点估计进行比较的范围，审计师实施的程序可能主要是评价专家使用的假设和方法（包括专家使用的模型，如适用）。

当专家的工作涉及使用重要的假设和方法时，审计师评价这些假设和方法需要考虑：这些假设和方法在专家的专长领域是否得到普遍认可；这些假设和方法是否与适用的财务报表编制基础的要求相一致；这些假设和方法是否依赖某些专用模型的应用；这些假设和方法是否与管理层的假设、方法相一致，如果不一致，差异的原因及影响。

（2）评价专家工作涉及使用重要的原始数据的相关性、完整性和准确性

专家在工作过程中需要用到大量的原始数据，原始数据是否适合所涉及项目的具体情况直接关系到专家工作的恰当性。部分原始数据是从被审计单位内部获得的，部分数据来源于外部。审计师应当实施相应的审计程序，评价专家工作涉及使用重要的原始数据的相关性、完整性和准确性。

如果审计师认为专家的工作不足以实现审计目的，且审计师通过实施追加的审计程序（如专家和审计师执行进一步工作），或者通过雇用、聘请其他专家仍不能解决问题，则意味着没有获取充分、适当的审计证据，审计师有必要发表非无保留意见。

第八章
审计的技术运用

学习目标：

通过本章学习，你应该能够：

●理解审计抽样的概念和特点；

●了解审计抽样的分类；

●掌握审计抽样在控制测试和实质性程序中的运用；

●明确信息技术对审计的影响；

●区分不同信息系统审计技术的特点。

[引例] 1969 年美国就成立了信息系统审计与控制协会（ISACA），在 1996 年推出了用于“IT 审计”的知识体系 COBIT，作为 IT 治理的核心模型，COBIT 目前已成为国际通用的 IT 审计标准。北美电信企业在 IT 审计工作中一般采用 COBIT 框架。Verizon，Bell Canada 根据企业特点完善和细化了 COBIT 框架，使 IT 审计能涵盖主要的 IT 活动范围，包括系统运行、操作管理及风险防范、软件开发生命周期的过程管理和风险评估等，建立适应企业特点的 IT 审计框架和标准。2002 年《萨班斯—奥克斯利法案（Sarbanes-Oxley Act）》的第 302 条款和第 404 条款中，强调通过内部控制加强公司治理，包括加强与财务报表相关的 IT 系统内部控制。随着电信企业信息披露制的实施，信息系统的风险也更加集中、更加突出，任何一点管理上的疏漏或控制上的缺陷，都可能引发巨大的系统灾难，给公司带来无法估量的经济损失和声誉损失。因此，IT 审计越来越得到北美电信企业管理层的高度重视。Verizon 公司 IT 审计由公司信息主管直接负责，将 IT 风险防范和控制纳入电信企业风险控制的战略高度，IT 治理也与公司治理紧密相连。

思考：IT 技术与审计的关系。

第一节　审计抽样

一、审计抽样的定义

审计抽样（即抽样）是指审计师对具有审计相关性的总体中低于百分之百的项目实施审计程序，使所有抽样单元都有被选取的机会，为审计师针对整个总体得出结论提供合理基础。审计抽样能够使审计师获取和评价有关所选项目某一特征的审计证据，以形成或有助于形成有关总体的结论。总体是指审计师从中选取样本并期望据此得出结论的整个数据集合。

审计抽样应当具备三个基本特征：①对某类交易或账户余额中低于百分之百的项目实施审计程序；②所有抽样单元都有被选取的机会；③审计测试的目的是为了评价该账户余额或交易类型的某一特征。

审计抽样并非在所有审计程序中都可以使用。风险评估程序通常不涉及审计抽样。如果审计师在了解控制的设计和确定控制是否得到执行的同时计划和实施控制测试，则可能涉及审计抽样，但此时审计抽样仅适用于控制测试。当控制的运行留下轨迹时，审计师可以考虑使用审计抽样实施控制测试。对于未留下运行轨迹的控制，审计师通常实施询问、观察等审计程序，以获取有关控制运行有效性的审计证据，此时不宜使用审计抽样。实质性程序包括对各类交易、账户余额和披露的细节测试，以及实质性分析程序。在实质性细节测试时，审计师可以使用审计抽样获取审计证据，以验证有关财务报表金额的一项或多项认定（如应收账款的存在性），或对某些金额做出独立估计（如陈旧存货的价值）。在实施实质性分析程序时，审计师不宜使用审计抽样。

二、审计抽样的种类

审计抽样的种类很多，其常用的分类方法有：按抽样决策的依据不同，可以将审计抽样划分为统计抽样和非统计抽样；按审计抽样所了解的总体特征的不同，可以将审计抽样划分为属性抽样和变量抽样。

（一）统计抽样和非统计抽样

统计抽样是一种用于推断的数学方法，是按照随机原则从被测试的审计总体中抽取一部分样本进行审查，然后以样本的审查结果来推断总体的一种审计抽样方法。具体来说，是审计师运用概率论原理和数理统计方法，涉及在与要求的可信赖程度和精确度相关的参数给定的情况下，计算样本规模、总体金额和精确度范围。其优点在于：①能够科学地确定抽样规模；②总体各项目被抽中的机会是均等的，可以防止主观臆断；③能计算抽样误差在预先给定的范围内的概率有多大，并可以根据抽样推断的要求，把这种误差控制在预先给定的范围之内；④便于促使审计工作规范化。其缺点在于：①要求被测试的审计总体具有同质性；②使用要求高、难度大；③只适用于那些资料比较齐全的单位；④不适用于进行各种舞弊的专案审计。

非统计抽样是一种更为主观的推断方法，是审计师运用专业经验，有目的地从被测试的审计总体中抽取一部分样本进行审查，然后以样本的审查结果来推断总体的一种审计抽样方法。在这种抽样方法下，确定样本规模、抽取样本以及评价抽样结果时所使用的数学方法并不一致。相反，审计人员在进行这些行为时更多的是按照专业判断来做出决定。其优点在于：使用简便、灵活，可以充分利用审计师的自身素质。其缺点在于：过分依赖审计人员的经验和专业判断，在样本和样本量的确定以及抽样风险的评估等方面缺乏科学性。

统计抽样和非统计抽样的共同点在于：两种方法的基本性质相同，即都是对被审计对象总体中的一部分项目进行测试，以样本的特征来推断被审计对象总体的特征；审计总体和作为实际测试对象的样本之间的关系，在两种方法下也是一致的。这两种方法的不同点主要表现在以下几个方面：

（1）样本的选取方式不同。在统计抽样中，样本的选取是随机的，被审计对象总体中各项被选取的机会是均等的；而在非统计抽样中，样本的选取是基于审计师的主观判断、被审计对象总体中不同性质或特征的项目被选取的机会是不同的。

（2）对抽样风险的认识程度。在统计抽样中，由于样本是按照概率论原则抽取的，因此其抽样风险可以按照一定的数学方法准确地预测出来；而在非统计抽样中，由于样本的选取没有遵循概率论原则，故无法用数学方法准确地预测其抽样风险。

（3）提供证据的客观性不同。由于统计抽样是以概率论为基础的，而不是基于审计师的主观判断，所以它能提供比非统计抽样证明力更强的证据。并且，由于统计抽样允许审计师衡量样本结果的可信度、精确度和可能的差错，从而能够客观、准确地衡量样本结果代表被审计对象总体的可能性。而在非统计抽样方法下，则不能客观、准确地衡量样本结果代表被审计对象总体的可能性。

（4）对样本规模的要求不同。由于二者的客观性不同，因此二者对样本规模的要求也不同。一般情况下，非统计抽样所需的样本规模比统计抽样所需的样本规模要大。因此，使用统计抽样比使用非统计抽样更能制订一个有效的审计抽样计划。

统计抽样和非统计抽样各有其优缺点，究竟选用哪一种抽样技术，主要取决于审计师对成本效果方面的考虑（比如，如果客户账户的数量相对较小，审计人员会发现检查大额的账户会比执行统计抽样方法更为经济）。在实际审计工作中，审计师执行审计测试，既可以运用统计抽样技术，也可以运用非统计抽样技术，还可以结合使用这两种抽样技术。

无论是采用统计抽样法还是非统计抽样法，并不能保证查出由于漏报而造成的错误，或在总体不完整或未定情况下指出其错误。漏报错误是指对于已经发生的交易未予记录，或与交易相关的资料遗失或被有意隐瞒而造成的错误。在这种情况下，审计师必须借助其他方法，如内部控制审查或分析性程序才能找出相应的错误。

在审计抽样过程中，无论是统计抽样还是非统计抽样，也不论决策者是否具备设计和使用有效抽样方案的能力，都离不开审计师的专业判断。例如，在确定样本规模时，审计人员必须利用专业判断来选取一个可容忍误差率，在实际误差率大于这个误差率时，就不能再减少控制风险的评估值。因此，那种认为统计抽样能够减少审计过程中的专业判断或可以取代专业判断的观点是错误的。

统计抽样和非统计抽样的关系如图 8-1 所示。

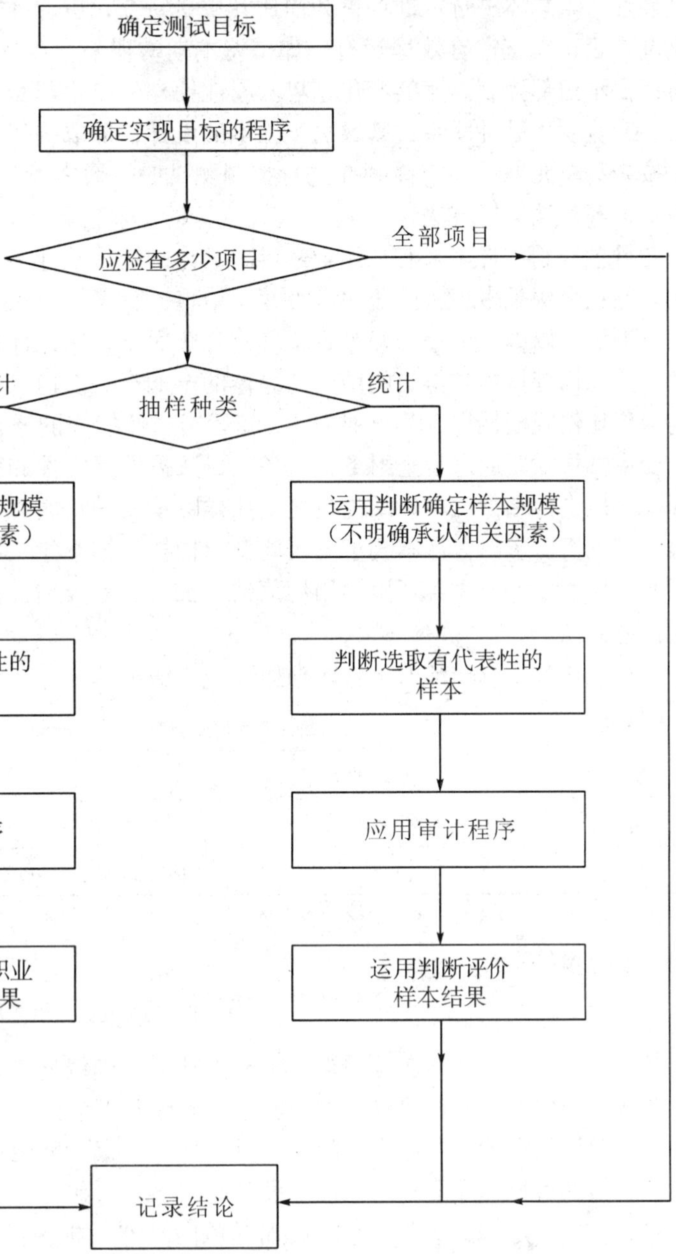

图 8-1　统计抽样与非统计抽样

（二）属性抽样和变量抽样

属性抽样是一种用来对总体中某一事件发生率得出结论的统计抽样方法。属性抽样在审计中最常见的用途是测试某一设定控制的偏差率，以支持审计师评估的控制有效性。在属性抽样中，设定控制的每一次发生或偏离都被赋予同样的权重，而不管交易的金额大小。属性抽样可以在既定的精确度和可信水平下，通过对样本证据的审核与评价，来推断一定审计对象的总体中差错或舞弊的发生频率或出现次数，并且能够对该总体进行定性评价和描述其质量特征，也即证明被审计单位的内部控制制度是否正在正常有效地运行。如果将本期的误差率与以往的同类指标相比较，还可以揭示内部控制制度的变化趋势。属性抽样的结论与交易事项的数目或金额相联系，究竟发生哪种联系，则取决于样本的设计，即取决于是按实物审计单元抽样还是按余额单元抽样。审计师在进行控制测试时，通常可以采用固定样本量抽样、发现抽样等属性抽样方法。

变量抽样是一种用来对总体金额得出结论的统计抽样方法。变量抽样通常回答下列问题：金额是多少？或账户是否存在错报？变量抽样在审计中的主要用途是进行细节测试，以确定记录金额是否合理。一般而言，属性抽样得出的结论与总体发生率有关，而变量抽样得出的结论与总体的金额有关。但有一个例外，即统计抽样中的概率比例规模抽样（PPS 抽样），却运用属性抽样的原理得出以金额表示的结论。变量抽样需要通过审查财务报表各项目数据的真实性和正确性来取得所需的直接证据，以支持和做出审计结论。变量抽样除了要满足属性抽样的条件外，还要满足大数法则所要求的大样本要求，因此变量抽样的样本量一般都比较大。审计师在进行实质性程序时，通常可以采用均值估计抽样、差异估计抽样、比率估计抽样等变量抽样方法。

属性抽样和变量抽样的主要区别如表 8-1 所示。

表 8-1　　属性抽样和变量抽样

抽样技术	测试种类	目标
属性抽样	控制测试	估计总体既定控制的偏差率（次数）
变量抽样	实质性程序	估计总体总金额或者总体中的错误金额

三、样本的设计

（一）样本设计的含义

样本设计是指审计师在运用审计抽样方法时，围绕样本的性质、样本量、抽样组织方式、抽样工作质量要求等方面所进行的计划工作。

样本设计是审计抽样过程中的一个重要环节，审计师运用审计抽样方法需要在科学、具体的计划指导下进行。样本设计的内容主要包括：①确定审计对象总体和抽样单位；②界定“误差”；③评估抽样风险和非抽样风险；④确定可信赖程度、可容忍误差、预期总体误差；⑤确定是否分层。做好样本设计工作，设计有效的样本，对于提高审计抽样质量、实现审计抽样目标、形成正确的审计结论，具有非常重要的意义。

（二）样本设计应考虑的因素

审计师在设计样本时，应当考虑以下几个基本因素：

1. 审计目标

审计目标不同，对审计工作的要求就不同，因而抽取样本量的多少也就不同。审计师在设计样本时，应当首先考虑将要达到的具体审计目标，并考虑将要取得的审计证据的性质、可能存在误差的条件以及该项审计证据的其他特征，以正确地界定误差和审计对象总体，并确定采用何种审计程序。如在对企业的购货过程进行控制测试时，审计师应当注意的是：发票是否经过有关人员的核对和是否经过授权人员的批准；而在对企业的购货账户进行实质性程序时，审计师应当注意购货相关账户（原材料、物资采购等账户）的错报和漏报金额。

2. 审计对象总体及抽样单位

审计对象总体是审计师为形成审计结论，拟采用抽样方法审计的有关会计或其他资料的全部项目。例如，审计对象总体可能包括某一账户的所有会计分录，与客户有关的所有记录，或所有的销售发票等。审计师在确定审计对象总体时，应保证其相关性和完整性：

（1）相关性

相关性是指审计对象总体必须符合于具体的审计目标。例如，如果审计目标在于审查应收账款余额是否多计，审计对象总体应为应收账款明细账：如果审计目标是审查应付账款余额是否少计，则审计对象总体不仅包括应付账款明细账，还应包括期后付款、未付发票以及足以提供应付账款少计证据的其他项目。

（2）完整性

完整性是指审计对象总体必须包括被审计经济业务或资料的全部项目。另外，如果是统计抽样，其审计总体还应具有大量性的特征，即构成审计总体的单位数是较多的，因为统计抽样是通过研究大量的现象来推断总体的特征，单位数少，则不足以揭示审计现象的规律性。

抽样单位是构成审计对象总体的个别项目。在审计抽样中，是为了估计审计总体特性而应计量或确定其特性的总体元素，它可以是会计分录、账户余额、凭证、未清偿的项目等。抽样单位也叫样本。若干个抽样单位的集合叫抽样总体或样本容量。审计师依据不同的要求和方法，从审计对象总体中选取若干抽样单位，便构成了不同的样本。例如，审计师在对被审计单位的购货业务进行控制测试时，可以将每一张购货发票作为抽样单位；在确定被审计单位应收账款的账面价值时，可以将每个应收账款明细账户的余额作为抽样单位。在此基础上，审计师可再根据不同的要求，采用适当的方法，从审计对象总体中选择若干抽样单位以组成适量、有效的样本。

3. 抽样风险和非抽样风险

审计师在设计抽样样本时，应当保持应有的职业谨慎，运用其实践经验和专业判断恰当地估计其审计风险的程度。审计风险由重大错报风险和检查风险组成。其中，检查风险包括抽样的不确定性所引起的抽样风险以及其他因素所引起的非抽样风险。在控制测试中运用审计抽样，有助于审计师获取评价控制风险的有关信息；在实质性程序中运用审计抽样，则有助于审计师量化审计检查风险。因此，审计人员通过对被审计单位的基本情况和行业状况进行分析并执行分析性复核程序来评估固有风险，通过对内部控制制度进行分析和评价来评估控制风险，并通过设计实质性程序将检查风险降低到可以接受的水平上。

审计师在运用抽样技术进行审计时，有两方面的不确定性因素：

（1）抽样风险

抽样风险是指审计师依据抽样结果得出的结论，与审计对象总体特征不相符合的可能性。抽样风险与样本量成反比，样本量越大，抽样风险越低。

审计师在进行控制性测试时，应关注以下抽样风险：

① 信赖不足风险。抽样结果使审计师没有充分信赖实际上应予信赖的内部控制的可能性。

② 信赖过度风险。抽样结果使审计师对内部控制的信赖超过了其实际上可予信赖的可能性。

审计师在进行实质性程序时，应关注以下抽样风险：

① 误拒风险（也称 α 风险）。抽样结果表明账户余额存在重大错误而实际上并不存在重大错误的可能性。

② 误受风险（也称 β 风险）。抽样结果表明账户余额不存在重大错误而实际上存在重大错误的可能性。

信赖不足风险与误拒风险一般会导致审计师执行额外的审计程序，降低审计效率，但不会影响审计效果；而信赖过度风险与误受风险很可能导致审计师形成不正确的审计结论，审计师对此应予以特别关注。

（2）非抽样风险

非抽样风险是指审计师因采用不恰当的审计程序或方法，误解审计证据等而未能发现重大误差的可能性。产生这种风险的原因主要有：①人为错误，如未能找出样本文件中的错误等；②运用了不切合审计目标的程序；③错误解释样本结果。

非抽样风险对审计的效率和效果都有一定的影响，非抽样风险无法量化，审计师应当通过适当的计划、指导和监督，有效地降低非抽样风险。抽样风险、非抽样风险对审计工作的影响如表 8-2 所示。

表 8-2　抽样风险、非抽样风险对审计工作的影响

审计测试	抽样风险种类	对审计工作的影响
控制测试	信赖过度风险	效果
	信赖不足风险	效率
实质性程序	误受风险	效果
	误拒风险	效率
注：两种测试中的非抽样风险对审计效率、效果都有影响。		

4. 可信赖程度

可信赖程度通常用预计抽样结果能够代表审计对象总体特征的百分比来表示。可信赖程度与审计风险是互补的，如可信赖程度为 95%，则审计风险为 5%。审计师对可信赖程度要求越高，需选取的样本量相应越大。

5. 可容忍误差

可容忍误差是指审计师认为抽样结果可以达到审计目的，所愿意接受的审计对

象总体的最大误差。

在进行控制性测试时，可容忍误差应是审计师在不改变对内部控制的可信赖程度，所愿意接受的最大误差，通常以百分比表示。其确定标准如表 8-3 所示。

表 8-3 控制性测试时可容忍误差确定标准

可容忍误差率	内部控制的可信赖程度
20%（或小于）	可信赖程度差，在信赖内部控制方面的实质性工作不能有大的或中等的减少。
10%（或小于）	中等可信赖程度，基于审计结论，在信赖内部控制方面实质性工作将减少。
5%（或小于）	内部控制实际可靠，基于审计结论，在信赖内部控制方面实质性工作将减少 1/2~2/3。

在进行实质性程序时，可容忍误差是审计师在能够对某一账户余额或某类经济业务总体特征做出合理评价的条件下所愿意接受的最大金额误差，通常以金额来表示。实际上，账户层次的重要性水平即为实质性程序的可容忍误差。

审计师应当在审计计划阶段，根据审计重要性原则，合理确定可容忍误差。如果一项属性对于审计相关的内部控制制度而言越关键，那么可容忍误差就应当越低。可容忍误差越小，需选取的样本量相应越大。例如，对于财务报表的精确性而言，账户记录错误就被认为要比购买行为的授权证据更重要。在检查凭单的错误记录时，将可容忍误差定得越低，就越要求增加样本规模以确认与记账误差相关的控制薄弱性水平。

6. 预期总体误差

预期总体误差就是审计人员估计差错发生的概率。例如，控制测试中关注的一个特征是，特定的账户是否按照记账凭证进行了正确的记录。在这个测试中，预计的误差率就是含有错误记录的记账凭证的百分比比率。审计师应根据前期审计所发现的误差、被审计单位经营业务和经营环境的变化、内部控制制度的评价及分析性复核的结果等，来确定审计对象总体的预期误差。如果存在预期误差，应当选取较大的样本量。

7. 分层

分层是指将某一审计对象总体划分为若干具有相似特征的次级总体的过程。分层抽样可以缩小被审计项目数值之间的差异，特别是当总体分布出现较大差异时，使用分层抽样比使用非分层抽样要可靠得多，而且分层抽样更具有针对性。对不同的层次可根据其重要性选择不同的审计程序：对不重要的项目实施较小范围的抽样，对较重要的、金额较大的或关键的经济业务给予较大的关注，实施较大范围的抽样；对最重要的项目层次常常实行百分之百的详查。审计师利用分层可以避免漏审可能含有较大错误的项目，并减少样本量。

审计师可以根据审计项目的具体特点对总体分层，既可以按经济业务的重要性来分，也可以按经济业务的类型等来分。分层时，必须注意以下几点：

（1）总体中的每一抽样单位必须属于一个层次，并且只属于这一层次；

（2）必须有事先能够确定的、有形的、具体的差别来区分不同的层次；

（3）必须能够事先确定每一层次中抽样单位的准确数字。

至于分层数的多少，一般来说，总体项目数值的范围越大，要求总体分层数越多，而层次分得越多，也越能缩小样本量，但其相应的计算工作量也随之增加。所以，要确定一个恰当的分层数需要审计师权衡确定。

例如，审计主营业务收入时，可以将销货凭证按其金额的重要性分为三层：金额在10万元以上的销货凭证为第一层次，金额为5万元以上、10万元以下的销货凭证为第二层次，金额在5万元以下的销货凭证为第三层次。对不同的层次可以根据其重要性选择不同的审计程序。如：对金额在10万元以上的销货凭证全部进行审计详查；对金额在5万元以上、10万元以下的销货凭证抽查30%；对金额在5万元以下的销货凭证抽查10%。

四、样本的选取

（一）样本选取的基本要求

在样本量确定后，审计师即可采取一定的方法选取样本。审计师在选取样本时，应使审计对象总体内所有项目均有被选取的机会，以使样本能够代表总体。只有如此，才能保证由抽样结果推断出的总体特征具有合理性、可靠性。如果审计师有意识地选择总体中某些具有特殊特征的项目而对其他项目不予考虑，就无法保证其所选样本的代表性和审计结论的正确性。

审计师可以采用统计抽样或非统计抽样方法选取样本，只要运用得当，均可以取得充分、适当的审计证据。

（二）样本的选取方法

样本选取的方法有多种，审计师应根据审计的目的和要求、被审计单位的实际情况、审计资源条件的限制等因素来具体加以选择，以达到预期的审计质量与效率。在审计工作中，常用的样本选取方法有随机选样、系统选样、随意选样等。

1. 随机选样

随机选样是指对审计对象总体或次级总体的所有项目，按随机规则选取样本。在实务中，审计人员常用随机数表来选取样本。随机数表是由0~9这10个数字随机生成的5位数数表，0~9每个数字在表上出现的机会均等，所组成的每一个数排列顺序也是随机的。表8-4是抽取的一部分随机数表。

表8-4　　随机数表（部分列示）

随机数 列号 / 行号	（1）	（2）	（3）	（4）	（5）	（6）	（7）	（8）
1000	49 817	47 178	23 534	70 469	97 448	30 613	43 363	93 426
1001	18 486	21 349	05 892	85 105	34 721	09 202	72 758	18 444
1002	42 769	42 591	96 776	02 010	68 830	75 858	01 925	13 211

表8-4(续)

随机数 / 列号 / 行号	(1)	(2)	(3)	(4)	(5)	(6)	(7)	(8)
1003	52 358	49 531	25 383	84 916	22 801	19 223	13 516	64 499
1004	03 023	35 676	07 903	23 997	16 377	14 176	39 804	33 880
1005	20 587	16 952	32 455	47 347	56 447	26 171	35 104	08 010
1006	72 839	89 931	97 127	80 174	86 162	28 470	38 539	65 174
1007	16 276	35 281	79 990	29 654	22 530	34 014	14 860	28 919
1008	74 563	20 520	63 156	19 887	44 048	17 986	39 250	24 960
1009	92 230	53 832	90 043	01 158	99 571	83 021	16 276	21 401
1010	89 132	77 222	36 480	29 146	06 910	63 237	19 591	73 239
1011	41 682	64 115	30 721	66 109	90 552	66 235	07 617	03 378
1012	07 229	90 634	29 504	88 503	66 199	41 549	53 713	91 858
1013	48 981	17 278	76 215	09 644	57 921	04 710	38 381	27 433
1014	62 576	63 007	14 025	15 291	63 120	41 192	04 593	33 980
1015	85 788	81 564	96 024	77 838	71 208	83 572	18 217	01 497
1016	23 685	01 493	22 619	82 947	36 747	53 117	25 763	10 588
1017	57 806	89 130	04 440	00 562	41 551	64 495	60 394	47 851
1018	04 253	61 714	31 329	51 891	72 182	13 936	37 125	99 788
1019	39 680	36 666	17 188	77 820	74 860	75 048	13 304	29 706
1020	19 823	80 171	30 279	65 427	83 651	82 850	73 060	97 003

使用随机数表时，首先应对总体中的每一个项目进行连续编号，如果总体是已经预先编了号的，如凭证号、支票号、经济业务的事项编号等，则无须重新编号，可以利用已有的编号。其次，应根据总体编号确定使用哪几位随机数与总体编号一一对应。如总体编号为1~800，则需要用到三位随机数，这三位随机数可以使用随机数表中每个随机数的前三位，也可以使用后三位，还可以使用中间三位。最后，选择随机起点和抽样路线进行抽样。随机起点可以是随机数表中的任意一位随机数，抽样路线可以选择按行抽样或者按列抽样，但随机起点和抽样路线一经选定，就应坚持到选足预定的样本数量为止，中途不得变更。

例如，审计人员决定采用随机选样的方法从连续编号为2 000~5 000的销售凭单中选取20张销售凭单作为样本。因为抽样总体已经有编号，可以利用已有的编号，而编号为4位数，确定随机数表所列数字的前四位数与销售凭单的号码一一对应。然后，选择第5行第1列为随机起点，按列进行抽样。凡前4位数在2 000以下或5 000以上的，因为与销售凭单号码没有一一对应关系，均不入选。依次选出的20个数码为：2 058、4 168、4 898、2 368、3 968、4 717、2 134、4 259、4 953、3 567、3 528、2 052、3 666、2 353、2 538、3 245、3 648、3 072、2 950、2 261。选出20个数码后，按此数码选取号码与其对应的20张销售凭单作为选定样本进行审查。

2. 系统选样

系统选样也称为等距抽样，是指按照相同的间隔从审计对象总体中等距离地选取样本的一种选样方法。采用系统选样法，首先应计算选样间距、确定选样起点，然后再根据间距顺序选取样本。选样间距的计算公式如下：

$$选样间距=\frac{总体容量}{样本容量}$$

现举例说明如何运用系统选样法选取样本。假设审计师希望采用系统选样法从2 000张凭证中选出100张作为样本。首先计算出选样间距为20（2 000÷100），假定审计师确定的随机起点为505，则审计师每隔20张凭证选取一张，共选取100张凭证作为样本即可。如505为第一张，则往下的顺序为485、465、445……往上的顺序为525、545、565……

系统选样方法的主要优点是：使用方便，比其他选样方法节省时间，并可用于无限总体。一旦确定了起点和选样间距，就可以立即开始选样。此外，使用这种方法时，对总体中的项目不需要编号，审计师只要简单数出每一个间距即可。但是，使用系统选样方法要求总体必须是随机排列的，否则容易发生较大的偏差，造成非随机的、不具代表性的样本。所以，在使用这种方法时，必须先确定总体是否随机排列，若不是随机排列，则不宜使用。

3. 随意选样

随意选样不考虑金额大小、资料取得的难易程度及个人偏好，以随意的方式选取样本。随意选样的缺点在于很难无偏见地选取样本，一旦审计人员带有一些判断标准等人为的偏差来选取样本，样本就不再具有代表性了。因此，在运用随意选样方法时，审计师要避免由于项目性质、大小、外观和位置等的不同所引起的偏差，尽量使所选取的样本具有代表性。

五、抽样结果的评价

审计师在对样本实施必要的审计后，需要对抽样结果进行评价。其具体程序和内容包括：分析样本误差、推断总体误差、重估抽样风险、形成审计结论。

（一）分析样本误差

审计师在分析样本误差时，一般应从以下几个方面着手：

1. 确定误差项目

审计师应根据预先确定的构成误差的条件，确定某一有问题的项目是否为一项误差。例如，审计师在审查应收账款总账的余额时，发现被审计单位将某客户应收账款错记在另一客户应收账款明细账户中，但这并不影响应收账款总账的余额，因此在评价抽样结果时，不能认为这是一项误差。

2. 获取审计证据

审计师按照既定的审计程序无法对样本取得审计证据时，应当实施替代审计程序，以获取相应的审计证据。例如，对应收账款的肯定式函证没有收到回函时，审计师必须审查期后收款的情况，以证实应收账款的余额。如果审计师无法或者没有执行替代审计程序，则应将该项目视为一项误差。

3. 实施审计程序进行单独评价

如果某些样本误差项目具有共同的特征，如相同的经济业务类型、场所、时间。则应将这些具有共同特征的项目作为一个整体，实施相应的审计程序，并根据审计结果进行单独的评价。

4. 分析样本误差

在分析抽样中所发现的误差时，审计师还应考虑误差的质的方面，包括误差的性质、原因及其对其他相关审计工作的影响。例如，在控制测试中，审计师对样本误差可做如下定性分析：①误差是否超过审计范围，是关键的还是非关键的。②分析每一个关键误差的性质和原因，看其是故意的还是非故意的，是系统的还是偶然的，是频繁的还是不频繁的，及其是否影响到货币金额等。③确定这些误差对其他控制测试以及实质性程序的影响。

（二）推断总体误差

分析样本误差后，审计师应根据抽样中发现的误差，采用适当的方法，推断审计对象总体误差。当总体划分为几个层次时，应先对每一层次做个别的推断，然后将推断结果加以汇总。由于存在多种抽样方法，审计师根据样本误差推断总体误差的方法应与所选用的抽样方法一致。在控制测试中，总体误差通常可以通过查“抽样结果评价表”的方式来推断；在实质性程序中，总体误差则可以运用比率法、差额法和单位平均值估计法等来推断。

（三）重估抽样风险

在实质性程序中，审计师运用审计抽样推断总体误差后，应将总体误差同可容忍误差进行比较，并将抽样结果同其他有关审计程序中所获得的证据相比较。如果推断的总体误差超过可容忍误差，经重估后的抽样风险不能接受，应增加样本量或执行替代审计程序；如果推断的总体误差接近可容忍误差，则应考虑是否增加样本量或执行替代审计程序。

在进行控制测试时，审计师如果认为抽样结果无法达到其对所测试的内部控制的预期信赖程度，则应考虑增加样本量或修改实质性程序，包括修改实质性程序的性质、时间和范围。

（四）形成审计结论

审计师在抽样结果评价的基础上，应根据所取得的证据，确定审计证据是否足以证实某一审计对象总体的特征，从而得出审计结论。

第二节　控制测试中的抽样技术

属性抽样审计方法一般运用在控制测试中。在控制测试中，审计师决定是否运用抽样技术，必须考虑以下两点：①只有在所执行的控制程序留有书面证据轨迹时，才能在控制测试中运用属性抽样。这些控制程序通常包括授权程序、凭证和记录以及独立检查等。②一般只在执行额外的控制测试，以期获得支持进一步降低控制风险估计水平的证据时，才使用审计抽样。

属性抽样是指在精确度界限和可靠程度一定的条件下，为了测定总体特征的发生频率而采用的一种审计抽样方法。所谓属性，是指审计对象总体的质量特征，即被审计业务或被审计内部控制是否遵循了既定的标准以及存在的误差水平。在属性抽样中，抽样结果只有两种："对"与"错"，或"是"与"不是"。总体的特征通常为反映遵循制度规定或要求的相应水平。

一、属性抽样的基本概念

（一）误差

在属性抽样中，误差一般是指审计师认为使控制程序失去效能的所有控制无效事件。审计师应根据实际情况，恰当地定义误差。例如，可将"误差"定义为会计记录中的虚假账户、经济业务的记录未进行复核、审批手续不全等各类差错。

（二）审计对象总体

进行属性抽样时，审计师应使总体所有的项目被选取的概率是相同的，即总体所有项目的特征应是相同的。例如，某公司有国内和国外两个分公司，其国内、国外的销售业务是以两种不同的方式进行的。审计师在评价这两个公司的会计控制时，则必须把它们分为两个不同的总体，即国内、国外两个总体。

（三）风险与可信赖程度

可信赖程度是指样本性质能够代表总体性质的可靠性程度。风险与可信赖程度是互补的。换言之，用 1 减去可信赖程度就是风险。例如，审计师选择一个 95%的可信赖程度，他就有 5%的风险去接受抽样结果表示的内部控制是有效的结论，而实际上内部控制是无效的。属性抽样中的风险矩阵图如表 8-5 所示。

表 8-5　　**属性抽样风险矩阵图**

内部控制实际状况 / 抽样结果	实际运行状况达到预期信赖程度	实际运行状况未达到预期信赖程度
肯定	正确的决定	信赖过度风险
否定	信赖不足风险	正确的决定

在控制测试中，一般将最小可信赖程度置为 90%，如果其属性对于其他项目是重要的，则用 95%的可信赖程度。

（四）可容忍误差

在进行控制测试时，可容忍误差的确定应能够确保总体误差超过可容忍误差时，使审计师降低对内部控制的可信赖程度。可容忍误差的确定如表 8-6 所示。

表 8-6　　可容忍误差的确定标准

可容忍误差（率）	内部控制的可信赖程度
20%（或小于）	可信赖程度差，在信赖内部控制方面的实质性工作不能有大的或中等的减少
10%（或小于）	中等可信赖程度，基于审计结论，在信赖内部控制方面实质性工作将减少
5%（或小于）	内部控制实际可靠，基于审计结论，在信赖内部控制方面实质性工作将减少 1/2~2/3

二、属性抽样的具体方法

属性抽样主要有固定样本量抽样、停—走抽样、发现抽样三种具体的抽样方法。

（一）固定样本量抽样

固定样本量抽样是对按照预期总体误差率和可容忍误差率所确定的样本量一次性进行抽取，通过所确定样本的审查结果来推断总体特征的一种统计抽样方法。它是属性抽样的基本形式，常用于估计审计对象总体中某种误差发生的比例，用“多大比例”来回答问题。例如，审计目标是对销货与收款循环的内部控制制度进行测试，审计师通过抽样并对样本审查，可以得出这样的结论：“有 96%的可信赖程度说明销货与收款循环的内部控制制度未被执行的占总体的 2%~4%。”

固定样本量抽样通常采用下列八个步骤进行控制测试：①确定审计目的；②规定属性，定义“误差”；③确定审计对象总体；④确定样本选取的方法；⑤确定样本量；⑥选取样本并进行审计；⑦评价抽样结果；⑧书面说明抽样程序。

根据上述程序，举例说明固定样本量抽样方法：

1. 确定审计目的

控制测试的总目标是为了测试内部控制设计和执行的有效性，它一般是按照业务循环来进行测试的。但对于循环内的某种交易来说，可能需要设计一个或多个属性抽样计划来评价内部控制的有效性。审计师通过执行控制测试来支持其计划的控制风险水平。属性抽样就是通过对内部控制执行情况的审查来支持审计师计划的控制风险估计水平，从而确定被审计单价内部控制的可依赖程度。

举例：假定审计师拟对某企业有关购货、付款业务的内部控制进行测试，测试的目的是审查该企业是否只有在将验收报告与进货发票相核对之后，才核准支付采购货款。根据这一审计目标，审计师只会对该内部控制程序操作的准确性，以及进货发票与验收报告相核对的控制程序是否正常运行感兴趣，并按照该目标确定审计抽样总体，制定抽样程序。

2. 规定属性，定义误差

在审计抽样之前，如果不规定属性，就没有标准认定误差。相关属性以及误差应根据所确定的审计目的来界定。根据上述审计目的，本例中规定的属性和定义的相应误差如表 8-7 所示。

表 8-7 相关属性和定义的误差

属性	定义的误差
进货发票附有验收单据	未附
进货发票所附的验收单据属于该发票	不属于
进货发票与所附的验收单据记载的数量相符	不相符

对于每张发票及有关的验收单据，若发现上述“定义的误差”情形之一者，即可定义为“误差”。

3. 定义审计对象总体和抽样单位

在控制测试中，审计对象总体是指被测试的某一类交易。审计师必须确定审计对象总体是否同计划目标相符，即审计师应当根据审计目标来确定审计对象总体。例如，如果审计目标是为了测试有关购货交易“完整性”认定的有效性，就需要收集所有已批准的凭单是否均被记录的证据，审计师应当以实际代表总体的所有已批准的凭单作为审计对象总体，而不是以凭单登记簿的所有分录作为审计对象总体，因为凭单登记簿中可能没有包括那些尚未记录的凭单。

抽样单位是指总体中的个别元素。抽样单位既可以是一张凭证或凭证中的一个项目（如单价、数量、复核栏、签章等），也可以是账簿或登记簿中的一笔分录。如果只是为了审查购货交易的“完整性”认定，抽样单位就应为凭单；如果是为了确定凭单登记簿内是否“存在或发生”虚构的交易，则抽样单位就应为凭单登记簿中的每一笔分录。抽样单位是测试的基本单位，对审计的效率有重大影响。

本例中，假如上述某企业对每笔采购业务均采用连续编号的凭单，每张凭单后面要附有验收报告及发票，因此抽样单位是个别的凭单。如果此项测试是期中执行的，则假设审计对象总体包括审计年度前 10 个月内购买原材料的×张凭单。

4. 确定样本选取方法

运用属性抽样时，审计师必须合理确定样本的选取方法。

本例中，因为凭单是连续编号的，所以审计师决定采用随机选样法来选取样本。

5. 确定样本量

抽样所需的样本量主要受多种因素的影响，如总体容量、预期总体误差率、可信赖程度、可容忍误差率、审计项目的重要性、审计师对风险的偏好等，其中起关键作用的是预期总体误差率、可信赖程度和可容忍误差率。在预期总体误差率、可信赖程度和可容忍误差率的值已确定的情况下，抽样所需的样本量可以根据控制测试统计样本量表来确定。

本例中，假设从前 3 年的审计中，审计师得知上述所描述的内部控制制度发生的误差率为 0.5%、0.9%及 0.7%，误差不呈逐年减少的趋势，因此基于稳健原则的考虑，审计师可将预期总体误差率确定为 1%。

验收报告与订购单之间的脱节导致的多支付给供应商购货款，即误记进货与应付账款，均会对财务报表产生影响，审计师应加以关注。但审计师仍准备信赖内部控制，以减少实质性程序的范围。基于这些考虑，审计师依赖其专业判断，确定可容忍误差率为 4%，信赖过度风险为 5%。

为了简化工作，样本量通常是通过查样本量表来确定的。控制测试样本量表，如表 8-8 所示。

表 8-8　　95%的可信赖程度下控制测试样本量表

预期总体误差率	可容忍误差率										
	2%	3%	4%	5%	6%	7%	8%	9%	10%	15%	20%
0.00	149(0)	99(0)	74(0)	59(0)	49(0)	42(0)	36(0)	32(0)	29(0)	19(0)	14(0)
0.25	236(0)	157(1)	117(1)	93(1)	78(1)	66(1)	58(1)	51(1)	46(1)	30(1)	22(1)
0.50	*	157(1)	117(1)	93(1)	78(1)	66(1)	58(1)	51(1)	46(1)	30(1)	22(1)
0.75	*	208(1)	117(1)	93(1)	78(1)	66(1)	58(1)	51(1)	46(1)	30(1)	22(1)
1.00	*	*	156(1)	93(1)	78(1)	66(1)	58(1)	51(1)	46(1)	30(1)	22(1)
1.25	*	*	156(1)	124(2)	78(1)	66(1)	58(1)	51(1)	46(1)	30(1)	22(1)
1.50	*	*	192(3)	124(2)	103(2)	88(2)	77(2)	51(1)	46(1)	30(1)	22(1)
1.75	*	*	227(4)	153(3)	103(2)	88(2)	77(2)	51(1)	46(1)	30(1)	22(1)
2.00	*	*	*	181(4)	127(3)	88(2)	77(2)	68(2)	46(1)	30(1)	22(1)
2.25	*	*	*	208(5)	127(3)	88(2)	77(2)	68(2)	61(2)	30(1)	22(1)
2.50	*	*	*	*	150(4)	109(3)	77(2)	68(2)	61(2)	30(1)	22(1)
2.75	*	*	*	*	173(5)	109(3)	95(3)	68(2)	61(2)	30(1)	22(1)
3.00	*	*	*	*	195(6)	129(4)	95(3)	84(3)	61(2)	30(1)	22(1)
3.25	*	*	*	*	*	148(5)	112(4)	84(3)	61(2)	30(1)	22(1)
3.50	*	*	*	*	*	167(6)	112(4)	84(3)	76(3)	30(1)	22(1)
3.75	*	*	*	*	*	185(7)	129(5)	100(4)	76(3)	40(2)	22(1)
4.00	*	*	*	*	*	*	146(6)	100(4)	89(4)	40(2)	22(1)
5.00	*	*	*	*	*	*	*	158(8)	116(6)	40(2)	30(2)
6.00	*	*	*	*	*	*	*	*	179(11)	50(3)	30(2)
7.00	*	*	*	*	*	*	*	*	*	68(5)	37(3)

注：* 对于大多数审计程序而言，样本规模太大，以至于不符合成本效益原则。

样本量是根据一定的可信赖程度、可容忍误差率和预期总体误差计算确定的关于最少必要的样本数目表。样本量表的表头横排数字是审计师确定的可容忍误差率，表体部分数字就是各种样本量，每个样本量旁边括号里的数字是预计误差数，这些误差是样本中允许出现的最大误差，用于支持审计师的计划控制风险估计水平。在使用样本量表时，审计师必须预先确定可容忍误差率和预期总体误差，然后从表中查出所要求的样本量。

本例中，审计师根据已制定出的控制测试样本量表，查出可容忍误差率为 4%、预期总体误差率为 1%时，应选取的样本量为 156 项，样本中的预期误差数为 1。若在样本中发现两个或两个以上的误差，就说明抽样结果不能支持审计师对内部控制的预期信赖程度。表 8-8 是根据可信赖程度为 95%来制定的。如果在审计测试中要求的可信赖程度不是 95%，则审计师可选用其他的对应表。

6. 选取样本并进行审计

在按照概率基础抽取样本后，审计人员必须就所选样本的属性审查每一个样本项目。本例中，审计师按随机选样法选取 156 张凭单，并按所定义的“误差”审查每张凭单及其附件，即审查进货发票是否附有验收单据、进货发票所附的验收单据是否属于该发票以及进货发票与所附的验收单据记载的数量是否相符。

7. 评价抽样结果

审计师对选取的样本进行审查之后，应将查出的误差加以汇总，并评价抽样结果。审计师在评价抽样结果时，不仅需要考虑误差的数量，而且需要考虑误差的性质。

（1）从误差的性质的角度进行评价

根据样本审查结果来分析出现各种误差的性质、产生的原因，以进一步确定内部控制制度的薄弱环节是如何造成的；某个误差的发生对整个受审期间交易事项有效程度的影响；全部误差对最终财务会计报告所列项目的影响程度；实质性程序应采用的方法及类型等。在具体的分析中，应注意以下两点：

① 应确认属性抽样测试所发生的误差是关键性的还是一般性的。要确认这一点，必须首先清楚符合性误差与金额性误差的关系，即符合性误差增大了金额性误差的可能性，但不一定必然导致金额性误差。它只是意味着：如果某财务会计报告项目发生了金额性误差，未被控制机制所发现。典型的情况是，即使缺乏必要的内部控制制度，大多数交易事项仍然是正确的。如某项开支未被批准，但也许仍是正常的交易，并不会影响财务会计报告的正确性。符合性误差与金额性误差并非等比例地变动，不过能够产生金额性误差的符合性误差是比较重要的。除此之外，确认误差的重要程度还应与一定的审计目标和审计对象相联系，因为某些误差在一定审计范围内是关键性的，在另一些审计范围内就是一般的。本例中如果出现发票与验收单据所记载的数量不符的情况，如果该误差导致了金额性误差（即会计记录出现差错），那么该误差的性质是关键性。

② 应分析每一关键的符合性误差的性质和产生的原因。看其是有意造成的，还是偶然疏忽所致，是系统性误差还是随机性误差；误差的发生涉及多少金额等。以此来推断每一关键性误差所产生的严重影响，尤其是对实质性程序的影响。此外，还应确认关键的符合性误差与内控制度初步评价是否一致，以决定是否需要修改审计测试时所应用的可信水平参数值。本例中，若审计师在审查样本时发现有欺诈舞弊或逃避内部控制的情形发生，不论其误差率是高还是低，均应采用其他审计程序。因为这种误差的性质比较严重，审计师应评价所发现的这类事件对财务报表的影响，采用有利于彻底揭露这类误差的审计程序。同时，应及时通知企业负责人，以使企业能够及时制止这类误差的再次发生。

（2）从误差的数量的角度进行评价

本例中，若审计师通过抽样查出的误差数为 1，且没有发现有欺诈舞弊或逃避内部控制的情况，由于发现的误差数不超过预期误差数，所以审计师可以得出结论：总体误差率不超过 4%的可信赖程度为 95%。

本例中，若审计师通过抽样查出的误差数为 3，且没有发现有欺诈舞弊或逃避内部控制的情况，由于发现的误差数超过预期误差数 1，并且从表 8-8 可以看出，这种情况下符合审计师要求的样本量增至 192 个，预期总体误差率为 1.5%。因此，审计师不能以 95%的可信赖程度保证总体的误差率不超过 4%。这时，审计师应减少对这一内部控制的可信赖程度，实施其他审计程序，如扩大实质性程序范围，增加样本量或不再进行抽样审计，代之以详细审计，等等。

8. 书面说明抽样程序

审计师应在其审计工作底稿上，以书面形式说明前述七个步骤，作为审计抽样的整体结论的基础。

（二）停—走抽样

停—走抽样又称为连续抽样，是指从预期总体误差为零开始，通过边抽样边评价的方式来完成抽样审计工作的一种属性抽样方法。采用停—走抽样，一旦能够得出审计结论即可终止抽样。其基本思路是：首先根据零误差率确定一个初始样本量进行审查，如果未发现误差，则可终止抽样并得出在一定的可信赖程度下总体误差率不超过某一可容忍误差率；如果发现误差，则需要扩大样本量继续进行审查，直到原预计的误差率得到肯定或否定为止。停—走抽样是固定样本量抽样的一种特殊形式。采用固定样本量抽样时，若预期总体误差大大高于实际误差，其结果将是选取过多的样本，降低了审计工作效率。与固定样本量抽样相比，停—走抽样不一定要把样本全部抽出。因此，停—走抽样方法能够有效地提高审计工作效率，降低审计成本。停—走抽样主要适用于误差率比较低的审计总体测试。

采用停—走抽样，一般要进行以下三个步骤：

（1）确定可容忍误差和风险水平，如 5%的可容忍误差、5%的风险水平；

（2）确定初始样本量，如根据以上步骤要求查表 8-9 得出最小的样本量为 60；

表 8-9　停—走抽样初始样本量表

样本量 / 风险水平 / 可容忍误差	10%	5%	2.5%
10%	24	30	37
9%	27	34	42
8%	30	38	47
7%	35	43	53
6%	40	50	62
5%	49	60	74
4%	60	75	93
3%	80	100	124
2%	120	150	185
1%	240	300	270

（3）进行停—走抽样决策，决策过程如下：

如果审计师在 60 个项目中找出了一个误差，则可以通过查“停—走抽样样本量扩展及总体误差评估表”（见表 8-10）得到相应的风险系数为 4.8（即表中风险水平 5%所在的第 3 列与误差数 1 所在的第 3 行的交叉处），再将该风险系数与样本量相比较，可以推断出在风险水平为 5%的情况下的总体误差为 8%（风险系数除以样本量，即 4.8÷60）。显然，推断的总体误差 8%比可容忍误差 5%大。因此，审计师需要增加样本量。那么，样本量究竟增加至多少为适量？为了使总体误差不超过可容忍误差，在风险系数既定的情况下，审计师将风险系数与可容忍误差相比较，即可求得所需的适当样本量为 96 个（风险系数除以可容忍误差，即 48÷5%）。也就是说，审计师需要增加 36 个样本。如果对增加的 36 个样本审计后没有发现误差，则审计师可有 95%的把握确信总体误差不超过 5%。

表 8-10 停—走抽样样本量表扩展及总体误差评估表

风险系数 / 风险水平 / 发现的错误数	10%	5%	2.5%
0	2.4	3.0	3.7
1	3.9	4.8	5.6
2	5.4	6.3	7.3
3	6.7	7.8	8.8
4	8.0	9.2	10.3
5	9.3	10.6	11.7
6	10.6	11.9	13.1
7	11.8	13.2	14.5
8	13.0	14.5	15.8
9	14.3	16.0	17.1
10	15.5	17.0	18.4
11	16.7	18.3	19.7
12	18.0	19.5	21.0
13	19.0	21.0	22.3
14	20.2	22.0	23.5
15	21.4	23.4	24.7
16	22.6	24.3	26.0
17	23.8	26.0	27.3
18	25.0	27.0	28.5
19	26.0	28.0	29.6
20	27.1	29.0	31.0

如果审计师首次对 60 个样本进行审计后，发现了两个误差，则可以按上述方法推断出总体误差率为 10.5%（6.3÷60），显然这大大高于可容忍误差 5%，因此审计

师应决定增加样本量至 126 个，即增加 66 个样本（6.3÷0.05-60）。如果对增加的 66 个样本审计后未发现误差，审计师同样可以有 95%的把握确信总体误差不超过 5%；如果又发现了一个误差，则总体误差为 6.2%（风险系数除以扩展后的样本量，即 7.8÷126），仍然高于可容忍误差 5%。此时，审计师应该决定是再扩大样本量至 156（7.8÷0.05）个，还是将上述过程得出的结果作为选用固定样本量抽样的预期总体误差而改变抽样方法。一般来讲，样本量不宜扩大到初始样本量的 3 倍。

采用停—走抽样，审计师可以构制一个如表 8-11 所示的决策表。

表 8-11　　停—走抽样决策表

步骤	累计样本量	如果累计误差等于以下数字就停止	如果累计误差等于以下数字就增加样本量	如果累计误差等于以下数字就转到第 5 步
1	60	0	1~4	4
2	96	1	2~4	4
3	126	2	3~4	4
4	156	3	4	4
5	以样本误差作为预期总体误差采用固定样本量抽样。			

（三）发现抽样

发现抽样是指在既定的可信赖程度下，在假定误差以既定的误差率存在于总体之中的情况下，至少查出一个误差的一种属性抽样方法。发现抽样是属性抽样的一种特殊形式，它主要用于查找重大非法事件，它能够以极高的可信赖程度（如 99.5%以上）确保查出误差率仅在 0.5%和 1%之间的误差。在预期的误差率很低，并且审计师又想得到某个样本来证明有误差存在时，这种方法最为适宜。

使用发现抽样时，如果发现重大的误差，如欺诈的凭据时，无论发生次数多少，审计师都应该放弃一切抽样程序，而对总体进行全面彻底的审查。如果发现抽样未发现任何例外事项，则审计师可以得到以下结论：在既定购误差率范围内没有发现重大误差。

使用发现抽样时，审计师需首先确定可信赖程度及可容忍误差；然后，在预期总体误差为 0 的假设下，参阅适当的属性抽样表，即可得出所需的样本量。例如，审计师怀疑企业的职员伪造请购单、验收报告及进货发票，以虚构进货交易而达到套取现金的目的。为查明企业内部是否确实存在这种舞弊行为，审计师必须在企业的已付款凭单中找出一组不实的单据。假设审计师设定：如果总体中包含 2%或 2%以上的欺诈性项目，那么在 95%的可信赖程度下，样本将显示出不实的凭单。

三、控制测试结果对实质性程序的影响

控制测试的评价结果可以对控制风险进行评估，而检查风险与用于某一给定业务交易循环的实质性程序的范围成反比。从上述公式不难看出，根据控制测试的评价结果，就可以对下一步实质性程序的性质、范围及步骤做出决策。

(1) 如果评估的控制风险较低，说明内部控制制度的控制能力强，可信程度高，因此，可以接受的检查风险则可以定得较高，则可以缩小实质性程序的范围和程序，但对所有误差仍应进行分析以决定其性质、程度及影响。

(2) 如果内部控制制度的控制能力弱，可信程度低，则必须扩大实质性程序的范围和程序；如果控制测试的结果例外事件是贪污和其他舞弊，则即使误差率低，也必须扩大审计范围。

第三节　实质性程序中的抽样技术

一、变量抽样

变量抽样是指对审计对象总体的货币金额进行实质性程序时所采用的一种抽样方法。变量抽样与属性抽样不同，属性抽样的目的主要是对可能存在的对现有内部控制程序偏离进行预测，而变量抽样的目的则主要是对审计对象总体某一变量特征的具体金额进行预测。即变量抽样主要是对审计对象总体进行定量推断，并描述其数量特征。在变量抽样方法下，审计师可以根据抽样结果，对相关的抽样误差进行预测。变量抽样法可用于确定账户金额是多是少，是否存在重大误差等。变量抽样法通常用于：①检查应收账款的金额；②检查存货的数量和金额；③检查工资费用；④检查交易活动，以确定未经适当批准的交易金额。一般情况下，变量抽样的基本步骤如下：①确定审计目标；②定义审计对象总体；③选定抽样方法；④确定样本量；⑤确定样本选取方法；⑥选取样本并进行审计；⑦评价抽样结果；⑧书面说明抽样程序。

审计师进行实质性程序时，一般可以采用均值估计抽样、比率估计抽样和差额估计抽样等变量抽样方法，这些方法均可以通过分层来实现。

(一) 均值估计抽样

均值估计抽样是指首先通过抽样审查确定样本的平均值，再根据样本平均值推断总体的平均值和总值的一种变量抽样方法。使用这种方法时，审计师首先计算样本中所有项目审定金额的平均值，然后用这个样本平均值乘以总体规模，得出总体金额的估计值。总体估计金额和总体账面金额之间的差额就是推断的总体错报。

使用这种方法时，样本量可以通过下列公式计算得出：

$$n' = \left(\frac{U_r \cdot S \cdot N}{P_a}\right)^2, \quad n = \frac{n'}{1 + \frac{n'}{N}}$$

式中：U_r ——可信赖程度系数；

S ——估计的总体标准离差；

N ——总体项目个数；

P_a ——计划的抽样误差；

n' ——放回抽样的样本量；

n——不放回抽样的样本量（一般地讲，审计抽样为放回抽样）。

抽样时，审计师通常需要首先选取一个较小的初试样本量（约 30 个），经检查分析后用初始样本的标准离差等于 $\sqrt{\dfrac{\sum (X_i - \bar{X})^2}{n_0}}$ 来估计总体的标准离差 S。式中的 X_i 为各初始样本项目数值，X 为初始样本平均值，n_0 为初始样本值。计划的抽样误差可根据可容忍误差与预期总体误差之间的差额进行确定。

运用这种方法进行抽样结果评价时，应该计算实际抽样误差。其计算公式如下：

$$P_1 = U_r \cdot \frac{S_1}{\sqrt{n_1}} \cdot N\sqrt{1 - \frac{n_1}{N}}$$

式中：P_1——实际抽样误差；

S_1——实际样本的标准离差；

n_1——实际样本量。

样本评价时，若实际抽样误差大于计划抽样误差，审计师应考虑增加样本量，以降低实际抽样误差、提高抽样结论的合理性和可靠件。

现举例说明单位平均估计抽样的具体步骤如下：

假定某公司 2015 年 12 月 31 日期末应收账款有 2 000 个客户，账面价值为 8 020 000 元，审计师欲通过抽样函证来审查应收账款的账面价值。

（1）确定审计目标。

审计目标为确定期末应收账款的账面价值。

（2）定义审计对象总体。

根据被审计单位的实际情况，审计对象总体为 2 000 个应收账款账户。

（3）选定抽样方法。

审计师选定单位平均估计抽样方法。

（4）确定样本量。

① 考虑到货币余额的重要性，确定计划抽样误差为±60 000 元；考虑到内部控制及抽样风险的可接受水平，审计师确定可信赖程度为 95%，则可信赖程度系数为 1.96。

② 根据被审计单位的应收账款明细账，审计师估计总体的标准离差为 150 元。

③ 确定样本量，计算如下：

$$n' = \left(\frac{1.96 \times 150 \times 2\,000}{60\,000}\right)^2 \approx 96 \text{（取整数）}$$

$$n = \frac{96}{1 + \dfrac{96}{2\,000}} \approx 92 \text{（取整数）}$$

（5）确定样本选取方法。

审计师采用随机选样法，从应收账款明细账中选取 92 个客户作为样本。

（6）选取样本并进行审计。

审计师对选取的92个客户发出函证，函证结果表明，样本平均值为4 032.36元，样本标准离差为136元。实际抽样误差为：

$$P_1 = 1.96 \times \frac{136}{\sqrt{92}} \times 2\ 000 \times \sqrt{1 - \frac{92}{2\ 000}} = 54\ 292$$

实际抽样误差小于计划抽样误差，则审计师估计的总体金额为8 064 720（4 032.36×2 000）元。于是，审计师可以做出这样的结论：有95%的把握保证2 000个应收账款账户的真实总体金额落在8 064 720±54 292元之间，即在8 010 428和8 119 012元之间。

（7）评价抽样结果。

根据以上抽样结果，由于被审计单位应收账款的账面价值为8 020 000元，处于8 010 428和8 119 012元之间，则其应收账款金额并无重大误差。这时，审计师应将估计的总体金额8 064 720和802 000元之间的差额视为审计差异，并在对财务报表发表意见时予以考虑。

如果抽样结果表明被审计单位应收账款的账面价值没有落入8 010 428和8 119 012元之间，则审计师应要求被审计单位详细检查其应收账款，并加以调整。

（二）比率估计抽样

比率估计抽样是指以样本的实际价值与账面价值之间的比率关系来估计总体实际价值与账面价值之间的比率关系，然后再以这个比率去乘总体的账面价值，从而求出总体实际价值的估计金额的一种抽样方法。比率估计抽样法的计算公式如下：

$$比率 = \frac{样本实际价值之和}{样本账面价值之和}$$

一般而言，当误差与账面价值成比例关系时，通常运用比率估计抽样。

现举例说明比率估计抽样的具体运用如下：

假设某被审计单位的应付账款账面总值为5 000 000元，共计4 000个账户，审计师希望对应付账款总额进行估计，现选出200个账户，账面价值为240 000元，审计后认定的价值为247 500元。则：

$$比率 = \frac{24\ 750}{24\ 000} = 1.031\ 25$$

估计的总体实际价值 = 5 000 000×1.031 25 = 5 156 250（元）

即使用比率估计抽样时，审计师确定的应付账款实际价值与账面价值的比率为1.031 25，估计的总体实际价值为5 156 250元。

（三）差额估计抽样

差额估计抽样是指以样本实际价值与账面价值的平均差额来估计总体实际价值与账面价值的平均差额，然后再以这个平均差额乘以总体项目个数，从而求出总体的实际价值与账面价值之间差额的一种抽样方法。差额估计抽样的计算公式如下：

$$平均差额 = \frac{样本实际价值与账面价值的差额}{样本量}$$

估计的总体差额 = 平均差额×总体项目个数

估计的总体实际价值 = 总体的账面价值 + 估计的总体差额

一般而言，差额估计抽样适用于能够获得书面记录值，且被审计对象总体中存在较大误差，而误差与账面价值又不成比例的情形。

现举例说明差额估计抽样的具体运用如下：

仍用上例资料，使用差额估计抽样，则：

估计的总体差额 = 37.50 ×4 000 = 150 000（元）

估计的总体实际价值 = 5 000 000 + 150 000 = 5 150 000（元）

即使用差额估计抽样时，审计师确定的平均差额为 37.50 元（$\frac{247\ 500-240\ 000}{200}$），估计的总体差额为 150 000 元，估计的应付账款总体实际价值为 5 150 000 元。

审计师在使用比率估计抽样和差额估计抽样两种方法时，其计算确定样本量的方法与单位平均估计抽样法基本相同，这里不再赘述。

在上述变量抽样的三种具体方法中，比率估计抽样和差额估计抽样所需的样本量比较小，但它们均需要知道抽样单位的账面价值，而且样本的审计价值与账面价值之间必须存在一定数量的差额。另外，当审计师采用分层技术时，这两种方法对样本量的影响较小，而单位平均估计抽样方法则可以大大减少样本量。

二、概率比例规模抽样法（PPS）

PPS 抽样是一种运用属性抽样原理对货币金额而不是对发生率得出结论的统计抽样方法。PPS 抽样是以货币单位作为抽样单元进行选样的一种方法，有时也被称为金额加权抽样、货币单位抽样、累计货币金额抽样以及综合属性变量抽样等。在该方法下总体中的每个货币单位被选中的机会相同，所以总体中某一项目被选中的概率等于该项目的金额与总体金额的比率。项目金额越大，被选中的概率就越大。但实际上审计师并不是对总体中的货币单位实施检查，而是对包含被选取货币单位的余额或交易实施检查。审计师检查的余额或交易被称为逻辑单元。PPS 抽样有助于审计师将审计重点放在较大的余额或交易。此抽样方法之所以得名，是因为总体中每一余额或交易被选取的概率与其账面金额成比例。

（一）PPS 抽样的优缺点

1. PPS 抽样的优点

（1）PPS 抽样一般比传统变量抽样更易于使用。由于 PPS 抽样以属性抽样原理为基础，审计师可以很方便地计算样本规模，并使用量表评价样本结果。样本的选取可以在计算机程序或计算机的协助下进行。

（2）PPS 抽样的样本规模不需考虑被审计金额的预计变异性。

（3）PPS 抽样中项目被选取的概率与其货币金额大小成比例，因而生成的样本自动分层。

（4）PPS 抽样中如果项目金额超过选样间距，PPS 系统选样自动识别所有单个重大项目。

（5）如果审计师预计没有错报，PPS 抽样的样本规模通常比传统变量抽样方法更小。

（6）PPS 抽样的样本更容易设计，且可在能够获得完整的总体之前开始选取样本。

2. PPS 抽样的缺点

（1）使用 PPS 抽样时，通常假设抽样单元的审定金额不应小于零或大于账面金额。如果审计师预计存在低估或审定、金额小于零的情况，在设计 PPS 抽样方法时需要特别考虑。

（2）如果审计师在 PPS 抽样的样本中发现低估，在评价样本时，需要特别考虑。

（3）对零余额或负余额的选取需要在设计时特别考虑。

（4）当发现错报时，如果风险水平一定，PPS 抽样在评价样本时可能高估抽样风险的影响，从而导致审计师更可能拒绝一个可接受的总体账面金额。

（5）在 PPS 抽样中审计师通常需要逐个累计总体金额。但如果相关的会计数据会以电子形式储存，这不会额外增加大量的审计成本。

（6）当预计总体错报金额增加时，PPS 抽样所需的样本规模也会增加。在这些情况下，PPS 抽样样本规模可能大于传统变量抽样的相应规模。

（二）PPS 抽样中样本的选取

PPS 抽样以货币单位作为抽样单元，但审计师不是对具体货币单位进行审计，而必须确定实物单位来执行审计测试。例如，审计师要对应收账款进行审计，表 8-12 为应收账款总体表。审计师要在 1 和 7 376（具体金额）之间的总体项目中随机选取样本。但是，为了执行审计程序，审计师必须找出 1 和 12（逻辑单元）之间的总体项目。如果审计师选取的随机数是 3 014，则与该数相联系的逻辑单元就是 6，因为 3 014 位于 2 963 和 3015 之间。PPS 样本可以通过运用计算机软件、随机数表或统计抽样技术来获取。表 8-12 列示了一个应收账款总体，包括累计合计数，现以该表来说明如何使用计算机软件来选取样本。

表 8-12　　应收账款总体表

总体项目（实物单元）	账面金额（元）	累计合计数	相关的货币单元
1	357	357	1~357
2	1 281	1 638	358~1 638
3	60	1 698	1 639~1 698
4	573	2 271	1 699~2 271
5	691	2 962	2 272~2 962
6	143	3 105	2 963~3 105
7	1 425	4 530	3 106~4 530
8	278	4 808	4 531~4 808
9	942	5 750	4 809~5 750
10	826	6 576	5 751~6 576
11	404	6 980	6 577~6 980
12	396	7 376	6 981~7 376

假设审计师想从表的总体中选取一个含有 4 个账户的 PPS 样本。由于规定以单位金额为抽样单位，则总体容量就是 7 376，因此需要计算机程序随机生成 4 个数字。假设计算机程序随机生成的 4 个数字是 6 586、1 756、850、6 499，则包含这些随机金额的总体实物单位项目需由累计合计数栏来确定。它们分别是项目 11（包含 6 577~6 980 元的货币金额）、项目 4（1 699~2 271 元）、项目 2（358~1 638 元）和项目 10（5 751~6 576 元）。审计师将对这些实物单位项目进行审计，并将各实物单位项目的审计结果应用到它们各自包含的随机货币金额上。

PPS 抽样允许某一实物单位在样本中出现多次。也就是说，在前例中，如果随机数是 6 586、1 756、856 和 6 599，则样本项目就是说 1、4、2 和 11。项目 11 尽管只审计一次，但在统计上仍视为 2 个样本项目，样本中的项目总数仍然是 4 个，因为样本涉及 4 个货币金额数。

PPS 抽样会出现两个问题。一个问题是：在选样时，账面余额为零的总体项目存在没有被选中的机会，尽管这些可能含有错报。另外，一些严重低估的小余额被选入样本的机会也很小。对此，如果审计师关注这些余额为零或较小的项目，那么解决这一问题的方法是对它们进行一些专门的审计测试。另一个问题是：PPS 抽样选取的样本中无法包括负余额，如应收账款的贷方余额等。在进行选样时，可以不先考虑这些负余额，而后用其他方法去测试它们。另一种替代方法就是将它们视同为正余额，加入到所测试的货币金额总数中，但这样做会使分析过程变得复杂化。

第四节　信息技术的运用

手工会计核算发展到会计信息系统乃至企业资源计划（Enieprsrie Reosucre Planning，ERP）系统，数据处理的过程集中到计算机，按人们设计好的程序自动完成，大大减少了人工干预，使会计信息的准确性与可靠性大大提高。在信息系统环境下，传统的审计方法和手段已不能满足信息系统环境下的审计要求。审计人员必须掌握信息系统知识，利用信息技术进行审计。同时，数据处理对计算机软、硬件的过分依赖，对新环境下的信息系统的审计显得更为必要和重要。

一、信息技术对审计的影响

信息系统的发展大致经历了以下四个阶段：电子数据处理（Electronic Data Procession，EDP）、管理信息系统（Management Information System，MIS）、决策支持系统（Decision Support Sysetm，DSS）、智能型管理系统（Intelligent Management System，IMS）。每一阶段的发展都带来会计工作在信息存储介质和存取方式、信息处理流程、组织结构、内部控制等方面的变化，一方面大大提高了会计信息处理的速度和效率，另一方面给审计工作的审计对象、审计内容、审计线索、审计工作重点等带来很大的影响。

初期的 EDP 系统相对简单，但是随着 MIS 的应用，随着跨国跨地区的企业集团信息系统的发展，随着计算机舞弊与犯罪的不断增加，绕过计算机审计的方法很难及时地对被审计单位的会计信息做出客观、公允的评价，也不能满足审计信息的需求者的相关决策需要，因此必须实施计算机审计。通过开展计算机审计，对会计资料的审查与分析工作由计算机完成，而且可以利用计算机运算速度快的优点，采用一些手工审计条件下无法或很难完成的方法和技术，如大样本随机抽样、全面审计。为了有效利用计算机，还可以编制专门处理审计信息的程序，即审计软件，包括通用审计软件、专用审计软件、工具软件等。利用审计软件可以把审计人员的部分审计任务转变为计算机程序，完成各种数据处理，如抽样、查找、比较，并为审计人员提供需要的汇总报告，大大促进了审计效率的提高，将审计的内容与范围由以往的财务审计和事后审计拓展到事前审计、事中审计和效益审计。

信息系统形成的信息质量影响企业编制财务报表、管理企业活动和做出适当的管理决策。因此，审计师在进行财务报表审计时，如果依赖相关信息系统所形成的财务信息和报告作为审计工作的依据，则必须考虑相关信息和报告的质量，而财务报表相关的信息质量是通过交易的录入到输出整个过程中适当的控制来实现的。所以，审计师需要在整个过程中考虑信息的准确性、完整性、授权体系及访问权限制四个方面。

被审计单位的流程和信息系统可能拥有各自不同的特点，因此审计师应按各自特点制订审计计划中包含的信息技术审计内容。另外，如果审计师计划依赖自动控制或自动信息系统生成的信息，那么他们就需要适当扩大信息技术审计的范围。

审计师在确定审计策略时，需要结合被审计单位业务流程复杂度、信息系统复杂度、系统生成的交易数量、信息和复杂计算的数量、信息技术环境规模和复杂度五个方面，对信息技术审计范围进行适当考虑。信息技术审计的范围与被审计单位在业务流程及信息系统相关方面的复杂度成正比，在具体评估复杂度时，可以从以下几个方面予以考虑：

（一）评估业务流程的复杂度（比如销售流程、薪酬流程、采购流程等）

对业务流程复杂度的评估并不是一个纯粹客观的过程，而是需要审计师的职业判断。审计师可以通过考虑以下因素，对业务流程复杂度做出适当判断。

（1）某流程涉及过多人员及部门，并且相关人员及部门之间的关系复杂且界限不清；

（2）某流程涉及大量操作及决策活动；

（3）某流程的数据处理过程涉及复杂的公式和大量的数据录入操作；

（4）某流程需要对信息进行手工处理；

（5）对系统生成的报告的依赖程度。

（二）评估信息系统的复杂度

与评估业务流程的复杂度相类似，对企业信息系统复杂度的评估也不是一个纯粹客观的过程，评估过程包含大量的职业判断，也受到所使用系统类型（如商业软件或自行研发系统）的影响。

具体来说，评估商业软件的复杂程度应当考虑系统复杂程度、市场份额、系统实施和运行所需的参数设置范围，以及企业化程度（对出厂标准配置的变更、变更类型，如是仅为报告形式的变更还是对数据处理方式的变更）。

对于自行研发系统复杂度的评估，应当考虑系统复杂程度、距离上一次系统架构重大变更的时间、系统变更对财务系统的影响结果，以及系统变更之后的系统运行情况及运行期间。

同时，还需要考虑系统生成的交易数量、信息和复杂计算的数量，包括：①被审计单位是否存在大量交易数据，以至于用户无法识别并更正数据处理错误；②数据是否通过网络传输，如EDI；③是否使用特殊系统，如电子商务系统。

（三）信息技术环境的规模和复杂度

评估信息技术环境的规模和复杂度，主要应当考虑产生财务数据的信息系统数量、信息部门的结构与规模、网络规模、用户数量、外包及访问方式（如本地登录或远程登录）。信息技术环境复杂并不一定意味着信息系统是复杂的，反之亦然。

在具体审计过程中，审计师除了考虑以上所提及的复杂度外，还需要充分考虑系统在实际应用中存在的问题，评价这些问题对审计范围的影响。

（1）管理层如何获取与信息技术相关的问题？

（2）系统功能中是否发现严重问题或不准确成分？如果是，是否存在可以绕过的程序（如自行修复程序等）？

（3）是否发生过信息系统运行出错、安全事件或对固定数据的修改等严重问题？如果是，管理层如何应对这些问题，以及管理层如何确保这些问题得到可靠解决？

（4）内部审计或其他报告中是否提出过与信息系统、数据环境或应用系统相关的问题？

（5）报告中提及的最普遍的系统问题是什么？

在对被审计单位的业务流程、信息系统和相关风险进行充分了解之后，审计师应判断被审计单位中是否包含信息技术关键风险，并且实质性程序是否无法完全控制该风险。如果符合上述情况的描述，那么审计师应将信息技术审计内容纳入财务审计计划之中。此外，如果审计师计划依赖自动系统控制，或依赖以自动系统生成信息为基础的手工控制或业务流程审阅结果，那么审计师也同样需要对信息技术相关控制进行评估。

综上所述，在信息技术环境下，审计工作与对系统的依赖程度是直接关联的，审计师需要考虑其关联关系，从而可以准确定义相关的信息系统审计范围。具体内容见表8-13。

表 8-13　　　　　　　　　　信息系统审计关联范围表

对信息系统的依赖程度	对系统环境的了解与评估（是/否）	验证手工控制（是/否）	验证系统应用控制（是/否）	了解、验证系统一般性控制（是/否）
不依赖	是	否	否	否
仅依赖手工控制，此类手工控制不依赖系统所生成的信息或报告	是	是	否	否
仅依赖手工控制，此类手工控制不依赖系统所生成的信息或报告，审计需要通过实质性程序来验证控制有效性	是	是	否	否
同时依赖手工及自动控制	是	是	是	是

二、信息技术内部控制审计

对自动控制的依赖也可能给企业带来下列由于种种原因造成重大错报风险：①信息系统或相关系统程序可能会对数据进行错误处理，也可能会去处理那些本身就错误的数据。②自动信息系统、数据库及操作系统的相关安全控制如果无效，会增加对数据信息非授权访问的风险。这种风险可能导致系统内数据和系统对非授权交易及不存在交易的记录遭到破坏，系统程序、数据遭到不适当的改变，系统对交易进行不适当的记录，以及信息技术人员获得超过其职责范围的过大系统权限等。③数据丢失风险或数据无法访问，如系统瘫痪。④不适当的人工干预或人为绕过自动控制。

因此，与财务报表相关的控制活动一般由一系列手工控制和自动控制所组成。被审计单位采用信息系统处理业务，并不意味着手工控制被完全取代，信息系统对控制的影响，取决于被审计单位对信息系统的依赖程度。例如，在基于信息技术的自动的信息系统中，系统进行自动操作来实现对交易信息的创建、记录、处理和报告，并将相关信息保存为电子形式（如电子的采购订单、采购发票、发运凭证和相关会计记录）。但相关控制活动也可能同时包括手工的部分，比如订单的审批和事后审阅以及会计记录调整之类的手工控制。

在信息技术环境下，手工控制的基本原理与方式在信息环境下并不会发生实质性的改变，审计师仍需要按照标准执行相关的审计程序，而对于自动控制，就需要从信息技术一般性控制审计与信息技术应用控制审计两方面进行考虑。

（一）信息技术一般性控制审计

信息系统一般性控制是指为了保证信息系统的安全，对整个信息系统以及外部各种环境要素实施的、对所有的应用或控制模块具有普遍影响的控制措施。信息技术一般控制通常会对实现部分或全部财务报表认定做出间接贡献。在有些情况下，信息技术一般控制也可能对实现信息处理目标和财务报表认定做出直接贡献。这是因为有效的信息技术一般控制确保了应用系统控制和依赖计算机处理的自动会计程序得以持续有效地运行。当手工控制依赖系统生成的信息时，信息技术一般控制同样重要。如果审计师计划依赖自动应用控制、自动会计程序或依赖系统生成信息的控制，他们就需要对相关的信息技术一般控制进行验证。

审计师应清楚记录信息技术一般控制与关键的自动应用控制及接口、关键的自动会计程序、关键手工控制使用的系统生成数据和报告，或生成手工日记账时使用系统生成的数据和报告的关系。

由于程序变更控制、计算机操作控制及程序数据访问控制影响到系统驱动组件的持续有效运行，审计师需要对上述三个领域实施控制测试。

信息技术一般控制包括程序开发、程序变更、程序和数据访问以及计算机运行四个方面。

（1）程序开发。程序开发领域的目标是确保系统的开发、配置和实施能够实现管理层的应用控制目标。程序开发控制的一般要素包括：①对开发和实施活动的管理；②项目启动、分析和设计；③对程序开发实施过程的控制软件包的选择；④测试和质量确保；⑤数据迁移；⑥程序实施；⑦记录和培训；⑧职责分离。

（2）程序变更。程序变更领域的目标是确保对程序和相关基础组件的变更是经过请求、授权、执行、测试和实施的，以达到管理层的应用控制目标。程序变更一般包括以下要素：①对维护活动的管理；②对变更请求的规范、授权与跟踪；③测试和质量确保；④程序实施；⑤记录和培训；⑥职责分离。

（3）程序和数据访问。程序和数据访问这一领域的目标是确保分配的访问程序和数据的权限是经过用户身份认证并经过授权的。程序和数据访问的子组件一般包括安全活动管理、安全管理、数据安全、操作系统安全、网络安全和物理安全。

（4）计算机运行。计算机运行这一领域的目标是确保生产系统根据管理层的控制目标完整、准确地运行，确保运行问题被完整、准确地识别并解决，以维护财务数据的完整性。计算机运行的子组件一般包括计算机运行活动的总体管理、批调度和批处理、实时处理、备份和问题管理以及灾难恢复。

（二）信息技术应用控制审计

信息技术应用控制一般要经过输入、处理及输出等环节，和手工控制一样，自动系统控制同样关注信息处理目标的四个要素：完整性、准确性、经过授权和访问限制。然而，自动系统控制造成的影响程度比信息技术一般控制要显著得多，并且需要进一步的手工调查。另外，所有的自动应用控制都会有一个手工控制与之相对应。例如，通过批次汇总的方式验证数据传输的准确性和完整性时，如果出现例外，就需要有相应的手工控制进行跟踪调查。理论上，在测试的时候，每个自动系统控制都要与其对应的手工控制一起进行测试，才能得到控制是否可依赖的结论。例如，一笔交易被否定或者被做标记，将会进行一个手工调查流程，并且被记录下来。下面将针对不同的信息处理目标来阐述应用控制的应用。

1. 完整性

（1）顺序标号，可以保证系统中每笔日记账都是唯一的，并且系统不会接受相同编号，或者在编号范围外的凭证。此时，需要系统提供一个没有编号凭证的报告。如果存在例外，需要相关人员进行调查跟进。

（2）编辑检查，以确保无重复交易录入，比如发票付款的时候、检查发票编号。

2. 准确性

（1）编辑检查，包括限制检查、合理性检查、存在性检查和格式检查等。

（2）将客户、供应商、发票和采购订单等信息与现有数据进行比较。

3. 授权

（1）交易流程中必须包含恰当的授权；

（2）将客户、供应商、发票和采购订单等信息与现有数据进行比较。

4. 访问限制

（1）对于某些特殊的会计记录的访问，必须经过数据所有者的正式授权。管理层必须定期检查系统的访问权限来确保只有经过授权的用户才能够拥有访问权限，并且符合职责分离原则。如果存在例外，必须进行调查。

（2）访问控制必须满足适当的职责分离（比如交易的审批和处理必须由不同的人员来完成）。

（3）对每个系统的访问控制都要单独考虑。密码必须要定期更换，并且在规定次数内不能重复；定期生成多次登录失败导致用户账号锁定的报告，管理层必须跟踪这些登录失败的具体原因。

（三）信息技术应用控制与信息技术一般控制之间的关系

应用控制是设计在计算机应用系统中的、有助于达到信息处理目标的控制。例如，许多应用系统中包含很多编辑检查来帮助确保录入数据的准确性。编辑检查可能包括格式检查（如日期格式或数字格式）、存在性检查（如客户编码存在于客户主数据文档之中）或合理性检查（如最大支付金额）。如果录入数据的某一要素未通过编辑检查，那么系统可能拒绝录入该数据或系统可能将该录入数据拖入系统生成的例外报告之中，留待后续跟进和处理。如果带有关键的编辑检查功能的应用系统所依赖的计算机环境发现了信息技术一般控制的缺陷，审计师可能就不能依赖上述编辑检查功能按设计发挥作用。例如，程序变更控制缺陷可能导致未授权人员对检查录入数据字段格式的编程逻辑进行修改，以至于系统接受不准确的录入数据。此外，与安全和访问权限相关的控制缺陷可能导致数据录入不恰当地绕过合理性检查，而该合理性检查在其他方面将使系统无法处理金额超过最大容差范围的支付操作。

三、信息系统常用审计技术

审计人员可以利用计算机收集审计证据，以判断被审计信息系统的输入和处理的正确性。信息系统审计主要分为以下三类：①数据测试和集成测试技术——审计人员设计交易事项输入信息系统以检查应用程序的正确性和完整性；②实时处理技术——在被审计单位的信息系统正常运行的同时，审计人员对选定的重要应用交易进行审查并监控数据处理过程；③嵌入审计模块——在被审计单位的信息系统中嵌入审计模块，监控该系统的控制完整性，并收集审计证据。

（一）数据检测技术

数据检测技术（Test Data Approach）是由审计人员将预先设计好的测试数据输入被测试应用程序加以处理，并将处理结果与事先计算的结果进行比较分析，从而验证应用程序可靠性的方法。随着计算机应用程度的加深，数据检测技术逐步发展和完善。数据检测的目的在于检测：

（1）内部控制被完整、正确地写入了计算机程序并严格的执行；

（2）各经济事项对应的计算机应用程序是正确的；

（3）所有的经济事项都通过了准确的记录并实时更新。

设计用于检测的数据是最关键的环节。被检测数据一般包括两个方面的内容：①正常、有效的业务数据，用来测试系统对正常的业务处理是否正确；②不正常或无效的业务数据，用来测试系统能否检测出不正常或无效的业务，是否拒绝处理这样的业务并提示出错信息，如编制了分录时输入了不可能有借贷关系的科目。

数据检测技术是有局限性的，它所能涵盖的内容仅是被写入计算机应用程序的控制事项。它不能检测出企业是否实施了足够的控制程序，如是否允许未被授权的非法数据进入系统。然而，审计人员不用测试所有的控制和程序，只需测试重要的控制和应用程序的重要方面。数据检测技术的要点如图 8-3 所示。

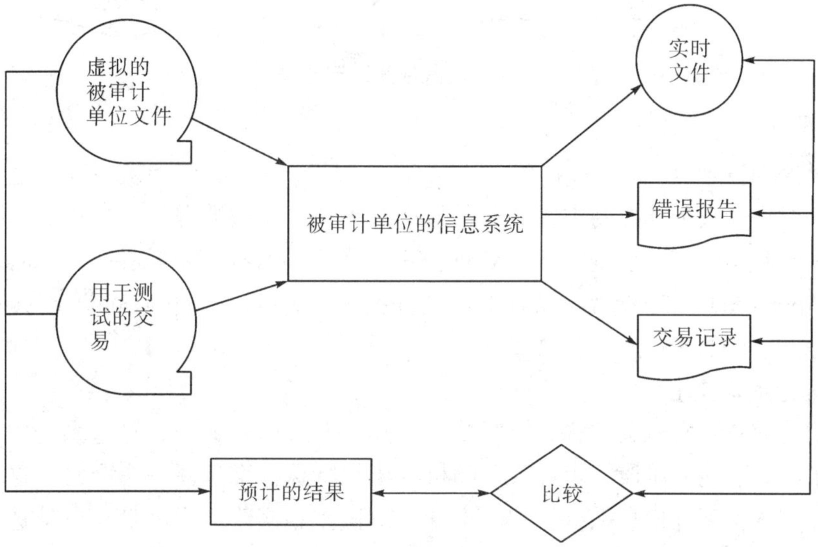

图 8-3 数据检测技术

（二）集成测试技术

数据检测技术最大的局限性在于检测结果仅限于某一时点，不是动态的结果，而集成测试技术恰好弥补了这种不足。使用集成测试技术时，审计人员假设一个与被审计单位业务和处理程序一致的虚拟实体，让正常运行的应用系统处理该实体的审计测试数据，并核实处理结果的真实性、正确性和完整性，由此确定应用系统的处理和控制功能是否正确、可靠。如果应用系统是工资支付系统，审计人员可以在数据库中建立一个虚拟的职工；如果是一个盘存系统，审计人员可以虚构一个库存项目。测试数据包含了虚拟数据和实际业务数据。测试过程如图 8-4 所示。集成测试技术的特点是：在正常业务处理时即可完成测试，不影响被审计单位的业务；可以保证被审计程序是正在应用中的版本；如果测试数据消除不及时或不完全，可能影响到被审计单位数据文件甚至财务数据的正确性。

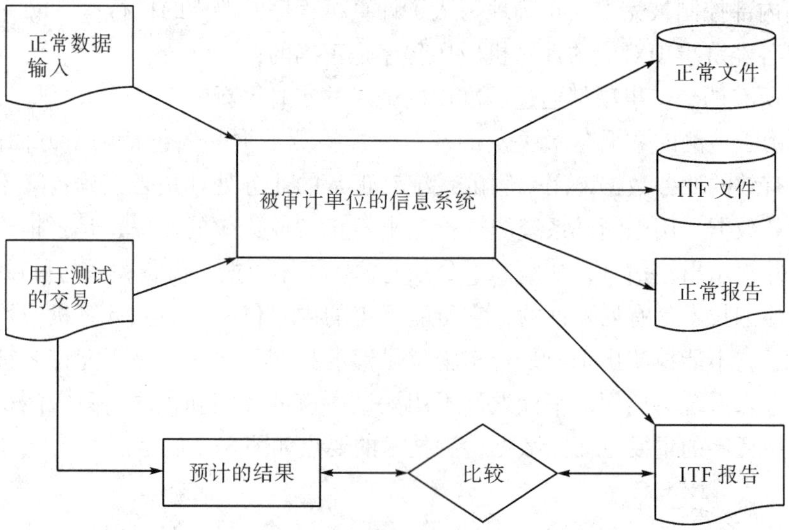

图 8-4　集成测试技术

（三）实时处理技术

实时处理技术（Concurrent Processing Methodologies）由审计模块或其他程序代码组成，对审计人员选择的重要应用交易进行审查并监控数据处理过程。该技术适用于复杂和互连的信息系统。实时处理技术中常用的有标记追踪技术（Tagging and Tracing Approach）和系统控制审计复核文件技术（System Control Audit Review File，SCARF）。

1. 标记追踪技术

标记追踪技术有时又被称为快照技术（Snapshot Approach），通过系统中的交易进行电子跟踪。输入阶段，审计人员随机或依照特殊标准选择一个交易。这个标准可以事先编入被审计信息系统，并由审计人员监控和修改。程序自动在被选中交易的特定字段加上字符，以此“标记”该交易。比如，被选中交易的每个记录前面可以加上“al”标记，而未被选中的交易则标上“0a”。审计人员根据检查被选交易的数据处理而实施审计。一旦被选交易被识别，程序将会捕捉该交易的重要信息，然后由审计人员确认该交易的正确性和完整性，同时主文件（Master File）被更新。例如，处理前后的以下数据会被捕捉进行审核：交易额、日期、交易编号。如果有完整详细的计划，标记追踪技术使用在跨地区的信息系统是非常有效的。例如，起始于北京的交易可能会被追踪到远在武汉的主文件。标记追踪技术的原理如图 8-5 所示。

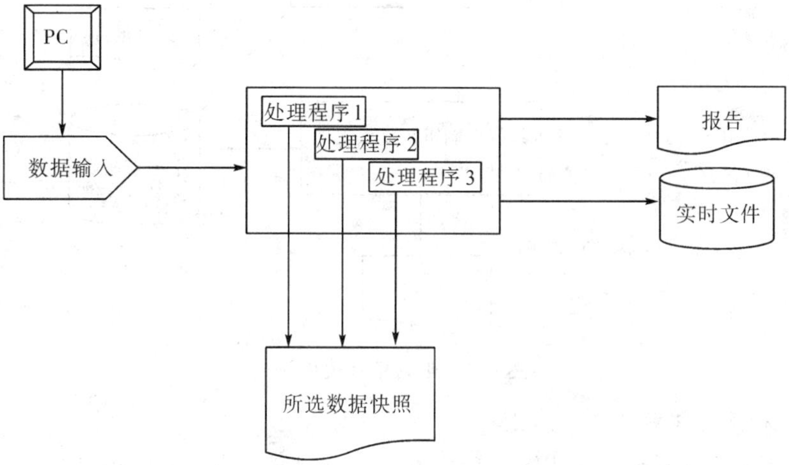

图 8-5　标记追踪技术

标记追踪技术最大的优点是与被审计系统的正常处理同步。交易有可能是随机选择的，也可以由预先写入系统的特殊标准（如以货币型交易为条件）来选择。该技术使审计人员能在复杂的计算机系统中高效地追踪交易，以确认信息系统处理的正确性和完整性。

2. 系统控制审计复核文件技术

与标记追踪技术不同的是，SCARF 要求在被审计信息系统中预先写入程序，确定选择交易的特殊标准。审计人员预设标准以后，所有被选中交易被记录在 SCARF 上。审计人员从 SCARF 盯上检查交易处理的完整性和正确性，以及被选控制程序的操作有效性。SCARF 的用途在于检查文件中的信息，判断信息系统中哪些交易需要复核。我们假设选择标准是所有超过 10 万元的银行转账，不管其是否获得管理层的批准。实际上，这些交易往往是正确的，但是审计人员希望知道授权系统是否有效，于是设置了这个选择标准。审计人员可以通过 SCARF 来挑选出异常交易，进行重点分析。

（四）嵌入审计模块

嵌入审计模块（Embedded Audit Module）是指在被审计信息系统中嵌入审计模块，监控该系统的控制完整性，并收集审计证据。审计模块置于事先确定的点，用以采集审计人员认为重要的交易或事件信息，存放到系统控制审核复核文件中。审计人员通过审核该文件的信息，提取有关的审计证据。如图 8-6 所示。

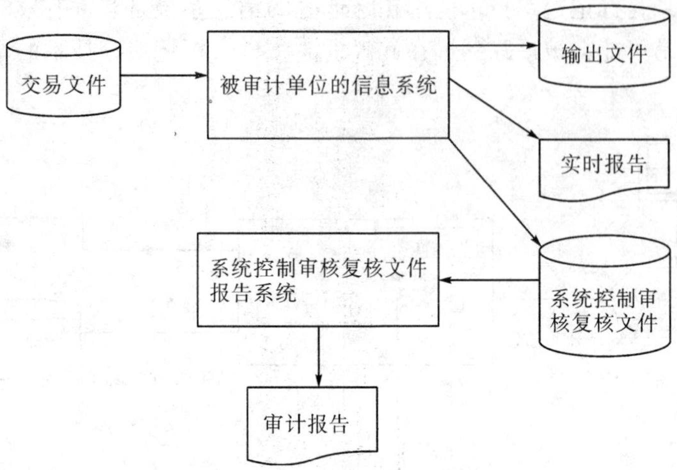

图 8-6　嵌入审计模块法

（五）信息系统审计技术的比较

每一种审计技术都有它的优点和缺点。集成测试技术、实时处理技术、嵌入审计模块三种技术都需要审计人员的精心设计，因为它们都对被审计信息系统的运行有一定影响。审计人员必须要监控程序的改变，以保证植入被审计系统的审计程序未被修改。这三种技术都具有实时监控和审计交易的能力，而没有局限在一个时点。各审计技术的特点如表 8-14 所示。

表 8-14　　实时审计技术的比较

名　称	原　理	局　限	审计目标
集成测试技术	审计人员虚拟实体来测试信息系统的控制和处理。	虚拟的实体类型有限。	系统的控制和处理的正确性。
标记追踪技术	审计人员用预先设计的编码追踪被选择和标记的交易。	必须事先确定定义和标记交易的标准；必须确保审计程序未被修改。	处理的完整性。
系统控制审计复核文件技术	审计人员预设标准筛选出异常交易，数据保存在指定文件中备查。	关注异常交易而不提供正常交易的信息。	系统控制的异常情况。
嵌入审计模块	采集重要的交易或事件信息。	模块需事先嵌入信息系统并确认未被修改。	控制的有效性，处理的完整性和正确性。

第九章
收入与销售循环审计

学习目标：

通过本章学习，你应该能够：

●了解收入与销售循环的特性以及与之相关的各项具体测试目标的确定；

●明确设计收入与销售循环的审计方案，并根据重大错报风险评价所识别的预警信号对测试方案进行完善和修改；

●掌握主营业务收入的确认、截止、应收账款的函证等主要实质性审计程序。

［引例］云南绿大地生物科技股份有限公司（002200. SZ，下称“绿大地”）于2007年12月21日在深圳证券交易所挂牌上市，以绿化工程和苗木销售为主营业务，是云南省最大的特色苗木生产企业。它是国内绿化行业第一家上市公司，号称“园林行业上市第一股”。2010年3月因涉嫌信息披露违规被立案稽查。证监会发现该公司存在涉嫌“虚增资产、虚增收入、虚增利润”等多项违法违规行为。2011年3月17日，绿大地创始人兼董事长何学葵因涉嫌欺诈发行股票罪被捕。自此其股价一路下跌，半年多跌幅超过75%，由此逐步揭开了绿大地的财务“造假术”。

思考：分析绿大地造假的目的和动机？审计师应如何审计绿化工程和苗木销售收入？

从本章开始，我们将以上市公司的财务报表审计为例，介绍交易及余额审计的具体内容。对交易循环的审计测试，应根据与该业务循环流程制定相关的审计目标，并以此确定适用的审计程序，收集实现目标所需要的审计证据。

审计测试包括控制测试和对交易、账户余额实施实质性程序。

控制测试是在了解被审计单位内部控制、实施风险评估程序的基础上进行的，而了解内部控制，评价控制制度的设计以及执行，与被审计单位的业务流程关系密切。所以，控制测试通常采用循环法实施。一般而言，在财务报表审计中可将被审计单位的所有交易和账户余额划分为多个业务循环，各被审计单位的业务性质和规模不同，其业务循环的划分也应有所不同。本教材中，我们将交易和账户余额划分为收入与销售、支出与采购、生产、筹资与投资等常规四大循环，并对现金、考虑持续经营假设、或有事项和期后事项等特殊事项分章阐述各业务循环交易及余额的审计。

控制测试程序主要包括询问、观察、检查、重新执行和穿行测试。进行控制测试是为了评价内部控制运行的有效性，并以此设计后续的审计方案，将控制风险降到最低水平。如果审计人员不打算实施控制测试，控制风险应被评估为高水平，并且主要应当进行实质性程序，这一方案为实质性工作方案；相反，如果通过实施风险评估程序，某一认定的内部控制被认为是有效的，则应实施控制测试，以适当减少实质性程序的取证工作量，这一方案为综合性审计工作方案。

实质性程序是为了对交易和账户余额进行证实而采取的一套获取相关证据的程序，包括对各类交易、账户余额、列报（包括披露，下同）的细节测试以及实质性分析程序。对交易和账户余额的实质性程序既可按财务报表项目组织实施，也可按业务循环组织实施。按财务报表项目组织实施的称为分项审计方法，按业务循环组织实施的称为循环审计方法。分项审计方法与多数被审计单位账户设置体系及财务报表格式相吻合，所以具有操作方便的优点，但它也有与按业务循环进行的控制测试严重脱节的弊端；循环审计方法按业务循环组织实质性程序不仅能加深审计人员对被测试单位经济业务的理解，而且便于审计人员的合理分工，减少测试过程中的重复复核，对提高测试工作的效率和效果都大有裨益。

审计人员对审计风险和重要性水平的判断来确定需实施实质性程序的性质、时间安排和范围。审计人员在对重大错报风险的评估的基础上，选用适当的实质性程序，做出审计方案。

在实施交易循环实质性程序之前，首先要分析各循环的审计风险，其次要重点关注资产、所有者权益的高估和负债的低估，以确定实质性程序的重点与方向。

按照各财务报表项目与业务循环的相关程度，可以建立起各业务循环与其所涉及的主要财务报表项目（特殊行业的财务报表项目不涉及）之间的对应关系，如表9-1所示。

表 9-1　　业务循环与主要财务报表项目对照表

业务循环	资产负债表项目	利润表项目
收入与销售与循环	应收票据、应收账款、长期应收款、预收款项、应交税费	营业收入、营业税金及附加、销售费用
支出与采购循环	预付款项、固定资产、在建工程、工程物资、固定资产清理、无形资产、开发支出、商誉、长期待摊费用、应付票据、应付账款、长期应付款	管理费用
生产与存货循环	存货（包括材料采购或在途物资、原材料、材料成本差异、库存商品、发出商品、商品进销差价、委托加工物资、委托代销商品、受托代销商品、周转材料、生产成本、制造费用、劳务成本、存货跌价准备、受托代销商品款等）	营业成本
筹资与投资循环	交易性金融资产、应收利息、其他应收款、其他流动资产、可供出售金融资产、持有至到期投资、长期股权投资、投资性房地产、递延所得税资产、其他非流动资产、短期借款、交易性金融负债、应付利息、应付股利、其他应付款、其他流动负债、长期借款、应付债券、专项应付款、预计负债、递延所得税负债、其他非流动负债、实收资本（或股本）、资本公积、盈余公积、未分配利润	财务费用、资产减值损失、公允价值变动损益、投资收益、营业外收入、营业外支出、所得税费用

第一节 销售循环与审计策略

一、典型销售交易与关键控制

收入与销售循环是业务循环过程中的一个重要内容。该循环的起点是客户请购，终点是将库存商品或服务转换为应收账款，并最终转化为货币资金。我们可以通过表 9-2 了解该循环的主要业务活动、常见凭证及相关账户。

表 9-2 该循环主要业务活动、常见凭证及相关账户

业务类型	业务活动	相关账户	相关凭证和会计记录
销售	接受订单 批准赊销 发运商品 开具发票 记录销售	主营业务收入 应收账款	客户订单 销售单 发货凭证 销售发票 应收账款总账和明细账
收款	收取货款	银行存款 应收账款	汇款通知书 现金、银行存款日记账
销售退回与折让	办理和记录销售退回、折扣与折让	折扣与折让 应收账款	贷项通知单 销售退回、折扣与折让日记账
核销坏账	注销坏账	应收账款 坏账准备	坏账审批表 应收账款总账和明细账
坏账费用	计提坏账准备	资产减值损失 坏账准备	应收账款总账和明细账

收入与销售循环的内部控制包括销售交易的内部控制和收款交易的内部控制。

（一）销售交易的内部控制

（1）职责分离。《企业内部控制应用指引第 9 号——销售业务》中规定：单位应当将办理销售、发货、收款三项业务的部门（或岗位）分别设立；单位在销售合同订立前，应当指定专门人员就销售价格、信用政策、发货及收款方式等具体事项与客户进行谈判。谈判人员至少应有两人以上，并与订立合同的人员相分离；编制销售发票通知单的人员与开具销售发票的人员应相互分离；销售人员应当避免接触销货现款；单位应收票据的取得和贴现必须经由保管票据以外的主管人员的书面批准。

（2）授权审批。赊销业务必须经过审批；非经正当审批，不得发出货物；销售价格、销售条件、运费等必须经过授权审批。

（3）会计记录。会计记录的内部控制主要是指健全各种凭证和账簿；建立健全各环节的凭证，如销售通知单、发票和出库单等，并应预先编号，按顺序填列签发；建立并及时登记应收账款总账、明细账、主营业务收入总账、明细账。

(4) 定期核对账簿及记录。应收账款总账、明细账，主营业务收入总账、明细账等应定期进行核对。

(5) 内部核查程序。由内部审计人员或其他独立人员核查销售交易的处理和记录，是实现内部控制目标所不可缺少的一项控制措施。审计师可以通过检查内部审计人员的报告，或其他独立人员在他们核查的凭证上的签字等方法实施控制测试。

(二) 收款交易的相关内部控制

与收款交易相关的内部控制内容如下：

(1) 单位应当按照《现金管理暂行条例》《支付结算办法》和《企业内部控制应用指引第6号——资金活动》等规定，及时办理销售收款业务。

(2) 单位应将销售收入及时入账，不得账外设账，不得擅自坐支现金。销售人员应当避免接触销售现款。

(3) 单位应当建立应收账款账龄分析制度和逾期应收账款催收制度。销售部门应当负责应收账款的催收，财会部门应当督促销售部门加紧催收。对催收无效的逾期应收账款可以通过法律程序予以解决。

(4) 单位应当按客户设置应收账款台账，及时登记每一客户应收账款余额增减变动情况和信用额度使用情况。对长期往来客户应当建立起完善的客户资料，并对客户资料实行动态管理，及时更新。

(5) 单位对于可能成为坏账的应收账款应当报告有关决策机构，由其进行审查，确定是否确认为坏账。单位发生的各项坏账，应查明原因，明确责任，并在履行规定的审批程序后做出会计处理。

(6) 单位注销的坏账应当进行备查登记，做到账销案存。已注销的坏账又收回时应当及时入账，防止形成账外款。

(7) 单位应收票据的取得和贴现必须经由保管票据以外的主管人员的书面批准。应有专人保管应收票据，对于即将到期的应收票据，应及时向付款人提示付款；已贴现票据应在备查簿中登记，以便日后追踪管理；并应制定逾期票据的冲销管理程序和逾期票据追踪监控制度。

(8) 单位应当定期与往来客户通过函证等方式核对应收账款、应收票据、预收款项等往来款项。如有不符，应查明原因，及时处理。

审计师应针对每个具体的内部控制目标确定关键的内部控制，并对其实施相应的控制测试和交易的实质性程序。

二、审计目标的确定

审计目标是审计师根据被审计单位管理层对财务报表的认定推断得出的。收入与销售循环测试涉及营业收入、应收账款等主要账户。根据该循环的业务特性，其审计目标主要有以下几个方面：

(1) 确认收入的存在或发生。即确定已记录的交易种类在被测试期间内是否实际发生；确认资产负债表日货币资金以及应收账款是否存在。

(2) 确认收入的完整性。即确定所有应当记录的交易和事项是否都已记录；确定应收账款增减变动的记录是否完整。

（3）确认收入的截止。即确定取得收入的交易业务是否在正确的期间入账。

（4）确认应收账款的所有权。即确定应收账款是否归被审计单位所有。

（5）确认收入的准确性。即确定与交易和事项有关的金额和其他数据是否均已恰当记录；确定应收账款是否可收回，坏账准备的计提是否恰当；确定年末应收账款是否以恰当的金额包括在财务报表中。

（6）确认收入的分类。即确定所有的交易和事项是否记录于恰当的账户，是否在财务报表上恰当分类和列报。

三、关键控制测试

收入循环关键的控制点是销售发生的真实性，其高估或低估均对资产、所有者权益产生重大影响。围绕这一关键控制点，常见的控制目标、方法和测试手段见表9-3。

表 9-3

内部控制目标	关键内部控制	常用的控制测试
登记入账的销售交易确实已经发货给真实的顾客（发生）	销售交易是以经过审核的发运凭证和经过批准的顾客订货单为依据登记入账的	检查销售发票副联是否附有发运凭证（或提货单）以及顾客订货单
	在发货前，顾客的赊购已经被授权批准	检查顾客的赊购是否经授权批准
	销售发票均经过事先连续编号并已恰当地登记入账	检查销售发票编号的完整性
	每月向顾客寄送对账单，对顾客提出的意见做专门追查	观察是否寄发对账单并检查顾客回函档案
所有销售交易均已登记入账（完整性）	发运凭证（或提货单）均经过事先连续编号并已经登记入账	检查发运凭证编号的完整性
	销售发票均经过事先连续编号并已登记入账	检查销售发票编号的完整性
登记入账的销售数量确系已发货的数量，并已正确开具账单并登记入账（计价和分摊）	销售价格、付款条件、运费和销售折扣的确定已经适当的授权批准	检查销售发票是否经适当的授权批准
	由独立人员对销售发票的编制做内部核查	检查有关凭证上的内部核查标记
销售交易的分类恰当（分类）	采用适当的会计科目表	检查会计科目表是否适当
	内部复核和核查	检查有关凭证上内部复核和核查的标记

表9-3(续)

内部控制目标	关键内部控制	常用的控制测试
销售交易的记录及时（截止）	采用尽量能在销售发生时开具收款账单和登记入账的控制方法	检查尚未开具收款账单的发货和尚未登记入账的销售交易
	内部核查	检查有关凭证上内部核查的标记
销售交易已经正确地记入明细账并经正确汇总（准确性、计价和分摊）	每月定期给顾客寄送对账单	观察对账单是否已经寄出
	由独立人员对应收账款明细账做内部核查	检查内部核查标记
	将应收款明细账余额合计数与其总账余额进行比较	检查将应收账款明细账余额合计数与其总账余额进行比较的标记

第一栏“内部控制目标”，列示了企业设立销售交易内部控制的目标，即审计师实施相应控制测试和实质性程序所要达到的审计目标。

第二栏“关键内部控制”，列示了与上述各项内部控制目标相对应的一项或数项主要内部控制。设计销售交易内部控制，应达到前述的控制目标。无论其他目标的控制如何有效，只要为实现某一项目标所必需的控制不健全，则与该目标有关的错误出现的可能性就随之增大，并且很可能影响企业整个内部控制的有效性。

第三栏“常用的控制测试”，列示了审计师针对上述关键内部控制所实施的测试程序。控制测试与内部控制之间有直接联系，审计师对每项关键控制至少要执行一项控制测试以核实其效果。

表 9-3 的目的在于帮助审计师根据具体情况设计能够实现审计目标的审计方案。但它既未包含销售交易所有的内部控制、控制测试和实质性程序，也并不意味着审计实务中必须按此顺序与方法一成不变。一方面，被审计单位所处行业不同、规模不一、内部控制制度的健全程度和执行结果不同，以前期间接受审计的情况也各不相同；另一方面，受审计时间、审计费用的限制审计师除了确保审计质量、审计效果外，还必须提高审计效率，尽可能地消除重复的测试程序，保证检查某一凭证对能够一次完成对该凭证的全部审计测试程序，并按最有效的顺序实施审计测试。

四、重大错报风险评估与实质性程序方案

与收入交易和余额相关的重大错报风险主要存在于销售交易、现金收款交易的发生、完整性、准确性、截止和分类认定，以及会计期末应收账款、货币资金和应交税费等账户的存在、权利和义务、完整性、计价和分摊认定。审计人员应当考虑影响收入交易的复杂性，对被审计单位经营活动中可能发生的重大错报风险保持警觉。收入交易和余额可能存在的重大错报风险可能包括：

（1）管理层可能为了完成预算，满足业绩考核要求，保证从银行获得额外的资金，吸引潜在投资者，或影响公司股价，而在财务报表中虚增收入；

（2）由于收入的复杂性，针对一些特定的产品或者服务提供一些特殊的交易安

排（如特殊的退货约定、特殊的服务期限安排等），收入确认上容易发生错误；

（3）管理层凌驾于控制之上，蓄意在年末编造虚假销售，导致当年收入以及当年年末应收账款余额、货币资金余额和应交税费余额的高估；

（4）采用不正确的收入截止，导致本期收入以及本期期末应收账款余额、货币资金余额和应交税费余额的高估或低估；

（5）低估应收账款坏账准备的压力，可能导致资产负债表中应收账款余额的高估；

（6）舞弊和盗窃的风险；

（7）发生错误的风险。

在这个循环中重点要关注高估错报的可能性：①记录在销售日记账的销售业务没有实际发货；②销售业务的重复记录；③向不存在的顾客发货并记录为销售。前两种类型的错报可能是故意的，也可能是无意的；后一种类型的错报一定是故意的。这些错报都会导致资产和收入的高估。

在评估重大错报风险时，审计师还应当将所了解的控制与特定认定相联系，并且汇总和评估已识别的收入循环中的交易、账户余额和披露认定层次的重大错报风险，以确定进一步审计程序的性质、时间安排和范围。

根据该循环的审计目标和可能的错报领域，在制订审计工作方案时，有两种不同的思路：①以主营业务收入账簿记录为准对照检查相关发运凭证，防高估行为；②以销售发票为准对照检查账簿记录，防低估行为。在不同的情况下，实质性程序的重点和方向是不相同的。

审计师在制订初步测试方案时，应先运用分析性程序，对整体合理性进行判断，避免在测试时对某一个方向过于强调而忽略了其他可能存在的错报。但如果有证据表明可能存在某方面的特定风险时，审计人员应及时调整测试方案，选择针对发现虚增盈利或隐匿收入的测试程序。

业务循环的审计测试一般可以分为以下步骤进行：首先依据各业务循环审计的具体目标和可能存在的重大错报，通过分析程序确定实质性程序的重点与方向；然后根据被审计单位所处行业、规模、内部控制制度的健全程度和执行的有效性以及提高审计效率的要求，做出是否准备依赖被审计单位内部控制判断，进而做出交易和余额的细节测试的安排。

如果准备依赖被审计单位内部控制，则应该进行控制测试。控制测试在实施实质性程序之前进行，它包括审计人员对交易事项进行检查、检测任务的执行情况以及对客户的员工进行询问。进行控制测试是为了将控制风险降到最低水平。如果审计人员不打算进行控制测试，控制风险应被评估为高水平，并且主要应当进行实质性程序，也就是实施实质性工作方案。

由于收入循环业务的大量性和复杂性，一般在对被审计单位的内部控制进行控制测试的基础上实施实质性程序。实质性程序和控制测试都包括观察、询问和检查程序，但是控制测试不包括分析性复核或账户余额的检查。

表 9-4 列示了执行收入循环中收入和应收账款实质性程序的审计方案，以此来对前面讲述的问题进行概括。

表 9-4　　收入循环中销售业务的审计方案

分析程序 1. 按月对本年度和上年度的销售收入、销售成本和销售毛利进行比较，并记录重大的变动情况； 2. 以同行业的平均水平来比较销售模式和毛利率； 3. 计算应收账款周转率，并与上年度和同行业平均水平进行比较； 4. 将本年度和上年度的销售返还与折扣和零星收入进行比较，并记录重大的变动情况； 5. 对销售收入、销售成本和销售毛利的实际值和预算值进行比较，并记录重大的差异情况。
其他实质性程序 1. 通过检查资产负债日之前和之后的几天中的单据凭证进行销售收入截止测试。 2. 通过检查所附的凭证单据，在测试基础上对零星收入账户贷方记录进行核实。 3. 在测试基础上对应收账户余额进行函证： （1）核对明细账与总账； （2）考虑对总体进行分层，并对大额账户和贷方账户进行肯定式函证； （3）对于没有对第二封和第三封肯定式询证函做出回复的顾客，检查其账户的运货单和回款单证据。 4. 编制应收账款账龄分析表，并评价坏账准备计提的充分性。 5. 与管理层进行交谈，检查董事会会议记录、信件、合同以及银行函证，为以下事项寻找证据： （1）用于银行贷款抵押的应收账款担保； （2）关联方和关联方的存在性。

第二节　典型实质性程序

收入与销售循环的实质性程序包括销售交易的实质性程序和相关账户余额的实质性程序。其中，销售交易的实质性程序包括交易的实质性分析程序和细节测试两方面；该循环相关账户余额的实质性程序主要包括主营业务收入、应收账款、预收账款、坏账准备等账户。

一、销售与收款交易的实质性程序

（一）实质性分析程序

通常，审计师在对交易和余额实施细节测试前实施实质性分析程序，符合成本效益原则。具体到销售与收款交易和相关余额，其应用包括：

1. 识别需要运用实质性分析程序的账户余额或交易

就销售与收款交易和相关余额而言，通常需要运用实质性分析程序的是销售交易、收款交易、营业收入项目和应收账款项目。

2. 确定期望值

基于审计师对被审计单位的相关预算情况、行业发展状况、市场份额、可比的行业信息、经济形势和发展历程的了解，与营业额、毛利率和应收账款等的预期相关。

3. 确定可接受的差异额

在确定可接受的差异额时，审计师首先应关注所涉及的重要性和计划的保证水平的影响。此外，根据拟进行实质性分析的具体指标的不同，可接受的差异额的确定有时与管理层使用的关键业绩指标相关，并需考虑这些指标的适当性和监督过程。

4. 识别需要进一步调查的差异并调查异常数据关系

审计师应当计算实际和期望值之间的差异，这涉及一些比率和比较，包括：

（1）观察月度（或每周）的销售记录趋势，与往年或预算或者同行业公司的销售情况相比较。任何异常波动都必须与管理层讨论，如果有必要还应做进一步的调查。

（2）将销售毛利率与以前年度和预算或者同行业公司的销售毛利率相比较。如果被审计单位各种产品的销售价格是不同的，那么就应当对每个产品或者相近毛利率的产品组进行分类比较。任何重大的差异都需要与管理层沟通。

（3）计算应收账款周转率和存货周转率，并与以前年度或者预算或者同行业公司的相关指标相比较。未预期的差异可能由很多因素引起，包括未记录销售、虚构销售记录或截止问题。

（4）检查异常项目的销售，如对大额销售以及未从销售记录过入销售总账的销售应予以调查。对临近年末的异常销售记录更应加以特别关注。

5. 调查重大差异并做出判断

审计师在分析上述与预期相联系的指标后，如果认为存在未预期的重大差异，就可能需要对营业收入发生额和应收账款余额实施更加详细的细节测试。

6. 评价分析程序的结果

审计师应当就收集的审计证据是否能支持其试图证实的审计目标和认定形成结论。

（二）销售与收款交易的细节测试

有些交易细节测试程序与环境条件关系不大，适用于各审计项目，有些则不然，要取决于被审计单位内部控制的健全程度和审计师实施控制测试的结果。接下来，我们按照表 9-5 中所列的顺序详细介绍销售交易常用的细节测试程序，有些程序在审计中常常被疏忽，而事实上它们恰恰需要审计师给予重视并根据它们做出审计决策。首先需要指出两点：一是这些细节测试程序并未包含销售交易全部的细节测试程序；二是其中有些程序可以实现多项控制目标，而非仅能实现一项控制目标。

表 9-5　　　　　　　　**常用的交易实质性程序**

内部控制目标	常用的交易实质性程序
登记入账的销售交易确系已经发货给真实的客户（发生）	复核主营业务收入总账、明细账以及应收账款明细账中的大额或异常项目。 追查主营业务收入明细账中的分录至销售单、销售发票副联及发运凭证。 将发运凭证与存货永续记录中的发运分录进行核对。
所有销售交易均已登记入账（完整性）	将发运凭证与相关的销售发票和主营业务收入明细账及应收账款明细账中的分录进行核对。
登记入账的销售数量确系已发货的数量，已正确开具账单并登记入账（计价和分摊）	复算销售发票上的数据。 追查主营业务收入明细账中的分录至销售发票。 追查销售发票上的详细信息至发运凭证、经批准的商品价目表和客户订购单。
销售交易的分类恰当（分类）	检查证明销售交易分类正确的原始证据。
销售交易的记录及时（截止）	将销售交易登记入账的日期与发运凭证的日期比较核对。
销售交易已经正确地记入明细账，并经正确汇总（准确性、计价和分摊）	将主营业务收入明细账加总，追查其至总账的过账。

1. 登记入账的销售交易是真实的

将不真实的销售登记入账会导致高估资产和收入。对这一目标，审计师一般关心三类错误的可能性：一是未曾发货却已将销售交易登记入账；二是销售交易的重复入账；三是向虚构的客户发货，并作为销售交易登记入账。前两类错误可能是有意的，也可能是无意的，而第三类错误肯定是有意的。

（1）针对未曾发货却已将销售交易登记入账这类错误的可能性，审计师可以从主营业务收入明细账中抽取若干笔分录，追查有无发运凭证及其他佐证，借以查明有无事实上没有发货却已登记入账的销售交易。

（2）针对销售交易重复入账这类错误的可能性，审计师可以通过检查企业的销售交易记录清单以确定是否存在重号、缺号。

（3）针对向虚构的客户发货并作为销售交易登记入账这类错误发生的可能性，审计师应当检查主营业务收入明细账中与销售分录相应的销货单，以确定销售是否履行赊销审批手续和发货审批手续。

检查上述三类高估销售错误的可能性的另一个有效的办法是追查应收账款明细账中贷方发生额的记录。如果应收账款最终得以收回货款或者由于合理的原因收到退货，则记录入账的销售交易一开始通常是真实的；如果贷方发生额是注销坏账，或者直到审计时所欠货款仍未收回而又没有合理的原因，就需要考虑详细追查相应的发运凭证和客户订购单等，因为这些迹象都说明可能存在虚构的销售交易。

2. 已发生的销售交易均已登记入账

销售交易的审计一般更多侧重检查高估资产与收入的问题。但是，如果内部控制不健全，比如被审计单位没有由发运凭证追查至主营业务收入明细账这一独立内部核查程序，就有必要对完整性目标实施交易的细节测试。

从发货部门的档案中选取部分发运凭证，并追查至有关的销售发票副本和主营业务收入明细账，是测试未入账的发货的一种有效程序。为使这一程序成为一项有意义的测试，审计师必须能够确信全部发运凭证均已归档，这一点一般可以通过检查发运凭证的顺序编号来查明。

由原始凭证追查至明细账与从明细账追查至原始凭证是有区别的：前者用来测试遗漏的交易（“完整性”目标），后者用来测试不真实的交易（“发生”目标）。

测试发生目标时，起点是明细账，即从主营业务收入明细账中抽取一个销售交易明细记录，追查至销售发票存根、发运凭证以及客户订购单；测试完整性目标时，起点应是发运凭证，即从发运凭证中选取样本，追查至销售发票存根和主营业务收入明细账，以确定是否存在遗漏事项。

设计发生目标和完整性目标的细节测试程序时，确定追查凭证的起点即测试的方向很重要。例如，审计师如果关心的是发生目标，但弄错了追查的方向（即由发运凭证追查至明细账），就属于严重的审计缺陷。这一点在后面营业收入的实质性程序中还将进一步介绍。

在测试其他目标时，方向一般无关紧要。例如，测试交易业务计价的准确性时，可以由销售发票追查至发运凭证，也可以反向追查。

3. 登记入账的销售交易均经正确计价

销售交易计价的准确性包括：按订货数量发货，按发货数量准确地开具账单，以及将账单上的数额准确地记入会计账簿。对这三个方面，每次审计中一般都要实施细节测试，以确保其准确无误。

典型的细节测试程序包括复算会计记录中的数据。通常的做法是，以主营业务收入明细账中的会计分录为起点，将所选择的交易业务的合计数与应收账款明细账和销售发票存根进行比较核对。销售发票存根上所列的单价，通常还要与经过批准的商品价目表进行比较核对，对其金额小计和合计数也要进行复算。发票中列出的商品的规格、数量和客户代码等，则应与发运凭证进行比较核对。另外，往往还要审核客户订购单和销售单中的同类数据。

将计价准确性目标中的控制测试和细节测试程序做一比较，便可作为例证来说明有效的内部控制如何节约了审计时间。很明显，评价目标的控制测试几乎不花太多时间，因为有时可能只需审核一下签字或者其他内部核查的证据即可。内部控制如果有效，细节测试的样本量便可以减少，审计成本也因控制测试的成本较低而将大为降低。

4. 登记入账的销售交易分类恰当

如果销售分为现销和赊销两种，应注意不要在现销时借记应收账款，也不要在收回应收账款时贷记主营业务收入，同样不要将营业资产的转让（如固定资产转让）混为正常销售。对那些采用不止一种销售分类的企业，如对需要编制分部报表的企业来说，正确的分类是极为重要的。

销售分类恰当的测试一般可与计价准确性测试一并进行。审计师可以通过审核原始凭证确定具体交易业务的类别是否恰当，并以此与账簿的实际记录做比较。

5. 销售交易的记录及时

发货后应尽快开具账单并登记入账，以防止无意中漏记销售交易，确保它们记入正确的会计期间。在实施计价准确性细节测试的同时，一般要将所选取的提货单或其他发运凭证的日期与相应的销售发票存根、主营业务收入明细账和应收账款明细账上的日期做比较。如有重大差异，被审计单位就可能存在销售截止期限上的错误。

6. 销售交易已正确地记入明细账并正确地汇总

应收账款明细账的记录若不正确，将影响被审计单位收回应收账款，因此，将全部赊销业务正确地记入应收账款明细账极为重要。同理，为保证财务报表准确，主营业务收入明细账必须正确地加总并过入总账。在多数审计中，通常都要加总主营业务收入明细账，并将加总数和一些具体内容分别追查至主营业务收入总账和应收账款明细账或库存现金、银行存款日记账，以检查在销售过程中是否存在有意或无意的错报问题。不过，这一测试的样本量要受内部控制的影响。从主营业务收入明细账追查至应收账款明细账，一般与为实现其他审计目标所实施的测试一并进行；而将主营业务收入明细账加总，并追查、核对加总数至其总账，则应作为一项单独的测试程序来执行。

二、主要账户的实质性程序

销售与收款交易所涉及的会计账户非常多，这里仅讲授主营业务收入、应收账款和坏账准备等主要账户的实质性程序。

（一）主营业务收入实质性程序

“主营业务收入”账户核算企业在销售商品、提供劳务等主营业务活动中所产生的收入。其审计目标一般包括：①确定记录的主营业务收入是否已发生；②确定所有应当记录的主营业务收入是否均已记录；③确定与主营业务收入有关的金额和数据是否正确、完整；④确定对销售退回、销售折扣与折让的处理是否适当；⑤确定主营业务收入是否已记录于正确的会计期间；⑥确定主营业务收入在财务报表中做出的列报是否恰当。

主营业务收入的实质性程序一般包括以下内容：

1. 获取或编制主营业务收入明细表

将主营业务收入明细表的数字与报表数、总账数和明细账的合计数进行核对，并复核其加计是否正确，查明有无不符的情况。

2. 实施分析程序

对主营业务收入实施分析程序，旨在查明销售业务是否存在异常现象。审计人员应该从以下几方面实施分析程序：

（1）将本期的主营业务收入与上期的主营业务收入进行比较，分析产品销售的结构和价格变动是否异常，并分析异常变动的原因；

（2）计算本期重要产品的毛利率，与上期比较，检查是否存在异常，各期之间是否存在重大波动，查明原因；

（3）比较本期各月各类主营业务收入的波动情况，分析其变动趋势是否正常，是否符合被审计单位季节性、周期性的经营规律，查明异常现象和重大波动的原因；

（4）将本期重要产品的毛利率与同行业企业进行对比分析，检查是否存在异常；

（5）根据增值税发票申报表或普通发票，估算全年收入，与实际收入金额比较。

3. 验证主营业务收入确认和计量的正确性

查明主营业务收入的确认条件、方法，注意是否符合企业会计准则，前后期是否一致；是否符合既定的收入确认原则、方法。根据《企业会计准则第 14 号——收入》的要求，只有同时符合下列条件才能确认商品销售收入：

（1）企业已将商品所有权上的主要风险和报酬转移给购货方；

（2）企业既没有保留通常与所有权相联系的继续管理权，也没有对已售出的商品实施有效控制；

（3）收入的金额能够可靠地计量；

（4）相关的经济利益可能流入企业；

（5）相关的已发生或将发生的成本能够可靠地计量。

对于上述商品销售收入确认和计量的审查，主要采用抽查、核对和验算方式进行。其审计程序主要有：

（1）抽查部分收入业务的原始凭证或其他资料，如一定数量的销售发票、出库单、顾客的支票或汇票等，与商品销售收入明细账相核对，核实已实现的收入是否均已如数入账。

（2）查阅各种收入明细账，抽取部分分录，核对相关的原始凭证、销售合同，以确定所记录的金额是否均属本期内实现的收入。

（3）检查企业的销售发票是否顺序编号，发票本上的存根是否完整，核实有无涂改或“大头小尾”现象，抽取部分发票与产成品明细账、分期收款发出商品明细账以及产品销售收入明细账相核对，检查其发出数量与销售数量是否一致；

（4）查阅已入账的销售收入，并与现金日记账、应收账款明细账、预收账款明细账及有关存货明细账相核对，以确定销售数量、金额和时间是否相符。

表 9-6 列示了不同销售方式或结算方式下销售收入的实现标志。

表 9-6

销售或结算方式	收入实现标志
交款提货（现销）	开出发票、提货单。
预收货款	在发出商品时确认收入，预收的货款应确认为负债。
托收承付	商品发出，办妥收款手续。
支付手续费方式委托代销	商品已销售并收到代销清单。
买断方式的委托代销	收到代销清单按协议价确认收入。 在符合收入确认的条件下，确认收入。

表9-6(续)

销售或结算方式	收入实现标志
分期收款	如分期收款销售商品，实质上具有融资性质的，应当按照应收的合同或协议价款的现值确定其公允价值。应收的合同或协议价款（长期应收款）与其公允价值之间的差额，应当在合同或协议期间内，按照应收款项的摊余成本和实际利率计算确定的摊销金额，冲减财务费用。
长期工程	完工百分比。
转让土地、商品房	办理移交、提交发票结算账单。
需要安装和检验的商品	待安装和检验完毕时确认收入。 如果安装程序比较简单，可在发出商品时确认收入。
售后租回	收到的款项应确认为负债；售价与资产账面价值之间的差额，应当采用合理的方法进行分摊，作为折旧费用或租金费用的调整。有确凿证据表明认定为经营租赁的售后租回交易是按照公允价值达成的，销售的商品按售价确认收入，并按账面价值结转成本。

4. 审查主营业务收入会计处理的正确性

审计人员应选择部分销售发票或其他原始凭证，追查记账凭证的分录是否恰当，主营业务收入明细账与总账的有关记录、过账、加总是否正确，核对销售、应收账款、预收账款、现金和存货等有关账户中对应分录的记账金额是否正确。另外，还应特别注意审查产成品明细账的发出记录，确定有无异常情况。

5. 实施截止测试

对主营业务收入实施截止测试，其目的在于确定被审计单位主营业务收入的会计记录归属期是否正确，应计入本期或下期的主营业务收入是否被延至下期或提前至本期，有无人为操纵利润的现象。测试时，通常应结合货币资金、应收账款、存货、主营业务收入等项目一并进行。应实施的程序包括：

（1）选取资产负债表日前后若干天一定金额以上的发运凭证。将应收账款和收入明细账进行核对；同时，从应收账款和收入明细账选取在资产负债表日前后若干天一定金额以上的凭证，与发货单据核对，以确定销售是否存在跨期现象。

（2）复核资产负债表日前后销售和发货水平，确定业务活动水平是否异常，并考虑是否有必要追加截止程序。

（3）取得资产负债表日后所有的销售退回记录，检查是否存在提前确认收入的情况。

（4）结合对资产负债表日应收账款的函证程序，检查有无未取得对方认可的大额销售。

（5）调整重大跨期销售。

审计师在审计中应该注意把握三个与主营业务收入确认有着密切关系的日期：一是发票开具日期或者收款日期；二是记账日期；三是发货日期。这里的发票开具日期是指开具增值税专用发票的日期；记账日期是指被审计单位确认主营业务收入实现并将该笔经济业务记入主营业务收入账户的日期；发货日期是指仓库开具出库单并发出库存商品的日期。检查三者是否归属于同一适当会计期间是主营业务收入截止测试的关键所在。

围绕上述三个重要日期，审计师可以考虑选择两条测试路线实施营业收入的截止期测试，如表 9-7 所示。

表 9-7　　营业收入的截止测试

起点	路线	目的
账簿记录	从报表日前后若干天的账簿记录查至记账凭证，检查发票存根与发运凭证。（以账查证）	为了证实已入账收入是否在同一期间已开具发票并发货，以防止高估营业收入。（存在目标）
发运凭证	从报表日前后若干天的发运凭证查至发票开具情况与账簿记录。（以证查账）	确定营业收入是否已记入恰当的会计期间，以防止低估营业收入。（完整性目标）

【主营业务收入截止测试案例】审计师 A 审计×公司（一般纳税企业）的主营业务收入时，通过实施分析性程序发现该公司 2014 年 12 月主营业务收入波动异常。于是，审计人员实施销售截止测试，以期发现主营业务收入是否存在高估或低估的问题。

通过销售截止测试，A 发现×公司存在少计或多计销售收入事项，提请×公司进行调整。

表 9-8　　主营业务收入的截止测试

客户：×公司　　编制人：A　　日期：2015/3/1　　索引号：S06-3

截止日：2014 年 12 月　　复核人：B　　日期：2015/3/1　　页次：1/1

发票内容				出库日期	记账凭证		是否跨期	备注
编号	日期	客户名称	销售额		日期	编号	√（×）	
……								
18731	14/12/14	E 公司	18 649	14/12/3	14/12/15	134	×	T，J
18732	14/12/19	F 公司	54 376	—	14/12/31	165	×	J，没有发运记录
18733	14/12/26	G 公司	120 000	14/12/26	15/1/15	0021	√	T，需调整
18734	14/12/26	H 公司	28 000	14/12/25	15/1/15	0022	√	T，需调整
18735	14/12/31	I 公司	68 000	14/12/26	15/1/15	0023	√	T，需调整
截止日：2014 年 12 月 31 日								
18736	15/1/3	U 公司	54 376	15/1/3	15/1/15	0024	×	T，J
18737	15/1/7	E 公司	28 000	15/1/3	15/1/15	0025	×	T，J
18738	15/1/13	V 公司	68 000	15/1/5	15/1/15	0026	×	T，J
18739	15/1/19	W 公司	16 000	15/1/9	15/1/31	0027	×	T，J
……								

表9-8(续)

审计说明及审计结论：对 12 月份三笔已开发票但未计入当月账的主营业务收入进行调整。 借：应收账款——G 公司　　120 000　　T：与发货核对相符； 　　　　　——H 公司　　28 000 　银行存款　　68 000　　J：正确过入明细账，总账 　贷：主营业务收入　　184 615.38 　　应交税费——增值税（销项税额）　311 384.62 对于 12 月份多记主营业务收入进行调整。 借：主营业务收入　　46 475.21 　应交税费——增值税（销项税额）　7 900.79 　贷：应收账款——F 公司　　54 376

【分析】实施截止测试的时间一般安排在相邻的两个会计年度的当年最后一月以及下一年的第一个月。对主营业务收入进行截止测试需要关注发货日期、出库日期和记账日期，以 2014 年 12 月所选择的测试样本 E、F、G、H、I 五个公司来看，只有 E 公司的业务收入实施了恰当的截止，其余四个样本均未进行有效的截止，存在高估和低估主营业务收入两种错报，对于销售给 F 公司的产品未开具出库单，会计上却登记在 2014 年的主营业务收入账上，属于高估收入的错报；对于销售给 G、H、I 三个公司的产品，出库单和发货票的时间均为 2014 年，但记账在 2015 年 1 月，属于低估收入的错漏报。若需调整，编制的调整分录见表中审计说明与结论部分。2015 年 1 月所选样本的四个公司主营业务收入经测试已实施了有效的截止。

6. 审查销售退回、折扣与折让

企业销售商品以后，由于品种、规格、质量等不符合合同的有关规定，有时会发生销售退回、折扣与折让业务。对销售退回，审查时应先查明退回的原因；再查明是否有实物退回，退回的商品是否办理了验收入库手续，有无形成账外物资的情况，最后应审核是否及时做了账务处理，有无退货不入账、虚增主营业务收入的现象。

对于销售折扣与折让，应检查其原因和条件是否真实、合理，审批手续是否完备和规范，折扣折让的数额计算是否正确，会计处理是否恰当等。

7. 检查外币结算的销售收入

对于外币结算的商品销售收入，审计师应审查其折算方法是否正确，是否按规定的汇率将外币销售收入折算为人民币入账，折算方法是否前后各期一致。

8. 确定主营业务收入在资产负债表上的披露是否恰当

审计人员应审查利润表上的主营业务收入项目的数字是否与审定数相符，销售收入确认所采用的会计政策是否已在财务报表附注中披露。

（二）应收账款实质性程序

应收账款是指企业因销售商品、提供劳务而形成的债权，即由于企业销售商品、提供劳务等原因，应向购货客户或接受劳务的客户收取的款项或代垫的运杂费，是企业在信用活动中所形成的各种债权性资产。

企业的应收账款是在销售交易或提供劳务过程中产生的。企业的销售如果属于赊销，即销售实现时没有立即收取现款，而是获得了要求客户在一定条件下和一定时间内支付货款的权利，就产生了应收账款。因此，应收账款的审计应结合销售交易来进行。

坏账是指企业无法收回或收回的可能性极小的应收款项（包括应收票据、应收账款、预付款项、其他应收款和长期应收款等）。由于发生坏账而产生的损失称为坏账损失。企业通常应采用备抵法按期估计坏账损失，形成坏账准备。

应收账款及坏账准备的审计目标一般包括：①确定记录的应收账款是否已存在；②确定所有应当记录的应收账款是否均已记录；③确定记录的应收账款是否由被审计单位拥有或控制；④确定应收账款是否可回收，坏账准备的计提方法和比例是否恰当，计提方法和比例是否恰当，计提是否充分；⑤确定应收账款及其坏账准备期末余额是否正确；⑥确定应收账款及其坏账准备的列报是否恰当。

1. 获取或编制应收账款明细分析表

取得或编制应收账款明细表，复核加计是否正确，并与总账数和明细账合计数核对是否相符；结合坏账准备科目与报表数核对相符。分析有贷方余额的项目。查明原因，必要时，建议做重分类调整。

2. 检查应收账款账龄

审计师可以通过取得或编制应收账款账龄分析表来分析应收账款的账龄，以便了解应收账款的可收回性。应收账款账龄分析表参考格式如表 9-9 所示。

表 9-9　　应收账款账龄分析表

年　月　日　　　　货币单位：

客户名称	期末余额	账龄			
		1 年以内	1~2 年	2~3 年	3 年以上
合　计					

编制应收账款账龄分析表时，可以考虑选择重要的客户及其余额列示，而将不重要的或余额较小的汇总列示。应收账款账龄分析表的合计数减去已计提的相应坏账准备后的净额，应该等于资产负债表中的应收账款项目余额。

3. 执行分析程序

审计人员执行分析程序，一方面可以评价被审计单位对应收账款的管理状况，另一方面可以为审计人员判断应收账款余额整体合理性提供依据。通常使用的财务比率有：

（1）应收账款周转率。其计算公式为：

$$应收账款周转率=\frac{销售净额}{平均应收账款余额}$$

（2）应收账款占流动资产的比率。其计算公式为：

$$应收账款占流动资产的比率=\frac{应收账款}{流动资产总额}$$

（3）实际坏账损失占应收账款发生额总额的比率。

在具体执行中，审计人员会对这些指标进行计算，然后将其同以前年度、预期结果、行业数据比较，检查是否合理，从而确定审核的重点。

4. 函证应收账款

函证是指审计人员为了获取影响财务报表或相关披露认定项目的信息，通过直接来自第三方对有关信息和现存状况的声明获取与评价审计证据的过程。函证应收账款的目的在于证实应收账款账户余额的真实性、正确性，防止或发现被审计单位及其有关人员在销售交易中发生的错误或舞弊行为。通过函证应收账款，可以比较有效地证明被询证者（即债务人）的存在和被审计单位记录的可靠性。

（1）函证的范围和对象

除非有充分证据表明应收账款对被审计单位财务报表而言是不重要的，或者函证很可能是无效的，否则，审计人员应当对应收账款进行函证。函证数量的多少、范围是由诸多因素决定的，主要有应收账款在全部资产中的重要性、销售交易内部控制的强弱以及函证方式的选择等。若应收账款在全部资产中所占的比重较大，则函证的范围应相应大一些；若内部控制制度较健全，则可以相应减少函证范围；若采用积极的函证方式，则可以相应减少函证量；若采用消极的函证方式，则要相应增加函证量。

一般情况下，审计人员应选择以下项目作为函证对象：①大额或账龄较长的项目；②与债务人发生纠纷的项目；③关联方项目；④主要客户（包括关系密切的客户）项目；⑤交易频繁但期末余额较小甚至余额为零的项目；⑥可能产生重大错报或舞弊的非正常的项目。

（2）函证时间的选择

为了充分发挥函证的作用，应恰当选择函证的实施时间。审计人员通常以资产负债表日为截止日，在资产负债表日后适当时间内实施函证。如果重大错报风险评估为低水平，审计人员可以选择资产负债表日前适当日期为截止日实施函证，并对所函证项目自该截止日起至资产负债表日止发生的变动实施实质性程序。

（3）函证的方式

函证的方式。函证方式分为积极的函证方式和消极的函证方式。

如果采用积极的函证方式，审计人员应当要求被询证者在所有情况下必须回函，确认询证函所列示信息是否正确，或填列询证函要求的信息。其格式如下：

积极式询证函

致______________________　　　　　　　　　　　　　　　　编号：____

本公司聘请的××会计师事务所正在对本公司____年__月__日的财务报表进行审计，按照《中国审计师审计准则》的要求，应当询证本公司与贵公司的往来款项。下列数额出自本公司账簿记录，如与贵公司记录相符，请在本函下端“数额证明无误”处签章证明。如有不符，请在“数额不符需说明金额”处详为指正。回函请直接寄至××会计师事务所。

地址：________________________邮编：______电话：_______传真：___________

截止日期	贵公司欠	欠贵公司	备注

若款项在上述日期之后已经付清，仍请及时函复为盼。

（公司印章）

数据证明无误　　　　　　　　　　　　　　　数据不符说明

签章___________日期_________　　　　签章___________日期_________

在采用积极的函证方式时，只有审计人员收到回函，才能为财务报表认定提供审计证据。审计人员没有收到回函，可能是由于被询证者根本不存在，或是由于被询证者没有收到询证函，也可能是由于询证者没有理会询证函，因此，无法证明函证信息是否正确。

如果采用消极的函证方式，审计人员只要求被询证者仅在不同意询证函列示信息的情况下才予以回函。

消极式询证函

致______________________　　　　　　　　　　　　　　　　编号：____

请贵公司认真核对下列账单金额，如果与贵公司会计记录不符，请将不符事项直接邮寄给××会计师事务所。如无贵公司回函，则表明我公司对贵公司的应收款记录是正确的。

本函附有贴足邮票并写有××会计师事务所邮寄地址的信封，以供贵公司发现不符时回复之用。

截止日期	贵公司欠	欠贵公司	备注

审计人员应根据特定审计目标涉及询证函。一般说来，如果被审计单位个别账户的欠款金额较大或审计人员有理由相信欠款可能会存在争议、差错或问题时，选用积极的函证方式比较适宜。当同时存在下列情况时，审计人员可以考虑采用消极的函证方式。①重大错报风险评估为低水平；②涉及大量余额较小的账户；③预期不存在大量的错误；④没有理由相信被询证者不认真对待函证。

在审计实务中，审计人员也可以将这两种方式结合使用。当应收账款的余额是由少量的大额应收账款和大量的小额应收账款构成时，审计人员可以对所有的或抽取的大额应收账款样本采用积极的函证方式，而对抽取的小额应收账款样本采用消极的函证方式。

（4）函证控制

当实施函证时，审计人员应当对选择被询证对象、设计询证函以及发出和收回询证函保持控制。采取的措施有：①将被询证对象的名称、地址与被审计单位有关记录核对；②将询证函中列示的账户余额或其他信息与被审计单位有关资料核对；③在询证函中指明直接向接受审计业务委托的会计师事务所回函；④询证函经被审计单位盖章后，由审计师直接发出；⑤将发出询证函的情况形成审计工作记录；⑥将收到的回函形成审计工作记录，并汇总统计函证结果。

在审计实务中，审计人员经常会遇到被询证者以传真件、电子邮件等方式回函的情况。这些方式确实能使审计师及时得到回函信息，但由于这些方式易被截留、篡改或难以确定回函者的真实身份，因此，审计人员应当直接接收，并要求被询证者及时寄回询证函原件。

在审计实务中，审计人员还经常会遇到采用积极的函证方式实施函证而未能收到回函的情况。对此，审计人员应当考虑与被询证者的联系，要求对方做出回应或再次寄发询证函。如果未能得到被询证者的回应，审计人员应当实施替代审计程序。

（5）对函证结果的分析

审计人员发函询证后，应对以下两种结果进行分析：一是积极式函证一直无回函，二是函证结果产生差异的情况。

如果使用积极式函证尚未收到回函，审计人员应当考虑与被询证者的联系。如果未能得到被询证者的回应，审计人员应当实施替代审计程序。替代审计程序应当能够提供实施函证所能够提供的同样效果的审计证据。如果实施函证和替代程序都不能提供财务报表有关认定的充分、适当的审计证据，审计师应当实施追加的审计程序。追查有关业务凭证，如销售合同、销售发票、发货凭证、运输单据等以验证应收账款业务的真实性。

如果函证结果产生差异，其原因可能是双方登记入账产生的时间差，也可能是由于一方或双方记账错误或有弄虚作假等舞弊行为。对此，审计人员应进一步查明原因，并将结果形成审计工作记录。

对于双方登记入账产生时间差，主要表现为：①询证函发出时，债务人已经付款，而被审计单位尚未收到货款，即出现货款在途；②询证函发出时，被审计单位的货物已经发出并已做销售记录，但货物仍在途中，债务人尚未收到货物，即出现货物在途；③债务人由于某种原因将货物退回，而被审计单位尚未收到，即存在销售退回；④债务人对收到的货物的数量、质量及价格等方面有异议而全部或部分拒付货款等。审计师应根据每一种差异原因针对性地采取后续审计程序；对于记账差错，应提请及时调整；对于舞弊行为审计人员应重新考虑所实施审计程序的性质、时间和范围。

审计师可以通过函证结果汇总表的方式对询证函的收回情况加以控制。函证结果汇总表如表 9-10 所示。

表 9-10　　应收账款函证结果汇总表

被审计单位名称：　　制表：　　日期：

结账日：　　年　月　日　　复核：　　日期：

询证函编号	债务人名称	债务人地址及联系方式	账面金额	函证方式	函证日期		回函日期	替代程序	确认余额	差异金额及说明	备注
					第一次	第二次					
合　计											

（6）对函证结果的总结和评价

审计人员应将函证的过程和情况记录在工作底稿中，并据以评价函证的可靠性。在评价函证的可靠性时，审计人员应当考虑：①对询证函的设计、发出及收回的控制情况；②被询证者的胜任能力、独立性、授权回函情况、对函证项目的了解及其客观性；③被审计单位施加的限制或回函中的限制。

【应收账款函证案例】A 审计师负责对×公司 2014 年度财务报表实施审计。根据对重大错报风险的评估结果，×公司应收账款项目的存在认定具有较高的重大错报风险，计价和分摊认定存在特别风险。为应对评估的重大错报风险，A 审计师在确定销售与收款循环进一步审计程序的总体方案时，选择了实质性方案。相关情况如下：

（1）为应对应收账款存在认定的重大错报风险与计价和分摊认定的特别风险，A 审计师拟扩大函证程序的实施范围，以便将检查风险降低到可接受水平。

（2）审计师决定提高消极式函证的比例。因为在这种方式下，即使未收到客户回函，也能形成结论；在收到回函时，所获证据的可靠性甚至可能高于积极式函证。

（3）在填写询证函时，审计师将截止时间定为 2014 年 12 月 15 日，以提高函证程序的不可预见性，并拟对自截止日起至资产负债表日止发生的变动实施实质性程序。

（4）为加强对函证的控制，审计师谢绝了 X 公司财务主管提出的代为寄送询证函的协助，直接将询证函交给 X 公司收发室的王师傅，要求王师傅亲自寄发。

（5）客户 Y 公司回函不同意 X 公司的账面记录。原因是 X 公司委托的运输公司直到2015年1月2日才将商品运达约定交货地点，故此前双方并不存在债权、债务的关系。

（6）客户Z公司同意询证函中“贵公司欠”项目记载的50万元，但不同意“欠贵公司”项目记载的20万元。随信寄来的Z公司汇款单表明该项目的金额应为70万元。

要求：

①针对事项（1）~（4），指出A审计师的决策或做法是否正确，简要说明理由；

②针对事项（5）和（6），假定Y公司、Z公司的回函经证实是正确的，指出A审计师是否需要向X公司提出调整建议？如需要，请指出在不考虑利润分配的条件下调整分录涉及的财务报表项目。

【分析】

①针对事项（1），不正确。审计人员仅实施函证程序不足以将应收账款计价和分摊认定的特别风险和检查风险降到自已可以接受的低水平，审计人员还需实施检查、分析性等实质性程序。

针对事项（2），不正确。实施消极式函证的条件之一是重大错报风险评估为低水平，而X公司应收账款项目的存在认定具有较高的重大错报风险且存在特别奉献，不宜采用消极式函证方式。

针对事项（3），不正确。通常情况下应选择资产负债表日为函证截止日，如果重大错报风险评估为低水平，审计人员才可以资产负债表日前的日期为函证截止日。

针对事项（4），不正确。审计人员应亲自办理询证函的寄发手续，并对询证函实施有效的过程控制。

②针对事项（5），审计人员应检查销售交易是否成立，是否需要提请X公司调整2014年财务报表，调整分录涉及应收账款、营业收入、应交税费、营业成本、存货、资产减值损失等项目。

针对事项（6），审计人员应提请X公司进行重分类调整，调整分录涉及应收账款、预收账款、资产减值损失等项目。

5. 对未函证的应收账款实施替代审计程序

通常，审计人员不可能对所有应收账款进行函证，因此，对未函证应收账款，审计人员应抽查有关原始凭据，如销售合同、销售订单、销售发票副本、发运凭证及回款单据等，以验证与其相关的应收账款的真实性。

6. 审查坏账的确认和处理

首先，审计人员应检查有无债务人破产或者死亡的，以及破产或以遗产清偿后仍无法收回的或者债务人长期未履行清偿义务的应收账款；其次，应检查被审计单位坏账的处理是否经授权批准，有关会计处理是否正确。

7. 检查贴现、质押或出售

检查银行存款和银行贷款等询证函的回函、会议纪要、借款协议和其他文件，确定应收账款是否已被质押或出售，应收账款贴现业务属质押还是出售，其会计处理是否正确。

8. 确定应收账款的披露是否恰当

如果被审计单位设立“预收账款”账户，应注意“应收账款”项目的数额是否根据“应收账款”和“预收账款”账户所属的明细账户的期末借方余额的合计数填列；如果被审计单位未设“预收账款”账户，则应注意“应收账款”项目的数额是否根据“应收账款”账户所属的明细账户的期末余额的合计数填列。

（三）坏账准备实质性程序

坏账准备的计提是否适当，直接影响到资产负债表和利润表的正确性。通过验证坏账准备，可验证年末清偿应收账款的可变现净值。

坏账准备审计程序一般包括：

1. 取得或编制坏账准备明细表

取得或编制坏账准备明细表，复核加计正确，与坏账准备总账数、明细账合计数核对是否相符。如不相符，应查明原因，并做出记录和进行相应调整。

2. 实施分析性程序

通过计算坏账准备余额占应收账款余额的比例并和以前期间的相关比例比较，评价应收账款坏账准备计提的合理性，检查分析其中重大差异，以发现有重要问题的领域。

3. 审查应收账款余额计算和复查坏账准备的提取数，以审查坏账准备的计提

（1）将应收账款坏账准备本期计提数与资产减值损失相应明细项目的发生额核对相符；

（2）检查应收账款坏账准备计提和核销的批准程序，评价坏账准备所依据的资料、假设及计提方法。

在确定坏账准备的计提比例时，企业应当根据以往的经验、债务单位的实际财务状况和现金流量的情况，以及其他相关信息合理地估计。除有确凿证据表明该项应收账款不能收回或收回的可能性不大时（如债务单位撤销、破产、资不抵债、现金流量严重不足、发生严重的自然灾害等导致停产而在短时间内无法偿付债务等，以及应收款项逾期3年以上），下列情况一般不能全额计提坏账准备：①当年发生的应收账款以及未到期的应收账款；②计划对应收账款进行重组；③与关联方发生的应收账款；④其他已逾期，但无确凿证据证明不能收回的应收账款。

4. 审核坏账损失

审计人员应着重审查应收款项作为坏账注销原因是否充分，检查转销依据是否符合有关规定，会计处理是否正确。

5. 检查长期挂账应收账款

审计师应检查应收账款明细账及相关原始凭证，查找有无资产负债表日后仍未收回的长期挂账应收账款。如有，应提请被审计单位做适当处理。

6. 检查函证结果

对债务人回函中反映的例外事项及存在争议的余额，审计师应查明原因并做记录。必要时，应建议被审计单位做相应的调整。

7. 确定应收账款坏账准备的披露是否恰当

企业应当在财务报表附注中清晰地说明坏账的确认标准、坏账准备的计提方法和计提比例。

第十章
支出与付款循环审计

学习目标：

通过本章学习，你应该能够：

●了解支出与付款循环的特性以及相关内部控制；

●明确设计支出与付款循环的审计方案，并根据重大错报风险评价所识别的预警信号对测试方案进行完善和修改；

●掌握低估负债的实质性程序；

●掌握固定资产观察、在建工程检查的实质性程序。

［**引例**］号称“稻米精深加工第一股”的万福生科以每股25元的发行价于2011年9月27日成功登陆创业板，共募集4.25亿元资金。其经营的主要产品有大米淀粉糖、大米蛋白粉（饲料级、食用级）、米糠油和食用米等系列产品。根据中国证监会的调查，万福生科在首发上市过程中，存在虚增原材料、虚增销售收入、虚增利润等行为，通过虚增在建工程和预付账款来虚增资产，涉嫌欺诈发行股票；同时，万福生科在2011年年报和2012年年报涉嫌虚假记载；造假手法隐蔽，资金链条长，调查对象涉及数十个县乡镇。2013年5月10日，中国证监会对万福生科造假案做出史上最严处罚，对发行人万福生科、保荐机构平安证券、中磊会计师事务所和湖南博鳌律师事务所各自给予处罚，相应的责任人也受到了处分。

思考：分析万福生科利用在建工程和固定资产造假的目的和动机？审计师应如何识别上述造假？

第一节 支出循环与审计策略

一、典型支出交易与关键控制

支出循环由固定资产、商品或劳务的取得和支付活动组成。该循环典型的业务流程包括请购、订购、验收、记录与付款等方面，我们可以通过表10-1了解该循环的主要业务活动及涉及部门、相关认定、常见凭证及相关账户等内容。

表 10-1 **支出循环的内容**

业务循环活动及涉及部门	相关认定	相关凭证与会计记录	相关账户
请购商品和劳务——请购部门	发生	请购单	存货、固定资产、在建工程、预付账款、应付账款、制造费用、管理费用等
编制订购单——采购部门	完整性、发生	订购单	
验收商品——验收部门	存在或发生、完整性	验收单、卖方发票（即购货发票）	
储存已验收的商品——仓库	存在	验收单等	
编制付款凭单——应付凭单部门	存在或发生、完整性、权利与义务、计价和分摊	付款凭单	
确认记录负债——财务部门	—	转账凭证、应付账款明细账	
付款——财务部门	—	付款凭证	
记录货币资金支出——财务部门	—	库存现金日记账 银行存款日记账	

支出循环所涉及的资产负债表项目，按其在财务报表中的列示顺序通常应为预付款项、固定资产、在建工程、工程物资、固定资产清理、无形资产、研发支出、商誉、长期待摊费用、应付票据、应付账款和长期应付款等；所涉及的利润表项目通常为管理费用等。

支出循环的内部控制包括采购交易的内部控制和付款交易的内部控制。

（一）采购交易的相关内部控制

适当的职责分离。《企业内部控制应用指引第 7 号——采购业务》中规定，单位应当建立采购与付款业务的岗位责任制，明确相关部门和岗位的职责、权限，确保办理采购与付款业务的不相容岗位相互分离、制约和监督。采购与付款业务不相容岗位至少包括：①请购与审批；②询价与确定供应商；③采购合同的订立与审批；④采购与验收；⑤采购、验收与相关会计记录；⑥付款审批与付款执行。这些都是对单位提出的、有关采购与付款业务相关职责适当分离的基本要求，以确保办理采购与付款业务的不相容岗位相互分离、制约和监督。

（二）付款交易的相关内部控制

付款交易中的控制测试的性质取决于内部控制的性质。《企业内部控制应用指引第 7 号——采购业务》中规定了与付款相关的内部控制内容：

（1）单位应当按照《现金管理暂行条例》《支付结算办法》和《企业内部控制应用指引第 1 号——组织架构》《企业内部控制应用指引第 6 号——资金活动》等规定办理采购付款业务。

（2）单位财会部门在办理付款业务时，应当对采购发票、结算凭证、验收证明等相关凭证的真实性、完整性、合法性及合规性进行严格审核。

（3）单位应当建立预付账款和定金的授权批准制度，加强预付账款和定金的管理。

（4）单位应当加强应付账款和应付票据的管理，由专人按照约定的付款日期、折扣条件等管理应付款项。已到期的应付款项需经有关授权人员审批后方可办理结算与支付。

（5）单位应当建立退货管理制度。对退货条件、退货手续、货物出库、退货货款回收等做出明确规定，及时收回退货款。

（6）单位应当定期与供应商核对应付账款、应付票据、预付款项等往来款项。如有不符，应查明原因，及时处理。

二、审计目标的确定

支出循环测试既涉及固定资产、存货等资产类账户，又涉及应付账款、应付票据等负债类账户。根据支出循环的业务特性，重点关注负债的低估。以应付账款为例，其测试目标主要有以下几个方面：

（1）确定已经记录的采购和现金支出交易在被测试期间是否发生，确定记录的应付账款是否存在；

（2）确定应付账款增减变动的记录是否完整；

（3）确认应付账款是否为被测试单位在资产负债表日的法律义务；

（4）确定应付账款的期末余额是否正确；

（5）确定应付账款的分类是否正确，在财务报表上的披露是否恰当。

三、关键控制测试

支出循环关键的控制点是采购付款发生的真实性和负债的完整性，其高估或低估均对资产、负债、所有者权益产生重大影响。

围绕这一关键控制点，常见的控制目标、方法和测试手段见表10-2。

表10-2　　采购交易的控制目标、控制测试一览表

内部控制目标	关键的内部控制	关键控制测试
所记录的采购都已经收到物品或已接受劳务，并符合购货方的最大利益（存在）	请购单、订货单、验收单和卖方发票一应俱全，并附在付款凭单后； 购货按正确的级别批准； 注销凭证以防止重复使用； 对卖方发票、验收单、订货单和请购单作内部核查。	检查验付款凭单后是否附有单据； 检查核准购货标志； 检查注销凭证的标志； 检查内部核查的标志。
已发生的采购业务均已记录（完整性）	订货单均经事先连续编号并已登记入账； 验收单均经事先连续编号并已登记入账； 卖方发票真实并已登记入账。	检查订货单编号的完整性； 检查验收单编号的完整性； 卖方发票编号的真实性。

表10-2(续)

内部控制目标	关键的内部控制	关键控制测试
所记录的采购业务估价正确（准确性、计价和分摊）	计算和金额的内部查核； 控制采购价格和折扣的批准。	检查内部检查的标志； 审核批准采购价格和折扣的标志。
采购业务的分类正确（分类）	采用适当的会计科目表； 分类的内部核查。	审查工作手册和会计科目表； 检查有关凭证上内部核查的标记。
采购业务按正确的日期记录（截止）	要求一经收到商品或接受劳务就记录购货业务； 内部核查	检查工作手册并观察有无未记录的卖方发票存在； 检查内部核查标志。
采购业务已被正确记入应付账款和存货等明细账中，并且已被准确汇总（准确性、计价和分摊）	应付账款明细账内容的内部查核。	检查内部查核的标志。

表10-2列示的目的只在于为审计师根据具体审计情况和审计条件审计能够实现审计目标的审计方案提供参考。在审计实务工作中，审计师应充分考虑被审计单位的具体情况和审计质量、审计成本效益原则将其转换为更实用、高效的审计方案。

四、重大错报风险评估与实质性程序方案

支出循环涉及资产负债表上的负债项目和利润表的费用项目。从大多数管理层舞弊的案例来看，管理当局有时可能为了粉饰经营情况而有意漏记负债和在利润表中漏记相关费用。所以，在该循环中，当被审计单位管理层具有高估利润的动机时，审计人员往往更多的关注管理层利用支出交易的大量性和复杂性，蓄意地高估资产，低估费用和负债的行为。

该循环的重大错报风险是低估负债项目和费用项目，从而高估利润、粉饰财务状况。

由于支出循环交易金额大，交易频繁，而且涉及存货、固定资产、货币资金等多种资产以及相关费用账户，所以是每次测试的关注重点。该循环涉及的重大错报风险集中体现在遗漏交易，采用不正确的费用支出截止期，以及错误划分资本性支出和费用性支出。这些将对完整性、截止、发生、存在、准确性和分类认定产生影响。影响支出循环交易和余额的重大错报风险可能有：

（1）被审计单位管理层为高估资产或平滑利润，错列或虚列支出。常见的方法有：①把应当计入损益的费用资本化；②通过多计准备或少计负债和准备；③利用特别目的实体把负债从资产负债表中剥离，或利用关联方的定价优势制造虚假的收益增长趋势；④通过复杂的税务安排推延或隐瞒所得税和增值税；⑤被审计单位管理层把私人费用计入企业费用。

（2）由于费用支出的复杂性导致费用支出分配或计提的错误。

（3）有意无意地重复付款。

（4）采用不正确的费用支出截止。将本期采购并收到的商品计入下一会计期间；或者将下一会计期间采购的商品提前计入本期；未及时计提尚未付款的已经购买的服务支出等。

（5）存在未记录的权利和义务。

以上第一种情况是蓄意的，其他几种情况可能是有意的也有可能是无意的。这些错报在管理层有高估动机的前提下，都会导致资产的高估、负债和费用的低估。

在评估重大错报风险时，审计师还应当将所了解的该循环的控制与特定认定相联系，并且汇总和评估已识别的交易、账户余额和披露认定层次的重大错报风险，以确定进一步审计程序的性质、时间安排和范围。

需要重点关注：

（1）遗失连续编号的验收单；

（2）出现重复的验收单或发票；

（3）供应商发票与订购单或验收单不符；

（4）供应商名称及代码与供应商主文档信息中的名称及代码不符；

（5）在处理供应商发票时出现计算错误；

（6）采购或验收的商品的存货代码无效；

（7）处理采购或付款的会计期间出现差错；

（8）通过电子货币转账系统把货款转入供应商的银行账户，但该账户并非供应商支付文档指定的银行账户。

根据支出循环的审计目标和可能的错报，在制订审计方案时有两种思路：①以相应采购账户为准对照检查验收单据等凭证，防高估行为；②以购货发票等凭证为准对照检查账簿，防低估行为。在不同的情况下，实质性程序的重点和方向是不相同的。

审计人员在制订初步测试方案时，应先运用分析性程序，对财务报表整体合理性进行判断，避免在测试时对某一个方向过于强调而忽略了其他可能存在的错报。但如果有证据表明可能存在某方面的特定风险时，审计人员应及时调整测试方案，选择针对发现低估负债或藏匿费用的测试程序。

表 10-3 给出了一个支出循环中审计目标与审计证据、审计程序联系在一起的模型，以作为形成实质性程序的全面方案的参考。

表 10-3　　支出循环实质性程序

认定和审计目标	审计证据和程序
一、应付账款	
认定和审计目标	审计证据和程序
存在性和完整性 所有重大的负债都已经在资产负债表上反映了吗？	函证证据 ＊ 取得律师的函证，以确认需要调整或者附注披露的或有事项。 ＊ 审查银行关于贷款的确认函。
	书面证据 ＊ 寻找未记录的负债： 1. 检查资产负债表日后对短时期的已付款和未付款的发票，确认负债已经记录在正确的期间； 2. 追查被审计单位期末关于未记录的负债的调整； 3. 审查贷款合同以发现应付利息的存在性。
	分析性证据 ＊ 将年末的应计事项与以前年度的进行对比，并且解释其重大变化或遗漏。
	口头证据 ＊ 询问或有事项。 ＊ 取得被审计单位声明书。
计价 管理层的估计合理吗？	计算证据 ＊ 如果存在以下事项，则应重新在测试的基础上予以计算： 1. 应计利息； 2. 应计税金； 3. 对于产品质量担保的负债； 4. 养老金的成本和负债； 5. 应付利润和奖金。
表达与披露 重大的或有事项已经被反映了吗？	书面证据 ＊ 确定或有事项已经被正确地披露。
	分析性证据 ＊ 审查以前年度的财务报表，以发现可能的当期财务报表所要求的附注披露。
二、固定资产	
认定和审计目标	审计证据和程序
存在性和完整性 所记录的固定资产增加存在吗？ 增加的固定资产记录了吗？ 处置的固定资产记录了吗？	函证证据 ＊ 检查主要的固定资产增加事项，尤其是在对于固定资产的内部控制较弱的时候。
	分析性证据 ＊ 将折旧费用和维修保养费用与以前年度的和预算的金额进行对比，并解释其主要变化： 折旧费用的增加意味着固定资产的增加（减少意味着固定资产

表10-3(续)

	的处置)。 维修保养费用的增加可能是把固定资产的增加错误地予以费用化了(减少可能是正常的维修保养费用被错误地资本化了)。 维修保养费用预算有利的变化也可能是将正常的维修保养费用资本化了。
存在性和完整性 所记录的固定资产增加存在吗? 增加的固定资产记录了吗? 处置的固定资产记录了吗?	口头证据 * 检查已将折旧全部计提完毕的固定资产: 1. 咨询其状态。 2. 如果不再使用或者已经处置,需要做会计分录并将其从固定资产中去掉。
	书面证据 * 与固定资产一同核实维修保养费用账户: 1. 审计目标是找出可能的错误分类(如固定资产借记成了维修保养费用或者正常的维修保养费用借记成了固定资产)。 2. 对主要支出进行核实,对其余的支出进行测试。
计价和所有权 所有的固定资产是以历史成本减去累计折旧计价吗? 减值的资产是否以公允价值予以反映? 支出是否已经被正确地分类为资产和费用?	计算证据 * 按大类编制一个固定资产和累计折旧的分类表: 该分类表应该反映固定资产的期初余额、本期增加、处置和期末余额。 该分类表应该根据固定资产的类别予以分类。 * 调整二级总账与控制账户之间的差额,并且与列示在固定资产索引表中的期末余额保持一致。 * 评估折旧方法的合理性和一致性。 * 重新计算折旧费用和固定资产处置的损益。 * 计算与临时性差异(账面折旧费用与应税折旧费用的差额)相关的递延税款的变化。 * 对于自建的固定资产,重新计算: 制造费用的分配。 如果使用了贷款,在自建过程中发生的利息。 * 确定减值资产的存在性,并且确定其持有价值不超过公允价值。
	书面证据 * 在测试的基础上,结合保养费用的审计,证实固定资产的增加和处置: 对于购买的固定资产,检查供货商的发票和运费发票。 对于自建资产,检查任务单。 从处置的收款追查到银行对账单。 根据公司政策,对比在购买和处置时记录折旧费用的方法,确定其一致性。 * 检查董事会的会议记录和采购销售合同,确认都经过了正确的授权,并且对主要的购买和处置做出解释。

表10-3(续)

表达与披露 融资性租赁已经被正确地资本化了吗？	口头证据 * 咨询在生产中未使用的资产： 不用的资产。 待处置的资产。 为投资目的而持有的资产。
	书面证据 * 检查所有的租赁合同，确定已经对融资租赁和经营租赁进行了正确分类。 * 检查所有的贷款合同以发现可能的已抵押的固定资产。
	计算证据 * 评估在计算最少租金付款时的净现值使用的折现率的合理性。 * 重新计算融资租赁固定资产最少租金付款金额。 * 在测试的基础上，重新计算或有租金。

第二节　典型实质性程序

支出与采购循环的实质性程序包括支出交易的实质性程序和相关账户余额的实质性程序。其中：支出交易的实质性程序包括交易的实质性分析程序和细节测试两方面；相关账户余额的实质性程序主要包括应付账款、固定资产、在建工程等账户。

一、应付账款实质性程序

应付账款是企业在正常经营过程中，因购买材料、商品和接受劳务供应等经营活动而应付给供应商的款项。审计师应结合赊购交易进行应付账款的审计。应付账款的审计目标一般包括：①确定记录的应付账款是否存在；②确定所有应当记录的应付账款是否均已记录；③确定记录的应付账款是被审计单位应当履行的现实义务；④确定应付账款期末余额是否正确，与之相关的计价调整已恰当记录；⑤确定应付账款的披露是否恰当。在测试应付账款时，应重点关注“完整性”认定的测试，如核实有无未入账的应付账款、长期挂账的应付账款等。

（一）获取或编制应付账款明细表

审计人员实施应付账款交易和余额的实质性程序时，通常以索取或编制应付账款明细表为起点，复核加计正确，并与报表数、总账数和明细账合计数核对是否相符。如果不符，应查明原因，并做相应的调整。例如，分析出现借方余额的项目，查明原因，必要时，建议做重分类调整；结合预付账款、其他应付款等往来项目的明细余额，调查有无异常项目、异常余额或与购货无关的其他款项（如关联方账户或雇员账户）。如有，应做出记录，必要时建议做调整。

（二）实施实质性分析程序

审计人员通常可以通过实施分析程序，发现需要加以关注的地方：

（1）将期末应付账款余额与期初余额进行比较，分析波动原因。

（2）分析存货和营业成本等项目的增减变动判断应付账款增减变动的合理性。

（3）计算应付账款与存货的比率，应付账款与流动负债的比率，并与以前年度相关比率对比分析，评价应付账款整体的合理性。

（4）分析长期挂账的应付账款，要求被审计单位做出解释，判断被审计单位是否缺乏偿债能力或利用应付账款隐瞒利润；并注意其是否可能无须支付，对确实无须支付的应付款的会计处理是否正确，依据是否充分；关注账龄超过 3 年的大额应付账款在资产负债表日后是否偿还，检查偿还记录，单据及披露情况。

如果这些比率变动较大，审计人员应查明变动的原因。比如应付账款周转率的增加不正常，则说明可能有未入账的应付账款，应作进一步审查。

（三）函证应付账款

一般情况下，应付账款不需要函证，这是因为函证不能保证查出未记录的应付账款，况且审计师能够取得采购发票等外部凭证来证实应付账款的余额。但如果控制风险较高，某应付账款明细账户金额较大或被审计单位处于财务困难阶段，则应进行应付账款的函证。

在选择函证账户时，应注意以下事项：

（1）除了金额较大的账户，还应包括那些在资产负债表日金额不大，甚至为零的重要供应商的账户，因为他们更有可能被低估。

（2）对于上一年度供过货而本年度又没有供货的，以及没有按月寄送对账单的供货商，应进行函证。

（3）对存在关联方交易的母子公司和资产担保负债的债权人，应发函询证。

函证最好采用积极函证方式，并具体说明应付金额。同应收账款的函证一样，审计师必须对函证的过程进行控制，要求债权人直接回函，并根据回函情况编制与分析函证结果汇总表，对未回函的，应考虑是否再次函证。

如果存在未回函的重大项目，审计师应采用替代审计程序。比如，可以检查决算日后应付账款明细账及库存现金和银行存款日记账，核实其是否已支付，同时检查该笔债务的相关凭证资料，如合同、发票、验收单，核实应付账款的真实性。

【案例分析】审计师在审计甲公司 2014 年年末的应付账款时，发现下列事项：

（1）审计师在审查甲公司应付账款明细账时，发现 2014 年应付账款明细账中有 E 化工厂的贷方余额 320 万元与年初余额相比没有变化，经查证有关凭证，发现是甲公司 2011 年向 E 化工厂购买化工原料的货款，至今未付。

（2）审计师在对甲公司的应付账款项目进行审计时，根据需要决定对该公司下列四个明细账户的两个进行函证，见表 10-4。

表 10-4 单位：元

供货单位	年末余额	本年度供货总额
A	420 630	660 500
B	0	2 980 000
C	810 000	960 000
D	298 000	3 135 000

要求：

（1）针对上述资料（1），分析可能存在的问题，确定需要实施的进一步审计程序？

（2）针对上述资料（2），请帮助该审计师选择两个供货人函证，并说明选择的理由。

【案例解析】

（1）应付账款——E 化工厂可能存在的问题，要查明事实真相，方法是采用面询或函询的方法向 E 化工厂调查，并关注账龄超过 3 年。然后，针对不同情况，审计师应做相应的处理。

（2）应选择 B 公司和 D 公司进行应付账款余额的函证。因为函证应付账款，目的主要在于查实有无未入账的负债。本年度公司从 B 公司和 D 公司采购了大量商品，存在漏记业务的可能性更大。

（四）查找未入账的应付账款

对应付账款的审计，最重要的是发现那些实际存在、金额较大并对财务报表有着重大影响的未入账应付账款，以防止被审计单位低估应付账款。可以采取的实质性程序有：

（1）检查债务形成的相关原始凭证，如供应商发票、验收报告或入库单等，查找有无未及时入账的应付账款，确定应付账款期末余额的完整性；

（2）检查资产负债表日后应付账款明细账贷方发生额的相应凭证，确认其入账时间是否合理；

（3）针对资产负债表日后付款项目，检查银行对账单及有关付款凭证，查找有无未及时入账的应付账款；

（4）结合存货监盘程序，检查被审计单位在资产负债日前后的存货入库资料，检查是否有大额料到单未到的情况，确认相关负债是否计入了正确的会计期间；

（5）获取被审计单位与其供应商之间的对账单，查找有无未入账的应付账款，确定应付账款金额的准确性。

（五）审查应付账款的会计处理

由于应付账款业务大多与购货业务相关，在审计应付账款时审计人员可结合购货业务的审计一并进行。对于增加的应付账款，审计人员主要核实购货发票、订货单、验收单等原始单据是否真实。如果存在商业折扣，应付账款金额是否以发票价格扣除商业折扣后的金额入账；如果存在现金折扣，对于享有现金折扣的交易，是否以供应商发票金额扣去折扣后金额后的净额来登记应付账款。对于减少应付账款，审计人员要注意查明原因，是对购货交易欠款的正常偿还，还是注销长期挂账的应付账款；对于无法偿还的应付账款，被审计单位是否按规定转入“营业外收入”，有无不入账或少入账的情况。

（六）针对异常或大额交易及重大调整事项（如大额的购货折扣或退回，会计处理异常的交易，未经授权的交易，或缺乏支持性凭证的交易等），检查相关原始凭证和会计记录，以分析交易的真实性、合理性

（七）关注应付关联方［包括持5%以上（含5%）表决权股份的股东］的款项

（八）被审计单位与债权人进行债务重组的，检查不同债务重组方式下的会计处理是否正确

（九）检查应付账款的披露是否恰当

按照会计准则的规定，“应付账款”科目应根据“应付账款”和“预付账款”科目所属明细科目的期末贷方余额的合计数填列。审计中，如果发现被审计单位因重复付款、付款后退货、预付货款等导致某些明细账户借方出现较大余额，审计师应在审计工作底稿中编制建议调整的重分类分录，以便将这些借方余额在资产负债表中列示为资产。

如果被审计单位存在未决诉讼、未决索赔等纠纷时，审计人员应向其律师进行询证，依靠被审计单位的法律顾问来评估未决诉讼、未决索赔的可能的结果。在收到管理层的律师回函后，审计人员就可以很好地评估该或有事项是否值得在财务报表中予以反映，以及如何反映。

表10-5列示了执行支出循环中应付账款实质性方案，以此来对前面讲述的问题进行概括。

表10-5　　　　支出循环中应付账款实质性方案

分析程序 1. 将年末的应计事项与以前年度进行对比，并且解释其重大变化或遗漏； 2. 将经营费用的绝对数和占销售的比例与以前年度进行对比，并解释其主要变化。
实质性程序 1. 对或有负债进行询问访谈； 2. 取得律师函以识别要求调整或在附注中进行披露的事项； 3. 查找未记录的负债； 4. 在审查的基础上对应付账款进行函证，要求供货商将询函证直接寄回给审计人员； 5. 在审查的基础上重新计算或有损失和应计项目； 6. 取得被审计单位声明书。

二、固定资产实质性程序

固定资产是指同时具有下列两个特征的有形资产：①为生产商品、提供劳务、出租或经营管理而持有的；②使用寿命超过一个会计年度。这里的使用寿命是指企

业使用固定资产的预计期间，或者该固定资产所能生产产品或提供劳务的数量。

固定资产只有同时满足下列两个条件才能予以确认：①与该固定资产有关的经济利益很可能流入企业；②该固定资产的成本能够可靠地计量。

由于固定资产在企业资产总额中一般都占有较大的比例，固定资产的安全、完整对企业的生产经营影响极大，审计师应对固定资产的审计予以高度重视。

固定资产的审计目标一般包括：①确定记录的固定资产是否存在；②确定所有应记录的固定资产是否均已记录；③确定记录的固定资产是否由被审计单位所有或控制；④确定固定资产的计价方法是否恰当；⑤确定固定资产的披露是否恰当。

（一）固定资产账面余额的实质性程序

1. 获取或编制固定资产及累计折旧分类汇总表

固定资产和累计折旧分类汇总表又称一览表或综合分析表，是审计固定资产和累计折旧的重要工作底稿。其参考格式如表 10-6 所示。

表 10-6　　固定资产和累计折旧分类汇总表

年　　月　　日

编制人：　　　　日期：

被审计单位：　　　　复核人：　　　　日期：

固定资产	固定资产				累计折旧					
类别	期初余额	本期增加	本期减少	期末余额	折旧方法	折旧率	期初余额	本期增加	本期减少	期末余额
合计										

利用固定资产和累计折旧分类汇总表，检查固定资产的分类是否正确并与总账数和明细账合计数核对是否相符，结合累计折旧、减值准备科目与报表数核对是否相符。

2. 对固定资产实施实质性分析程序

（1）基于对被审计单位及其环境的了解，通过进行以下比较，并考虑有关数据间的关系的影响，建立有关数据的期望值：①分类计算本期计提折旧额与固定资产原值的比率，并与上期比较，以发现本年折旧额计算中存在的错误；②计算固定资产修理及维护费用占固定资产原值的比例，并进行本期各月、本期与以前各期的比较，以发现资本性支出与收益性支出区分上可能存在的错误；③比较本期与以前各期的固定资产增加和减少，分析差异，以此判断被审计单位固定资产增减差异原因的合理性，确定可接受的差异额。

（2）将实际情况与期望值相比较，识别需要进一步调查的差异。

（3）如果其差额超过可接受的差异额，调查并获取充分的解释和恰当的佐证审计证据，如检查相关的凭证。

（4）评估实质性分析程序的测试结果。

3. 实地观察固定资产

审计人员应对被测试单位会计年度内增添的主要资产项目实施实地观察。该程序的实施，不仅有助于审计人员深入了解、熟悉被审计单位的生产经营情况，而且有助于理解增加、减少固定资产的会计处理。

实施实地观察程序时，审计人员可以以固定资产明细分类账为起点，进行实地追查，以证明会计记录中所列固定资产确实存在，并了解其目前的使用状况；也可以以实地为起点，追查至固定资产明细分类账，以获取实际存在的固定资产均已入账的证据。

4. 验证固定资产的所有权

确定一项固定资产是否确实为被审计单位所有，审计人员应审阅产权证书、财产保险单、财产税单等书面文件，必要时，还可以向保险公司、税收机构等进行函询，以确定固定资产所有权的归属。

资产不同，审计人员需要获取的证据也不相同。对外购的机器设备等固定资产，通常经审核采购发票、购货合同等予以确定；对于房地产类固定资产，需查阅有关的合同、产权证明、财产税单、抵押借款的还款凭据、保险单等书面文件；对融资租入的固定资产，应验证有关融资租赁合同，证实其并非经营租赁；对汽车等运输设备，应验证有关运营证件等；对受留置权限制的固定资产，通常还应审核被测试单位的有关负债项目等予以证实。

5. 审查固定资产的增减变动

固定资产的增加有购置、自制自建、投资者投入、更新改造增加、债务人抵债增加等多种途径。对于后几种情况的审计，一般只需核对有关的会计记录、合同文件、验收报告等，并注意固定资产的计价是否符合规定。而购入和自制自建固定资产涉及的环节较多，容易发生错误与舞弊，因此审计人员的重点往往放在购入和自制自建增加的固定资产上。需要关注：①购入的固定资产是否列入预算并经授权批准；②审核采购发票等凭据，抽查审计其计价是否正确，会计处理是否正确。对于已经交付使用的固定资产要关注其资本性支出与收益性支出的划分是否恰当。

固定资产减少的原因主要包括出售、报废、毁损、向其他单位投资转出、盘亏等。审计固定资产减少的目的就在于查明已经减少的固定资产是否已做适当的会计处理。这部分的审计要点有：①审查减少固定资产授权批准文件；②审查减少规定资产的会计记录是否符合规定，验证其数额计算的准确性，防止已经处置的固定资产账面未予注销的情形；③审阅营业外收支账户，确定固定资产出售、处置的损益是否恰当并及时入账，有无不入账的情形；④关注有无高价购买、低价出售或处置固定资产交易，查清是否为关联企业的非正当交易。

如果被审计单位固定资产显著增加，审计人员应审查相关文件来支持“固定资产”账户借方的增加，关注固定资产的比例和价值，关注资本性支出与收益性支出的正确分类。

【案例分析】

渝钛白公司年报审计

重庆会计师事务所于1998年3月8日对渝钛白公司签发了否定意见审计报告，其报告指出："1997年度应计入财务费用的借款即应付债券利息8 064万元，贵公司将其资本化计入了钛白粉工程成本；欠付中国银行重庆市分行的美元借款利息89.8万元（折合人民币743万元），贵公司未计提入账，两项共影响利润8 807万元。"

对应付债券利息一事，渝钛白公司的总会计师认为：一般的基建项目，建设完工即进入投资回收期，当年就开始产生效益。但钛白粉工程项目不同于一般的基建项目。这是基于两个方面的因素：一方面，钛白粉这种基础化工产品不同于普通商品，对各项技术指标的要求非常严格，需要通过反复试生产，逐步调整质量、消耗等指标，直到生产出合格的产品才能投放市场；而试生产期间的试产品性能不稳定，是不能投放市场的。另一方面，原料的腐蚀性很重，如生产钛白粉的主要原料硫酸，一旦停工，则原科淤积于管道、容器中，再次开车前就必须进行彻底的清洗、维护，并调试设备。年报中披露的900万元亏损中很大一笔就是设备整改费用。因此，总会计师总结说，钛白粉项目交付使用进入投资回报期、产生效益前，还有一个过渡期，即整改和试生产期间，这仍属于工程在建期。也就是说，公司在1997年度年报中，将8 064万元的项目建设期借款的应付债券利息计入工程成本是有依据的。渝钛白公司为了证实总会计师的说法，还以重庆市有关部门的批复文件为依据，坚持认为该工程为在建性质，而并非完工项目。

对美元借款利息一事，公司管理当局的解释为：这是1987年12月原重庆化工厂为上PVC彩色地板生产线，向中国银行重庆分行借入的美元贷款60万元造成的。该项目建成后，一直未正常批量生产；1992年公司改制时，已部分作为未使用资产。但改制前，重庆化工厂已部分偿还了利息和本金。数年之后（1997年），该行通知公司欠付利息89.8万美元。本年决算期间，公司未能和银行认真核对所欠本息数额，故未予转账。公司打算在1998年度核对清楚后再据实转账。

双方各执一词，最后重庆会计师事务所出具了否定意见报告："我们认为，由于本报告第二段所述事项的重大影响，贵公司1997年12月31日资产负债表、1997年度利润及利润分配表、财务状况变动表未能公允地反映贵公司1997年12月31日财务状况和1997年年度经营成果及资金变动情况。"

6. 检查固定资产的后续支出

确定固定资产有关的后续支出是否满足资产确认条件；如不满足，该支出是否在该后续支出发生时计入当期损益。

7. 检查固定资产的租赁

租赁一般分为经营租赁和融资租赁两种。检查经营性租赁时，应查明：

（1）固定资产的租赁是否签订了合同、租约，手续是否完备，合同内容是否符合国家规定，是否经相关管理部门审批。

（2）租入的固定资产是否确属企业必须，或出租的固定资产是否确属企业多余、闲置不用的，双方是否认真履行合同，其中是否存在不正当交易。

（3）租金收取是否签有合同，有无多收、少收现象。

（4）租入固定资产有无久占不用、浪费损坏的现象；租出的固定资产有无长期不收租金、无人过问，是否有变相馈送、转让等情况。

（5）租入固定资产是否已登入备查簿。

（6）必要时，向出租人函证租赁合同及执行情况。

（7）租入固定资产改良支出的核算是否符合规定。

对融资租入的固定资产应按企业自有固定资产一样管理，并计提折旧、进行维修。

8. 检查固定资产的抵押、担保情况

结合对银行借款等的检查，了解固定资产是否存在重大的抵押、担保情况。如存在，应取证，并做相应的记录，同时提请被审计单位做恰当披露。

9. 获取已提足折旧仍继续使用固定资产的相关证明文件并做相应记录

10. 检查固定资产的披露

财务报表附注通常应说明固定资产的标准、分类、计价方法和折旧方法，融资租入固定资产的计价方法，固定资产的预计使用年限和预计净残值。

（二）固定资产折旧的实质性程序

固定资产可以长期参加生产经营而仍保持其原有实物形态，但其价值将随着固定资产的使用而逐渐转移到生产的产品中，或构成经营成本或费用。在固定资产使用寿命内，按照确定的方法对应计折旧额进行的系统分摊就是固定资产的折旧。

在不考虑固定资产减值准备的前提下，影响折旧的因素有折旧的基数（一般指固定资产的账面原价）、固定资产的残余价值和使用寿命三个方面。在考虑固定资产减值准备的前提下，影响折旧的因素则包括折旧的基数、累计折旧、固定资产减值准备、固定资产预计净残值和固定资产尚可使用年限五个方面。在计算折旧时，对固定资产的残余价值和清理费用只能人为估计；对固定资产的使用寿命，由于固定资产的有形损耗和无形损耗难以准确计算，因而也只能估计；同样，对固定资产减值准备的计提也带有估计的成分。因此，固定资产折旧主要取决于企业根据其固定资产的特点制定的折旧政策，在一定程度上具有主观性。

累计折旧的审计目标一般包括：①确定折旧政策是否恰当；②确定折旧费用的分摊是否合理、一贯；③确定固定资产、累计折旧和的期末余额是否正确；④确定累计折旧的披露是否恰当。

累计折旧的实质性程序通常包括：

（1）获取或编制累计折旧分类汇总表。复核加计是否正确，并与总账数和明细账合计数核对是否相符。

（2）检查被审计单位制定的折旧政策和方法是否符合相关会计准则的规定。确定其所采用的折旧方法能否在固定资产预计使用寿命内合理分摊其成本。前后期是否一致，预计使用寿命和预计净残值是否合理。

（3）复核本期折旧费用的计提和分配。①了解被审计单位的折旧政策是否符合规定，计提折旧范围是否正确，确定的使用寿命、预计净残值和折旧方法是否合理；

如采用加速折旧法，是否取得批准文件。②检查被审计单位折旧政策前后期是否一致，如果折旧政策或者相关会计估计（如使用寿命、预计净残值）有变更，变更理由是否合理。③复核本期折旧费用的计提是否正确。④检查折旧费用的分配是否合理，是否与上期一致；分配计入各项目的金额占本期全部折旧计提额的比例与上期比较是否有重大差异。⑤注意固定资产增减变动时，有关折旧的会计处理是否符合规定。

（4）将“累计折旧”账户贷方的本期计提折旧额与相应的成本费用中的折旧费用明细账户的借方相比较，检查本期所计提折旧金额是否已全部摊入本期产品成本或费用。若存在差异，应追查原因，并考虑是否应建议做适当调整。

（5）检查累计折旧的减少是否合理、会计处理是否正确。

（6）检查累计折旧的披露是否恰当。

（三）固定资产减值准备的实质性程序

固定资产的可收回金额低于其账面价值称为固定资产减值。这里的可收回金额应当根据固定资产的公允价值减去处置费用后的净额与资产预计未来现金流量的现值两者之间的较高者确定。这里的处置费用包括与固定资产处置有关的法律费用、相关税费、搬运费以及为使固定资产达到可销售状态所发生的直接费用等。

企业应当在资产负债表日判断固定资产是否存在可能发生减值的迹象。根据《企业会计准则第 8 号——资产减值》的规定，如存在下列迹象的，表明固定资产可能发生了减值。

（1）固定资产的市价当期大幅度下跌，其跌幅明显高于因时间的推移或正常使用而预计的下跌；

（2）企业经营所处的经济、技术或者法律等环境以及固定资产所处的市场在当期或者将在近期发生重大变化，从而对企业产生不利影响；

（3）市场利率或者其他市场投资回报率在当期已经提高，从而影响企业计算固定资产预计未来现金流量现值的折现率，导致固定资产可收回金额大幅度降低；

（4）有证据表明固定资产陈旧过时或者其实体已经损坏；

（5）固定资产已经或者将被闲置、终止使用或者计划提前处置；

（6）企业内部报告的证据表明固定资产的经济绩效已经低于或者将低于预期，如固定资产所创造的净现金流量或者实现的营业利润（或者损失）远远低于（或者高于）预计金额等；

（7）其他表明固定资产可能已经发生减值的迹象。

如果由于该固定资产存在上述迹象，导致其可收回金额低于账面价值的，应当将固定资产的账面金额减记至可收回金额，将减记的金额确认为固定资产减值损失，计入当期损益，同时计提相应的固定资产减值准备。

固定资产减值准备的审计目标一般包括：①确定计提减值准备的方法是否恰当；②确定减值准备增减变动的记录是否完整；③确定减值准备的期末余额是否正确；④确定减值准备的披露是否恰当。

固定资产减值准备的实质性程序通常包括：

（1）获取或编制固定资产减值准备明细表，复核加计正确，并与总账数和明细账合计数核对相符。

（2）检查固定资产减值准备计提和核销的批准程序，取得书面报告等证明文件。

（3）检查被审计单位计提固定资产减值准备的依据是否充分，会计处理是否正确。

（4）检查资产组的认定是否恰当，计提固定资产减值准备的依据是否充分，会计处理是否正确。

（5）实施实质性分析程序，计算本期末固定资产减值准备占期末固定资产原值的比率，并与期初该比率比较，分析固定资产的质量状况。

（6）检查被审计单位处置固定资产时原计提的减值准备是否同时结转，会计处理是否正确。

（7）检查是否存在转回固定资产减值准备的情况。按照企业会计准则规定，固定资产减值损失一经确认，在以后会计期间不得转回。

（8）确定固定资产减值准备的披露是否恰当。

如果企业计提了固定资产减值准备，根据《企业会计准则第 8 号——资产减值》的规定，企业应当在财务报表附注中披露：①当期确认的固定资产减值损失金额；②企业提取的固定资产减值准备累计金额。如果发生重大固定资产减值损失的，还应当说明导致重大固定资产减值损失的原因，固定资产可收回金额的确定方法，以及当期确认的重大固定资产减值损失的金额。

如果被审计单位是上市公司，其财务报表附注中通常还应分项列示计提的固定资产减值准备金额、增减变动情况以及计提的原因。

表 10-7 列示了执行支出循环中固定资产实质性程序的审计方案，以此来对前面讲述的问题进行概括。

表 10-7　　　　固定资产实质性程序

分析程序 1. 将折旧费用与以前年度进行对比并且解释主要变化。 2. 将维修保养费用的总额以及占销售的比例与以前年度进行对比并且解释主要变化。 3. 将维修保养费用与预算金额进行对比，并且调查引起主要变动的原因。
其他的实质性程序 1. 考虑检查固定资产的主要增加，以确认其存在性。 2. 将固定资产按类别分类，编制固定资产和累计折旧的分类计算表。 3. 调整固定资产的二级总账和控制账户之间的差额，并且使之与列示在固定资产索引表上的期末余额一致。 4. 检查董事会的会议记录和采购销售合同，以确认都经过了正确的授权，并且解释一些重大的固定资产的取得和处置。 5. 在测试的基础上，核实固定资产的增加和处置，特别要警惕可能存在的将通常的维修费用资本化。

表10-7(续)

6. 在测试的基础上，核实维修保养费用的支出，特别要警惕可能存在的将固定资产的增加费用化。 7. 评估折旧方法的合理性和一致性。 8. 在测试的基础上，重新计算折旧和固定资产处置的损益。 9. 对于自建的固定资产，重新计算制造费用的分配和建造过程中的利息。 10. 审查已提完折旧的固定资产项目，调查其状态。如果固定资产已经被处置或者不再使用，要将此类固定资产从账户中去掉。 11. 检查所有的租赁合同，确定已经将融资租赁进行了正确的分类。 12. 对于融资租赁： （1）评估在计算最小租金付款的净现值中所使用折现率的合理性； （2）重新计算最小的租金付款额； （3）必要时在测试的基础上重新计算或有租金。 13. 检查贷款合同以确定可能存在的已经作为抵押的固定资产。

三、在建工程实质性程序

（一）在建工程的审计目标

在建工程的审计目标一般包括：①确定在建工程是否存在；②确定在建工程是否归被审计单位所有；③确定在建工程增减变动的记录是否完整；④确定在建工程的计价方法是否正确；⑤确定在建工程减值准备的计提是否充分、完整，方法是否恰当；⑥确定在建工程减值准备的会计处理是否正确；⑦确定在建工程及其减值准备的期末余额是否正确；⑧确定在建工程及其减值准备的披露是否恰当。

（二）在建工程账户的实质性程序

（1）获取或编制在建工程明细表，复核加计正确。并与总账数和明细账合计数核对相符，结合减值准备科目与报表数核对相符。

（2）检查在建工程项目期末余额的构成内容，并实地观察工程现场。

（3）检查本期在建工程的增加数。

①对于重大建设项目，取得有关工程项目的立项批文、预算总额和建设批准文件，以及施工承包合同、现场监理施工进度报告等业务资料。

②对于支付的工程款，应抽查其是否按照合同、协议、工程进度或监理进度报告分期支付，付款授权批准手续是否齐备，会计处理是否正确；取得监理报告等资料检查估计的发包进度是否合理。

③对于领用的工程物资，抽查工程物资的领用是否有审批手续，会计处理是否正确。

④对于应负担的职工薪酬，结合应付职工薪酬的审计，检查应计入在建工程的职工薪酬范围、计量和会计处理是否正确。

⑤对于借款费用资本化。应结合长短期借款、应付债券或长期应付款的审计，检查借款费用（借款利息、折溢价摊销、汇兑差额、辅助费用）资本化的起讫日的

界定是否合规，计算方法是否正确，资本化金额是否合理，会计处理是否正确。

⑥检查工程管理费、征地费、可行性研究费、临时设施费、公证费、监理费及应负担的税费等资本化的金额是否合理、真实和完整，会计处理是否正确。

（4）检查本期在建工程的减少数

①了解在建工程结转固定资产的政策，并结合固定资产审计。检查在建工程结转是否正确，是否存在将已经达到预计可使用状态的固定资产仍然挂在在建工程，少计折旧的情况。

②检查已完工程项目的竣工决算报告、验收交接单等相关凭证以及其他转出数的原始凭证，检查会计处理是否正确。

③取得因自然灾害等原因造成的单项工程或单位工程报废或毁损的相关资料，检查其会计处理是否正确。

（5）检查在建工程进行负荷联合试车生产时发生的费用及试车生产形成的产品或副产品，在对外销售或转为库存时的会计处理是否正确。

（6）查询在建工程项目保险情况，复核保险范围和金额是否足够。

（7）如果被审计单位为上市公司，应将与募集资金相关在建工程的增减变动情况与披露的募集资金使用情况进行核对。

（8）检查是否有长期挂账的在建工程。如有，了解原因，并关注是否可能发生损失，检查减值准备计提是否正确。

（9）检查有无与关联方的工程建造或代开发业务是否经适当授权，交易价格是否公允。

（10）结合长、短期借款等项目，了解在建工程是否存在抵押、担保情况。如有，应取证记录，并提请被审计单位做必要披露。

（11）检查在建工程合同，确定是否存在与资本性支出有关的财务承诺。

（12）确定在建工程的披露是否恰当。

（三）在建工程减值准备的实质性程序

（1）获取或编制在建工程减值准备明细表，复核加计正确，与总账数和明细账合计数核对相符。

（2）检查在建工程减值准备计提和转销的批准程序，取得书面报告等证明文件。

（3）检查被审计单位计提在建工程减值准备的依据是否充分及会计处理是否正确。

（4）检查已计提减值准备的在建工程，关注其项目的进展及可行性，考虑是否需要提出审计调整建议。

（5）检查被审计单位处置在建工程时，原计提的减值准备是否同时结转，会计处理是否正确。

（6）检查是否存在转回在建工程减值准备的情况。按照《企业会计准则》的规定，在建工程减值损失一经确认，在以后会计期间不得转回。

（7）确定在建工程减值准备的披露是否恰当。根据《企业会计准则第8号——资产减值》的规定，企业应当在财务报表附注中披露：①当期确认的在建工程减值损失金额。②企业提取的在建工程减值准备累计金额。如果发生重大在建工程减值损失的，还应当说明导致重大在建工程减值损失的原因以及当期确认的重大在建工程减值损失的金额。

第十一章
生产循环审计

学习目标：

通过本章学习，你应该能够：

●了解生产循环的特性以及与之相关的各项具体测试目标的确定；

●理解生产循环的审计方案，并根据重大错报风险评价所识别的预警信号对测试方案进行完善和修改；

●掌握存货的确认、截止、监盘、计价等主要实质性审计程序；

●掌握生产成本、主营业务成本的分析性程序等主要实质性审计程序。

［引例］银广夏公司全称为广夏（银川）实业股份有限公司（000557），曾因其骄人的业绩和诱人的前景而被称为“中国第一蓝筹股”。2001 年 8 月，银广夏公司虚构财务报表事件被曝光。财务造假从购入原材料开始：虚构了几家单位作为天津广夏的原材料提供方，虚假购入萃取产品原材料蛋黄粉、姜、桂皮、产品包装桶等物，并到黑市上购买了发票、汇款单、银行进账单等票据，伪造了这几家单位的销售发票和天津广夏发往这几家单位的银行汇款单；伪造了萃取产品虚假原料入库单、班组生产记录、伪造萃取产品生产记录、产品出库单等；原材料购买批量很大，都是整数吨位，一次购买上千吨桂皮、生姜，整个厂区恐怕都盛不下，而库房、工艺不许外人察看；产品萃取技术高温高压高耗电，但水电费 1999 年仅为 20 万元，2000 年仅为 70 万元；以天津广夏萃取设备的产能，即使通宵达旦运作，也生产不出所宣称的数量；况且出售合同中的某些产品，根本不能用二氧化碳超临界萃取设备提取；天津广夏萃取产品出口价格高到近乎荒谬，利润率高达 46%（2000 年），而深沪两市农业类、中草药类和葡萄酿酒类上市公司的利润率鲜有超过 20%的。专家意见认为，天津广夏出售的是“不可能的产量、不可能的价格、不可能的产品”。

思考：专家判断的依据是什么？

第一节　生产循环与审计策略

一、典型生产交易与关键控制

生产循环交易从计划生产开始到产成品发运出库为止，所涉及的主要业务活动包括：①计划和安排生产；②发出原材料；③生产产品；④核算生产成本；⑤核算在产品；⑥储存产成品；⑦发出产成品等。主要业务活动涉及的部门有生产计划部门、仓库、生产部门、人事部门、销售部门、会计部门。

生产与存货流程图如图 11-1 所示。

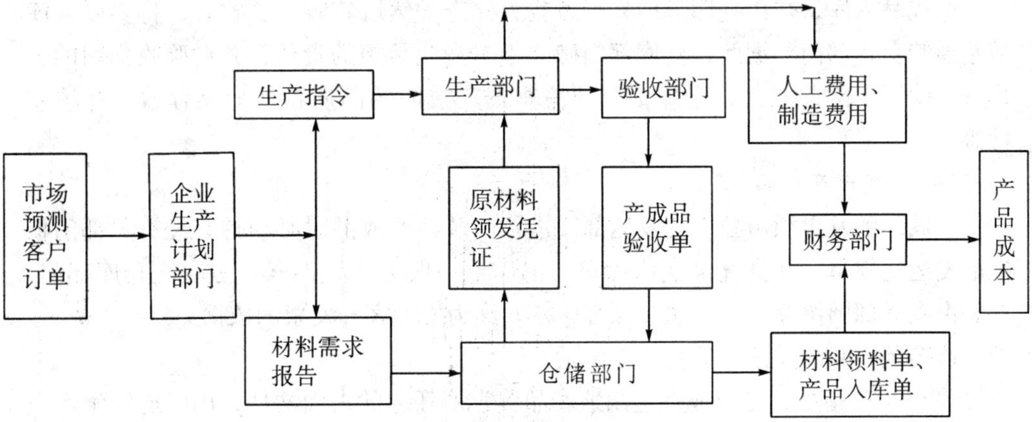

图 11-1 生产与存货流程图

以制造业为例，生产循环所涉及的主要业务活动包括：①计划和安排生产；②发出原材料；③生产产品；④核算产品成本；⑤储存产成品；⑥发出产成品等。上述业务活动通常涉及生产计划部门、仓库部门、生产部门、人事部门、销售部门、会计部门等。

（一）计划和安排生产

生产计划部门的职责是根据客户订购单或者对销售预测和产品需求的分析来决定生产授权。如决定授权生产，即签发预先顺序编号的生产通知单。该部门通常应将发出的所有生产通知单顺序编号并加以记录控制。此外，通常该部门还需要编制一份材料需求报告，列示所需要的材料和零件及其库存。

（二）发出原材料

仓库部门的责任是根据从生产部门收到的领料单发出原材料。领料单上必须列示所需的材料数量和种类，以及领料部门的名称。领料单可以一料一单，也可以多料一单，通常需一式三联。仓库发料后，一联连同材料交给领料部门，一联留在仓库登记材料明细账，一联交会计部门进行材料收发核算和成本核算。

（三）生产产品

生产部门在收到生产通知单及领取原材料后，便将生产任务分解到每一个生产工人，并将所领取的原材料交给生产工人，据以执行生产任务。生产工人在完成生产任务后，将完成的产品交生产部门查点，然后转交检验员验收并办理入库手续；或是将所完成的产品移交下一个部门，做进一步加工。

（四）核算产品成本

为了正确核算并有效控制产品成本，必须建立健全成本会计制度，将生产控制和成本核算有机结合在一起。一方面，生产过程中的各种记录、生产通知单、领料单、计工单、入库单等文件资料都要汇集到会计部门，由会计部门对其进行检查和核对，了解和控制生产过程中存货的实物流转；另一方面，会计部门要设置相应的会计账户，会同有关部门对生产过程中的成本进行核算和控制。

（五）储存产成品

产成品入库，须由仓库部门先行点验和检查，然后签收。签收后，将实际入库数量通知会计部门。据此，仓库部门确立了本身应承担的责任，并对验收部门的工作进行验证。除此之外，仓库部门还应根据产成品的品质特征分类存放，并填制标签。

（六）发出产成品

产成品的发出须由独立的发运部门进行。装运产成品时必须持有经有关部门核准的发运通知单，并据此编制出库单。出库单一般为一式四联：一联交仓库部门，一联由发运部门留存，一联送交顾客，一联作为给顾客开发票的依据。

该循环涉及的凭证和记录主要包括：

（1）生产指令：是企业下达制造产品等生产任务的书面文件，用以通知生产车间组织制造、供应部门组织材料发放、会计部门组织成本核算。

（2）领、发料凭证：是企业为控制材料发放所采用的各种凭证。

（3）产量和工时记录：是登记工人或班组在出勤内完成产品数量、质量和生产这些产品所耗费工时数量的原始记录。常见的有工作通知单、工序进程单、工作班产量报告、产量通知单、产量明细表、废品通知单等。

（4）工薪汇总表和工薪费用分配表：工薪汇总表反映了企业全部工薪的结算情况，它是进行工薪核算和分配工薪费用的依据；工薪费用分配表反映了各生产车间各产品应负担的生产工人工薪及福利费。

（5）材料费用分配表：使用一汇总反映各车间、各产品所耗费材料费用的原始凭证。

（6）制造费用分配表：使用一汇总反映各车间、各产品所应负担的制造费用的原始凭证。

（7）成本计算单：是用于归集某一成本计算对象所应承担的生产费用，计算该成本计算对象的总成本和单位成本的记录。

（8）存货明细账：是用于反映各种存货增减变动情况和期末库存数量及相关成本信息的会计记录。

二、审计目标的确定

存货的实质性程序和已销产品成本的实质性程序是生产循环的主要内容。其测试目标主要包括以下几个方面：

（1）确定资产负债表日记录的全部存货是否存在、现有存货是否均盘点并计入存货总额；

（2）确定对所有存货是否均有所有权，且存货未做抵押；

（3）确定存货的计价是否无重大错误、金额正确；

（4）确定存货年末的采购截止与年末的销售截止是否恰当；

（5）确定存货的分类是否正确，在财务报表上的披露是否恰当。

三、关键控制测试

（一）生产循环的内部控制及关键控制点

生产循环交易从领料、生产加工到销售产成品时结束，组成生产循环的交易实际上都是在企业内部发生的。该循环最显著的特点是实物流与价值流的分离。所以，该循环的控制分为对实物流收、发、存的控制和对成本费用的控制两大控制系统。

1. 实物流控制

实物流控制主要指存货的收、发、存的控制措施和程序。在生产循环中，产品的品种和数量一般由生产控制部门根据顾客订单、销货合同、市场预测等来确定，并下达生产计划和通知单。依据实物流转程序控制的要求，各个生产环节的相关部门必须制定严格的责任制度，由监控人员从生产领料开始到产品完工入库为止的全过程进行有效的控制，以避免生产脱节、在产品积压、交接班岗位责任不清、违章操作造成的残次品、材料物资的丢失毁损等。此外，生产部门还应及时编制生产报告，通知仓库保管部门、会计部门及时进行会计记录，保证财产物资的安全。

2. 价值流控制

价值流控制主要指成本会计制度控制，包括成本费用管理和成本费用会计两个方面。

成本费用管理即对成本费用支出业务进行计划、控制进行考核。其具体内容包括：①确定成本控制目标和成本计划；②制定各项消耗定额，包括直接材料、直接人工和制造费用定额；③编制成本、费用预算；④对各项成本费用指标进行分解，建立成本费用归口、分级管理责任制；⑤定期进行成本费用考核与评价。

成本费用会计即对成本费用支出业务进行反映和监督的内部控制。其具体内容包括：①制定成本费用控制制度，明确成本开支范围、开支标准；②建立各项支出的手续批准、审核制度；③设置相应的会计账户，选择适当的成本计算方法；④合理归集与分配各项费用，确定产品生产成本；⑤对各项费用的归集与分配结果进行复核；⑥定期进行成本分析，查明企业成本变动的趋势和原因。

3. 生产循环的关键控制点

（1）书面文件（如生产通知单、领发料凭证、产量和工时记录、人工费用分配表、材料费用分配表、制造费用分配表等）都必须预先编号并定期登记入账；

（2）文件单据上应注明审批、账户的记录（借方和贷方）以及账户记录的复核，以确保正确的授权、记录和责任；

（3）对于联机的电子数据处理系统，应有正确的输入编辑控制，从而为所有的交易都经过了授权并且进行了正确记录提供合理的保证；

（4）生产指令、领料单以及工资的支付都必须经过合理的授权审批；

（5）成本的核算应以经过审核的生产通知单、领发料凭证、产量和工时记录、人工费用分配表、材料费用分配表、制造费用分配表为依据；

（6）采用适当的成本核算方法，并且前后期一致；

（7）所有存货的移动（如原材料从验收到入库、原材料从仓库到生产、产品从生产到完工，产成品从完工到发货等）都应该通过凭证进行记录，从而分清责任；

（8）存货的验收和保管必须由不同的人员进行，并与其他职责相分离；

（9）必须保证存货的安全，并制定固定的接触限制规定保证其安全；

（10）必须经常将存货的永续盘存记录与存货实有数进行核对；

（11）每年必须在审计人员的监督下进行存货盘点。

表 11-1 列示的是生产成本控制目标、关键控制测试。

表 11-1

内部控制目标	关键的控制测试
根据管理层一般或特定的授权进行生产业务（发生）	以下三个关键点应履行恰当手续，经过特别审批或一般审批：①生产指令的授权批准；②领料单的授权批准；③工薪的授权批准。
按实际发生而非虚构的业务记录成本（发生）	检查有关成本的记账凭证是否附有生产通知单、领发料凭证、产量和工时记录、工薪费用分配表、材料费用分配表、制造费用分配表等原始凭证的顺序，编号是否完整。
所有耗费和物化劳动均已反映在成本中（完整性）	检查生产通知单、领发料凭证，产量和工时记录、工薪费用分配表、材料费用分配表、制造费用分配表的顺序，编号是否完整。
成本以正确的金额，在恰当的会计期间及时记录于适当的账户（发生，完整性、准确性、计价和分摊）	选取样本。测试各种费用的归集和分配以及成本的计算；测试是否按照规定的成本核算流程和账务处理流程进行核算和账务处理。
对存货实施保护措施，保管人员与记录、批准人员相互独立（完整性）	存货保管与记录人员职务相分离；询问和观察存货与记录的接触以及相应的批准程序。
账面存货与实际存货定期核对相符（存在、完整性、计价和分摊）	询问和观察存货定期盘点程序。

表 11-2 列示的是工薪控制目标以及关键的控制测试。

表 11-2

内部控制目标	关键控制测试
工薪均经正确批准（发生）	审查人事档案；检查工时卡的有关核准说明；检查工薪记录中有关内部检查的标记；检查人事档案中的授权；检查工薪记录中有关核准的标记。
记录的工薪为真是而非虚构（发生）	检查工时卡的核准说明；检查工时卡；复核人事政策、组织结构图。

表11-2(续)

内部控制目标	关键控制测试
所有已发生的工薪支出已作记录（完整性）	审查工资分配表、工资汇总表、工资结算表、并核对员工工资手册、员工手册等。
工薪以正确的金额，在恰当的会计期间及时记录于适当的账户（发生、完整性、准确性、计价和分摊）	选取样本测试工资费用的归集和分配；测试是否按照规定的账务处理流程进行账务处理。
人事、考勤、工薪发放、记录之间相互分离（准确性）	询问和观察各项职责执行情况。

四、重大错报风险评估与实质性程序方案

生产循环涉及的资产负债表项目主要是存货（包括材料采购或在途物资、原材料、材料成本差异、库存商品、发出商品、商品进销差价、委托加工物资、委托代销商品、受托代销商品、周转材料、生产成本、制造费用、劳务成本、存货跌价准备等）、应付职工薪酬等；所涉及的利润表项目主要是营业成本等项目。同前两章的介绍相同，从大多数管理层舞弊的案例来看，管理层有时可能为了粉饰经营情况而有意在资产负债表中多记资产和在利润表中漏记相关费用。所以，在该循环中，当被审计单位管理层具有高估利润的动机时，审计人员往往更多的关注管理层利用生产循环实物流与价值流分离的特点，以及生产循环交易的大量性和复杂性，蓄意地高估资产、低估费用行为。

高估存货项目和低估已销产品成本是该循环审计的重大风险。审计人员必须广泛而深入地关注存货的存在性和估价问题；而在费用测试时，除非有理由怀疑其存在高估，否则审计人员必须重点关注完整性，即关注低估的可能性。

该循环涉及的重大错报风险集中体现存货收入与发出采用了不正确截止期；错误划分资本性支出和费用性支出的界限，例如：生产能力闲置损失的资本化、固定资产修理费的资本化；存货成本核算违反成本核算规程，为达到平滑利润的目的人为地调节成本；不正确的计提资产减值。这些将对完整性、截止、发生、存在、准确性和分类认定产生影响。

有关支出循环交易的重大错报风险的讨论内容，对生产与存货交易基本上是适用的，但生产与存货交易也有其自身的特点。以制造类企业为例，影响生产循环交易和余额的重大错报风险可能还有：

（1）生产循环交易的数量庞大、存货种类的多元化增加了错误和舞弊的风险；

（2）成本计算基础的复杂性增减了成本核算风险；

（3）某些存货项目的可变现净值难以确定产生的计价风险；

（4）由于存货存放地点的分散而增加商品途中毁损或遗失的风险，或者导致存货在两个地点被重复列示，产生转移定价的错误或舞弊等的风险；

（5）企业间存货的相互寄存而产生的所有权的认定风险。

根据生产循环的审计目标和可能的错报，在制订审计方案时有两种思路：①以

销售成本账户为准对照检查生产通知、料、工、费单据等凭证，防高估行为；②以生产通知、料、工、费单据凭证为准对照销售成本账簿，防低估行为。测试方式主要表现为抽查验证。

审计人员在制订初步测试方案时，应先运用分析性复核程序，对整体合理性进行判断，避免在测试时对某一个方向过于强调而忽略了其他可能存在的错报。但如果有证据表明可能存在某方面的特定风险时，审计人员应及时调整测试方案，选择针对发现低估负债或藏匿费用的测试程序。

生产循环实质性程序应实施一般测试程序的前提假定是：在分析性程序、企业经营状况和行业研究以及内部控制测试与评价中没有引起审计人员怀疑的事项时，不需要对初始测试程序进行重大修改。当生产循环中可能存在的重大错误或舞弊的风险因素时，审计人员就有必要执行相应的扩展测试程序。

表 11-3 给出了一个生产循环中审计目标与审计证据、审计程序联系在一起的模型，以作为形成实质性程序的全面方案的参考。

表 11-3　　　　支出循环的实质性程序

一、采购、生产和存货	
管理当局认定与测试目标	测试证据与测试程序
存在性和完整性： * 存货是真实存在的吗?	文件证据： * 审阅客户的存货盘点计划，包括： (1) 盘点的时间与地点； (2) 盘点数量的计算程序； (3) 盘点数量的记录方法（标签、清单或卡片）； (4) 过期存货与寄销商品的处理； (5) 处于生产过程中的存货的盘点方法。
	实物证据： * 观察存货的盘点过程，执行以下程序： (1) 测试存货数量的计算准确性，将其与存货标签或清单相比较； (2) 记录测试的数据并与最终的存货清单相比较； (3) 将被测试存货的移动范围限制在一定的区域之内； (4) 填写标签或清单的连续编号，并保管好其复印件； (5) 记录可能的过期存货或过量储存的存货； (6) 关注环境状况，如盘点安排的合理性、存货的安全性； (7) 记录处于生产过程中的存货的完工程度； (8) 验证代销商品没有作为存货记录； (9) 确定在途存货是否应包括在盘点范围之内。
	询证证据： * 函证存放于公共仓库的存货和寄销存货。

表11-3(续)

	文件证据： ＊执行截止测试： (1) 获取存货监盘前的最后一张验收单、销售发票、发货单、装运单，并记录其数量； (2) 在监盘过程中追查在途存货的原始凭证； (3) 在存货终结测试时，追查最后一笔存货采购和销售记录； (4) 检查资产负债表日前后一段时期的有关存货的文件资料，尤其是销售发票、销售单、发货单、装运单、验收单等； (5) 从原始资料追查到会计记录以确定是否存在存货的漏报，从会计记录核实到原始资料以确定所记录的存货的真实性。 ＊检查存货的调整记录，以确定已将存货的账面记录调整至与实物盘点数一致。
权利、义务与估价： ＊客户拥有存货的所有权吗？ ＊存货是以成本与市价孰低法恰当地计价吗？ ＊存货的有关交易被记录在恰当的会计期间吗？	＊执行期末存货的计价测试： (1) 成本会计系统应作为期中测试阶段执行控制测试的组成部分。 (2) 追查期末的存货计价至已审核的价格清单。已审核的原材料价格应该包括运输费而不应包括折让费，完工产品的价格应以经审核的标准成本记录，在产品的价格应以完工百分比记录。 (3) 进行成本与市价孰低法的测试。 (4) 确定在盘点标签或盘点清单上标记为“过期”或“低周转率”的存货的计价的恰当性。 ＊追查审计人员对盘点标签或盘点清单的复印件至客户的期末存货清单： (1) 对已计算和未计算的存货均执行这种测试； (2) 确定客户没有私自增加标签点数或清单数。 ＊细察存货清单上所列的大额存货，追查至审计人员存货标签或清单复印件上的相关数据，以发现重大的存货记录差错。 计算证据： ＊测试存货清单的扩展性列表（明细表）和解释性说明： (1) 包括大额项目和剩余项目中抽取的样本； (2) 考虑使用计算机辅助测试。 分析性证据： ＊使用毛利率法估计期末存货： (1) 将之与已审额相比； (2) 若有重大差异，调查其原因。
表达与披露：	口头证据： ＊询问以下事项： (1) 有无过期存货； (2) 有无存货抵押； (3) 有无寄销存货； (4) 是否进行了存货截止； (5) 存货的用途，是生产、消费还是用来转售。

表11-3(续)

二、无形资产和研发费用	
管理当局认定与测试目标	测试证据与测试程序
存在性和完整性： ＊已记录的无形资产真实存在吗？	文件证据： ＊审阅支持无形资产存在的相关文件资料： (1) 专利、版权和商标； (2) 特许权和兼并协议。 ＊核查无形资产取得和处置的原始资料： (1) 包括研发费用； (2) 特别关注将购得的无形资产借记为研发费用或将研发费用借记为无形资产。 ＊检查重要的会议记录，以确定无形资产的取得或处置是经过恰当的授权的。 分析性证据： ＊将无形资产的摊销额和研发费用与以前年度和预算额相比，调查其重大的变动或差异。
计价和所有权： ＊外购的无形资产是否以购置成本减去累计摊销额列报？ ＊是否将研发费用按企业会计准则的要求费用化？	文件证据： ＊抽取部分无形资产，追查其取得和处置： (1) 检查相关协议； (2) 检查已封存的支票； (3) 特别关注研发费用的资本化和关联交易； (4) 从处置无形资产的收款收据追查至银行对账单。
	计算证据： ＊重新计算无形资产的处置利得或损失。 ＊抽取部分项目无形资产，评估其摊销期限的合理性并重新计算其摊销额
披露： ＊所报告的无形资产能带来未来的经济利益吗？	分析性证据： ＊将无形资产与其所带来的收入相联系，以评估其未来经济利益的大小。 ＊确定是否要按照企业会计准则的要求进行减值测试： (1) 审阅管理当局有关减值测试的文件； (2) 检查减值测试的批准报告和现金流量预测报告； (3) 确定已减值的无形资产的账面值不超过其公允价值。 ＊将研发费用与以前年度相比，调查其重大变动（可能是由于对支出的错误分类所致）。
	口头证据： ＊询问管理当局及其法律顾问有关无形资产的或有事项（如违反专利的法律诉讼）。 ＊若有关事项表明无形资产存在可能的减值，就这一情况询问管理当局。

表11-3(续)

三、流动负债和经营性费用	
管理当局认定与测试目标	测试证据与测试程序
存在性和完整性： ＊所有的负债均已在资产负债表中做了反映吗?	询证证据： ＊获得律师的回函，以确定需要调整或附注披露的事项。 ＊对贷款进行银行函证。
	文件证据： ＊寻找未入账的负债： (1) 检查资产负债表日前后一段时间的已付款和未付款的发票，确定其已计入了恰当的会计期间； (2) 核查客户对未入账负债的年末调整； (3) 审查贷款协议以确定应计利息的存在。 分析性证据： ＊将年末流动负债的应计额与以前年度相比，以确定重大的变动或漏报。
	口头证据： ＊询问有关或有事项的存在。 ＊获得管理当局声明书。
计价： ＊管理当局对一些应计负债的估计合理吗?	计算证据： ＊在测试的基础上，重新计算以下项目： (1) 应计利息； (2) 应计纳税额； (3) 产品质量担保负债； (4) 养老金成本与负债； (5) 假期支付； (6) 红利分享与奖金。
表达和披露； 重大的或有事项已在报表中恰当反映了吗?	文件证据： 检查相关的文件资料，以确定或有负债是否已恰当地披露。
	分析性证据： 查看以前年度的财务报表，以确定是否需要在当期报表以附注的形式披露有关事项。

第二节　典型实质性程序

一、销售成本的实质性程序

销售成本是指企业从事对外销售商品、提供劳务等主营业务活动所发生的实际成本。以制造业的产成品销售为例，它由期初库存产品成本加上本期入库产品成本，再减去期末库存产品成本求得的。

销售成本的审计目标一般包括：①确定记录的销售成本是否已发生，并与被审计单位有关；②确定所有应当记录的销售成本均已记录；③确定与销售成本有关的金额及其他数据已恰当记录；④确定销售成本已记录于正确的会计期间；⑤确定销售成本已记录到恰当的账户；⑥确定销售成本已做出恰当的列报。

销货成本的实质性程序包括直接材料成本的实质性程序、直接人工成本的实质性程序、制造费用的实质性程序和主营业务成本的实质性程序等内容。

（一）分析性程序

分析性程序在生产循环测试中占有重要地位。审计人员在生产循环测试中往往需大量运用分析性程序来获取测试证据，并协助形成恰当的测试结论。常用的主要是简单比较分析法和比率分析法两种。

1. 简单比较法

在生产环节的分析性复核中，通常进行简单比较的包括：

（1）比较前后各期及本年度各个月份存货余额及其构成，已确定期末存货余额及其构成的整体合理性；

（2）比较前后各期制造费用、待摊费用、预提费用的，评价其构成及总体合理性；

（3）对比每月存货成本差异率，以确定是否存在调节成本的现象；

（4）比较前后各期及本年度各月份的生产成本总额及单位生产成本，以确定本期生产成本的总体合理性；

（5）比较前后各期及本年度各月份的工资费用发生额，以确定本期工资费用的总体合理性；

（6）比较前后各期及本年度各月份的主营业务成本总额及单位销售成本，以确定主营业务成本的总体合理性；

（7）比较前后各期及本年度各月份的直接材料成本，以评价本期直接材料成本的总体合理性；

（8）将存货余额与现有的订单、资产负债日后各期的销售额和下一年度的预期销售额进行比较，以评价存货滞销和跌价的可能性；

（9）将存货跌价损失准备与本年度存货处理损失的金额相比较，判断被测试单位是否计提足额的跌价损失准备；

（10）将与关联企业发生的存货交易的频率、规模、价格和账款结算条件与非关联企业相比较，判断被测试单位是否利用与关联企业的存货交易虚构业务交易，调节利润等。

例如，某企业本年度与上年度制造费用各构成项目的对比分析表（见表11-4）。

表11-4 制造费用项目分析表

项　目	本年数（元）	比　重（%）	上年数（元）	增减比例（%）
工　资	50 000.00	43.98	50 000.00	—
房租费	8 400.00	7.39	7 000.00	20

表11-4(续)

项　目	本年数（元）	比　重（%）	上年数（元）	增减比例（%）
折旧费	36 996.69	32.54	15 574.00	37.55
修理费	4 813.00	4.23	12 904.00	-62.7
水电费	13 479.71	11.86	13 749.60	-1.96
合　计	113 689.40	100	99 227.60	14.57

从表11-4中可以看出，除工资与上年保持一致以外，房租费和折旧费呈一定幅度的增长，修理费大幅减少，水电费小幅减少。经分析，其主要原因是：本年业务增长，各项费用相应提高，特别是新增一条流水线，使固定资产折旧大幅增加；上年对固定资产进行大修，而本年未进行固定资产大修理，致使修理费大幅下降。

2. 比率分析法

通常，采取的比率分析法主要是存货周转率和毛利率。

（1）存货周转率。存货周转率是用以衡量销售能力和存货是否积压的指标。其计算公式为：

$$存货周转率=\frac{主营业务成本}{平均存货}\times 100\%$$

利用存货周转率进行横向分析或纵向分析时，要求存货计价保持一致。存货周转率波动，可能存在以下情况：①有意或无意的减少存货储备；②存货管理或控制程序发生变动；③存货成本发生变动；④存货核算方法发生变动；⑤存货跌价准备计提基础或冲销政策发生变动；⑥销售额发生大幅度变动。

（2）毛利率。毛利率是反映盈利能力的主要指标，用以衡量成本控制和销售价格的变化。其计算公式为：

$$毛利率=\frac{主营业务收入-主营业务成本}{主营业务收入}\times 100\%$$

毛利率的变动可能存在以下情况：①销售价格发生变动；②销售产品总体结构发生变动；③单位产品成本发生变动；④固定制造费用比重较大时销售数量发生变动。

（二）直接材料成本的实质性程序

直接材料成本的实质性程序一般应从审阅材料和生产成本明细账入手，抽查有关的费用凭证，验证企业产品直接耗用材料的数量、计价和材料费用分配是否真实、合理。其主要内容包括：

（1）抽查产品成本计算单，检查直接材料成本的计算是否正确，材料费用的分配标准与计算方法是否合理恰当，是否与材料费用分配总表中该产品分配的直接材料费用相符；

（2）检查直接材料耗用数量的真实性，有无将非生产用材料计入直接材料费用；

（3）分析比较同一产品前后各年度的直接材料成本，如有重大波动应查明原因；

（4）抽查材料发出及领用的原始凭证，检查领料单的签发是否经过授权，材料发出汇总表是否经过适当的人员复核，材料单位成本计价方法是否适当，是否正确及时入账；

（5）对采用定额成本或标准成本的企业，应检查直接材料成本差异的计算、分配与会计处理是否正确，并查明直接材料的定额成本、标准成本在本年度内有无重大变更。

（三）直接人工成本的实质性程序

直接人工成本的实质性程序的主要内容包括：

（1）抽查产品成本计算单，检查直接人工成本的计算是否正确，人工费用的分配标准与计算方法是否合理和恰当，是否与人工费用分配总表中该产品分配的直接人工费用相符；

（2）将本年度的直接人工成本与前期比较，查明其异常波动的原因；

（3）分析比较本年度各个月份的人工费用发生额，如有异常波动，应查明原因；

（4）结合应付工资的检查，抽查人工费用会计记录和会计处理是否正确；

（5）对采用标准成本法的企业，应检查直接人工成本差异的计算、分配与会计处理是否正确，并查明直接人工的标准成本在本年度内有无重大变更。

（四）制造费用的实质性程序

制造费用是企业为生产产品或提供劳务而发生的间接费用。制造费用的实质性程序的主要内容包括：

（1）汇总或编制制造费用汇总表，并与明细账、总账核对相符，抽查制造费用中的重大数额项目及例外项目是否合理。

（2）审阅制造费用明细账，检查其核算内容及范围是否合理，并应注意是否存在异常会计事项，重点查明有无将不应列入成本费用的支出计入制造费用。

（3）必要时对制造费用进行截止测试，确定有无跨期入账的情况。

（4）检查制造费用的分配是否合理。重点查明制造费用的分配方法是否符合企业自身的生产技术条件，是否体现受益原则。分配方法一经确定，是否在相当时期内保持稳定，有无随意变更的情况；分配率和分配额的计算是否正确，有无人为估计的情况。

（5）对采用标准成本法的企业，应抽查标准制造费用的确定是否合理，计入成本计算单的数额是否正确，制造费用的计算、分配与会计处理是否正确，并查明标准制造费用在本年度内有无重大变动。

（五）主营业务成本的实质性程序

主营业务成本实质是企业对外销售商品、产品，对外提供劳务等发生的实际成本。它是由期初库存产品成本加上本期入库产品成本，减去期末库存产品成本求得的。对主营业务成本的测试，应通过审阅主营业务成本明细产成品明细账等记录并核对有关的原始凭证和记账凭证进行。其主要内容包括：

（1）获取或编制主营业务成本明细表，与明细账和总账核对相符。

（2）编制生产成本及销售成本倒轧表（见表11-5），与总账核对相符。

表11-5　　　　生产成本及销售成本倒轧表　　　　单位：元

项　目	未审数	调整或中分类金额借(贷)	审定数
原材料年初余额	14 890 431.71 √		14 890 431.71
加：本期购进	79 093 031.76		79 093 031.76
减：原材料年末余额	16 225 103.68 √	-2 000 000.00	14 225 103.68
其他发出额	14 461 503.53		14 461 503.53
直接材料成本	63 296 856.26		61 296 856.26
加：直接人工成本	3 064 212.00		3 064 212.00
制造费用	931 653.08		931 653.08
生产成本	75 677 721.34		73 677 721.34
加：在产品年初余额	1 652 837.95 √		1 652 837.95
减：在产品年末余额	1 798 810.95 √		1 798 810.95
产品生产成本	75 531 748.34		73 531 748.34
加：产成品年初余额	8 468 933.15 √		8 468 933.15
减：产成品年末余额	9 218 411.62 √		9 218 411.62
销售成本	74 782 269.87 √		72 782 269.87
测试说明：√同有关存货账户年初或年末余额核对一致，费用归集、成本计算结果正确。			
测试结论：通过勾稽关系进一步核对，材料成本、生产成本和销售成本可以确认。			

（3）分析比较本年度与上年度主营业务成本总额，以及本年度各月份的主营业务成本金额，如有重大波动和异常情况，应查明原因。

（4）结合生产成本的测试，抽查销售成本数额结转的正确性，并检查其是否与销售收入配比。

（5）检查主营业务成本账户中重大调整事项（如销售退回）是否有其充分理由。

（6）确定主营业务成本在财务报表中已恰当披露。

二、存货的实质性程序

存货是指企业在日常活动中持有以备出售的产成品或商品、处在生产过程中的在产品、在生产过程或提供劳务过程中耗用的材料和物料等。

通常情况下，存货对企业经营特点的反映能力强于其他资产项目，存货的重大错报对于流动资产、营运资本、总资产、销售成本、毛利以及净利润会产生直接的影响，对于利润分配和所得税等项目，也具有间接影响，审计中许多复杂和重大的问题都与存货有关。存货审计通常是审计中最复杂也最费时的部分，对存货存在性和存货价值的评估常常十分困难。导致存货审计复杂的主要原因包括：

（1）存货通常是资产负债表中的一个主要项目，而且通常是构成营运资本的最大项目。

（2）存货存放于不同的地点，这使得对它的实物控制和盘点都很困难。

（3）存货项目的多样性也给审计带来了困难。如化学制品、宝石、电子元件以及其他的高科技产品。

（4）存货本身的陈旧以及存货成本的分配也使得存货的估价出现困难。

（5）允许采用的存货计价方法的多样性。

（一）监盘

监盘是指审计师现场观察被审计单位存货的盘点，并对已盘点的存货进行适当检查。由此可见，存货监盘有两层含义：一是审计师应亲临现场观察被审计单位存货的盘点；二是在此基础上，审计师应根据需要抽查已盘点的存货。

定期盘点存货、合理确定存货的数量和状况是被审计单位管理层的责任。实施存货监盘，获取有关期末存货数量和状况的充分、适当的审计证据是审计师的责任。

监盘针对的主要是存货的存在认定，审计师监盘存货的目的在于获取有关存货数量和状况的审计证据，以确证被审计单位记录的所有存货确实存在，已经反映了被审计单位拥有的全部存货，并属于被审计单位的合法财产。存货监盘作为存货审计的一项核心审计程序，通常可以同时实现上述多项审计目标。

1. 监盘计划

审计师应当根据被审计单位存货的特点、盘存制度和存货内部控制的有效性等情况，在评价被审计单位存货盘点计划的基础上，编制存货监盘计划，对存货监盘做出合理安排。

在编制存货监盘计划时，审计师应当实施下列审计程序：

（1）了解存货的内容、性质、各存货项目的重要程度及存放场所。针对存货项目的重要程度需要考虑：①存货与净资产、其他资产的相对金额及内在联系；②各类存货的相对金额；存放于各不同地点存货的相对金额。

（2）了解与存货相关的内部控制，见表 11-6。

表 11-6　　存货相关的内部控制

环节	控制总目标	基本控制措施	更有效的控制措施
采购	所有交易都已获得了适当的授权与批准	使用购货订单	使用连续编号，采购价格已确定，并获得批准的购货订单，并存在定期清点核算的程序。
验收	所有收到的货物都已得到记录	使用验收报告单	由一个独立设置的部门负责验收货物，该独立设置的部门具有存货实物验收，确定所记录的存货数量，编制验收报告，将验收报告传送至会计核算部门以及运送货物至仓库等一系列职能。
存储	确保与存货的接触必须得到管理当局批准	使用围障	使用复杂的保安措施以保护存货免受意外损毁或盗窃，并设置适当的存储设施以保护存货免受意外损毁或破坏。

表11-6(续)

环节	控制总目标	基本控制措施	更有效的控制措施
领用	所有存货的领用均应得到批准	使用部门存货领用单	对存货领用申请单进行清点核算。
加工（生产）	对所有的生产过程做出适当的记录	使用生产报告	使用产品质量缺陷报告和零废物件报告。
装运	所有的装运都已得到了记录	使用装运文件	由销售部门做出装运指令，使用预先编号的装运单以便定期清点核算，并由此形成日后开具收款账单的依据。

（3）评估与存货相关的重大错报风险和重要性。

存货的固有风险和控制的有效性是导致重大错报风险产生的主要因素。

影响固有风险的因素主要有：①存货的数量和种类；②成本归集的难易程度；③运输的便捷程度；④废旧过时的速度或易损坏的程度；⑤遭受失窃的难易程度。可能增加审计复杂性与固有风险的情况有：①长期的制造过程；②固定价格合约；③商品存货；④服装与其他时装相关行业；⑤鲜活、易腐商品存货；⑥具有高科技含量的存货；⑦单位价值高昂的存货。

（4）查阅以前年度的存货监盘工作底稿。

（5）考虑实地察看存货的存放场所特别是金额较大或性质特殊的存货。

（6）考虑是否需要利用专家的工作或其他审计师的工作。

（7）复核或与管理层讨论其存货盘点计划。

2. 在复核或与管理层讨论其存货盘点计划时，审计师应当考虑的主要因素

（1）盘点的时间安排；

（2）存货盘点范围和场所的确定；

（3）盘点人员的分工及胜任能力；

（4）盘点前的会议及任务布置；

（5）存货的整理和排列，对毁损、陈旧、过时、残次及所有权不属于被审计单位的存货的区分；

（6）存货的计量工具和计量方法；

（7）在产品完工程度的确定方法；

（8）存放在外单位的存货的盘点安排；

（9）存货收发截止的控制；

（10）盘点期间存货移动的控制；

（11）盘点表率的设计、使用与控制；

（12）盘点结果汇总以及盘盈或盘亏的分析、调查与处理。

3. 编制存货监盘计划的主要内容

（1）存货监盘的目标、范围及时间安排；

（2）存货监盘的要点及关注事项，包括审计师实施存货监盘程序的方法、步

骤，各个环节应注意的问题、所要解决的问题以及盘点期间的存货移动、存货的状况、存货的截止确认、存货的各个存放地点及金额等；

（3）参加存货监盘人员的分工；

（4）确定存货的检查范围。

4. 存货监盘程序

存货监盘程序是综合控制测试和实质性程序两种方式的集合程序，包括观察程序和检查程序。监盘的目的：确证盘点计划得到适当的执行（控制测试），证实存货实物总额（实质性程序）。监盘的范围：所有盘点工作小组的盘点内容以及难以盘点或隐蔽习惯较强的存货。

（1）观察

在被审计单位盘点存货前，审计人员应当观察盘点现场，确定应纳入盘点范围的存货是否已经适当整理和排列，并附有盘点标识，防止遗漏或重复盘点。对未纳入盘点范围的存货，审计师应当查明原因。

对所有权不属于被审计单位的存货，审计师应当取得其规格、数量等有关资料。确定是否已分别存放、标明，且未被纳入盘点范围。

审计人员在实施存货监盘过程中，应当跟随被审计单位安排的存货盘点人员，注意观察被审计单位事先制订的存货盘点计划是否得到了贯彻执行，盘点人员是否准确无误地记录了被盘点存货的数量和状况。

（2）检查

审计人员应当对已盘点的存货进行适当检查，将检查结果与被审计单位盘点记录相核对，并形成相应记录。

检查的范围通常包括每个盘点小组盘点的存货以及难以盘点或隐蔽性较强的存货。需要说明的是，审计人员应尽可能避免让被审计单位事先了解将抽取检查的存货项目。

在检查已盘点的存货时，审计人员应当从存货盘点记录中选取项目追查至存货实物，以测试盘点记录的准确性；审计师还应当从存货实物中选取项目追查至存货盘点记录，以测试存货盘点记录的完整性。

（3）需要特别关注的情况

①应当特别关注存货的移动情况，防止遗漏或重复盘点。

②应当特别关注存货的状况，观察被审计单位是否已经恰当区分所有毁损、陈旧、过时及残次的存货。

③应当特别关注存货的截止，应当获取盘点日前后存货收发及移动的凭证，检查库存记录与会计记录期末截止是否正确。具体而言，对期末存货进行截止测试时，通常应当关注：一是所有在截止日以前入库的存货项目是否均已包括在盘点范围内，并已反映在截止日以前的会计记录中；任何在截止日期以后入库的存货项目是否均未包括在盘点范围内，也未反映在截止日以前的会计记录中。二是所有在截止日以前装运出库的存货项目是否均未包括在盘点范围内，且未包括在截止日的存货账面余额中；任何在截止日期以后装运出库的存货项目是否均已包括在盘点范围内，并

已包括在截止日的存货账面余额中。三是所有已确认为销售但尚未装运出库的商品是否均未包括在盘点范围内，且未包括在截止日的存货账面余额中。四是所有已记录为购货但尚未入库的存货是否均已包括在盘点范围内，并已反映在会计记录中。

（4）对特殊类型存货的监盘

在审计实务中，审计师应当根据被审计单位所处行业的特点、存货的类别和特点以及内部控制等具体情况，并在通用的存货监盘程序基础上，设计关于特殊类型存货监盘的具体审计程序。

①如果由于被审计单位存货的性质或位置等原因导致无法实施存货监盘，审计师应当考虑能否实施替代审计程序，获取有关期末存货数量和状况的充分、适当的审计证据。审计师实施的替代审计程序主要包括：一是检查进货交易凭证或生产记录以及其他相关资料；二是检查资产负债表日后发生的销货交易凭证；三是向顾客或供应商函证。

②如果因不可预见的因素导致无法在预定日期实施存货监盘或接受委托时被审计单位的期末存货盘点已经完成，审计师应当评估与存货相关的内部控制的有效性，对存货进行适当检查或提请被审计单位另择日期重新盘点；同时测试在该期间发生的存货交易，以获取有关期末存货数量和状况的充分、适当的审计证据。

③委托其他单位保管或已做质押的存货。对被审计单位委托其他单位保管的或已做质押的存货，审计师应当向保管人或债权人函证。如果此类存货的金额占流动资产或总资产的比例较大，审计师还应当考虑实施存货监盘或利用其他审计师的工作。

④首次接受委托的情况。当首次接受委托未能对上期期末存货实施监盘，且该存货对本期财务报表存在重大影响时，如果已获取有关本期期末存货余额的充分、适当的审计证据，审计师应当实施下列一项或多项审计程序，以获取有关本期期初存货余额的充分、适当的审计证据。一是查阅前任审计师工作底稿；二是复核上期存货盘点记录及文件；三是检查上期存货交易记录；四是运用毛利百分比法等进行分析。

5. 存货监盘结束时的工作

在被审计单位存货盘点结束前，审计师应当再次观察盘点现场，以确定所有应纳入盘点范围的存货是否均已盘点；并检查已填用、作废及未使用盘点表单的号码记录，确定其是否连续编号，查明已发放的表单是否均已收回，并与存货盘点的汇总记录进行核对。审计师应当根据自己在存货监盘过程中获取的信息对被审计单位最终的存货盘点结果汇总记录进行复核，并评估其是否正确地反映了实际盘点结果。

如果存货盘点日不是资产负债表日，审计师应当实施适当的审计程序，确定盘点日与资产负债表日之间存货的变动是否已做正确的记录。

（二）存货的截止测试

存货截止测试的目的是确定有关存货的交易记入了合理的会计期间。这里存货截止测试包括对于存货的采购截止（Purchases Cut Off）和销售截止测试（Sales Cut Off）。存货采购截止测试的关键是确定实物存货纳入盘点范围的时间和存货引起的借贷双方会计科目的入账时间都处于同一会计期间；由于被审计单位提前或推迟确认收入和相应的资产，都会虚增或虚减当期的收入和资产，所以年终存货的销售截止测试的关键是必须确定所有的销售记入正确的会计期间。

在检查采购和销售的正确的截止测试时，审计人员必须确认以下事项：

（1）所有在截止日期以前入库的存货项目均已包括在盘点范围内并已反映在账簿之中，且任何在截止日期以后入库的存货项目均未包括在盘点范围内，也未反映在账簿记录之中；

（2）所有在截止日期以前装运出库的存货项目均未包括在盘点范围内且未反映在账簿之中，任何在截止日期以后装运出库的存货项目均已包括在盘点范围内，并已反映在账簿记录之中；

（3）所有已确认为销售，但尚未装运出库的商品均未包括在盘点范围内且未反映在账簿之中；

（4）所有已记录为购货，但尚未入库的存货均已包括在盘点范围内并已反映在账簿之中；

（5）在途存货和被审计单位直接向其顾客发运的存货均已得到了适当的会计处理。

存货截止测试的方法：

（1）抽查盘点日前后的购货发票与验收报告；

（2）查阅验收部门的业务纪录。

在确定一个采购或销售事项是否发生在期末以前，审计人员必须检查表明所有权转移的相关证明文件。收货日期、发货日期以及运输条款往往是判断所有权转移的基本因素。如果运输协议是 FOB 条款，那么一旦货物由运输公司发出，所有权就转移给了购买者；如果运输协议是 CIF 条款，那么只有在收到货物以后，所有权才转移给购买者。与采购和销售相关的验收报告、供货商的发票、运单、运费发票以及销售发票等原始凭证都为我们提供了必要的证据。

作为采购和销售截止测试的一部分，审计人员在存货监盘的过程中必须关注发运和收货文件，并向企业获取存货盘点前的最后一张验收单（或入库单）、最后一张货运文件（或出库单），并且把它们与发出或收到的商品联系在一起。在年终测试中，应根据这些单据追溯到销售或采购记录，以确定它们是否记入了本年的采购和销售之中。

除了将年终的商品与相应的文件核对外，审计人员还必须测试期末前后几天的采购和销售交易，以确定所有权转移的时点，同时区分交易应该记录的会计期间。为达到这个目的，审计人员需要检查 12 月 31 日前后一段时期的销售发票、出库单、装运发票、验收报告、供应商发票和运输发票等原始凭证，然后确定交易应记入哪个会计期间。发货日、收货日和运输条款将帮助审计人员识别商品所有权的转移。例如，年终在途存货是销售在途，如果运输协议是 CIF 条款，这些存货就应该包含在被测试单位的期末存货中，销售也不应该被记录；如果采购在途，并且供货商是以 FOB 价格条件发出的，那么这些存货的所有权在商品发运时就已经转移给了被测试单位，应当被包括在被测试单位的期末存货中，并且应该记录到采购中。

在选择截止测试样本时，审计人员应该以截止日为界限，分别向前倒推或向后顺推若干日，按顺序选取较大金额购货业务的发票或验收报告做测试样本。测试样本时，审计人员应该同时进行“从凭证到账户记录”和“从账户记录到凭证”这两个方向的测试，这样就能够保证在更大程度上发现有意的错误和无意的疏漏。

由于采购、销售和存货截止日期的不一致而引起的一些重要性的错误，列示在表 11-7 中。截止测试完成后，对于发现的错误，审计人员应提请被审计单位做必要的账务调整。

表 11-7　　存货截止错误的影响

截止日期：2015 年 12 月 31 日

错误类型	期末存货	采购	销售	对当年损益的影响
2015 年 30 000 元采购未入账。 A：包括在期末存货中 B：不包括在期末存货中	无影响 低估	低估 低估	无影响 无影响	高估 30 000 元 无影响
2016 年 30 000 元采购记入 2015 年。 A：包括在期末存货中 B：不包括在期末存货中	高估 无影响	高估 高估	无影响 无影响	无影响 低估 30 000 元
2016 年 66 000 元的销售被记入 2015 年，其中成本是 40 000 元。 A：包括在期末存货中 B：不包括在期末存货中	无影响 低估	无影响 无影响	高估 高估	高估 66 000 元 高估 26 000 元
2015 年 66 000 元销售被记入 2016 年，其中成本是 40 000 元。 A：包括在期末存货中 B：不包括在期末存货中	无影响 高估	无影响 无影响	低估 低估	低估 66 000 元 低估 26 000 元

（三）存货的计价测试

为验证财务报表上存货余额的真实性，还必须对存货的计价进行测试，即确定存货实物数量和永续盘存记录中的数量是否经过正确地计价和汇总。存货计价测试主要是针对被审计单位所使用的存货单位成本是否正确所做的测试。

1. 样本的选择

在实施存货的计价测试时，审计人员应该从单价和总金额已经记入存货汇总表的已盘点的结存存货中选择要进行测试的样本。选择样本时应着重选择结存余额较大且价格变化比较频繁的项目，同时考虑样本的代表性。审计人员可以将存货按照单价和数量多少进行分层抽样。

2. 计价方法的确认

存货的计价方法多种多样，被审计单位应结合企业会计准则的基本要求选择符合自身特点的计价方法。审计师除应了解掌握被审计单位的存货计价方法外，还应对这种计价方法的合理性与一贯性予以关注，没有足够理由，计价方法在同一会计年度内不得变动。

3. 计价测试

进行计价测试时，审计人员应关注计价的准确性：首先应对存货价格的组成内容予以审核，然后按照所了解的计价方法对所选择的存货样本进行计价测试。测试时，应尽量排除被审计单位已有计算程序和结果的影响，进行独立测试。测试结果应与被审计单位账面记录对比，编制对比分析表，分析形成差异的原因。如果差异过大，应扩大测试范围，并根据审计结果考虑是否应提出审计调整建议。

例如，审计师张某测试 Y 公司“存货——产成品”项目，通过“计价性测试”测试程序，发现 Y 公司 V 产品的计价情况如表 11-8 所示。

表 11-8　　单位：元

项目	本月购进			本月发出			本月结存		
	数量	单价	金额	数量	单价	金额	数量	单价	金额
11 月							3 500	258	903 000
12 月	26 000	246	6 396 000	275 000	246	6 765 000	2 000	267	534 000

根据审计人员对 Y 公司 V 产品地计价测试分析，不论该公司发出商品采用何种计价方式，上述计价过程均属错报。期末单价既高于本月入库单价 246 元，又高于期初单价 258 元，可以判断 Y 公司在计价过程中存有错误或舞弊的可能。

存货成本的审计也可以被视为存货计价测试的一项内容，为确保用于期末存货计价的成本的合理性，审计人员必须确定被审计单位的成本系统能否产生可靠的存货成本数据。审计人员如果对被审计单位的存货计价方法和成本计算方法满意，就能够信赖被审计单位在计算期末存货价格时所使用的单位价格。

在对测试存货的估价测试时，审计人员必须关注以下几点：

（1）原材料是以成本与市价孰低法进行计价的，比较典型的原材料成本等于当前供货商的价格减去适用的现金折扣，再加上运输费用。

（2）成本会计系统已经足额地把原材料、劳动力以及正常开支的适当金额分配给了完工产品。如果一个成本系统把过多的制造费用分配给期末存货，而将很少的一部分分配给已销售商品，或者该成本系统以全额成本反映周转率慢的商品和废品，那么使用这样的成本系统通常会高估资产和净收益，审计人员需要仔细审查，以确认是否存在此类问题。

（3）成本会计系统能够对不同完工程度产品的成本进行识别确认，从而可以采用约当产量计价法。

（4）在原材料取得、产品生产以及产品处置时，被测试单位采用了一种可接受的方法将成本分配到产品中去。先进先出法、加权平均法、后进先出法以及都是可接受的计价方法。

（5）对于那些周转较慢的商品、废品以及其他一些商品，应以不超过其可变现净值的价值在资产负债表上列示。

在存货计价审计中，由于被审计单位对期末存货采用成本与可变现净值孰低的方法计价，所以审计师应充分关注其对存货可变现净值的确定及存货跌价准备的计提。

可变现净值是指企业在日常活动中，存货的估计售价减去至完工时估计将要发生的成本、估计的销售费用以及相关税费后的金额。企业确定存货的可变现净值，应当以取得的确凿证据为基础，并且考虑持有存货的目的以及资产负债表日后事项的影响等因素。

表 11-9 对以上所述的存货审查的实质性测试进行了概括，但它并没有包括所有的测试程序。在审计人员形成对存货的测试结论的过程中，有关存货监盘（存在性）和存货计价（估价和所有权）的程序是最重要的程序。

表 11-9　　采购、生产与存货的实质性测试

分析性程序 1. 将采购额、期末存货销售毛利与以前年度和行业平均值相比，并记录重大差异； 2. 计算主要类别的存货周转率，将之与以前年度和行业平均值相比，记录其波动。
其他实质性测试程序 1. 复核客户的存货盘点计划，以评估其完整性和充分性； 2. 观察客户的存货盘点，必要时对存放在客户经营场所以外的存货进行函证或检查； 3. 进行采购和销售的截止测试； 4. 检查客户的存货账户上所列的存货数量是否与盘点记录相符； 5. 以经审核的价格和成本记录测试存货的计价； 6. 从盘点标签追查至存货清单，以核实存货的数量； 7. 仔细审查金额超过 10 000 万元的存货清单，从审计人员对存货盘点标签的复印件追查其相关的数据； 8. 对期末存货清单的扩展性附注说明进行测试； 9. 询问管理当局是否有过期作废的存货或是否将存货作为到期贷款的抵押品。

第十二章
筹资与投资循环审计

学习目标：

通过本章学习，你应该能够：

●了解筹资与投资循环的特性以及与之相关的各项具体测试目标的确定；

●理解设计筹资与投资循环的审计方案，并根据重大错报风险评价所识别的预警信号对测试方案进行完善和修改；

●掌握该循环的主要实质性程序。

第一节 循环交易与审计策略

一、典型交易与关键控制

筹资是企业通过筹集资本或举债，以改变其资本及债务的构成和规模的一种企业活动；投资是指企业为享有被投资单位分配的利润或为谋求其他利益，将资产让渡给其他单位而获得另一项资产的活动。筹资与投资循环由筹资活动和投资活动的交易事项构成。筹资活动主要由借款交易和股东权益交易组成；投资活动主要由权益性投资交易和债权性投资交易组成。

筹资的主要业务活动包括：

（1）审批授权。企业通过借款筹集资金或债券的发行每次均要由管理层和董事会授权；企业发行股票必须依据国家有关法规或企业章程的规定，报经企业最高权力机构（如董事会）及国家有关管理部门批准。

（2）签订合同或协议。向银行或其他金融机构融资须签订借款合同，发行债券须签订债券契约和债券承销或包销合同。

（3）取得资金。企业实际取得银行或金融机构划入的款项或债券、股票的融入资金。

（4）计算利息或股利。企业应按有关合同或协议的规定，及时计算利息或股利。

（5）偿还本息或发放股利。银行借款或发行债券应按有关合同或协议的规定偿还本息，融入的股本根据股东大会的决定发放股利。

筹资活动涉及的主要凭证和会计记录有：债券、股票、债券契约、股东名册、公司债券存根簿、承销或包销协议、借款合同或协议、有关记账凭证、有关会计科目的明细账和总账。

投资的主要业务活动包括：

（1）审批授权。投资业务应由企业的高层管理机构进行审批。

（2）取得证券或其他投资。企业可以通过购买股票或债券进行投资，也可以通过与其他单位联合形成投资。

（3）取得投资收益。企业可以取得股权投资的股利收入、债券投资的利息收入和其他投资收益。

（4）转让证券或收回到期的其他投资。

投资活动涉及的主要凭证和会计记录有：股票或债券、经纪人通知书、债券契约、企业的章程及有关协议、投资协议、有关记账凭证、有关会计科目的明细账和总账。

二、审计目标的确定

该循环测试的主要目标是揭示夸大投资和掩饰负债的行为，着重强调对投资高估和负债低估的测试。

（1）确认已记录的筹资与投资交易在被测试期间内是否实际发生，确认资产负债表日各项投资、负债以及所有者权益是否存在；

（2）确认所有应当记录的交易和事项是否都已记录，确定筹资与投资交易均已记录（完整性）、所有者权益增减变动的记录是否完整；

（3）确认所有筹资与投资交易均已以恰当的金额记入恰当的期间和恰当的账户；

（4）确认记录的借款是否为被审计单位应当履行的现时义务，确认记录的投资是否为被审计单位完全的所有权；

（5）确认筹资与投资交易是否以恰当的金额包括在财务报表中，与之相关的计价调整是否已恰当记录；

（6）确认各项筹资与投资交易的披露是否已按照企业会计准则的规定在财务报表中做出恰当列报。

三、关键控制测试

（一）筹资活动的相关内部控制

企业的借款交易涉及短期借款、长期借款和应付债券，这些内部控制基本类似。筹资活动的内部控制一般包括以下内容：

（1）筹资的授权审批控制；

（2）筹资循环的职务分离控制；

（3）筹资收入款项的控制；

（4）还本付息、支付股利等付款项的控制；

（5）实物保管的控制，如债券和股票都应设立相应的登记簿，详细登记已核准发行的债券和股票有关事项；

（6）会计记录的控制。筹资业务的会计处理较为复杂，企业应及时地按正确的金额、合理的方法、在适当的账户和合理的会计期间予以正确记录。

（二）投资活动的相关内部控制

投资活动的内部控制应该包括以下几个方面：

（1）投资计划的审批授权控制。投资必须编制投资计划，详细说明投资的对象、投资目的、影响投资收益的风险，所有投资计划及其审批应当用书面文件予以记录。

（2）投资业务的职责分工控制。

（3）投资资产的安全保护控制。企业对投资资产（股票和债券）一般有两种保管方式：一种由独立的专门机构保管，另一种由企业自行保管。

（4）投资业务会计记录控制。对于股票或债券类投资，无论是企业拥有的还是由他人保管的，都要进行完整的会计记录，并对其增减变动及投资收益的实现情况进行相关会计核算。

（三）筹资与投资循环的关键控制点

筹资与投资循环的关键控制是审批授权制度。

表 12-1 和表 12-2 中所列示的内容，目的在于帮助审计师掌握设计实现审计目标的审计方案的方法。在实际操作中，审计师应运用上述方法，根据被审计单位的具体情况，设计富有效率和效果的审计方案。

表 12-1　　　　筹资活动的控制目标与控制测试

内部控制目标	关键控制测试
借款和所有者权益账面余额在资产负债表日确实存在，借款利息费用和已支付的股利是由被审计期间真实事项引起的。（存在或发生）	索取借款或发行股票的授权批准文件，检查权限恰当否，手续齐全否； 索取借款合同或协议、债券契约、承销或包销协议。
借款和所有者权益的增减变动及其利息和股利已登记入账。（完整性）	观察并描述其职责分工； 了解债券持有人明细资料的保管制度，检查被审计单位是否将其与总账或外部机构核对。
借款均为被审计单位承担的债务，所有者权益代表所有者的法定求偿权。（权利与义务）	
借款和所有者权益的期末余额正确。（计价和分摊）	抽查筹资业务的会计记录，从明细账抽取部分会计记录，按原始凭证到明细账、总账顺序核对有关数据和情况，判断其会计处理过程是否合规完整。
借款和所有者权益在资产负债表上披露正确。（列报）	观察职务是否分离。

表 12-2　　投资活动的控制目标与控制测试

内部控制目标	常用控制测试
投资账面余额为资产负债表日确实存在，投资收益（或损失）是由被审期间实际事项引起。(存在与发生)	索取投资的授权批文，检查权限恰当否，手续齐全否； 索取投资合同或协议，检查是否合理有效； 索取被投资单位的投资证明，检查其是否合理有效。
投资增减变动及其收益损失均已登记入账。(完整性)	了解证券资产的保管制度，检查被审计单位自行保管时，存取证券是否进行详细的记录并由所有经手人员签字。
投资均为被审计单位所有。(权利与义务)	了解企业是否定期进行证券投资资产的盘点/审阅盘核报告； 审阅盘核报告，检查盘点方法是否恰当、盘点结果与会计记录核对情况以及出现差异的处理是否合规。
投资的计价方法正确，期末余额正确。(计价和分摊)	抽查投资业务的会计记录，从明细账抽取部分会计记录，按顺序核对有关数据和情况，判断其会计处理过程是否合规完整。
投资在资产负债上的披露正确。(列报)	观察职务是否分离。

四、重大错报风险评估与实质性程序方案

与销售与收款循环、采购与付款循环相比，筹资与投资循环业务每笔交易的金额通常较大，漏记或不恰当地对一笔业务进行会计处理，将会导致重大错报，从而对企业财务报表的公允反映产生较大的影响；该循环的业务如果企业不能从投资中获得预期回报甚至投资失败，或不能负担筹资的成本，或长期借款到期时不能如期偿还本息，将导致企业产生持续经营风险。

审计人员了解被审计单位的筹资与投资活动，可能对评估财务报表舞弊的风险、从性质角度考虑审计重要性、评估持续经营假设的适用性等有重要影响。

该循环审计的重大风险是夸大投资和掩饰负债的行为。

（一）查找关联交易

由于在筹资和投资循环中，关联方交易发生的频率非常高，对企业的财务状况和经营成果的公允表达具有重大影响，对关联方交易应认真地确认和审查。

关联方交易带来的主要测试风险是法律形式与经济实质之间的潜在背离以及被审计单位将关联交易作为在各主体间转移资产的通道。

例如，美国联邦 Knox Ville 银行为了防止问题贷款（不良贷款）被审计人员发现，将不良贷款在同一个家族控制的其他银行间转移。后来的报告显示，银行有 37 700 万美元（相当于银行资产的一半）全部或部分无法收回，而其中几乎一半的问题贷款是贷给联合银行的前董事长 Jake F. Butcher 及其亲属的。案例给审计人员的教训是：当法律形式和经济实质两者发生冲突时，根据实质重于形式的原则，审

计人员必须确定财务报表清楚地反映了重大关联方交易的经济实质；否则，审计人员将违反职业道德准则中关于“审计人员应该坚持客观、公正，不受利益冲突的影响，不应该传递虚假消息或屈从于其他人的判断”的规定。

一般来说，显示关联交易可能存在的信号有：①复杂的资本结构；②存在重点公司间交易的公司的测试由多个会计师事务所进行，或者其中的部分公司没有经过测试；③高度复杂的商业实务增加了管理当局掩盖经济实质的能力；④临近期末的、特殊的、高度复杂的重大交易带来难度较大的实质重于形式的问题。

但是，由于关联方及其交易的复杂性及内部控制、审计测试的固有限制，审计人员对关联方及其交易的测试并不能保证发现关联方及其交易的所有错报或漏报。

（二）拖欠贷款引起的对持续经营的关注

如果被测试单位拥有大量的未偿还负债，审计人员就必须特别关注是否有违反限制性条款或无法支付本金或利息的行为。拖欠借款是无法实现借款协议的一种常见形式，常常导致借款单位要求在特定的期限内偿还所有的借款和应计利息，从而引起对被审计单位持续经营的能力的怀疑。

（三）审查衍生金融工具

衍生金融工具公允价值的确定和交易记录的完整性等可能存在重大错报风险，对于从事投机性衍生金融工具交易的企业而言，尤其如此。

衍生工具是一种复杂的金融工具，其价值取决于一个或多个基本金融资产或金融指数。投资于衍生金融工具的目的有二：①或是为了增强获利能力、流动性、变现能力或这些目标的组合；②或是为了规避由于利率、汇率或商品价格变动而带来的金融风险。被测试单位以获利为目的的衍生金融工具买卖的测试风险比只是单纯地规避损失的测试风险要高。

例如，1994 年，德国 MG 公司利用能源衍生工具弥补了其石油分支机构的 1 亿多美元的损失；同样是 1994 年，Procter & Gamble 公司由于抛售两个利率互换合约，一次性确认税前损失 1.57 亿美元。

《中国审计师审计准则第 1632 号——衍生金融工具的审计》规定，在财务报表审计中，审计师对审计衍生金融工具的责任是，考虑管理层做出的与衍生金融工具相关的认定是否使得已编制的财务报表符合适用的会计准则和相关会计制度的规定。

由于衍生金融工具的使用日益频繁，审计人员应该向被测试单位管理当局询问是否存在衍生金融工具，并仔细检查合同中是否存在可能的风险敞口和需要确认的损失，确保所有的衍生金融工具都在资产负债表上以公允价值计量反映。审计人员还应该审查报表附注中与衍生金融工具相关的投资政策的披露情况。

在下列情形下，审计师应当考虑利用专家的工作：①衍生金融工具本身非常复杂；②简单的衍生金融工具应用于复杂的情形；③衍生金融工具交易活跃；④衍生金融工具的估值基于复杂的定价模型。

在筹资与投资循环的实质性程序中，测试的主要目标是揭示夸大投资和掩饰负债的行为，审计人员相应地要关注下列程序：检查并确认有价证券，阅读贷款协议和董事会会议记录，重新计算应计科目，同时还要重点关注与借款协议和股东权益有关的细节披露情况。

表 12-3 给出了一个筹资与投资循环中审计目标与证据、程序联系在一起的模型。

表 12-3　　　　筹资与投资循环的实质性程序

<table>
<tr><td colspan="2">一、投资交易</td></tr>
<tr><td>管理当局认定与测试目标</td><td>审计证据与测试程序</td></tr>
<tr><td rowspan="2">存在性和完整性：
证券投资是真实存在的吗？</td><td>实物证据：
控制可流通证券、零用现金、库存现金的缺失替换行为。
检查证券及其记录系列号，以备其后与投资明细账核对。
检查应收票据。
获得现金和证券的收据。</td></tr>
<tr><td>询证证据：
函证外部代管证券。</td></tr>
<tr><td rowspan="2">权利与义务：
客户拥有证券的所有权吗？</td><td>实物证据：
检查证券，以确定客户是证券的已登记注册的所有者。
检查证券，以确定是否存在以证券作为贷款抵押的情况。</td></tr>
<tr><td>询证证据：
向客户以外的证券持有者函证证券的所有权是否归客户所有。
向应收票据的发行人函证应收票据的所有权是否归客户所有。</td></tr>
<tr><td>计价：
证券是否按恰当标准进行计量：
（1）是否以市价计量用于交易目的的证券；
（2）对持有至到期日的证券是否摊销其成本；
（3）对重大投资是否采用权益法；
（4）是否以净现值计量应收票据。</td><td>文件证据：
执行截止测试：
（1）参考信用评级机构的股利预测报告以验证所收到的股利的合理性；
（2）分析公司间的交易并确定是否做了一致的记录，以发现相关的关联方交易的存在。
追查或核实已检查或函证的证券：
（1）从证券清单或证券函证回函顺查至投资明细账，按证券序列号追查以发现缺失证券的替换行为；
（2）从证券投资明细账逆查至证券清单或函证回函，以发现证券的缺失。
追查证券取得与处置的下列原始资料：
（1）经纪人通知单；
（2）汇款单、收款记录和银行对账单；
（3）已封存支票。
检查董事会的相关会议记录，以确定重大的证券投资或处置是否经过恰当的授权，并确定客户对证券的持有目的和持有时间。
检查以权益法核算的未合并子公司的损益表。</td></tr>
</table>

计价： 证券是否按恰当标准进行计量： (1) 是否以市价计量用于交易目的的证券； (2) 对持有至到期日的证券是否摊销其成本； (3) 对重大投资是否采用权益法； (4) 是否以净现值计量应收票据。	数学证据 重新计算长期债券投资的溢价或折价摊销额。 重新计算证券处置的利得或损失。 重新计算应计利息。 计算内含利息率。 确定可流通证券的年末市场价值： (1) 分别进行长期证券投资和短期证券投资的分析； (2) 确定将其账面值调整至恰当的市值。
	分析性证据： 将股利和利息收入与以前年度相比，调查其重大变动。
表达与披露： 是否将拥有的证券和应收票据恰当地划分为流动资产和非流动资产？ 是否对有关的担保、抵押、利得与损失做了必要的披露？	口头证据： 询问管理当局持有证券的原因和所持有的证券的性质。 询问管理当局有关以证券作为贷款抵押的事项。 询问相关的关联方交易。
	文件证据： 检查董事会的会议记录，以确定是否存在证券抵押或关联方交易的情况。 审查是否将权益法核算下的已宣告发放的现金股利作为投资账面价值的减少。 检查会议记录或其他相关的文件，以证实管理当局所声称的对各种长短期证券的持有目的和打算持有的时间。
二、借款交易	
管理当局认定与测试目标	测试证据与测试程序
存在性与完整性： 有未记录的负债吗？ 所有的负债都经过恰当的授权吗？	文件证据： 检查以下文件资料，以发现可能的对长期负债的漏记： (1) 租赁协议； (2) 养老金计划与利润分享计划； (3) 银行函证； (4) 债券条款与抵押合同； (5) 董事会会议记录。 检查董事会的会议记录，以确定对贷款的恰当授权。
	口头证据： 获得客户管理当局声明书。

表12-3(续)

	询证证据： 在特定的情况下，对负债进行函证。
	文件证据： 检查租赁协议，以确定或有租金的存在。 检查养老金合同，以确定相关的利益归属条款。 检查贷款合同，以确定应计利息。 抽取部分项目予以追查： (1) 所支付的利息； (2) 所支付的租金； (2) 养老金准备。
计价： 长期负债是以净现值反映的吗？	数学证据： 抽取部分项目，重新计算： (1) 溢价或折价的摊销额； (2) 租赁款摊销额；， (3) 或有租金； (4) 应计利息； (5) 赎回债券的利得或损失； (6) 递延所得税的变动； (7) 养老金负债。 在特定的情形下，计算内含利息。
	分析性证据： 将负债及其相关的费用与以前年度相比，调查其重大差异。
	口头证据： 获取管理当局声明书。
表达与披露： 是否将长期负债的流动性部分重分类为流动负债？	文件证据： 审查负债合同，以确定下列事项： (1) 限制性条款及对违反限制性条款的披露的充分性； (2) 抵押条款及对抵押条款披露的充分性； (3) 其他披露要求，如租赁合同下的未来现金流量、债券协议的详细条款、养老金条款等。
三、所有者权益交易	
管理当局认定与测试目标	测试证据与测试程序
计价： 与所有者权益交易有关的利得或损失已恰当地确认了吗？ 股本交易经恰当授权了吗？	实物证据： 检查库存股票的有关凭证。
	询证证据： 向股票的登记注册机构和经纪商函证与股票发行有关的事项。

表12-3(续)

计价： 与所有者权益交易有关的利得或损失已恰当地确认了吗？ 股本交易经恰当授权了吗？	文件证据： 检查董事会会议记录，以确定已宣布发放的股利和下列事项： （1）股票的发行； （2）股票的回购； （3）股票的注销； （4）股票期权。 追查宣布股利发放和股利支付的相关凭证。 追查库藏股票的相关交易凭证。 核实库藏股票的发行收入至银行对账单。 当股票的发行收入为非现金资产时，检查该非现金资产的计价。
	数学证据： 重新计算每股盈余。 重新计算股票期权贷项。 重新计算发放股票股利时对留存收益的减计额。

第二节　筹资活动实质性程序

一、借款的实质性程序

（一）借款实质性程序的目标

1. 确定应当记录的借款是否存在并是否均已记录

审计人员必须确定被测试单位账面上的借款在资产负债表日确实存在。由于一般情况下被测试单位不会高估负债，所以在借款交易测试中，确认借款的完整性，防止借款的低估是关注的重点。

2. 确定借款的估价与分摊是否恰当，与之相关的计价调整是否已恰当记录

审计人员必须确定借款的期末余额的正确性，包括被测试单位是否使用了合理的方法来摊销长期负债的溢价或折价，而且是否按期计提了所应支付的利息。如果被测试单位存在债务重组的事项，审计人员必须确定新的债务是否合理入账，是否将或有支出包括在将来应付债务中，并同时确认由此导致的债务重组收益（或损失）是否正确入账。

3. 确定借款的列报和披露是否恰当

将负债正确地划分为流动或非流动是负债测试的一个重要目标。一年内到期的长期负债应反映为流动负债；相反，如果短期负债已打算续借，在符合一定的条件下则要按长期负债披露。除了正确披露负债以及借款利息外，被测试单位还应在报表附注中披露与借款费用有关的信息，包括当期资本化的借款费用金额和当期用于确定资本化金额的资本化率、有关债券逾期或背离借款合同时的限制性条款，租赁的细节、养老金的情况、所得税和时间性差异的性质、与应付债券和应付抵押款相

关的详细信息如合同条款、利息率等。

（二）借款实质性程序

（1）获取或编制长期借款明细表，复核其加计数是否正确，并与明细账和总账核对相符。

（2）审查合同协议资料及相关会计记录。

大多数长期债务都有双方签署的合同或协议，对债务合同进行仔细检查并与会计记录进行核对，将帮助审计人员确定必要的应计项目和披露信息。

①对年度内增加的长期借款，应检查借款合同和授权批准，了解借款数额、借款条件、借款日期、还款期限、借款利率，并与相关会计记录相核对；

②对年度内减少的长期借款，审计师应检查相关记录和原始凭证，核实还款数额；

③检查年末有无到期未偿还的借款，逾期借款是否办理了延期手续；

④检查长期借款的使用是否符合借款合同的规定，重点检查长期借款使用的合理性；

⑤检查借款费用的会计处理是否正确。

（3）向银行或其他债权人函证重大的长期借款。

（4）执行重新计算。审计人员应该重新计算下列内容，如果发现与被测试单位的金额不符，则应建议被审计单位进行调整。

①检查利息收入和支出、金融机构手续费和汇兑损益等明细项目计算的正确性；计算短期借款、长期借款在各个月份的平均余额，选取适用的利率匡算利息支出总额，并与财务费用的相关记录核对，判断被审计单位是否高估或低估利息支出，必要时进行适当调整。

②分析计算逾期借款的金额、比率和期限，判断被审计单位的资信程度和偿债能力。

（5）执行分析程序。审计人员必须将租赁款的分期偿还额、利息费用和养老金负债与以前年度的对应数进行比较，并对重大变动进行调查。这个程序有助于发现由于忽视导致的漏记负债。

①将本期财务费用与上期财务费用各明细项目进行比较分析，必要时可以比较本期各月份的财务费用，如果存在重大波动和异常情况应追查原因，扩大测试范围或增加测试量。

②评价利息率的合理性，如果出现利率较低或无利率的情况，则要考虑可能存在关联方交易。

（6）检查借款的列报与披露是否完整、恰当。

表 12-4、表 12-5 及表 12-6 列示了租赁和长期负债测试的工作底稿。

表 12-4　　　　　　　　　　**融资租赁测试工作底稿**

X 公司资本租赁					底稿号：P-2
编制人：	编制日期：		复核人：	复核日期：	
					被审计年度：20×2 年
出租方	租赁起始日	租赁中止日	内含利息率	年初应付租赁款	本年支付额
Y 公司 &	01/01/×2	2/31/×6	8%√	1 230 000 *	371 400 ∧
z 公司 &	01/01/×2	12/31/×7	10%√&	2 800 000&	643 000 ∧
L 公司 &	01/01/×1	12/31/×5	10%√	870 000 *	349 840 ∧
合计：				4 900 000	1 364 240
利息	初始租金	年末应付租赁款	流动部分	非流动部分	或有租金
98 400√	273 000	957 000	294 840√	662 160	0
280 000√	363 000	2 437 000	399 300√	2 037 700	0
87 000√	262 840	607 160	289 124√	318 036	80 000√
465 400 @	898 840	4 001 160	983 264@	3 037 700 @	80 000

注：& 表示已将包销收入追查至收款凭证和银行对账单　√表示已与总账核对

＊表示每期摊销额，见永久性底稿 PF H1　　∧表示已查看支票存根

表 12-5　　　　　　　　　　**长期负债测试工作底稿（一）**

X 公司应付抵押债券（票面利率为 12%）					底稿号：P-1	
编制人：		编制日期：		复核人：	复核日期：	
						被审计年度：20×2
日期	票面值	利息支付	利息费用	折价摊销	未摊销折价	发行价格
01/01/×2	2 000 000				213 551	1 786 449&
03/31/×2		60 000 ∧	62 526 *	2 526 *	211 025	
06/30/×2		60 000 ∧	62 614 *	2 614 *	208 411	
		60 000 ∧	62 706 *	2 706 *	205 705	
		60 000 ∧	62 800	2 800 *	202 905√	
合计：	2 000 000 √	240 000	250 646√			

注：& 表示已将包销收入追查至收款凭证和银行对账单　√表示已与总账核对

＊表示每期摊销额，见永久性底稿 PF H1　　∧表示已查看支票存根

表 12-6　　长期负债测试工作底稿（二）

X公司应付抵押债券溢折价摊销表（票面利率为12%）　底稿号：PF P-1

编制人：　编制日期：　复核人：　复核日期：　被审计年度：

期间（季度）	利息支付	利息费用	未摊销额	账面余额
0				1 786 449. 28
1	60 000. 00	62 525. 72	(2 525. 72)	1 788 975. 00
2	60 000. 00	62 614. 13	(2 614. 13)	1 791 589. 13
3	60 000. 00	62 705. 62	(2 705. 62)	1 794 294. 75
4	60 000. 00	62 800. 31	(2 800. 31)	1 797 095. 06
5	60 000. 00	62 898. 33	(2 898. 33)	1 799 993. 39
6	60 000. 00	62 999. 77	(2 999. 77)	1 802 993. 16
7	60 000. 00	63 104. 76	(3 104. 76)	1 806 097. 92
8	60 000. 00	63 213. 43	(3 213. 43)	1 809 311. 35
9	60 000. 00	63 325. 90	(3 325. 90)	1 812 637. 25
10	60 000. 00	63 442. 30	(3 442. 30)	1 816 079. 55
11	60 000. 00	63 562. 78	(3 562. 78)	1 819 642. 33
12	60 000. 00	63 687. 48	(3 687. 48)	1 823 329. 81
13	60 000. 00	63 816. 54	(3 816. 54)	1 827 146. 35
14	60 000. 00	63 950. 12	(3 950. 12)	1 831 096. 47
15	60 000. 00	64 088. 38	(4 088. 38)	1 835 184. 85
16	60 000. 00	64 231. 47	(4 231. 47)	1 839 416. 32
17	60 000. 00	64 379. 57	(4 379. 57)	1 843 795. 89
18	60 000. 00	64 532. 86	(4 532. 86)	1 848 328. 75
19	60 000. 00	64 691. 51	(4 691. 51)	1 853 020. 26
20	60 000. 00	64 855. 71	(4 855. 71)	1 857 875. 97
21	60 000. 00	65 025. 66	(5 025. 66)	1 862 901. 63
22	60 000. 00	65 201. 55	(5 201. 55)	1 868 103. 18
23	60 000. 00	65 383. 61	(5 383. 61)	1 873 486. 79
24	60 000. 00	65 572. 04	(5 572. Q4)	1 879 058. 83
25	60 000. 00	65 767. 06	(5 767. 06)	1 884 825. 89

债券条款：

面值——2 000 000E　期限（年）——10E　每年付息次数——4E

名义年利率——12%E　实际年利率——14%C　每期利率——3. 50%C

每期付息额——60 000C　抵押物——土地和房屋 E　发行日——01/01/20×2

到期日——12/31/20×1　付息日　03/31E　06/30E　09/30E　12/31E

净现值=发行价=1 786 449. 28 C

注：E 表示已检查债务契约；C 表示已计算。

【**案例** 12-1】审计师在审查飞达股份有限公司 2015 年度财务报表时，发现该公司在年度内向工商银行举借长期借款一笔，长期借款合同规定：①长期借款以公司的商品为担保；②该公司债务与所有者权益之比应经常保持低于 5∶3；③分发股利须经银行同意；④自 2017 年 1 月 1 日起分期归还借款。

要求：如果不考虑相关的内部控制系统，审计师审查长期借款项目时，应审查哪些内容？

【案例解析】审计师针对该公司长期借款，应审查下列内容：

（1）审查该公司长期借款是否经公司董事会批准，有无会议记录；

（2）查明长期借款合同中的所有限制条件；

（3）验证长期借款利息费用和应计利息的计算是否正确，复核相关的会计记录是否健全、完整；

（4）计算债务和所有者权益之比，核实是否低于 5∶3 的比例；

（5）查明有无一年内到期的长期借款，并检查在资产负债表中的列示是否恰当；

（6）抽查商品明细记录中有无“充作担保”的记录。

【**案例** 12-2】审计师在审查永大股份有限公司 2015 年 12 月 31 日资产负债表中的“应付债券”项目时，收集到下列资料：①本年度该公司发行为期 5 年的公司债券，债券合同中规定，凡违反合同内任何条款，所有公司债券立即自动到期；②公司应保持不低于 1∶1 的速动比率，如果低于该比率，该年度中公司高级管理人员的工资应低于 60 万；③该公司应将为公司债券担保的财产，按其实际价值向保险公司投保；④该公司提供担保的财产，应按规定及时纳税。

要求：针对上述情况，审计师除评审应付债券的内部控制系统外，应审查哪些内容？

【案例解析】针对永大公司应付债券的具体情况，审计师应审查以下内容：

（1）审查债券合同中的各种条款，查明该公司有无违反债券合同条款；

（2）核实自发行年度起各年末资产负债表中的速动比率，一旦低于 1∶1 时，应立即审查高级管理人员的工资是否低于 60 万元；

（3）查明该公司为债券担保财产的种类、数量、价值和投保金额，并向保险公司和有关单位进行函证；

（4）向税务机关函证，查明对债券合同规定的资产纳税情况，审查实际纳税额与账簿记录是否一致。

表 12-7 总结了以上列举的借款交易的基本测试程序，其中将长期负债及其相关费用的本年数与上年数进行比较的分析性程序是最重要的查找负债低估的程序。

表 12-7　　借款交易的实质性方案

分析性程序 　　将长期负债和相关的费用与以前年度相比，调查其重大变动。
其他实质性程序 　　1. 向证券持有人和养老金受益者函证应付债券和养老金。 　　2. 审查银行函证，以发现未记录的负债和有关的保证。 　　3. 审查租赁协议，以证实或有租金的存在。 　　4. 检查养老金合同，以证实相关的利益归属条款。 　　5. 检查贷款合同，以确定应计利息。 　　6. 为以下目的查看贷款合同、债券协议和养老金协议：限制性条款、抵押要求、披露要求。 　　7. 抽取部分项目以核实利息的支付、租金的支付和养老金的准备。 　　8. 抽取部分项目以重新计算：溢折价摊销额、租金摊销额、或有租金、应计利息、债券赎回的利得或损失。 　　9. 如必要的话，计算内含利率。

二、所有者权益的实质性程序

企业资产负债表上的所有者权益，是企业投资者对企业净资产的所有权，包括投资者对企业的投入资本以及企业存续过程中形成的资本公积、盈余公积和未分配利润。

（一）所有者权益实质性程序的目标

（1）确定记录的所有者权益是否存在，确定所有应当记录的所有者权益是否均已记录。

审计人员在审查所有者权益时，必须首先确定被审计单位与所有者权益有关的投资协议、合同和企业章程、利润分配的决议、分配方案等方面的内部控制是否存在、有效且一贯遵守，从而为所有者权益各科目的存在和完整提供整体的评价。

（2）资本公积、盈余公积、未分配利润的增减变动是否符合法律法规和合同、章程的规定，确定所有者权益是否以恰当的金额包括在财务报表中。

在所有者权益交易中，估价认定虽然没有表达和披露认定重要，但是，审计人员仍然必须确定被测试单位是年利润转入的金额是否正确，是否按照规定的比率计提了公积金和公益金，资本公积的核算是否正确等。在测试过程中，审计人员可能要对某些交易的估价方法予以关注。例如，如果被测试单位收到了用于估价作股的非现金资产，审计人员就必须对相关资产的估价进行审查。

库存股票交易和股票股利也涉及估价问题。对于股票股利，审计人员必须验证从留存收益转入的金额的合理性。

（3）所有者权益是否已按照企业会计准则的规定在财务报表中做出恰当列报与披露。

审计人员必须确认被测试单位是否在资产负债表上披露所有者权益各项目的同时，在报表附注中对所有者权益各明细项目在本期间的增减变动，特别是如果存在所有者变更、注册资本增加或减少、各所有者出资额的变动等事项进行充分的披露。

如果被测试单位是上市公司，还应该在报表附注中披露与股本有关的重要事项，如股本的种类、各类股本金额及股票发行的数额、每股股票的面值、本会计期间发行的股票等。同时，审计人员还需审查被测试单位对每股盈余的计算和披露情况。虽然每股盈余列示在损益表中，但每股盈余的确定需要对长期债务和所有者权益的组成进行仔细分析。复杂的资本结构要求对每股盈余进行双重披露，即既要披露稀释后的每股盈余还要披露基本每股盈余，并要对这两者之间的关系进行勾稽。此外，其他的披露问题包括股利发放方面的限制、累积优先股股利和股票期权计划的详细信息，如股票期权行权日的公允价值等。

（二）所有者权益实质性程序

1. 审查书面文件及相关会计记录

所有者权益交易具有金额大、次数少的特点，所以几乎所有的交易都具有相应的授权和证明文件。审计人员必须审查与实收资本（或股本）有关的投资合同或协议、与资本公积转增股本相关的文件、公积金和公益金计提的条款以及利润分配（或股利发放）条款等。特别是因为大多数所有者权益交易都要求经过董事会的批准，所以审计人员必须检查董事会会议备忘录中对股票发行、股票回购或注销、股利和股票期权等事项的授权。如果交易已经经过合理授权，那么审计人员应该验证相关的原始凭证，如股票发行的收款分录和存款单、股票期权的行使、库存股票的销售或股票回购和股利发放时的款项支出记录和支票存根。

如果被审计单位存在股票期权政策，审计人员必须审查被测试单位与股票期权协议相关的协议，并检查其账务处理和披露是否合理。通过检查股票期权协议，审计人员也可以确定计量日和递延补偿款的金额。

2. 执行重新计算

审查了被审计单位的所有关于所有者权益的有关文件资料后，审计人员应该对下列项目重新进行计算，以确定被测试单位计算的正确性。

（1）所有者投入资本或股票发行的股本以及相关的发行费用；

（2）接受捐赠、股权投资准备、拨款转入、外币折算差额以及其他原因造成的资本公积增加额；

（3）法定盈余公积、法定公益金或任意盈余公积的本期计提额；

（4）留存收益的减少，包括现金股利和股票股利的发放；

（5）本年利润的结转以及未分配利润的期末余额；

（6）股票期权贷方形成的递延补偿款的借方增加；

（7）每股盈余的计算过程；

（8）与库存股票交易相关的计算。

表 12-8 总结了以上所述的所有者权益交易的主要实质性方案。

表 12-8　　所有者权益交易的实质性方案

分析性程序 1. 将本年发放的股利与以前年度相比，调查其重大变动。 2. 将股本账户与以前年度相比，记录所有变动。 3. 将股票期权贷项与以前年度相比，记录其增加额。
其他实质性测试程序 1. 向证券登记注册机构函证股票发行和股利的支付。 2. 检查董事会会议记录中对股利发放的宣布。 3. 审查董事会会议记录，以确定对下列事项的恰当授权：股票发行、股票回购；股票期权和股票股利。 4. 核实股利发放的宣布与支付。 5. 追查限制性流通股交易。 6. 审查换取股份的非现金资产的计价。 7. 重新计算每股收益、股票期权贷项及其摊销额、股票股利。 8. 检查贷款协议和董事会会议记录，以确定是否存在留存收益方面的限制及其在报表中的恰当披露。 9. 检查有关股票期权的合同，以确定是否恰当地披露了期权数、员工参与程度、期权价格和行权日。 10. 检查公司章程中对各种股票的描述，以确定是否恰当地披露了有关参与或累计优先股的情况。

第三节　投资活动实质性程序

一、投资循环实质性程序目标

（一）存在性和完整性认定

审计人员必须确定被测试单位资产负债表上的投资账面余额为确实存在的投资，投资收益（或损失）是由被测试单位期间实际发生的投资交易事项引起的。审计人员必须确定被测试单位所有的投资业务均包括在投资账户中，投资的增减变动及其收益（或损益）均已登记入账。

（二）权利与义务认定

审计人员必须确定被测试单位对投资拥有所有权。如果被测试单位持有他人用以为未偿还负债做抵押的证券，那么该证券的所有权并不属于被测试单位，因而不应该将其包括在投资账户中。而对于被测试单位用于向其他人做抵押的证券投资则必须在财务报表附注中披露，因为该事项的存在将可能影响该项投资的未来所有权。

（三）估价或分摊认定

在测试金融资产的合理估价时，审计人员必须确定被测试单位是否遵循了以下计量标准：

（1）是否将投资合理地划分为长期股权投资和长期债权投资，投资的入账价值应符合投资合同或协议的规定；

（2）长期股权投资的核算是否按规定采用权益法或成本法；

（3）长期债券投资的溢价或折价是否按有关规定摊销；

（4）在资产负债表日前的应计的利息和已宣告发放的股利是否确认入账；

（5）期末对短期投资是否计提跌价准备，对长期投资是否计提减值准备；

（6）对于不包括在合并范围的子公司必须用权益法核算；

（7）处置时已实现的收益或损益进入当期损益；

（8）应收票据应该以可实现净值来计价，估计的无法收回的应收票据应该进入损益表。

（四）表达与披露认定

在资产负债表上如何对投资进行分类至关重要。在确定证券投资为流动资产还是非流动资产时，审计人员必须同时考虑变现能力和管理当局的意图。证券投资为流动资产的条件是：变现能力强，并且管理当局只想短期持有。审计人员应检查资产负债表上投资项目的数字是否与审定数相符，“一年内到期的长期债权投资”项目的数字是否与审定数相符，若长期投资超过净资产的50%，是否已在财务报表的注释中对此做了披露。因为按照《公司法》的规定，除国务院规定的投资公司和控股公司外，公司的累计投资额不得超过本公司净资产的50%。审查当期的利息和股利收入是否在损益表上报告，但是对于收到的股利，如果对被投资单位采用权益法核算，那么收到的股利应作为投资的收回。

如果股票、债券在资产负债表日市价与成本有显著的差异，其中若市价高于成本，审计人员应检查被审计单位是否对此已经进行了恰当的披露。若市价低于成本，审计人员应检查被审计单位是否按照会计制度的规定计提了相应的准备；否则，审计人员应考虑在测试报告中反映。

除了投资的金额以外，财务报表还必须在报表内或报表附注内详细披露下列信息：①估价方法；②抵押情况；③已实现和未实现的收益或损失；④在联营企业所占有的股权比例；⑤所有金融工具的市场价值；⑥与关联方的交易；⑦采用权益法核算的未纳入合并报表范围的子公司的财务状况、经营成果和现金流量。

二、投资循环实质性程序

（一）实地盘点投资资产并检查账实是否相符

审计人员通常应对被审计单位所拥有的证券进行实地盘点。该程序中，审计人员必须对存放地点的所有可流通证券、库存现金和现款资金实施控制，以防止被测试单位利用资金或证券的转移替代来隐瞒证券的短缺。

在进行证券清点时，审计人员应确定证券的持有主体是否为被测试单位，并关注证券是否存在为贷款做抵押的情况。盘点时要有被测试单位有关管理人员在场，并编制盘点结果清单。如果实地盘点工作是在资产负债表日后进行的，审计人员还要根据盘点结果和结账与盘点日之间的证券增减变动业务的发生情况计算资产负债表日长期投资余额，然后审计人员将所有的证券编号与投资记录中的编号进行核对。如果审计人员发现投资记录中的部分证券被测试单位并没有实际拥有，或者存在用相似的证券来暂时替代缺少的证券以掩盖短缺的行为，那么被审计单位的证券可能被贪污或挪用。

（二）函证外部代管证券

如果被测试单位的证券存放在企业外部，审计人员可以通过对委托保管人进行函证的方式来代替证券的实地清点。审计人员需要就发行机构的名称、股票股数或债券的面值、所有者登记的名称、证券序号和取得成本等进行询证。但如果存放在企业外部的证券十分重要，那么审计人员可以选择前往存放点进行实地清点。

此外，审计人员还应该向票据的出票人函证应收票据。询证函应该包括与票据相关的抵押要求权和利息或本金的拖欠情况等细节性信息。

（三）审查投资记录的真实完整

结合投资实地盘点清单，审计人员可以从两个方面对被审计单位的投资记录进行审查：一是从实地盘点清单（如果没有实地盘点清单，则用询证函回函开始追查到投资记录，将盘点过程中记录的证券序号与投资记录进行核对，这可以帮助审计人员发现用相似证券代替缺失证券的行为；二是从投资记录追查到盘点清单，则可以发现无法用替代或其他方式掩盖的短缺行为。

审计人员还应该对股票经纪人的通知单、汇款通知单等代表投资增加和处置的原始凭证进行审查，以确定被测试单位投资增减记录是否完整。

（四）审查投资的核算方法

我国企业会计准则和企业会计制度的规定，企业的长期股权投资应根据被测试单位是否对被投资企业拥有控制、共同控制或重大影响以及管理层的投资意图，来确定采用权益法或成本法核算。审计人员可以通过询问管理层或函证被投资企业确认被测试单位的投资核算方法选择是否正确。审计人员还可以检查证实管理层投资意图的证明文件，如被测试单位投资战略的书面记录、投资经理的指导书以及董事会会议备忘录等。

对于长期债权投资的购买溢价或折价，审计人员必须确定被测试单位是否按照实际利率法或直线法在规定的期限内摊销。

（五）审查投资收益的确认

审计人员可以通过查询股利报告来验证股票股利收入的正确性。如果被测试单位对发行公司已宣告的股利在发放前提前进行确认，审计人员可以通过查询以前年度的工作底稿来确认。

对于长期债权投资的利息收入，审计人员应按照债券发行人所提供的利率与债券购入日期、存续期等资料计算出每期长期债权投资的应计利息数，并与企业有关的会计记录核对相符。债券投资的投资收益，不仅包括按利率计算的应计利息数，还包括长期债权投资溢价或折价摊销额对应计利息的扣减或追加额。

（六）关注关联方交易

投资活动往往导致关联方交易，审计人员必须对投资活动中的关联方交易保持关注。关联方交易可能产生形式与实质的背离。例如，支付给主要股东的预付款项从法律形式上看是一种借款，但其经济实质是股利。因为一般来说，不管是公司还是股东都没有想过偿还这些“预付款”。当法律形式和经济实质相背离时，审计人员必须做出职业判断。

审计人员必须对临近期末发生的公司间交易和公司内交易进行仔细检查，以确定其被恰当记录。因为公司间交易和公司内交易往往缺少与之相应的会计处理，即缺少这些交易的会计对称性，因而可能会导致资产、负债或所有者权益的虚假陈述。审计人员必须对与此相关的原始凭证和会计记录进行严格检查，并向管理当局询问该类交易的性质和原因等，以确定是否存在法律形式与经济实质的背离。

（七）分析性程序

投资中的分析性程序主要在于对投资整体情况的复核，审计人员应该计算短期股票投资、长期股权投资、期货等高风险投资所占的比例，分析短期投资和长期投资的安全性，要求被测试单位估计潜在的短期投资和长期投资损失。

审计人员还应该计算投资收益占利润总额的比例，分析被测试单位在多大程度上依赖投资收益，判断被测试单位盈利能力的稳定性，并将当期确认的投资收益与从被投资单位实际获得的现金流量进行比较分析，将重大投资项目与以前年度进行比较，分析是否存在异常变动。

（八）审查短期投资跌价准备和长期投资减值准备的计提

根据企业会计制度的规定，企业可以对短期投资按单项投资、投资类别、投资总体采用成本与市价孰低法进行期末计价。审计人员可以向被测试单位索取短期投资的市价和市价的资料来源，计算被审计单位计提的短期投资跌价准备是否正确，以及对跌价回升的账务处理是否正确等。

对于长期投资减值准备则应向被测试单位索取各项长期投资的市价和市价的资料来源，评价其合理性，据此估计被测试单位计提长期投资减值准备的合理性，并检查被测试单位对价值回升的长期投资的账务处理是否正确，如存在差异，应提请被测试单位调整。

表 12-9 是投资交易的导引表（主表），表 12-10 是该主表的附表之一，其中包含一些前面所讨论的实质性测试程序。

表 12-9　　长期投资主表

长期投资导引表　　底稿号：H

编制人：　编制日期：　复核人：　复核日期：

被审计单位：　被审年度：

投资项目	期初审定余额（12/31/×2）	本期增加	本期减少	期末审定额（12/31/03）	底稿号
X 公司普通股	750 000	150 000		900 000	H1
Y 公司普通股	160 000	40 000		200 000	H2
Y 公司优先股	55 000			55 000	H3
Z 公司长期债券	225 000		50 000	175 000	H4
国库券	100 000	150 000	50 000	200 000	H5
合计	1 290 000	340 000	100 000	1 530 000	

表 12-10　　**长期投资附表**

对 X 公司的普通股投资　　底稿号：H1

编制人：　编制日期：　复核人：　复核日期：

被审计单位：　被审年度：

				股份数
12/31/02	期初审定额		750 000~	150 000
01/03/03	本期增加额		100 000 * m	15 000
12/31/03	明细账余额		850 000	
	调整额（#3）		50 000	
12/31/03	期末审定额		900 000	165 000
			（填入底稿 H）	√

调整额（#3）

对 X 公司的普通股投资	50 000	
股利收入	50 000	
拥有未合并子公司的权益收入		100 000
对已发放股利中超出应享额部分进行调整：		
股利：		
03/01/×2	（10 000）V	
06/01/×2	（10 000）V	
09/01/×2	（10 000）V	
12/01/×2	（20 000）V	
		（50 000）
X 公司的年度净收益	303 000@	
对 X 公司净收益的应享额（占 33%的股份）		100 000
应增加投资账户的账面调整额		50 000

注：~表示查看 20×2 年度的工作底稿；　* 表示检查股票经纪商的通知书和已封存支票；
M 表示审查董事会的授权记录；　√ 表示检查股票的相关凭证；
V 表示追查收款记录和银行对账单；　@ 表示查看 X 公司的年度已审损益表

表 12-11 概括了以上所讲的投资交易的实质性程序，其中最关键的程序是实地盘点证券、确定投资的期末价值、重新计算投资收益及验证投资的购买和处置。

表 12-11 投资交易的实质性方案

分析性程序 将利息和股利收入与以前年度的进行比较，并调查其增减变动。
其他实质性测试程序 1. 审查投资账户的明细账是否与相关的控制账户相符。 2. 检查证券及其系列记录号，以备其后与投资账户的明细账相比较。 3. 抽查应收票据。 4. 函证外部代管证券。 5. 从证券盘点清单或函证回函追查至投资明细账（按系列号以发现用相似证券替代缺失的证券的行为）。 6. 从投资明细账核实至盘点清单或函证回函，以发现遗失的证券。 7. 抽取部分票据发行人以函证应收票据。 8. 追查证券投资或处置的以下原始文件：经纪人通知书、汇款单、收款记录、银行对账单和已封存支票。 9. 追查贷款交易的相关凭证、已封存支票和银行对账单。 10. 追查应收票据及其利息的以下原始文件：现金收款记录、货款通知、存款单和银行对账单。 11. 查看董事会会议记录中有关重大贷款和投资取得或处置的批准授权。 12. 查看未合并子公司的损益表以确定是否按权益法核算。 13. 查看股利收入是否与信用评级机构发布的股利预测报告相符。 14. 重新计算已收到的利息或应计利息。 15. 重新计算长期股权投资和长期债券投资的有关摊销额。 16. 重新计算证券投资的处置利得或损失。 17. 在特定情况下计算证券的内含利息。 18. 测试可交易证券的成本或市价。 19. 询问管理当局有关证券投资和应收票据的性质及其持有的目的。 20. 询问管理当局关联方交易的情况。

第十三章
特殊事项审计

学习目标：

通过本章学习，你应该能够：

●了解货币资金交易的特性以及关键的内部控制点；

●明确货币资金交易的审计方案，并根据重大错报风险评价所识别的预警信号对测试方案（计划）进行完善和修改；

●掌握库存现金监盘程序的实施要点；

●掌握银行存款检查与函证等主要实质性审计程序；

●掌握在报表审计中如何考虑对持续经营假设的影响；

●掌握或有事项的审计目标与程序；

●掌握期后事项的定义、种类、CPA 对发生在各时段的期后事项的责任和实施的审计程序、期后事项对审计报告和审计意见的影响。

［引例］2006 年，由于被认为审计报告连续出现问题，普华永道中天会计师事务所（下称“普华永道”）被上海外高桥保税区开发股份有限公司（下称“G 外高桥”）送上了仲裁庭。G 外高桥称，根据《审计业务约定书》，普华永道对上海外高桥保税区开发股份有限公司 2003 年及 2004 年度财务报表进行了审计并出具无保留意见的审计报告。2005 年 6 月 20 日，G 外高桥发现其存放在国海营业部证券保证金账户余额与经审计的公司 2003 年度和 2004 年度的报表明细账上金额严重不符，公司存放在国海证券上海圆明园路营业部（下称“国海营业部”）证券保证金账户中的资金已经被挪用。为此，G 外高桥于 2006 年 5 月 9 日向中国国际经济贸易仲裁委员会上海分会提起仲裁，要求普华永道退还全部审计服务费共计 170 万元，赔偿申请人的全部经济损失共 2 亿元，并且承担全部仲裁费和律师费。

思考：如何审计货币资金的真实性？

本章所涉及的特殊审计事项包括货币资金审计、考虑持续经营假设、或有事项审计、期后事项审计四个主要内容。

第一节　货币资金审计

一、货币资金与业务循环的关系

现金是指广义上的现金，包括库存现金及现金等价物、银行存款和其他货币资金。货币资金是企业资产的重要组成部分，是企业资产中流动性最强、容易被贪污和挪用，属于风险比较高的资产。现金与每一个业务循环都存在着密切的关系。具体表现如图 13-1 所示。

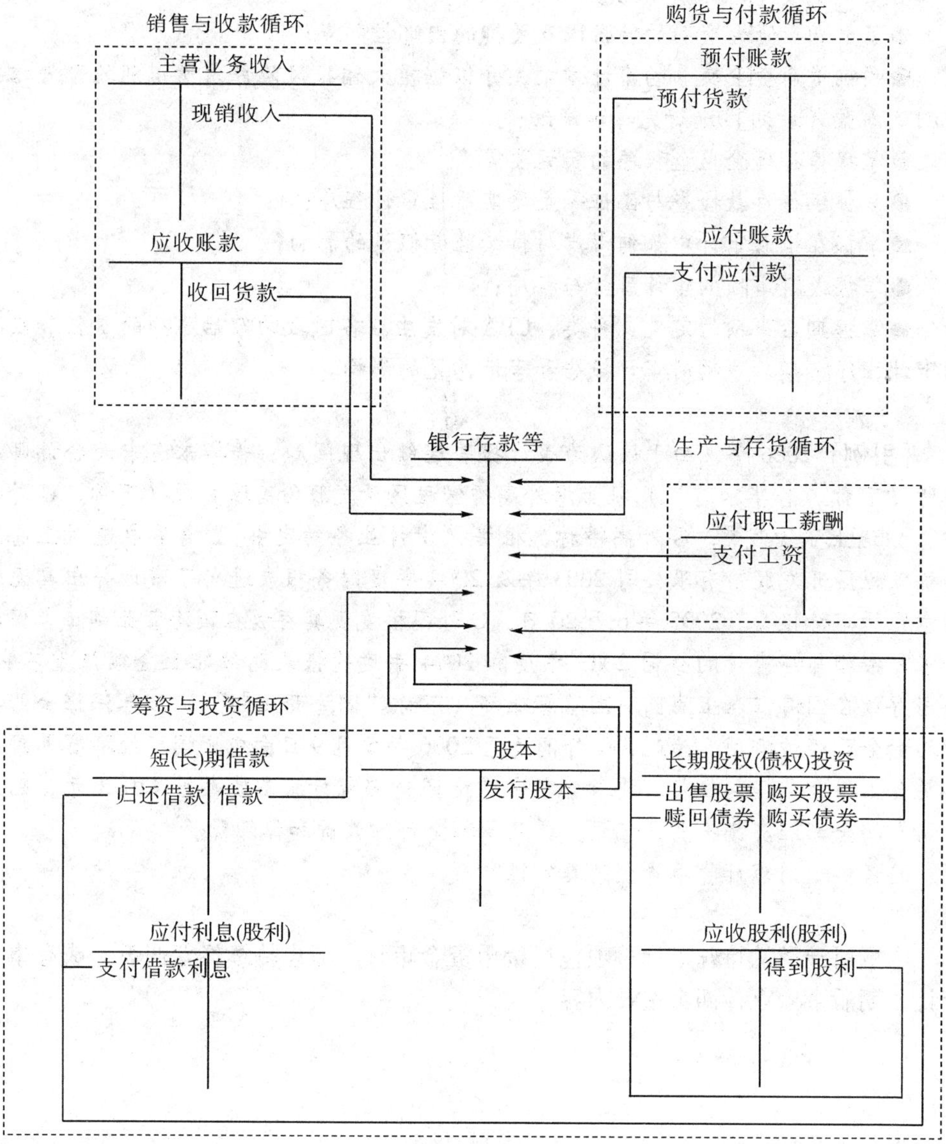

图 13-1　现金循环

二、货币资金的关键控制点

由于货币资金是企业流动性最强的资产，企业必须对货币资金强化管理，并建立良好的内部控制制度，来保障货币资金的安全运行。

（一）岗位分工及授权批准

（1）单位应当建立货币资金业务的岗位责任制，明确相关部门和岗位的职责权限，确保办理货币资金业务的不相容岗位相互分离、制约和监督。出纳人员不得兼任稽核、会计档案保管和收入、支出、费用、债权债务账目的登记工作。单位不得由一人办理货币资金业务收付的全过程。

（2）单位应当对货币资金业务建立严格的授权批准制度，明确审批人对货币资金业务的授权批准方式、权限、程序、责任和相关控制措施，规定经办人办理货币资金业务的职责范围和工作要求。审批人应当根据货币资金授权批准制度的规定，在授权范围内进行审批，不得超越审批权限。经办人应当在职责范围内，按照审批人的批准意见办理货币资金业务。对于审批人超越授权范围审批的货币资金业务，经办人员有权拒绝办理，并及时向审批人的上级授权部门报告。

（3）单位应当按照规定的程序办理货币资金支付业务。

①支付申请。单位有关部门或个人用款时，应当提前向审批人提交货币资金支付申请，注明款项的用途、金额、预算、支付方式等内容，并附有效经济合同或相关证明。

②支付审批。审批人根据其职责、权限和相应程序对支付申请进行审批。对不符合规定的货币资金支付申请，审批人应当拒绝批准。

③支付复核。复核人应当对批准后的货币资金支付申请进行复核，复核货币资金支付申请的批准范围、权限、程序是否正确，手续及相关单证是否齐备，金额计算是否准确，支付方式、支付单位是否妥当等。复核无误后，交由出纳人员办理支付手续。

④办理支付。出纳人员应当根据复核无误的支付申请，按规定办理货币资金支付手续，及时登记现金和银行存款日记账。

（4）单位对于重要货币资金支付业务，应当实行集体决策审批和联签，并建立责任追究制度，防范贪污、侵占、挪用货币资金等不法行为。

（5）严禁未经授权的机构或人员办理货币资金业务或直接接触货币资金。

（二）货币资金的管理

（1）单位应当加强现金库存限额的管理，超过库存限额的现金应及时存入银行。

（2）单位必须根据《现金管理暂行条例》的规定，结合本单位的实际情况，确定本单位现金的开支范围。不属于现金开支范围的业务应当通过银行办理转账结算。

（3）单位现金收入应当及时存入银行，不得用于直接支付单位自身的支出。因特殊情况需要坐支现金的，应事先报经开户银行审查批准。单位借出款项必须执行严格的授权批准程序，严禁擅自挪用、借出货币资金。

（4）单位取得的货币资金收入必须及时入账，不得私设“小金库”，不得账外设账，严禁收款不入账。

（5）单位应当严格按照《支付结算办法》等国家的有关规定，加强银行账户的管理，严格按照规定开立账户，办理存款、取款和结算。单位应当定期检查、清理银行账户的开立及使用情况，发现问题，及时处理。单位应当加强对银行结算凭证的填制、传递及保管等环节的管理与控制。

（6）单位应当严格遵守银行结算纪律，不准签发没有资金保证的票据或远期支票，套取银行信用；不准签发、取得和转让没有真实交易和债权债务的票据，套取银行和他人资金；不准无理拒绝付款，任意占用他人资金；不准违反规定开立和使用银行账户。

（7）单位应当指定专人定期核对银行账户，每月至少核对一次，编制银行存款余额调节表，使银行存款账面余额与银行对账单调节相符。如调节不符，应查明原因，及时处理。

（8）单位应当定期和不定期地进行现金盘点存相符。如发现不符，应及时查明原因，做出处理。

（三）票据及有关印章的管理

（1）单位应当加强与货币资金相关的票据的管理，明确各种票据的购买、保管、领用、背书转让、注销等环节的职责权限和程序，专设登记簿进行记录，防止空白票据的遗失和被盗用。

（2）单位应当加强银行预留印鉴的管理。财务专用章应由专人保管，个人名章必须由本人或其授权人员保管。严禁一人保管支付款项所需的全部印章。按规定需要有关负责人签字或盖章的经济业务，必须严格履行签字或盖章手续。

（四）内部检查监督

（1）单位应当建立对货币资金业务的监督检查制度，明确监督检查机构或人员的职责权限，定期和不定期地进行检查。

（2）货币资金监督检查的内容主要包括：

①货币资金业务相关岗位及人员的设置情况。重点检查是否存在货币资金不相容职务混岗的现象。

②货币资金授权批准制度的执行情况。重点检查货币资金支出的授权批准手续是否健全，是否存在越权审批行为。

③支付款项印章的保管情况。重点检查是否存在办理付款业务所需的全部印章交由一人保管的现象。

④票据的保管情况。重点检查票据的购买、领用、保管手续是否健全，票据保管是否存在漏洞。

（3）对监督检查过程中发现的货币资金内部控制中的薄弱环节采取措施，及时加以纠正和完善。

三、库存现金审计

企业的库存现金包括人民币现金和外币现金。现金是企业流动性最强的资产，尽管其在企业资产总额中的比重不大，但企业发生的舞弊事件大部分都与现金或最后牵连到现金，因此，审计人员应该重视现金的审计。

（1）审计目标。库存现金的审计目标一般应包括以下内容（括号内的为相应的财务报表认定）：

①确定被审计单位资产负债表的货币资金项目中的库存现金在资产负债表日是否确实存在。（存在）

②确定被审计单位所有应当记录的现金收支业务是否均已记录完毕，有无遗漏。（完整性）

③确定记录的库存现金是否为被审计单位所拥有或控制。（权利和义务）

④确定库存现金以恰当的金额包括在财务报表的货币资金项目中，与之相关的计价调整已恰当记录。（计价和分摊）

⑤确定库存现金是否已按照企业会计准则的规定在财务报表中做出恰当列报。（列报）

（2）控制测试。

①了解现金内部控制。通常通过现金内部控制流程图来了解现金内部控制。编制现金内部控制流程图是现金控制测试的重要步骤。审计师在编制之前应通过询问、观察等调查手段收集必要的资料，然后根据所了解的情况编制流程图。对中小企业，也可采用编写现金内部控制说明的方法。

若以前年度审计时已经编制了现金内部控制流程图，审计师可根据调查结果加以修正，以供本年度审计之用。一般地，了解现金内部控制时，审计师应当注意检查库存现金内部控制的建立和执行情况，重点包括：一是库存现金的收支是否按规定的程序和权限办理；二是是否存在与被审计单位经营无关的款项收支情况；三是出纳与会计的职责是否严格分离；四是库存现金是否妥善保管，是否定期盘点、核对。

②抽取并检查收款凭证。如果现金收款内部控制不强，很可能会发生贪污舞弊或挪用等情况。例如，在一个小企业中，出纳员同时负责登记应收账款明细账，很可能发生循环挪用货款的情况。为测试现金收款的内部控制，审计师应按现金的收款凭证分类，选取适当的样本量，做如下检查：一是核对现金日记账的收入金额是否正确；二是核对现金收款凭证与应收账款明细账的有关记录是否相符；三是核对实收金额与销货发票是否一致。

③抽取并检查付款凭证。为测试现金付款内部控制，审计师应按照现金付款凭证分类，选取适当的样本量，做如下检查：一是检查付款的授权批准手续是否符合规定；二是核对现金日记账的付出金额是否正确；三是核对现金付款凭证与应付账款明细账的记录是否一致；四是核对实付金额与购货发票是否相符。

④抽取一定期间的库存现金日记账与总账核对。审计师应抽取一定期间的库存现金日记账，检查其加总是否正确无误，库存现金日记账是否与总分类账核对相符。

⑤检查外币现金的折算方法是否符合有关规定，是否与上年度一致。对于有外币现金的被审计单位，审计师应检查外币库存现金日记账及“财务费用”“在建工程”等账户的记录，确定企业有关外币现金的增减变动是否采用交易发生日的即期汇率将外币金额折算为记账本位币金额，或者采用按照系统合理的方法确定的、与交易发生日即期汇率近似的汇率折算为记账本位币，选择采用汇率的方法前后各期是否一致；检查企业的外币现金的期末余额是否采用期末即期汇率折算为记账本位币金额；折算差额的会计处理是否正确。

⑥评价库存现金的内部控制。审计师在完成上述程序之后，即可对库存现金的内部控制进行评价。评价时，审计师应首先确定库存现金内部控制可信赖的程度以及存在的薄弱环节和缺点；然后据以确定在库存现金实质性程序中对哪些环节可以适当减少审计程序，对哪些环节应增加审计程序并做重点检查，以减少审计风险。

（三）实质性程序

库存现金的实质性程序一般包括：

1. 核对现金日记账与总账的余额是否相符

审计师测试现金余额的起点，是核对现金日记账与总账的余额是否相符。如果不相符，应查明原因，并做出适当调整。

2. 盘点库存现金

盘点库存现金是证实资产负债表中所列现金是否存在的一项重要程序。盘点库存现金，通常包括对已收到但未存入银行的现金、零用金、备用金等的盘点。盘点库存现金的时间和人员应视被审计单位的具体情况而定，但必须有出纳员和被审计单位会计主管人员参加，并由审计师进行监盘。盘点库存现金的步骤和方法有：

（1）制定库存现金盘点程序，实施突击性的检查，时间最好选择在上午上班前或下午下班时进行，盘点的范围一般包括企业各部门经管的现金。在进行现金盘点前，应由出纳员将现金集中起来存入保险柜。必要时可加以封存，然后由出纳员把已办妥现金收付手续的收付款凭证登入现金日记账。如企业现金存放部门有两处或两处以上的，应同时进行盘点。

（2）审阅现金日记账并同时与现金收付凭证相核对。一方面检查日记账的记录与凭证的内容和金额是否相符；另一方面了解凭证日期与日记账日期是否相符或接近。

（3）由出纳员根据现金日记账进行加计累计数额结出现金结余额。

（4）盘点保险柜的现金实存数，同时编制库存现金盘点表工作底稿（格式参见表 13-1），同时分币种、面值列示盘点金额。

表 13-1　　　　**库存现金监盘表**

被审计单位：________________　　索引号：________________

项目：________________　　财务报表截止日/期间：________________

编制：________________　　复核：________________

日期：________________　　日期：________________

检查盘点记录						实有库存现金盘点记录						
项目		项次	人民币	美元	某外币	面额	人民币		美元		某外币	
上一日账面库存余额		①				1 000 元	张	金额	张	金额	张	金额
盘点日未记账传票收入金额		②				500 元						
盘点日未记账传票支出金额		③										
盘点日账面应有金额		④=①+②-③				100 元						
盘点实有库存现金数额		⑤				50 元						
盘点日应有与实有差异		⑥=④-⑤				10 元						
差异原因分析	白条抵库（张）					5 元						
						2 元						
						1 元						
						0.5 元						
						0.2 元						
						0.1 元						
						合计						
追溯调整	报表日至审计日库存现金付出总额											
	报表日至审计日库存现金收入总额											
	报表日库存现金应有余额											
	报表日账面汇率											
	报表日余额折合本位币金额											
本位币合计												

出纳员：　　　　会计主管人员：　　　　监盘人：　　　　检查日期：

审计说明：

（5）资产负债表日后进行盘点时，应调整至资产负债表日的金额。

（6）盘点金额与现金日记账余额进行核对。如有差异，应查明原因，并出记录或适当调整。

（7）若有冲抵库存现金的借条、未提现支票、未做报销的原始凭证，库存现金盘点表中注明或做出必要的调整。

3. 分析被审计单位日常库存现金余额

表 13-2 列示了执行收入循环中现金收款业务和现金账户实质性程序的审计方案，以此来对前面讲述的问题进行概括。

表 13-2

分析程序 （1）比较本年度和上年度现金账户的增减情况。 （2）比较本年度和上年度的零星现金收款情况，并对重大的变化情况进行记录。
其他实质性测试程序 （1）对期末库存现金进行盘点和列示，并与现金收款记录和银行对账单进行核对。 （2）对从顾客以外的来源获得的重大现金收款进行核对，并与现金收款记录和银行对账单进行核对。 （3）向银行进行银行存款余额的函证。 （4）将询证函中银行确认的余额与会计记录中的期末余额进行比较。 （5）调节期末银行存款账户余额。 （6）向银行索取截止性测试表，并与银行存款调节表进行核对。 （7）编制期末前后一段日期内的银行转账分析表。 （8）检查贷款协议和董事会记录中对补偿性余额限制的规定。如果余额较大，可以将其重分类为非流动资产。 （9）了解不常用银行账户的情况。

4. 抽查大额现金收支

审计师应抽查大额现金收支的原始凭证内容是否完整，有无授权批准，并核对相关账户的进账情况，如有与被审计单位生产经营业务无关的收支事项，应查明原因，并做相应的记录。

5. 检查现金收支的正确截止

被审计单位资产负债表中的现金数额，应以结账日实有数额为准。因此，审计师必须验证现金收支的截止日期。通常，审计师可以对结账日前后一段时期内现金收支凭证进行审计，以确定是否存在跨期事项。

6. 检查外币现金、银行存款的折算是否正确

对于有外币现金的被审计单位，审计师应检查对外币现金的收支是否按所规定的汇率折合为记账本位币金额；外币现金期末余额是否按期末市场汇率折合为记账本位币金额；外币折合差额是否按规定记入相关账户。

7. 检查现金是否在资产负债表上恰当披露

根据有关会计制度的规定，现金在资产负债表中“货币资金”项下反映，审计师应在实施上述审计程序后确定，确定现金账户的期末余额是否恰当，据以确定货

币资金是否在资产负债表上恰当披露。

【案例分析】2015 年 1 月 15 日，审计人员对 TQ 股份公司 2014 年 12 月 31 日的财务报表进行审计。经查，2014 年 12 月 31 日的“库存现金日记账”余额为 2 450 元；又查该公司 2015 年 1 月 15 日现金日记账的账面余额为 1 838 元。1 月 16 日上午 8 时，审计师对该公司的库存现金进行了突击盘点，盘点结果如下：

（1）库存现金实有数为 1 744 元；

（2）库中有已收款未入账的凭证共两张，金额是 256 元；有已付款未入账的凭证一张，金额是 200 元；

（3）库中还发现借据一张，金额为 150 元，借款人为公司职工李雨，未经批准，也没有说明用途；

（4）经核对，2015 年 1 月 1 日—2015 年 1 月 15 日的收付款凭证和现金日记账，核实自 1 与 1 日—1 月 15 日的现金收入数为 6 534 元、现金支出数为 7 178 元，正确无误；

（5）经了解得知，银行核定该公司的库存现金限额为 2 000 元。

要求：编制现金盘点表工作底稿，确认现金的真实性。

解析：

表 13-3　　库存现金监盘表

被审计单位：TQ 股份公司　　索引号：略

项目：现金监盘　　财务报表截止日/期间：

编制：略　　复核：略

日期：2015. 1. 6　　日期：略

检查盘点记录						实有库存现金盘点记录						
项目		项次	人民币	美元	某外币	面额	人民币		美元		某外币	
上一日账面库存余额		①	1 838			1 000 元	张	金额	张	金额	张	金额
盘点日未记账传票收入金额		②	256			500 元						
盘点日未记账传票支出金额		③	200									
盘点日账面应有金额		④=①+②-③	1 894			100 元						
盘点实有库存现金数额		⑤	1 744			50 元						
盘点日应有与实有差异		⑥=④-⑤	150			10 元						
差异原因分析	白条抵库（张）		150			5 元						
						2 元						
						1 元						
						0. 5 元						
						0. 2 元						
						0. 1 元						
						合计		1 744				

表13-3(续)

追溯调整	报表日至审计日库存现金付出总额		7 378									
	报表日至审计日库存现金收入总额		6 790									
	报表日库存现金应有余额		2 482									
	报表日账面汇率											
	报表日余额折合本位币金额											
本位币合计												

出纳员： 略　　会计主管人员：略　　监盘人：略　　检查日期：2015. 1. 16

审计说明：

（1）违反现金管理制度，存在白条抵库现象； （2）现金收支入账不及时； （3）审计结论：2014 年 12 月 31 日，“库存现金日记账”余额 2 450 元不能确认。

四、银行存款审计

银行存款是指企业存放在银行或其他金融机构的货币资金。按照国家有关规定，凡是独立核算的企业都必须在当地银行开设账户。企业在银行开设账户以后，除按核定的限额保留库存现金外，超过限额的现金必须存入银行；除了在规定的范围内可以用现金直接支付的款项外，在经营过程中所发生的一切货币收支业务，都必须通过银行存款账户进行结算。

（一）审计目标

银行存款的审计目标一般应包括以下内容（括号内的为相应的财务报表认定）：

（1）确定被审计单位资产负债表的货币资金项目中的银行存款在资产负债表日是否确实存在。（存在）

（2）确定被审计单位所有应当记录的银行存款收支业务是否均已记录完毕，有无遗漏。（完整性）

（3）确定记录的银行存款是否为被审计单位所拥有或控制。（权利和义务）

（4）确定银行存款以恰当的金额包括在财务报表的货币资金项目中，与之相关的计价调整已恰当记录。（计价和分摊）

（5）确定银行存款是否已按照企业会计准则的规定在财务报表中做出恰当列报。（列报）

（二）控制测试

（1）了解银行存款的内部控制。审计师对银行存款内部控制的了解一般与了解现金的内部控制同时进行。审计师应当注意的内容包括：①银行存款的收支是否按规定的程序和权限办理；②银行账户是否存在与本单位经营无关的款项收支情况；③是否存在出租、出借银行账户的情况；④出纳与会计的职责是否严格分离；⑤是否定期取得银行对账单并编制银行存款余额调节表等。

（2）抽取并检查银行存款收款凭证。审计师应选取适当的样本量，做如下检查：①核对银行存款收款凭证与存入银行账户的日期和金额是否相符；②核对银行存款日记账的收入金额是否正确；③核对银行存款收款凭证与银行对账单是否相符；④核对银行存款收款凭证与应收账款明细账的有关记录是否相符；⑤核对实收金额与销货发票是否一致。

（3）抽取并检查银行存款付款凭证。为测试银行存款付款内部控制，审计师应选取适当的样本量，做如下检查：①检查付款的授权批准手续是否符合规定；②核对银行存款日记账的付出金额是否正确；③核对银行存款付款凭证与银行对账单是否相符；④核对银行存款付款凭证与应付账款明细账的记录是否一致；⑤核对实付金额与购货发票是否相符。

（4）抽取一定期间的银行存款日记账与总账核对。审计师应抽取一定期间的银行存款日记账，检查其有无计算错误，并与银行存款总分类账核对。

（5）抽取一定期间银行存款余额调节表，查验其是否按月正确编制并经复核。为证实银行存款记录的正确性，注册师必须抽取一定期间的银行存款余额调节表，将其同银行对账单、银行存款日记账及总账进行核对，确定被审计单位是否按月正确编制并复核银行存款余额调节表。

（6）检查外币银行存款的折算方法是否符合有关规定，是否与上年度一致。对于有外币银行存款的被审计单位，审计师应检查外币银行存款日记账及“财务费用”“在建工程”等账户的记录，确定有关外币银行存款的增减变动是否采用交易发生日的即期汇率将外币金额折算为记账本位币金额，或者采用按照系统合理的方法确定的、与交易发生日即期汇率近似的汇率折算为记账本位币，选择采用汇率的方法前后各期是否一致；检查企业的外币银行存款的余额是否采用期末即期汇率折算为记账本位币金额；折算差额的会计处理是否正确。

（7）评价银行存款的内部控制。审计师在完成上述程序之后，即可对银行存款的内部控制进行评价。评价时，审计师首先确定银行存款内部控制可信赖的程序以及存在的薄弱环节和缺点，然后确定在银行存款实质性程序中对哪些环节可以适当减少审计程序，对哪些环节应增加审计程序并做重点检查，以减少审计风险。

（三）实质性程序

银行存款的实质性程序主要包括：

1. 核对银行存款日记账与总账的余额是否相符

审计师测试现金余额的起点，是核对现金日记账、银行存款日记账与总账的余额是否相符。如果不相符，应查明原因，并做出适当调整。

2. 分析程序

计算定期存款占银行存款的比例，了解被审计单位是否存在高息资金拆借。如存在高息资金拆借，应进一步分析拆出资金的安全性，检查高额利差的入账情况；计算存放于非银行金融机构的存款占银行存款的比例，并分析这些资金的安全性。

3. 取得并检查银行存款余额调节表

检查银行存款余额调节表是证实资产负债表中所列银行存款是否存在的重要程序，银行存款余额调节表通常应由被审计单位根据不同的银行账户及货币种类分别编制。其基本格式如表 13-4 所示。

表 13-4　　　　银行存款余额调节表

编制人：　　　　日期

户别：　　　币别：　　　　复核人：　　　　日期

项目： 银行存款单余额：	备注
加：企业已收，银行未入账金额 其中：1. ________ 2. ________ 减：企业已付，银行未入账金额 其中：1. ________ 2. ________	
调整后银行对账单金额： 企业银行存款日记账金额： 加：银行已收，企业尚未入账金额 其中：1. ________ 2. ________ 减：银行已付，企业尚未入账金额 其中：1. ________ 2. ________ 调整后的银行存款日记账金额	
经办会计人员：　　　　会计主管：	

如果经调节后的银行存款余额存在差异，审计师应查明原因，并做出记录或进行适当的调整。

取得银行存款余额调节表后，审计师应分析和检查调节表中未达账项的真实性，以及资产负债表日后的进账情况。如果存在应于资产负债表日之前进账的，应做相应的调整。其程序一般包括：

（1）验算调节表的数据计算；

（2）对于金额较大的未提现支票、可提现的未提现支票以及审计师认为重要的未提现支票，列示未提现支票清单，注明开票日期和收票人姓名或单位；

（3）追查截止日期银行对账单上的在途存款，并在银行账户调节表上注明存款日期；

（4）检查截止日仍未提现的大额支票和其他已签发一个月以上的未提现支票；

（5）追查截止日期银行对账单已收、企业未收的款项性质及款项来源；

（6）核对银行存款总账余额、银行对账单加总金额。

4. 函证银行存款余额

函证是指审计师在执行审计业务过程中，需要已被审计单位的名义向有关单位发函询证，以验证被审计单位的银行存款是否真实、完整。

函证银行存款余额是证实资产负债表所列银行存款是否存在的重要程序。通过往来银行的函证，审计师不仅可以了解企业资产的存在，同时还可以了解欠银行的债务。函证还可以用于发现企业未登记的银行借款。函证时，审计师应向被审计单位在本年存过款（含外埠存款、银行汇票存款、银行本票存款、信用卡存款、信用证保证金存款）的所有银行发函，包括企业存款账户已结清的银行。因为有可能存款账户已结清，但仍有银行借款或其他负债存在。同时，虽然审计师已直接从某一银行取得了银行对账单和所有已付支票，但仍应向这一银行进行函证。

下面列示的是财政部、中国人民银行制定的运用于审计的银行询证函参考格式。

__________银行

本公司聘请的××会计师事务所正在对本公司的财务报表进行审计，按照中国审计师审计准则的要求，应当询证本公司与贵行的存款、借款往来等事项。下列数据出自本公司账簿记录，如与贵行记录相符，请在本函下端“数据证明无误”处签章证明；如有不符，请在“数据不符”处列明不符金额。有关询证费用可直接从本公司××存款账户中收取。回函请直接寄至××会计师事务所。

通信地址：

邮编：　　　　　　　　　电话：　　　　　　　　　传真：

截至　　　年　　月　　日止，本公司银行存款、借款账户余额等列示如下：

银行存款

账户名称	银行账户	币　种	利　率	余　额	备　注

银行借款

银行账户	币　种	余　额	借款日期	还款日期	利　率	借款条件	备注

其他事项

（公司盖章）　（日期）

结论：1. 数据证明无误　　　　（银行盖章）　（日期）

2. 数据不符，请列明不符金额

（银行盖章）　（日期）

5. 检查一年以上定期存款或限定用途的银行存款

一年以上的定期存款或限定用途的银行存款，不属于企业的流动资产，应列于其他资产类别之下。对此，审计师应查明情况，做好相应的记录。

6. 抽查大额现金和银行存款的收支

审计师应抽查大额现金收支、银行存款（含外埠存款、银行汇票存款、银行本票存款、信用证存款）收支的原始凭证内容是否完整，有无授权批准，并核对相关账户的进账情况。如有与被审计单位生产经营业务无关的收支事项，应查明原因并做相应的记录。

7. 检查银行存款收支的正确截止

被审计单位资产负债表上的现金数额，应以结账日实有数额为准。因此，审计师必须验证现金收支的截止日期。通常，审计师可以对结账日前后一段时期内现金收支凭证进行审计，以确定是否存在跨期事项。

企业资产负债表上银行存款的数字应当包括当年最后一天收到的所有存放于银行的款项，而不得包括其后收到的款项；同样，企业年终前开出的支票，不得在年后入账。为了确保银行存款收付的正确截止，审计师应当在清点支票及支票存根时，确定各银行账户最后一张支票的号码，同时查实该号码之前的所有支票均已开出。在结账日未开出的支票及其后开出的支票，均不得作为结账日的存款收付入账。

8. 检查外币银行存款的折算是否正确

对于有外币存款的被审计单位，应检查被审计单位对外币银行存款的收支是否按所规定的汇率折合为记账本位币金额；外币银行存款期末余额是否按期末市场汇率折合为记账本位币金额；外币折合差额是否按规定记入账户。

9. 检查银行存款是否在资产负债表上恰当披露

根据有关会计制度的规定，企业的银行存款在资产负债表上"货币资金"项目下反映。所以，审计师应在实施上述审计程序后，确定银行存款账户的期末余额是否恰当，从而确定资产负债表上"货币资金"项目中的数字是否在资产负债表上恰当披露。

第二节　考虑持续经营假设

一、持续经营能力评估的测试目标

持续经营假设是指被审计单位在编制财务报表时，假定其经营活动在可预见的将来会继续下去，不拟也不必终止经营或破产清算，可以在正常的经营过程中变现资产、清算债务。这里的可预见的将来，通常是指资产负债表日后 12 个月。因此，审计师对财务报表审计的过程中，既要依照持续经营假设的原则实施测试程序，又要对被审计单位的持续经营能力进行有效的评估。

企业正常的会计核算是在持续经营假设这一会计核算的基本前提下进行的。在持续经营假设下，企业所持有的资产将在正常的经营过程中被耗用、出售或转换，而其所承担的债务，也将在正常的经营过程中被清偿。正是由于持续经营假设的存在，会计分期才成为必要，历史成本原则、权责发生制原则、配比原则、划分资本性支出与收益性支出原则才可以在正常的会计核算中予以贯彻。

在非持续经营下的会计核算与持续经营下的会计核算存在本质上的区别：一是在持续经营情况下，财务会计的目标是公允地反映企业的财务状况、经营成果及现金流量。而当企业处于清算过程或大幅度缩减经营规模时，其业务活动主要是清理、变卖财产、清偿债务和分配剩余财产，因此，其会计目标是如实反映财产变现和债务清偿情况。二是在非持续经营情况下的会计原则也不同于持续经营情况下的会计原则，其会计原则主要是收付实现制、变现价值等基本原则。三是由于非持续经营情况下会计信息的使用者及其对会计信息的需求与持续经营情况下存在着较大的差异，因而，与持续经营情况下的财务报表相比，非持续经营情况下财务报表的种类、内容与格式均发生了很大的变化。

从当前的市场经济环境看，企业竞争十分激烈，企业纷纷为追求高增长、加速发展而大量举债，如果高增长没有技术支持，高负债没有风险防范，必然招致财务危机。部分企业重投机、轻投资，部分企业缺乏风险意识，盲目为他人担保，潜伏者严重的财务危机。财务危机一旦爆发，就会使这些企业面临持续经营问题，并可能使得为这些企业提供测试服务的会计师事务所因遭受诉讼而陷入困境甚至倒闭。因此，在目前的测试环境下，审计师如何在测试过程中考虑被审计单位的持续经营能力问题，是会计师事务所提高自身的风险意识和增强风险防范能力的基本要求。

理解持续经营假设的含义，需要把握以下三点：

（1）持续经营假设是管理层在编制财务报表时做出的一种假定。管理层在编制财务报表时，应当对企业的持续经营能力做出评估。如果认为以持续经营假设为基础编制财务报表不再合理时，被审计单位应当采用其他基础编制，如清算基础。

（2）持续经营假设是企业进行会计确认、计量和列报的前提。管理层是否以持续经营假设为基础编制财务报表，会计确认、计量和列报将有很大差别。例如，对于以公允价值计量的投资性房地产，企业在持续经营假设的基础下，不对该项资产计提折旧或进行摊销，并以资产负债表日该项资产的公允价值为基础调整其账面价值，而当企业面临终止经营时，该项资产将以清算价格计价。

（3）被审计单位的持续经营能力存在重大不确定性，并不一定意味着以持续经营假设为基础编制财务报表是不适当的。某些事项或情况可能会导致对被审计单位的持续经营能力产生重大疑虑，但是管理层可以通过采取一定的措施缓解面临的财务困境。在这种情况下，管理层仍然可以采用持续经营假设编制财务报表。

审计师对被测试企业持续经营能力的评估主要从两个方面考虑测试目标：①确定被审计单位的持续经营假设是否合理；②根据被审计单位的持续经营假设的情况，确定财务报表项目的分类及计价基础是否需做调整。

二、管理层与审计师的责任

被审计单位管理层应当根据企业会计准则的规定，对持续经营能力做出评估，考虑运用持续经营假设编制财务报表的合理性。如果认为以持续经营假设为基础编制的财务报表不再合理时，管理层应当采用其他基础编制，比如清算基础。

在执行财务报表审计业务时，审计师的责任是考虑被审计单位管理层运用持续经营假设的适当性和披露的充分性。因此，审计师应当按照审计准则的要求，实施必要的审计程序，获取充分、适当的审计证据，确定可能导致对被审计单位持续经营能力产生重大疑虑的事项或情况是否存在重大不确定性，并考虑对审计报告的影响。

三、计划测试工作时考虑持续经营能力的影响

会计师事务所在编制测试计划时，审计师应当考虑是否存在可能导致对被审计单位持续经营能力产生重大疑虑的事项或情况，以便与管理层讨论持续经营假设的合理性。审计师应当充分关注被审计单位在财务、经营等方面存在的可能导致对被审计单位持续经营能力产生重大疑虑的事项或情况。

（1）被审计单位在财务方面存在的可能导致对其持续经营能力产生疑虑的事项或情况，包括：①无法偿还到期债务；②无法偿还即将到期且难以展期的借款；③无法继续履行重大借款合同中的有关条款；④存在大额的逾期未缴税金；⑤累计经营性亏损数额巨大；⑥过度依赖短期借款筹资；⑦无法获得供应商的正常商业信用；⑧难以获得开发必要新产品或进行必要投资所需资金；⑨资不抵债；⑩营运资金出现负数；⑪经营活动产生的现金流量净额为负数；⑫大股东长期占用巨额资金；⑬重要子公司无法持续经营且未进行处理；⑭存在大量长期未做处理的不良资产；⑮存在因对外巨额担保等或有事项引发的或有负债。

（2）被审计单位在经营方面存在的可能导致对其持续经营能力产生疑虑的事项或情况，包括：①关键管理人员离职且无人替代；②主导产品不符合国家产业政策；③失去主要市场、特许权或主要供应商；④人力资源或重要原材料短缺。

（3）被审计单位在其他方面存在的可能导致对其持续经营能力产生疑虑的事项或情况，包括：①严重违反有关法律、法规或政策；②异常原因导致停工、停产；③有关法律法规或政策的变化可能造成重大不利影响；④经营期限即将到期且无意继续经营；⑤投资者未履行协议、合同、章程规定的义务，并有可能造成重大不利影响；⑥因自然灾害、战争等不可抗力因素遭受严重损失。

四、对持续经营能力评估的基本程序

审计师认为被审计单位存在可能导致对其持续经营能力产生重大疑虑的事项或情况，外勤审计师应当提请管理层对持续经营能力做出书面评价。

（一）审计师应当充分识别管理层做出评价的过程、依据的假设和拟采取的改善措施，以考虑管理层对持续经营能力的评价是否适当

如果管理层对持续经营能力的评价期间少于自资产负债表日起的 12 个月，审计师应当提请管理层将评价期间延伸至 12 个月。审计师应当向管理层询问被审计单位是否存在超出评价期间的、可能导致对其持续经营能力产生重大疑虑的事项或情况，以考虑这些事项对管理层所做评价的影响。

（二）复核管理层提出的应对计划

审计师应当询问管理层拟采取的改善措施，并考虑对持续经营能力的影响。管理层采取的改善措施通常包括处置资产、售后回租资产、取得担保借款、实施资产置换与债务重组、获得新的投资、削减或延缓开支、获得重要原材料的替代品以及开拓新的市场等。当识别出可能导致对持续经营能力产生重大疑虑的事项或情况时，审计师应当实施以下进一步的审计程序：

（1）与管理层分析、讨论最近的中期财务报表；

（2）与管理层分析、讨论现金流量预测、盈利预测及其他相关预测；

（3）审阅影响持续经营能力的期后事项、承诺及或有事项；

（4）审阅债券、借款协议等的履行情况；

（5）查阅股东大会、董事会或类似机构会议及其他重要会议有关财务困境的记录；

（6）向被审计单位的律师询问有关诉讼、索赔的情况，以及管理层对有关诉讼、索赔结果及其财务影响的评价是否合理；

（7）确认有关财务支持协议的存在性、合法性和可行性，并对提供财务支持的关联方或第三方的财务能力做出评价。

（8）复核期后事项并考虑其是否可能改善或影响持续经营能力。

（三）取得管理层声明

根据《中国审计师审计准则第 1341 号——管理层声明》的规定，如果合理预期不存在其他充分、适当的审计证据时，审计师应当就对财务报表有重大影响的事项向管理层获取书面声明。

五、考虑持续经营对审计意见的影响

审计师应当根据已发现的可能导致对被审计单位持续经营能力产生重大疑虑的事项或情况，考虑其对被审计单位持续经营能力的影响，并据以确定对审计报告的影响。

（一）如果认为被审计单位编制财务报表所依据的持续经营假设适当的

审计师如果认为被审计单位编制财务报表所依据的持续经营假设是合理的，但存在可能导致对其持续经营能力产生重大疑虑的事项或情况。审计师应当提请管理层在财务报表中适当披露下列内容：

（1）导致对被审计单位持续经营能力产生重大疑虑的主要事项或情况以及管理层拟采取的改善措施；

（2）被审计单位持续经营能力存在重大不确定性，可能无法在正常的经营过程中变现资产、清偿债务。

如果被审计单位在财务报表中已进行了适当披露，审计师应当出具无保留意见的审计报告，并在意见段之后增加强调事项段，描述导致对持续经营重大疑虑的主要事项或情况以及持续经营能力存在重大不确定性的事实，但不应使用附加条件的措辞；如果被审计单位未在财务报表中进行适当披露，审计师应当出具保留意见或否定意见的审计报告，并在意见段之前的说明段中描述导致对持续经营能力产生重大疑虑的主要事项或情况以及持续经营能力存在重大不确定性的事实，同时指明被审计单位未在财务报表中进行适当披露。

在极端情况下，如果同时存在多项重大不确定性，审计师应当考虑出具无法表示意见的审计报告。这是因为，当被审计单位存在多项可能导致对其持续经营能力产生重大疑虑的事项或情况存在重大不确定性，审计师难以判断财务报表的编制基础是否适合继续采用持续经营假设，应将其视为审计范围受到重大限制，考虑出具无法表示意见的审计报告。

（二）如果认为被审计单位编制财务报表所依据的持续经营假设不再合理，但财务报表仍然按照持续经营假设编制

审计师如果认为被审计单位将不能持续经营，其编制财务报表所依据的持续经营假设不再合理，而被审计单位仍按持续经营假设编制财务报表，审计师应当出具否定意见的审计报告。

（三）如果认为被审计单位编制财务报表所依据的持续经营假设不再合理，但财务报表仍然按照持续经营假设编制

如果认为被审计单位编制财务报表所依据的持续经营假设不再合理，而被审计单位已按其他基础重新编制了财务报表，在这种情况下，审计师应当实施补充的审计程序。如果认为管理层选用的其他编制基础是适当的，且财务报表已做出充分披露，审计师可以出具带强调事项段的无保留意见审计报告，提醒财务报表使用者关注管理层选用的其他编制基础。

（四）管理层拒绝对持续经营能力做出评估或评估期间未能涵盖自资产负债表日起的 12 个月

管理层对持续经营能力的评估是审计师考虑持续经营假设的一个重要组成部分。审计师应当评价管理层对持续经营能力做出的评估。审计师应当确定管理层评估持续经营能力涵盖的期间是否符合适用的会计准则和相关会计制度的规定。

如果管理层评估持续经营能力涵盖的期间少于自资产负债表日起的 12 个月，审计师应当提请管理层将其延伸至自资产负债表日起的 12 个月：

（1）管理层没有对持续经营能力做出评估；

（2）管理层未就超出评估期间的事项或情况对持续经营能力的影响做出评估；

（3）管理层评估持续经营能力涵盖的期间少于自资产负债表日起的 12 个月。

如果管理层拒绝审计师的要求，审计师应当将其视为审计范围受到限制，考虑出具保留意见或无法表示意见的审计报告。

第三节　或有事项审计

或有事项是指过去的交易或事项形成的一种状况，其结果须通过未来不确定事项的发生或不发生予以证实。或有事项中主要考察或有负债与或有资产。或有负债是指过去的交易或事项形成的潜在义务，其存在须通过未来不确定事项的发生或不发生予以证实；或过去的交易或事项形成的现时义务，履行该义务不是很可能导致经济利益流出企业或该义务的金额不能可靠地计量。而或有资产是指过去的交易或事项形成的潜在资产，其存在须通过未来不确定事项的发生或不发生予以证实。

一、或有事项的认定

或有事项根据其性质和内容，可以分为两大类：直接的或有事项和间接的或有事项。

（一）直接或有事项

直接或有事项主要包括被审计单位的未决诉讼、未决索赔、税务纠纷、产品质量保证等。

1. 未决诉讼或未决仲裁

未决诉讼或未决仲裁案件是法庭或仲裁机构尚未做出最后判决或仲裁的案件，被审计单位有可能由于败诉而承担赔偿的责任，因而，构成了被审计单位的一项或有事项。审计师测试时采用的获取此类或有事项测试证据的主要方法，是向被审计单位的法律顾问或律师发函询证。审计师若从被审计单位的法律顾问或律师处无法获取有关未决诉讼或未决仲裁案件的充分证据，表明测试的范围受到了限制，就不能出具无保留意见的审计报告。有时即使得到了充分证据，并且未决诉讼或未决仲裁案件在被审计单位的财务报表中也已进行了适当披露。但如果未决案件的结果对财务报表的影响较大且不确定性程度较大，审计师仍应考虑是否在审计报告中进行反映。

2. 未决索赔

在被审计单位的未决索赔中，凡被审计单位提出起诉，需经法庭裁决的，其检查和处理方法与未决诉讼相同。若被审计单位未提出起诉，审计师应当直接向被审计单位了解有关情况。

3. 税务纠纷

因税务纠纷而产生的或有事项主要有：被审计单位与税务部门对于应税额和纳税额等方面存在分歧，尚未最后处理完毕；税务部门决定追加税款但尚未最后定案，或被审计单位不同意追加而尚未缴纳税款。审计师对此类或有事项的测试，主要应检查被审计单位的纳税申报单等是否已经税务部门审核批准。如尚未经审核批准，说明可能存在有待解决的税务纠纷，则审计师应通过进一步的调查，确定被审计单位对此类或有事项的处理以及在财务报表上的披露是否恰当。

4. 产品质量保证

产品质量保证是企业对已售出商品或已提供劳务的保证。被审计单位确有可能由于产品品质量问题而承担维修、调换甚至赔偿的责任，因而构成了被审计单位的一项或有事项。

（二）间接或有事项

间接或有事项主要包括商业票据贴现、应收账款抵借、通融票据背书和其他债务担保等。

1. 商业票据贴现

被审计单位以未到期商业票据向银行贴现，如果贴现的票据将来到期时债务人因故不能付款，被审计单位作为票据的背书人往往负有代为偿付的责任。因而，被审计单位向银行贴现商业票据，就构成了一项或有事项。审计师检查此类或有事项时，可采用函证的方法，直接向银行调查，并将调查结果与被审计单位的会计记录进行核对，以确定其是否正确无误。

2. 应收账款抵借

被审计单位以应收账款做质押，向银行取得借款，一旦将来债务人因故无法还款时，被审计单位对银行借款仍负有偿还的责任。审计师检查此类或有事项时，直接向银行函证，以取得有关的证据。

3. 通融票据背书和其他债务的担保

所谓通融票据是指因开具票据的人信用较差而由他人背书作为担保人的票据。被测试单位一旦在通融票据上背书，即负有连带偿还的责任。因此，如果被审计单位在通融票据上背书，就构成了被审计单位的一项或有事项。被审计单位对其他债务的担保，因同样负有连带偿还的责任，也属于或有事项。由于通融票据的背书和其他债务的担保很少被计入被审计单位账簿，所以较难发现。审计师在测试时，应向被审计单位的有关负责人查询，以证实被审计单位是否存在这类或有事项。

二、或有事项的测试程序

审计师对或有事项实施测试程序，有其他自身的特殊性。许多或有事项的测试，往往是作为其他测试事项的一个组成部分，而不是在临近测试工作结束时作为一个单独的部分来测试的。例如，所得税的争执也可作为分析所得税费用、复核往来通信档案、审核税务机构报告的一部分来加以核实。即使单独核实或有事项，也是在测试工作结束前的一段时期进行，以确保核实的正确性。在临近测试工作结束时，审计师如果对或有事项进行测试，多数也是通过复核方式，而非初次关注式的测试策略。

根据或有事项的测试特点，审计师对或有事项进行测试所要达到的测试目标一般包括：①确定或有事项是否存在和完整；②确定或有事项的确认和计量是否符合规定；③确定或有事项的披露和列报是否恰当。在审计或有事项时，审计师尤其要关注财务报表反映的或有事项的完整性。

由于或有事项的种类不同，审计师在测试被审计单位的或有事项时，所采取的程序也各不相同。但总结起来，或有事项的一般测试程序可归结为：

（1）向被审计单位管理层询问其确定、评价与控制或有事项方面的有关方针政策和工作程序。在询问中，审计师应具体询问被审计单位应反映的或有事项的种类。显然，这种询问是不能发现有意不反映或有事项的行为的。但如果单位管理层忽略了某一或有项目，或者未完全理解已做会计处理的或有事项，这种询问就显得很有用。

（2）向被审计单位管理层索取下列资料，做必要的审核和评价。

①被审计单位管理层的书面声明，保证其已按照企业会计准则和有关财会制度等的规定，对其全部或有事项做了反映。

②被审计单位现存的有关或有事项的全部文件和凭证，判断是否应确认为或有负债，损失金额是否可以合理估计；是否存在预期可获得的补偿，相关的会计处理是否正确。

③被审计单位与银行之间的往来函件，以查找有关应收账款抵借、通融票据背书和对其他债务的担保。

④被审计单位的债务说明书。其中，除其他债务说明外，还应包括对或有事项的说明，即说明已知的或有事项均已在财务报表中做了适当披露。

（3）向被审计单位的法律顾问和律师进行函证，以获取法律顾问和律师对被审计单位资产负债表日业已存在的，以及资产负债日至复函日期间存在的或有事项的确认证据。分析被审计单位在测试期间所发生的法律费用，从法律顾问和律师处复核发票和说明，视其是否足以说明存在或有事项，特别是未决诉讼或未决税款估价等方面的问题。

（4）复核上期和被审计期间税务机构的税收结算报告。从报告中或许能发现被审计期间有关纳税方面可能发生的争执之处。如果税款拖延时间较久，发生税务纠纷的可能性就较大。

（5）向与被审计单位有业务往来的银行寄发含有要求银行提供被审计单位或有事项的询证函。银行函证可以反映商业票据贴现、应收账款抵借、通融票据背书情况和为其他单位的银行借款进行担保的情况（包括担保事项的性质、金额、担保期间等）。如果被审计单位为上市公司，则在测试其担保事项时还应注意：

①检查被审计单位是否存在为控股股东及持股50%以下的其他关联方、任何非法人单位或个人提供担保。

②复核被审计单位对外担保总额是否超过最近一个会计年度合并财务报表净资产的50%。

③检查被审计单位是否存在直接或间接为资产负债率超过70%的被担保对象提供债务担保。

④检查被审计单位在对外担保时是否要求对方提供反担保，判断反担保的提供方是否具有实际承担能力。

（6）审阅截至测试外勤工作完成日止被审计单位历次董事会纪要和股东大会会议记录，确定是否存在未决诉讼或仲裁、未决索赔、税务纠纷、债务担保、产品质量保证等方面的记录。

（7）复核现存的测试工作底稿，寻找任何可以说明潜在或有事项的资料。

（8）询问并调查被审计单位对未来事项和协议的财务承诺，并向被审计单位管理层询问。承诺是指由合同或协议的要求引起的义务，在未来的特定期间内，只要满足特定条件，即发生现金流出、其他资产的减少或负债的增加。财务承诺与或有事项密切相关。例如，按某固定价格购买原材料或租赁设备的承诺，或者按某固定价格出售商品的承诺。审计师应当获取并审阅截至测试外勤工作完成日止历次股东大会、董事会和管理层会议记录及其他重要文件（包括被审计单位的重要合同和往来通信档案等），确定是否存在不可撤销的财务承诺事项。比如：已签约（或已批准未签约）的尚未履行或尚未完全履行的对外投资；已签约（或已批准未签约）的正在或准备履行的大额发包项目；已签约（或已批准未签约）的正在或准备履行的租赁项目；对外提供的财产抵押；为其他单位提供的信贷担保。

（9）确定或有事项的确认和计量是否符合确定，会计处理是否正确。

（10）确定或有事项在财务报表上的披露是否恰当。按照《企业会计准则——或有事项》的规定，或有负债和或有资产在财务报表及其附注中的反映是完全不同的。对于通过或有事项所确认的负债，应在资产负债表中单列项目反映，与所确认负债有关的费用或支出应在扣除确认的补偿金额后，在利润表中反映。并且，企业还应在财务报表附注中披露如下或有负债：①已贴现商业承兑汇票的或有负债；②未决诉讼、仲裁形成的或有负债；③为其他单位提供债务担保形成的或有负债；④其他或有负债（不包括极小可能导致经济利益流出企业的或有负债）。

对上述或有负债，企业应在财务报表附注中分类披露或有负债形成的原因、预计产生的财务影响（如无法预计，应说明理由）以及获得补偿的可能性等内容；对于财务承诺，则按规定应当在财务报表附注中披露承诺事项的性质、承诺的对象、承诺的主要内容、承诺的时间期限、承诺的金额以及相关的违约责任等内容。但对未决诉讼、仲裁形成的或有负债的披露有个例外，如果披露其全部或部分信息预期会对企业造成重大不利影响，则企业只需披露该未决诉讼、仲裁的形成原因。对于或有资产，企业既不应在财务报表上予以确认，也不应在财务报表附注中披露。但当或有资产很可能会给企业带来经济利益时，则应在财务报表附注中披露其形成的原因；如果能够预计其产生的财务影响，还应对此做相应披露。

第四节　期后事项审计

期后事项是指资产负债表日至审计报告日之间发生的事项以及审计报告日后发现的事实。期后事项很可能会改变审计师对被审计单位财务报表公允性的意见，所以审计师必须对期后事项予以充分关注。

一、期后事项的种类

期后事项是指资产负债表日至审计报告日之间发生的事项以及审计报告日后发

现的事实。根据上述定义，期后事项可以按时段划分为三个时段：资产负债表日后至审计报告日之间发生的期后事项，为第一时段的期后事项；审计报告日后至财务报表报出日发生的期后事项，为第二时段的期后事项；财务报表报出日后，为第三时段的期后事项。

期后事项的三个时段如图 13-2 所示。

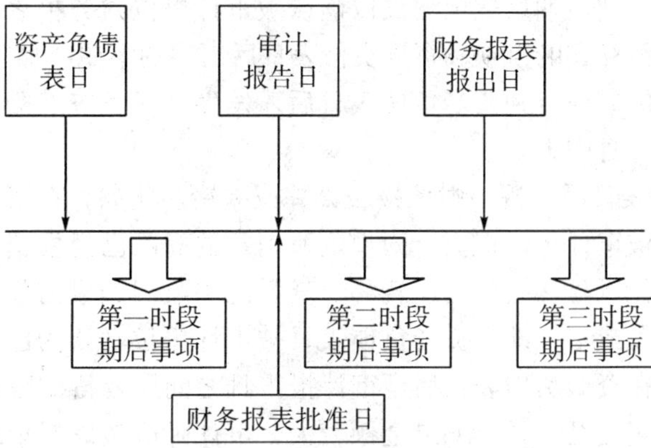

图 13-2　期后事项分段示意图

资产负债表日是指财务报表涵盖的最近期间的截止日期；财务报表批准日是指被审计单位董事长或类似机构批准财务报表报出的日期；财务报表报出日是指被审计单位对外披露已审计财务报表的日期。在实务中，审计报告日通常与财务报表批准日是相同的日期。

为了确定期后事项对被为了确定期后事项对被审计单位财务报表公允性的影响，有两类期后事项需要被审计单位管理层考虑，并需要审计师测试：一是能为资产负债表日已存在情况提供补充证据的事项，这类事项需提请被审计单位调整财务报表；二是虽不影响财务报表金额，但可能影响对财务报表正确理解的事项，这类事项需提请被审计单位披露。

（一）资产负债表日后调整事项

这类事项既为被审计单位管理层确定资产负债表日账户余额提供信息，也为审计师核实这些余额提供补充证据。如果这类期后事项的金额重大，应提请被审计单位对本期财务报表及相关的账户余额进行调整。诸如：

（1）资产负债表日后取得确凿证据，表明某项资产在资产负债表日发生了减值或者需要调整该项资产原先确认的减值金额。比如，资产负债表日被审计单位认为可以收回的大额应收款项，因资产负债表日后债务人突然破产而无法收回。在这种情况下，债务人财务状况显然早已恶化，所以审计师应考虑提请被审计单位增加计提坏账数额，调整财务报表有关项目的数额。

（2）资产负债表日后进一步确定了资产负债表日前购入资产的成本或售出资产的收入。比如，资产负债表日前购入一栋房屋，并投入使用。由于购入时尚未准确确定购买价款，故先以估计的价格考虑其达到预定可使用状态前所发生的可归属于该项固定资产的运输费、装卸费、安装费和专业人员服务费等因素暂估入账，并按规定计算提取了固定资产折旧。如果在资产负债表日后商定了购买价款，取得了采购发票，被审计单位就应该据此调整该固定资产的原价。

（3）被审计单位由于某种原因被起诉，人民法院于资产负债表日后判决被审计单位应赔偿对方损失。因为这一负债实际上在资产负债表日之前就已存在，所以，如果赔偿数额很大，审计师应考虑提请被审计单位增加资产负债表有关负债项目的数额，并加以说明。利用期后事项测试以确认被审计单位财务报表所列金额时。应对资产负债表日已经存在的事项和资产负债表日后出现的事项严加区分，不能混淆。如果确认发生变化的事项直到资产负债表日后才发生，就不应将资产负债表日后的利息计入财务报表本身中去。

（4）资产负债表日后发现了财务报表舞弊或差错。比如，在资产负债表日以前或资产负债表日，被审计单位根据合同规定所销售的商品已经发出，当时认为与该项商品所有权相关的风险和报酬已经转移，贷款能够收回，根据收入确认原则确认了收入并结转了相关成本，即在资产负债表日被审计单位确认为已经销售，并在财务报表上反映。但在资产负债表日后至审计报告日之间所取得的证据证明该批已确认为销售的商品确实已经退回。如果金额较大，审计师应考虑提请被审计单位调整财务报表有关项目的数额。

（二）资产负债表日后非调整事项

这类事项因不影响资产负债表日财务状况，所以不需要调整被审计单位的本期财务报表。但如果被审计单位的财务报表因此可能受到误解，就应在财务报表以附注的形式予以披露。

被审计单位在资产负债表日后发生的，需要在财务报表上披露而非调整的事项主要有：

（1）资产负债表日后发生的重大诉讼、仲裁、承诺；

（2）资产负债表日后资产价格、税收政策、外汇汇率发生重大变化；

（3）资产负债表日后因自然保护灾害导致资产发生重大损失；

（4）资产负债表日后发行股票和债券以及其他巨额举债；

（5）资产负债表日后资本公积转增资本；

（6）资产负债表日后发生巨额定亏损；

（7）资产负债表表日后发生企业合并或处置子公司；

（8）资产负债表日后企业利润分配方案中拟分配的以及经审议批准宣告发放的股利或利润。

这些事项如不加以反映，往往会导致对被审计单位财务报表的误解，所以应在财务报表的附注中加以披露。

审计师对待期后事项，应注意区分两类不同的期后事项，以保证对被审计单位财务报表的公允性表示适当的意见。正确区分两类不同的期后事项，关键在于正确确定期后事项主要情况出现的时间，这就需要审计师进行细致深入的调查和分析研究。凡主要情况出现在被审计单位资产负债表日之前的事项，应提请被审计单位调整财务报表；凡主要情况出现在被审计单位资产负债表日之后的事项，只需建议被审计单位在财务报表的附注中加以披露即可。

当被审计单位的期后事项十分重要时，有时需另外编制补充财务报表，将期后事项作为财务报表期间发生的事实加以说明，即说明假如该期后事项在资产负债表日之前发生，将会造成什么后果。一般来说，只有当期后事项对被审计单位的资产结构或资本结构产生重大影响（如被审计单位合并或分立）时，才编制补充财务报表，而且通常只编制资产负债表。

二、不同时段期后事项的审计责任及测试程序

（一）截至审计报告日发生的期后事项

1. 主动识别第一时段的期后事项

发生在资产负债表日至审计报告日之间的期后事项属于第一时段的期后事项。对于此时段的期后事项，审计师负有主动识别的责任和义务，应当设计专门的审计程序来识别这些期后事项，并根据期后事项的性质判断其对财务报表的影响，进而确定是进行调整还是进行披露。

审计师应当实施必要的审计程序，获取充分适当的审计证据，以确定截至审计报告日发生的、需要在财务报表中调整或披露的事项是否均已得到识别。

2. 用以识别期后事项的审计程序

审计师应当在尽量接近审计报告日时，实施旨在识别需要在财务报表中调整或披露事项的审计程序。之所以选择接近资产负债表日，是因为被审计单位这段时间内累积的对资产负债表日已经存在的情况提供的进一步证据也就越多，审计师遗漏期后事项的可能性也就越低。

用以识别第一时段期后事项的审计程序通常包括：

（1）复核被审计单位管理层建立的用于确保识别期后事项的程序；

（2）查阅股东会、董事会及其专门委员会在资产负债表日后举行的会议的纪要，并在不能获取会议纪要时询问会议讨论的事项；

（3）查阅最近的中期财务报表；如认为必要和适当，还应当查阅预算、现金流量预测及其他相关管理报告；

（4）向被审计单位律师或法律顾问询问有关诉讼和索赔事项；

（5）向管理层询问是否发生可能影响财务报表的期后事项。

在向管理层询问可能影响财务报表的期后事项时，审计师询问的内容主要包括：①根据初步或尚无定论的数据做出会计处理的项目的现状；②是否发生新的担保、借款或承诺；③是否出售或购进资产，或者计划出售或购进资产；④是否已发行或计划发行新的股票或债券，是否已签订或计划签订合并或清算协议；⑤资产是否被政府征用或因不可抗力而遭受损失；⑥在风险领域和或有事项方面是否有新进展；⑦是否已做出或考虑做出异常的会计调整；⑧是否已发生或可能发生影响会计政策适当性的事项。

（二）截至财务报表报出日前发现的事实

1. 被动识别第二时段的期后事项

在审计报告日后，由于审计师已经撤离了审计现场，针对被审计单位的审计业

务已经结束，因此无法承担主动识别第二时段期后事项的责任。但由于此时段被审计单位的财务报表并未报出，被审计单位管理层有责任将发现的可能影响财务报表的事实告知审计师，同时，审计师也可能通过媒体报道、举报信或证券监管部门告知等途径获悉影响被审计单位的期后事项。即在审计报告日后，审计师没有责任针对财务报表实施审计程序或进行专门查询。在审计报告日至财务报表报出日期间，管理层有责任告知审计师可能影响财务报表的事实。

2. 知悉第二时段期后事项时的审计程序

在审计报告日后至财务报表报出日前，如果知悉可能对财务报表产生重大影响的事实，审计师应当考虑是否需要修改财务报表，并与管理层讨论，同时根据具体情况采取适当措施。

如果管理层修改了财务报表，审计师应当根据具体情况实施必要的审计程序，并针对修改后的财务报表出具新的审计报告；如果审计师认为应当修改财务报表而管理层没有修改，并且审计报告尚未提交给被审计单位，审计师应当出具非标准审计意见；如果审计师认为应当修改财务报表而管理层没有修改，并且审计报告已提交给被审计单位，审计师应当通知治理层不要将财务报表和审计报告向第三方报出；如果财务报表仍被报出，审计师应当采取措施防止财务报表使用者信赖该审计报告；采取的措施取决于自身的权利和义务以及征询的法律意见。

（三）财务报表报出日后发现的事实

在财务报表报出后，审计师没有义务识别第三时段的期后事项，而仅有关注的责任。审计师没有义务针对财务报表做出查询，但其可能通过媒体等其他途径获悉可能对财务报表产生重大影响的期后事项的可能性。在财务报表报出后，如果知悉在审计报告日已存在的、可能导致修改审计报告的事实，审计师应当考虑是否需要修改财务报表，并与管理层讨论，同时根据具体情况采取适当措施。

三、各时段期后事项对审计意见的影响

（一）第一时段期后事项对审计报告的影响

如前所述，审计师对发生在第一时段的期后事项，负有主动识别的责任。如果获悉期后事项属于调整事项，审计师应当考虑被审计单位是否已对财务报表做出适当的调整；如果获悉的期后事项属于非调整事项，审计师应当考虑被审计单位是否在财务报表附注中予以充分披露。

如果被审计单位已做了调账或披露处理，则不影响审计师发表无保留审计意见结论；否则，审计师应结合审计的重要性水平考虑发表保留或否定意见的审计报告。

（二）第二时段期后事项对审计报告的影响

在审计报告日后至财务报表报出日前，如果审计师知悉可能对财务报表产生重大影响的事实，应当考虑是否需要修改财务报表，并与管理层讨论，同时根据具体情况采取适当措施。对虽不影响财务报表金额，但可能影响对财务报表正确理解的事项，提请被审计单位在财务报表有关附注中做适当披露。这是因为，这类非调整事项通常可能涉及较大的金额或性质较严重，如不加以说明，将会影响财务报表的

使用者对被审计单位财务状况、经营成果做出正确的估价和决策。如果被审计单位不接受调整或披露建议，审计师应当发表保留意见或否定意见。

如果管理层修改了财务报表，审计师应当根据具体情况实施必要的审计程序，并针对修改后的财务报表出具新的审计报告。新的审计报告日期不应早于董事会或类似机构批准修改后的财务报表的日期。相应地，审计师应当将审计程序延伸至新的审计报告日。

如果审计师认为应当修改财务报表而管理层没有修改，并且审计报告尚未提交给被审计单位，审计师应当按照《中国审计师审计准则第 1502 号——非标准审计报告》的规定，出具保留意见或否定意见的审计报告。

如果审计师认为应当修改财务报表而管理层没有修改，并且审计报告已提交给被审计单位，审计师应当通知治理层不要将财务报表和审计报告向第三方报出。

如果财务报表仍被报出，审计师应当采取措施防止财务报表使用者信赖该审计报告；采取的措施取决于自身的权利和义务以及征询的法律意见。

（三）第三时段期后事项对审计报告的影响

第三时段期后事项发生在财务报表报出后，审计师没有义务针对财务报表做出查询。

在财务报表报出后，如果知悉在审计报告日已存在的、可能导致修改审计报告的事实，审计师应当考虑是否需要修改财务报表，并与管理层讨论，同时根据具体情况采取适当措施。

如果管理层修改了财务报表，审计师应当根据具体情况实施必要的审计程序，复核管理层采取的措施能否确保所有收到原财务报表和审计报告的人士了解这一情况，并针对修改后的财务报表出具新的审计报告。

新的审计报告应当增加强调事项段，提请财务报表使用者注意财务报表附注中对修改原财务报表原因的详细说明，以及审计师出具的原审计报告。

新的审计报告日期不应早于董事会或类似机构批准修改后的财务报表的日期。相应地，审计师应当将审计程序延伸至新的审计报告日。

如果管理层既没有采取必要措施确保所有收到原财务报表和审计报告的人士了解这一情况，又没有在审计师认为需要修改的情况下修改财务报表，审计师应当采取措施防止财务报表使用者信赖该审计报告，并将拟采取的措施通知治理层；采取的措施取决于自身的权利和义务以及征询的法律意见。

如果临近公布下一期财务报表，且能够在下一期财务报表中进行充分披露，审计师应当根据法律法规的规定确定是否仍有必要提请被审计单位修改财务报表，并出具新的审计报告。

审计师对期后事项测试时，其应负责任的日期应以完成测试工作日期为限。审计师没有责任实施测试程序或进行专门询问，以发现审计报告日至财务报表公布日发生的期后事项，但应对其知悉的期后事项予以关注，并实施相应的测试程序。被审计单位管理层有责任及时向审计师告知可能影响财务报表的期后事项。例如，被审计单位确定的财务报表公布日为 3 月 20 日，审计师于 3 月 16 日完成了对被审计单位上年度的测试工作，因此确定审计报告日为3月16日。现假定审计师于3月17日得知被审计单位于当天收购了另一家公司。在这种情况下，审计师仍应认为该购买事项对被审计单位年度财务报表的可靠性有重要影响，需追加对该新近发生的期后事项的测试。审计师追加期后事项测试时对审计报告日期的选择是：将所有期后事项测试的期间延长到审计师新近确定的期后事项的测试完成日期，即变更测试工作结束日。以上述收购事项为例，审计师于3月18日完成了对被审计单位截至该日止的包括收购事项在内的所有期后事项的测试，则应将3月18日确定为审计报告日。

延长测试工作结束日的做法，在财务报表测试范围内全面地扩大了审计师的责任范围。如在财务报表公布日后获知审计报告日已经存在但尚未发现的期后事项，审计师应当与被审计单位讨论如何处理，并考虑是否需要修改已测试财务报表。如被审计单位拒绝采取适当措施，审计师应当考虑是否修改审计报告。

【案例】审计师李云对TD股份有限公司2014年度的财务报表进行审计，并于2015年4月1日出具了审计报告，该公司的财务报表于4月15日公布。在2015年4月20日，审计师获知TD股份有限公司在2014年12月20日出售了其在一家子公司的股权，该子公司的利润总额占合并财务报表利润的30%。对于此事项中国证监会责令TD股份有限公司修改财务报表，该公司修改财务报表后，聘请审计师李云重新编制审计报告。

本案例中，期后事项虽然是在财务报表公布后发现的，但该事项在资产负债表日已经发生，属于影响测试年度财务报表的事项，应当建议被审计单位调整财务报表。如果已测试财务报表公布后被审计单位需要修改财务报表，应当聘请审计师重新编制审计报告。审计师接受委托后，应当对导致财务报表重新编制的交易或事项进行测试，如采取阅读当期财务报表、将重新编制前后的财务报表进行比较等。重新出具审计报告，不是出具补充审计报告，而是因为原来发表意见的对象内容改变了，因此原审计报告会因为没有存在的基础而作废，这时重新出具的审计报告是唯一有效的报告，它与重新编制的财务报表一起向社会公众传递会计信息。但注意，审计师应当提请公司管理层采取适当措施确保所有财务报表使用人了解财务报表和审计报告已被修正这一情况。从原审计报告签署日至作废日（签发修正后的财务报表日），如果因审计师执业不当给报告使用人造成损失，审计师应当承担相应责任。

对于多期财务报表测试，如果审计师重新编制审计报告，应在审计报告的意见段后增加强调事项段，指明财务报表和审计报告修正的主要原因并披露：①原审计报告的日期；②原发表的意见类型；③导致审计师发表不同意见的情形或者事项；④审计师对于重新编制的财务报表发表的意见有可能不同于原发表的审计意见。

【案例分析】ABC会计师事务所承接D股份有限公司2014年财务报表审计工作。于2015年3月15日完成审计工作，审计报告于2015年3月20日提交。被审计单位于2015年3月22日对外公布财务报表。审计师在期后事项期间分别发生如下事项：

(1) 2015年3月14日D股份有限公司在一起历时半年的诉讼中败诉，支付赔偿金 1 500 万元，D 股份有限公司在上年末已确认预计负债 1 000 万元。被审计单位最终未接受审计师要求的按规定对此事项进行恰当会计处理的建议。

（2）2015 年 4 月 8 日因遭受火灾，存货发生毁损 100 万元。

（3）2015 年 3 月 21 日已确认为 2014 年度营业收入的重大销售相关货物因质量原因被退回，管理层最终并未修改财务报表。

（4）2015 年 4 月 2 日被审计单位为从银行借入 5 000 万元长期借款而签订重大资产抵押合同。

（5）2015 年 3 月 23 日，审计师发现已公布财务报表中存在某项当初未被发现的重大错报。被审计单位按审计师的要求修改了财务报表。

要求：分别判断各事项是否为期后事项。如是，请判断期后事项的种类；指出审计师应承担的责任；对于归属于期后事项的，审计师应采取的措施。（提示：上述事项相互之间并不关联，单独考虑每一事项即可）

解析：见表 13-5。

表 13-5

事项序号	是否归属于期后事项（是或否）	期后事项的种类	审计师应承担的责任	对于归属于期后事项的，审计师应采取的应对措施
事项一	是	第一时段期后事项	主动识别该时段期后事项。	审计师应当出具保留或否定意见的审计报告。
事项二	否	—	不承担任何责任。	—
事项三	是	第二时段期后事项。	被动识别第二时段期后事项	审计师应当通知管理层不要将财务报表和审计报告向第三方提出。如果财务报表仍被报出，审计师应当采取措施防止财务报表使用者信赖该审计报告。
事项四	否	—	不承担任何责任。	—
事项五	是	第三时段期后事项	没有义务识别第三时段期后事项，但如果知悉在审计报告日已存在的、可能导致修改财务报表的事实，审计师应当采取适当措施。	①实施必要的审计程序，确定管理层对财务报表的修改是否恰当；②复核管理层采取的措施能否确保所有收到原财务报表和审计报告的人士了解这一情况；③针对修改后的财务报表出具新的审计报告，新的审计报告应当增加强调事项段，提请财务报表使用者注意财务报表附注中对修改原财务报表原因的详细说明，以及审计师出具的原审计报告；④审计师应当将用以识别期后事项的审计程序延伸至新的审计报告日，以避免重大遗漏。

第十四章
完成审计工作

学习目标：

通过本章学习，你应该能够：

●了解现场审计后期的主要工作内容；

●理解汇总差异、重要性与审计意见的关系；

●掌握沟通、复核与外部声明书的作用。

在审计过程的最后阶段，审计师完成了现场审计工作，为了编制审计报告和发表审计意见的需要，应当对全部审计工作进行整体评价和分析。主要内容包括：汇总审计差异、同治理层进行有效沟通、复核审计工作、获取管理层声明书和律师声明书、总结和评价审计结果。

第一节 汇总审计差异

在完成按业务循环进行的控制测试、交易与账户余额的实质性程序后，对审计中发现的被审计单位的会计处理与企业会计准则的不一致，即审计差异，审计项目负责人应根据审计重要性原则予以初步确定并汇总，并建议被审计单位进行调整，使经审计的财务报表所载信息能够公允地反映被审计单位的财务状况、经营成果和现金流量。对审计差异的“初步确定并汇总”直至形成“经审计的财务报表”，主要工作是通过编制审计差异调整表和试算平衡表得以完成的。

一、编制审计差异调整表

（一）审计差异的种类

审计差异又称为审计误差或错报，审计差异内容按是否需要调整账户记录可分为核算差异（误差或错报）和重分类差异（误差或错报）。

1. 核算差异（误差或错报）

核算差异（误差或错报）是因为被审计单位对经济业务进行了不正确的会计核算而引起的错误，如会计科目使用错误或是记账金额错误等。按照审计重要性原则来衡量核算误差，又分为建议调整的核算误差和不建议调整的核算误差。

正确划分建议调整的核算误差和不建议调整的核算误差，是编制审计差异调整表的关键，对财务报表审计意见有重大影响。其划分原则为：

（1）如果单笔核算误差低于所涉及财务报表项目（或账户）层次的重要性水平，并且性质不重要的，一般视为不建议调整的核算误差；

（2）如果单笔核算误差低于所涉及财务报表项目（或账户）层次的重要性水平，但是性质重要的，应视为建议调整的核算误差；

（3）如果单笔核算误差超过所涉及财务报表项目（或账户）层次的重要性水平，应视为建议调整的核算误差；

（4）如果多笔核算误差（指汇总错漏报）超过所涉及财务报表层次的重要性水平，应视为建议调整的核算误差。

2. 重分类差异（误差或错报）

该项误差是因企业未按企业会计准则列报财务报表而引起的错误。例如，被审计单位资产负债表中长期借款项目中包括了一年内到期的长期借款。

（二）编制审计差异调整表

无论是核算误差和重分类误差，在审计工作底稿中通常都是以会计分录的形式反映的。由于审计中发现的错误往往不止一两项，为便于审计项目的各级负责人综合判断、分析和决策，也为了便于有效编制试算平衡表和代编经审计的财务报表，通常需要将这些建议调整的核算误差、不建议调整的核算误差和重分类误差分别汇总至调整分录汇总表、重分类分录汇总表和未调整不符事项汇总表。三张汇总表的参考格式分别见表 14-1、表 14-2 和表 14-3。

表 14-1　　审计差异调整表

——调整分录汇总表

被审计单位名称：________

审计项目名称：________

会计期间或截止日：________

签名	日期	索引号
编制人		
复核人		页次

序号	索引号	调整分录及项目	资产负债表		利润表		影响利润 +（-）
			借方	贷方	借方	贷方	
合　计							

表 14-2 **审计差异调整表**

——重分类分录汇总表

被审计单位名称：__________
审计项目名称：__________
会计期间或截止日：__________

签名	日期	索引号
编制人		
复核人		页次

序号	索引号	重分类内容及分类项目	调整金额		被审计单位调整情况及未调整原因
			借方	贷方	
合　计					

表 14-3 **审计差异调整表**

——未调整不符事项汇总表

被审计单位名称：__________
审计项目名称：__________
会计期间或截止日：__________

签名	日期	索引号
编制人		
复核人		页次

序号	索引号	未调整的内容及说明	调整金额		备注
			借方	贷方	

未予调整的影响：

项目	金额	百分比	计划百分比
1. 净利润			
2. 净资产			
3. 资产总额			
4. 营业收入			

审计结论：

【案例分析】审计师于2015年3月20日完成了对ABC公司2014年度财务报表的外勤审计工作。确定的财务报表层次的重要性水平为30万元，其他有关资料如下：

（1）2014年1月1日按面值购入3年期、票面年利率为5%、到期一次还本付息的公司债券（假定企业准备长期持有）800万元，年末未计提债券利息；

（2）2014年12月22日法院终审判决本公司与乙公司的官司败诉，应支付乙公司赔偿款为60万元，并与12月30日执行完毕，但该公司在2014年末未做账务处理；

（3）2014年末资产负债表上列"预付账款"为890万元，"应付账款"为610万元，"预付账款"和"应付账款"的明细资料如下：

预付账款——甲公司	900万元	应付账款——D公司	-200万元
预付账款——乙公司	-300万元	应付账款——E公司	500万元
预付账款——丙公司	290万元	应付账款——F公司	310万元
合计	890万元	合计	610万元

要求：判断上述是否为审计差异？如是，是哪种差异？在考虑审计重要性水平、不考虑调整分录对期末结转损益及利润和利润分配影响的前提下，请代审计师分别提出处理建议；编制调整分录汇总表和重分类分录汇总表。

【案例解析】

事项（1），是审计差异，属于核算误差，由于此项错漏报达到40万元（少计提债券利息800×5%），超过报表层次的重要性水平，应视为建议调整的核算误差。审计调整分录为：

借：持有至到期投资　　400 000

　贷：投资收益　　400 000

事项（2），是审计差异，属于核算误差，由于此项错漏报达到60万元，超过报表层次的重要性水平，应视为建议调整的核算误差。审计调整分录为：

借：营业外支出　　600 000

　贷：其他应付款　　600 000

借：其他应付款　　600 000

　贷：银行存款　　600 000

事项（3），是审计差异，属于重分类误差，"预付账款"账户由890万元调整为1 390万元，"应付账款"账户由610万元调整为1 110万元，需调整的错漏报远远超过报表层次的重要性水平，应视为建议调整的重分类误差。审计调整分录为：

借：预付账款——乙公司　　3 000 000

　贷：应付账款——乙公司　　3000 000

借：预付账款——D公司　　2 000 000

　贷：应付账款——D公司　　2 000 000

表 14-4 **审计差异调整表**

——调整分录汇总表

金额单位：万元

序号	索引号	调整内容及项目	资产负债表		利润表		影响利润 +（-）
			借方	贷方	借方	贷方	
（1）		持有至到期投资	40				
		投资收益				40	+40
（2）		营业外支出			60		-60
		其他应付款		60			
		其他应付款	60				
		银行存款		60			
合计			100	120	60	40	-20

表 14-5 **审计差异调整表**

——重分类分录汇总表

金额单位：万元

序号	索引号	重分类内容及分类项目	调整金额		被审计单位调整情况及未调整原因
			借方	贷方	
（3）		预付账款	500		
		应付账款		500	
合计			500	500	

二、编制试算平衡表

试算平衡表是审计师在被审计单位提供未审财务报表的基础上，考虑调整分录、重分类分录等内容以确定已审数与报表披露数的表式。下面列示了有关资产负债表试算平衡表的参考格式（见表 14-6）、利润表试算平衡表的参考格式（见表 14-7）。需要说明的是：

（1）试算平衡表中的“未审金额”栏，应根据被审计单位提供的未审计财务报表填列。

（2）在编制完试算平衡表后，应注意核对相应的勾稽关系。

表 14-6　　**资产负债表试算平衡表**

项目	期末未审数	账项调整		重分类调整		期末审定数	项目	期末未审数	账项调整		重分类调整		期末审定数
		借方	贷方	借方	贷方				借方	贷方	借方	贷方	
货币资金							短期借款						
交易性金融资产							交易性金融负债						
应收票据							应付票据						
应收账款							应付账款						
预付账款							预收款项						
应收利息							应付职工薪酬						
应收股利							应交税费						
其他应收款							应付利息						
存货							应付股利						
一年内到期的非流动资产							其他应付款						
其他流动资产							一年内到期的非流动负债						
可供出售的金融资产							其他流动负债						
持有至到期投资							长期借款						
长期应收款							应付债券						
长期股权投资							长期应付款						
投资性房地产							专项应付款						
固定资产							预计负债						
在建工程							递延所得税负债						
工程物资							其他非流动负债						
固定资产清理							实收资本（股本）						
无形资产							资本公积						
开发支出							盈余公积						
商誉							未分配利润						
长期待摊费用													
递延所得税资产													
其他非流动资产													
合计							合计						

表 14-7　　　　　　　　　　利润表试算平衡表工作底稿

被审计单位：________________　　　　索引号：________________

项目：________________　　　　财务报表截止日/期间：________________

编制：________________　　　　复核：________________

日期：________________　　　　日期：________________

项目		审计前金额	调整金额		审定金额
			借方	贷方	
一、	营业收入				
	减：营业成本				
	营业税金及附加				
	销售费用				
	管理费用				
	财务费用				
	资产减值损失				
	加：公允价值变动损益				
	投资收益				
二、	营业利润				
	加：营业外收入				
	减：营业外支出				
三、	利润总额				
	减：所得税费用				
四、	净利润				

第二节　获取管理层和律师声明书

一、管理层声明书

审计师在出具审计报告前，应当获取审计证据，以确定管理层认可其按照适用的会计准则和相关会计制度的规定编制财务报表的责任，并且已批准财务报表。在获取此类审计证据时，审计师应当考虑查阅治理层相关会议纪要、向管理层获取书面声明或已签署的财务报表副本。

如果合理预期不存在其他充分、适当的审计证据，审计师应当就对财务报表具有重大影响的事项向管理层获取书面声明。管理层对其口头声明的书面确认可以减少审计师与管理层之间产生误解的可能性。

管理层声明包括书面声明和口头声明。书面声明作为审计证据通常比口头声明可靠。书面声明可以采取下列形式：①管理层声明书；②审计师提供的列示其对管理层声明的理解并经管理层确认的函；③董事会及类似机构的相关会议纪要，或已签署的财务报表副本。

当要求管理层提供声明书时，审计师应当要求将声明书直接送审计师本人。声明书应当包括要求列明的信息，标明适当的日期并经签署。管理层声明书标明的日期通常与审计报告日一致。但在某些情况下，审计师也可能在审计过程中或审计报告日后就某些交易或事项获取单独的声明书。

管理层声明书通常由管理层中对被审计单位及其财务负主要责任的人员签署。在某些情况下，审计师也可以向管理层中的其他人员获取管理层声明书。

如果管理层拒绝提供审计师认为必要的声明，审计师应当将其视为审计范围受到限制，出具保留意见或无法表示意见的审计报告。在这种情况下，审计师应当评价审计过程中获取的管理层其他声明的可靠性，并考虑管理层拒绝提供声明是否可能对审计报告产生其他影响。

审计师要求管理层提供的书面声明仅限于单独或汇总起来对财务报表产生重大影响的事项。必要时，审计师应将对声明事项重要性的理解告知管理层。

审计师应当就下列事项向管理层获取书面声明：①管理层认可其设计和实施内部控制以防止或发现并纠正错报的责任；②管理层认为审计师在审计过程中发现的未更正错报，无论是单独还是汇总起来考虑，对财务报表整体均不具有重大影响。未更正错报项目的概要应当包含在书面声明中或附于书面声明后。

当管理层声明的事项对财务报表具有重大影响时，审计师应当实施下列审计程序：①从被审计单位内部或外部获取佐证证据；②评价管理层声明是否合理并与获取的其他审计证据（包括其他声明）一致；③考虑做出声明的人员是否熟知所声明的事项。

审计师需要注意：被审计单位管理层声明书属于非独立来源的书面说明。因此，不能将它视为非常可靠的审计证据。虽然它提供了审计师要求被审计单位管理层回答的某些问题的证据，但其主要作用是心理方面的，是用来保护审计师，并使其不至于卷入由于管理人员不明白自身责任而导致的潜在纠纷。

二、律师声明书

被审计单位律师对有关函证问题的答复和说明，就是律师声明书。通常律师声明书可提供一些有力的证据，并帮助审计师解释并报告有关的期后事项和或有事项，从而减少审计师误解上述特殊事项的可能性。所以，审计师在对被审计单位的期后事项和或有事项等进行审计时，有必要向被审计单位的法律顾问和律师进行函证，以获取其对资产负债表日业已存在的，以及资产负债表日至他们复函日这一时期内存在的期后事项和或有事项等的确认证据，但其本身不足以对审计师形成审计意见提供基本理由。

审计师对律师的函证，通常通过被审计单位向其律师寄发审计询证函的方式来实施。被审计单位应对曾为其提供法律咨询或代理的所有律师寄发审计询证函，其内容应包括被审计单位叙述和评价与该律师业务相关的期后事项和或有事项等情况。律师的责任在于声明被审计单位对有关期后事项和或有事项等的叙述是完整的（或指明其疏漏），并对被审计单位就有关期后事项和或有事项等情况的说明做出评价。

律师声明书所用的格式和措辞并没有定式。单位不同或情况不同，律师出具的声明书也不相同。但是，律师声明书的内容可能会影响审计师发表审计意见的类型。

审计师应根据该律师的职业条件和声誉情况来确定律师声明书的合理性。如果审计师熟悉该律师的职业声誉，就不再需要做专门查询；如果审计师对代理被审计单位重大法律事务的律师并不熟悉，则应查询诸如该律师的职业背景、声誉及其在法律界的地位等情况，并考虑从律师协会获取信息。一旦这些方面都令人满意，除非律师关于被审计单位法律事项的意见是不合情理的，否则审计师应接纳律师声明书中的意见。

审计师需要对律师声明书从整体上进行分析，以便确定它对审计询证函的总体反应，确定它与审计师所知的情况是否矛盾。倘若律师声明书表明或暗示律师拒绝提供信息，或隐瞒信息，或对被审计单位叙述的情况应予修正而不加修正，审计师一般应认为审计范围受到限制，就不能出具无保留意见的审计报告。

下面分别列示了一种常见的律师询证函和律师询证函复函的范例，仅供参考。

律师询证函

本公司已聘请××会计师事务所对本公司　　年　月　日（以下简称资产负债表日）的资产负债表以及截至资产负债表日的该年度利润及利润分配表和现金流量表进行审计。为配合该项审计，谨请贵律师基于受理本公司委托的工作（诸如常年法律顾问、专项咨询和诉讼代理等），提供下述资料，并函告××会计师事务所：

一、请说明存在于资产负债表日并且自该日起至本函回复日止本公司委托贵律师代理进行的任何未决诉讼。该说明中谨请包含以下内容：

1. 案件的简要事实经过与目前的发展进程；

2. 在可能范围内，该律师对于本公司管理层就上述案件所持看法及处理计划（如庭外和解设想）的了解，及您对可能发生结果的意见；

3. 在可能范围内，您对可能发生的损失或收益的可能性及金额的估计。

二、请说明存在于资产负债表日并且自该日起至本函回复日止，本公司曾向该律师咨询的其他诸如未决诉讼、追索债权、被追索债务以及政府有关部门时本公司进行的调查等可能涉及本公司法律责任的事件。

三、请说明截至资产负债表日，本公司与贵律师事务所律师服务费的结算情况（如有可能，请依服务项目区分）。

四、若无上述一及二事项，为节省您宝贵的时间，烦请填写本函背面《律师询证函复函》并签章后，按以下地址，寄往××会计师事务所（地址：××市××路××号；邮编××××××）。

谢谢合作！

××公司（盖章）

公司负责人（签章）

年　　月　　日

律师询证函复函

××会计师事务所：

本律师于______期间，除向__________公司提供一般性法律咨询服务，并未有接受委托，代理进行或咨询如前述一、二项所述之事宜。

另截至　　年　　月　　日止，该公司

〇未积欠本律师事务所任何律师服务费。

〇尚有本律师事务所的律师服务费计人民币__________________元，未予付清。

__________________律师事务所

律师______________（签章）

年　　月　　日

第三节　与治理层沟通

治理层是指对被审计单位战略方向以及管理层履行经营管理责任富有监督责任的人员或组织。治理层的责任包括对财务报表过程的监督。管理层是指对被审计单位经营活动的执行富有管理责任的人员或组织。管理层负责编制财务报表，并受到治理层的监督。审计师应当就财务报表审计相关且根据职业判断认为与治理层责任相关的重大事项，以适当方式及时与治理层沟通。

一、沟通的目的与方式

审计师与治理层沟通的主要目的是：①就审计范围和时间以及审计师、治理层和管理层各方在财务报表审计和沟通中的责任，取得相互了解；②及时向治理层告知审计中发现的与治理层相关的责任；③共享有助于审计师获取审计证据和治理层履行责任的其他信息。

沟通的形式涉及口头或书面沟通、详细或简略沟通、正式或非正式沟通。有效的沟通形式不仅包括正式声明和书面报告等正式形式，也包括讨论等非正式的形式。如果以口头形式沟通涉及治理层责任的事项，审计师应当确信沟通的事项已记录于讨论纪要或审计工作底稿。

二、沟通的主要事项

审计师应当直接与治理层沟通的事项包括：①审计师的责任；②计划的审计范围和时间；③审计工作中发现的问题；④审计师的独立性。下面仅就审计工作中发现的问题和审计师的独立性两个方面进行说明。

（一）审计工作中发现的问题

审计师应当就审计工作中发现的问题与治理层直接沟通下列事项：①审计师对被审计单位会计处理质量的看法；②审计工作中遇到的重大困难；③尚未更正的错报，除非审计师认为这些错报明显不重要；④审计中发现的、根据职业判断认为重大且与治理层履行财务报表过程监督责任直接相关的其他事项。

除非治理层全部参与管理，审计师还应当与治理层直接沟通的事项包括：①根据职业判断认为需要提请治理层注意的管理层声明；②已与管理层讨论或书面沟通的、审计中发现的重大事项。

审计师应当就下列重要会计处理的质量和可接受性与治理层沟通：①选用的会计政策；②做出的会计估计；③财务报表的披露。

（三）审计师的独立性

如果被审计单位是上市公司，审计师应当就独立性与治理层直接沟通下列内容：①就审计项目组成员、会计师事务所其他相关人员以及会计师事务所按照法律法规和职业道德规范的规定保持了独立性做出声明；②根据职业判断，审计师认为会计师事务所与被审计单位之间存在的可能影响独立性的所有关系和其他事项，包括会计师事务所在财务报表涵盖期间为被审计单位和受被审计单位控制的组成部分提供审计、非审计服务的收费总额；③为消除对独立性的威胁或将其降至可接受的水平，已经采取的相关防护措施。

如果被审计单位是非上市公司，但可能涉及重大的公众利益，审计师应当考虑有关审计师独立性的沟通事项是否适用。

如果出现了违反与审计师独立性有关的职业道德规范的情形，审计师应当尽早就该情形及已经或拟采取的补救措施与治理层直接沟通。

此外，审计师还应当与治理层沟通的事项包括：①法律法规和本准则以外的其他准则要求沟通的事项；②与治理层或管理层商定沟通的事项。补充事项包括：已引起审计师注意的事项；③根据职业判断认为与治理层的责任关系重大，且管理层或其他人员尚未与治理层有效沟通的事项。

第四节　复核与评价

审计师在全面完成审计的实质性测试程序后，审计组的项目经理应当对审计工作进行全面复核，并在此基础上总结和评价审计结果，通过审计总结的编写，总括说明审计计划执行情况及审计目标的实现情况。

一、报表整体分析性复核

分析程序不仅被广泛运用于审计的计划阶段和财务报表项目的实质性程序阶段，也可用于审计报告阶段对财务报表进行总体复核，以帮助审计师评价审计过程中形成的审计结论的恰当性和财务报表整体反映的公允性。需要说明的是，此阶段的财报分析数据已经经过被审计单位的调整或修改。

在对财务报表进行总体性复核时，审计师首先应当全面审阅财务报表及其附注，考虑针对实质性测试中发现的异常差异或未预期差异所获取的证据是否充分、恰当；这些异常差异或未预期差异与审计计划阶段的预计之间的关系。然后再将分析性复核程序运用于财务报表上，以确定是否还可能存在任何其他的异常或未预期的关系。如果这种异常或未预期的关系存在，则审计师必须在完成审计外勤工作时追加实施额外的审计程序。

在对财务报表整体实施分析性程序时，可以运用比率法及其他比较技术。但由于这一审计程序的实施有一定的难度，需要比较丰富的审计经验，因此，应由全面了解被审计单位经营情况和所属行业特点的审计项目经理、部门经理甚至主任会计师来执行。并且，这种分析性复核程序的对象应集中在审计师认定的重要审计领域和考虑了所有建议调整的不符事项和重分类误差后的财务报表方面。比较的一方是被审计单位的资料，比较的另一方则是预期的被审计单位的结果，可获得的行业资料，或者产量、销量和员工人数等相关的一些非财务资料。

二、项目组内部复核

审计工作底稿的复核是保证审计证据质量的基本方法，依照《中国审计师审计准则第 1121 号—— 对财务报表审计实施的质量控制》和《质量控制准则第 5101 号—— 会计师事务所对执行财务报表审计和审阅、其他鉴证和相关服务业务实施的质量控制》对审计工作底稿复核的规范，我国的财务报表审计程序中审计工作底稿的复核包括项目组内部复核和项目质量控制复核。

项目组内部复核通常会在制订审计计划时安排组内经验丰富的人员担任，主要包括复核人员、复核范围、复核时间以及项目合伙人的复核。

（一）复核人员

项目组需要在审计计划阶段确定复核人员的指派，以确保所有审计工作底稿均得到适当层级人员的复核，比如：舞弊风险的识别、评估与应对；重大会计政策的选择和运用；重要会计估计及其他复杂的会计问题；关联方及关联交易；持续经营存在问题的判断等审计风险较高的领域，均需要经验丰富的组内复核人员进行内部复核。

（二）复核范围

复核范围是所有的审计工作底稿至少要经过一级复核。其复核的主要内容包括：

（1）审计工作是否已按照职业准则和适用的法律法规的规定执行；

（2）重大事项是否已提醒进一步考虑；

（3）相关事项是否已进行适当咨询，由此形成的结论是否已得到记录和执行；

（4）是否需要修改已执行审计工作的性质、时间安排和范围；

（5）已执行的审计工作是否支持形成的结论，并已得到适当记录；

（6）已获取的审计证据是否充分、适当；

（7）审计程序的目标是否已实现。

（三）复核时间

复核人员需要在审计的计划阶段、实施阶段和完成阶段及时复核相应的审计工作底稿，即在审计全过程实施复核。比如：计划阶段主要复核审计策略和审计计划的工作底稿；实施阶段复核控制测试和实质性程序形成的工作底稿；完成阶段复核记录重大事项、审计调整及未更正错报的工作底稿等。

（四）项目负责人复核

对已审计财务报表进行技术性复核，项目负责人可以通过填列和复核财务报表检查清单的方式来进行。很多会计师事务所都备有详细的财务报表检查清单，甚至为不同的行业、不同性质的被审计单位准备了不同的检查清单。该检查清单由负责全面复核审计工作底稿的项目经理来填列完成。

检查项目	是	否	不适合
1. 以前期间审计所结转下来的事项是否全部处理。 2. 各项审计程序是否全部完成。 3. 审计范围是否完全没有受到限制 4. 期后承诺对财务的影响是否考虑过。 5. 在审计报告日以前的董事会会议，股东大会以及其他相关的会议纪要是否都检查了。 6. 审计中发现的所有重大事项是否都已经在审计总结中反映，并且得到了满意的解决。 7. 审计项目组成员的分工是否都已经分别完成。 8. 如果出具非标准无保留意见的审计报告，所使用的表达形式是否经主任会计师批准。 9. 下一期间审计时需要考虑的重要事项的备忘录是否已经存档。 10. 是否收到相关事项的声明书。 11. 董事会或管理层是否已经批准所审计财务报表及其附注，并且已经采纳了我们的审计报告。			

（五）项目合伙人复核

项目合伙人是指会计师事务所中负责某项业务及其执行，并代表会计师事务所在出具的报告上签字的合伙人。根据审计准则的规定，项目合伙人应当对会计师事务所分派的每项审计业务的总体质量负责；项目合伙人应当对项目组按照会计师事务所复核政策和程序实施的复核负责。

项目合伙人的复核内容包括：①对关键领域所做的判断，尤其是执行业务过程中识别出的疑难问题或争议事项；②特别风险；③项目合伙人认为重要的其他事项。

三、项目质量控制复核

项目质量控制复核是指在审计报告日或报告日之前，项目质量控制复核人员对项目组做出的重大判断和在准备报告时得出的结论进行客观评价的过程。

项目质量控制复核人员是指项目组成员以外的，具有足够、适当的经验和权限，对项目组做出的重大判断和在准备审计报告时得出的结论进行客观评价的合伙人、会计师事务所其他人员、具有适当资格的外部人员或由这类人员组成的小组。

具有适当资格的外部人员是指会计师事务所以外的具有担任项目合伙人的胜任能力和必要素质的个人，如其他会计师事务所的合伙人、审计师协会或提供相关质量控制服务的组织中具有适当经验的人员。

会计师事务所应当制定政策和程序，要求项目质量控制复核包括下列工作：

（1）就重大事项与项目合伙人进行讨论；

（2）复核财务报表或其他业务对象信息及拟出具的报告；

（3）复核选取的与项目组做出重大判断和得出的结论相关的业务工作底稿；

（4）评价在编制报告时得出的结论，并考虑拟出具报告的恰当性。

只有完成项目质量控制复核，审计师才可以签署审计业务报告。因此，项目质量控制复核人员在审计业务过程中的适当阶段及时实施项目质量控制复核，以便重大事项在审计报告日之前得到及时的解决。

四、评价审计工作

审计师评价审计结果，主要是为了确定将要发表的审计意见的类型以及在整个审计工作中是否遵循了中国审计师审计准则。为此，审计师必须完成以下两项工作：一是对重要性和审计风险进行最终的评价；二是对被审计单位已审计报表形成审计意见并撰写审计报告草稿。

（一）重要性和审计风险的最终评价

对重要性和审计风险进行最终评价，是审计师决定发表何种类型审计意见的必要过程。该过程可以通过以下两个步骤来完成：

第一步，按财务报表项目确定可能的审计差异即可能错报金额。按财务报表项目确定的可能错报金额由三部分组成：

（1）通过交易和财务报表项目的实质性程序所确认的未更正错报，即“已知错报”。这部分“已知错报”既包含审计师考虑报表项目层次重要性水平而未建议被审计单位予以调整的未调整不符事项，也包括被审计单位拒绝按审计师的建议进行调整而形成的未调整不符事项。

（2）通过运用审计抽样技术所估计的未更正预计错报。

（3）通过运用分析程序发现和运用其他审计程序所量化的其他估计错报。

第二步，确定各财务报表项目可能的错报金额的汇总数（可能错报总额）对财务报表层次重要性水平和其他与这些错报有关的财务报表总额（比如流动资产或流动负债）的影响程度。应当注意的是：①这里的财务报表层次的重要性水平是指审计计划阶段确定的重要性水平。如果该重要性水平在审计过程中已做过修正，则当然应按修正后的财务报表层次重要性水平进行比较。②这里的可能错报总额一般是指各财务报表项目可能的错报金额的汇总数，但也可能包括上一期间的任何未更正可能错报对本期财务报表的影响。如果审计师将上一期间的未更正可能错报包括进来，可能会导致本期财务报表被严重错报的风险高到无法接受的程度，则审计师估计本期的可能错报总和时，就应包括上一期间的未更正可能错报。审计师在审计计划阶段已确定了审计风险的可接受水平。随着可能错报总和的增加，财务报表可能产生严重错报的风险也会增加。如果审计师得出结论，审计风险处在一个可按受的水平，则可以直接提出审计结果所支持的意见。如果审计师认为审计风险不能接受，则应追加实施额外的实质性测试或者说服被审计单位做必要调整，以便将重要错报的风险降低到一个可接受的水平；否则，审计师应慎重考虑该审计风险对审计报告的影响。

（二）对被审计单位已审计财务报表形成审计意见

在审计过程中，审计师要实施各种审计测试程序。这些测试通常是由参与本次审计工作的审计项目小组成员来执行的，而每个成员所执行的测试程序可能只限于某几个领域或账项，所以，在每个功能领域或报表项目的测试程序都完成之后，审计项目负责人应汇总所有成员的审计结果。

在完成审计工作阶段，审计师为了对财务报表整体发表适当的意见，必须将这些分散的审计结果加以汇总和评价，综合考虑在审计过程中所收集到的全部证据，通过判断提出和发表不同类型的审计意见，并以审计报告的形式传输给财务报表使用者，草拟审计报告和提出初步的审计意见。审计师需要评价影响发表审计意见的重要因素主要包括：是否遵守企业会计准则、审计范围是否受到限制、是否对企业持续经营能力产生重大怀疑等。

第十五章
审计报告

学习目标：

通过本章学习，你应该能够：

- 了解审计报告的类型与格式；
- 明确不同审计意见的出具条件；
- 理解说明段、强调段及其他事项段；
- 掌握注册会计师财务报表审计日前后的不同责任。

［引例］根据中国注册会计师协会发布的《2014 年年报审计情况快报》（第 15 期）的公告，2015 年 1 月 1 日—5 月 4 日，40 家证券资格会计师事务所共为 2 667 家上市公司出具了财务报表审计报告（详见表 15-1）。在上述 2 667 份审计报告中，标准审计报告 2 569 份，带强调事项段的无保留意见审计报告 71 份，保留意见审计报告 18 份，无法表示意见的审计报告 9 份。在 2 667 份财务报表审计报告中，非标准财务报表审计报告 98 份，占 3.67%，非标报告的数量和比例都较 2013 年度（87 份，占 3.43%）有所上升。

表 15-1　　上市公司 2014 年度财务报表审计报告意见汇总表

财务报表审计意见类型	沪市主板	深市主板	中小企业板	创业板	合计
（标准）无保留意见	972	453	727	417	2 569
带强调事项段的无保留意见	41	19	6	5	71
保留意见	10	3	5	0	18
否定意见	0	0	0	0	0
无法表示意见	2	5	2	0	9
非标准审计意见小计	53	27	13	5	98
合计	1 025	480	740	422	2 667
非标准审计意见比例	5.17%	5.63%	1.76%	1.18%	3.67%

思考：分析不同审计意见的信息含量。

审计报告是表达审计意见的载体，及时编制并致送审计报告是注册会计师的审计责任。本章将介绍注册会计师在结束外勤工作的基本内容的基础上，分析审计报告的基本类型及其编制审计报告的方法与要求，说明注册会计师出具审计意见的影响因素，并对年报审计结束后发现的重大事项的影响作用进行分析和总结。

第一节　审计报告概述

在审计业务约定关系确定以后，注册会计师以独立的第三者的身份对被审计单位的财务报表项目实施必要的审计程序，收集充分而恰当的审计证据，根据中国注册会计师审计准则的规范要求对被审计单位的财务状况、经营成果及其现金流量进行客观公正的评价，并将这种评价结果以审计报告的形式披露给财务报表使用者。审计报告是注册会计师根据审计准则的要求，在实施审计工作的基础上出具的，用于对被审计单位财务报表发表审计意见的书面文件。审计报告是审计工作的最终成果，具有法定证明效力。

一、审计报告的作用

（一）鉴证作用

注册会计师签发的审计报告是以超然独立的第三者身份，对被审计单位财务报表合法性、公允性发表意见。这种意见，具有鉴证作用，得到了政府及其各部门和社会各界的普遍认可。政府有关部门，如财政部门、税务部门等了解、掌握企业的财务状况和经营成果的主要依据是企业提供的财务报表。财务报表是否合法、公允，主要依据注册会计师的审计报告做出判断。股份制企业的股东，主要依据注册会计师的审计报告，来判断被投资企业的财务报表是否公允地反映了财务状况和经营成果，以进行投资决策等。

（二）保护作用

注册会计师通过审计，可以对被审计单位出具不同类型审计意见的审计报告，以提高或降低财务报表信息使用者对财务报表的信赖程度，能够在一定程度上对被审计单位的财产、债权人和股东的权益及企业利害关系人的利益起到保护作用。如投资者为了减少投资风险，在进行投资之前，必须要查阅被投资企业的财务报表和注册会计师的审计报告，了解被投资企业的经营情况和财务状况。投资者根据注册会计师的审计报告做出投资决策，可以降低其投资风险。

（三）证明作用

审计报告是对注册会计师审计任务完成情况及其结果所做的总结，它可以表明审计工作的质量并明确注册会计师的审计责任。因此，审计报告可以对审计工作质量和注册会计师的审计责任起证明作用。通过审计报告，可以证明注册会计师在审计过程中是否实施了必要的审计程序，是否以审计工作底稿为依据发表审计意见，发表的审计意见是否与被审计单位的实际情况相一致，审计工作的质量是否符合要求。通过审计报告，可以证明注册会计师审计责任的履行情况。

二、审计报告的分类

（一）按照审计报告的性质，可分为标准审计报告和非标准审计报告

标准审计报告是指包括标准措辞的引言段、范围段和意见段的无保留意见的审计报告，不附有任何说明段、强调事项段或修正性用语。非标准审计报告是指带强调事项段或其他事项段的无保留意见的审计报告和非无保留意见的审计报告。非无保留意见的审计报告包括保留意见的审计报告、否定意见的审计报告和无法表示意见的审计报告。标准审计报告以外的其他审计报告统称为非标准审计报告。

（二）按照审计报告使用目的，可分为公布目的的审计报告和非公布目的的审计报告

公布目的的审计报告，是指用于对企业股东、投资者、债权人等非特定利益关系者公布的附送财务报表的审计报告。

非公布目的的审计报告，是指用于经营管理、合并或业务转让、融通资金等特定目的而实施审计的审计报告。这类审计报告是分发给特定使用者的，如经营者、合并或业务转让的关系人、提供贷款的金融机构等。

（三）按照披露的详略程度，可分为简式审计报告和详式审计报告

简式审计报告又称为短式审计报告，是指注册会计师对应公布的财务报表进行审计后所编制的简明扼要的审计报告。简式审计报告反映的内容是非特定多数的利害关系人共同认为的必要审计事项，它具有记载事项为法令或审计准则所规定的特征，具有标准格式。因而，简式审计报告一般适用于公布目的、具有标准审计报告的特点。注册会计师根据审计结果和被审计单位对有关问题的处理情况，提出审计意见，出具四种基本类型的审计报告，即无保留意见的审计报告、保留意见的审计报告、否定意见的审计报告和无法表示意见的审计报告。

详式审计报告又称为长式审计报告，是指对审计对象所有重要的经济业务和情况都要做详细说明和分析的审计报告。详式审计报告主要用于指出企业经营管理存在的问题和帮助企业改善经营管理，故其内容要较简式审计报告丰富得多、详细得多。详式审计报告一般用于非公布目的、具有非标准审计报告的特点。

三、在审计报告中沟通的关键审计事项

关键审计事项是指注册会计师根据职业判断认为对当期财务报表审计最为重要的事项。为提高审计报告的信息含量和时效性，增进其沟通价值，加大审计工作的透明度，注册会计师需要确定关键审计事项并就这些事项与被审计单位治理层进行沟通。

（一）确定关键审计事项

确定关键审计事项应当考虑下列方面：

(1) 在执行审计工作过程中评估的重大错报风险较高的领域或识别出的特别风险；

（2）与财务报表中涉及重大管理层判断（包括被认为具有高度不确定性的会计估计）的领域相关的重大审计判断；

（3）当期重大交易或事项对审计的影响。

（二）沟通关键审计事项

注册会计师应当在审计报告的关键审计事项部分进行逐项描述，并同时说明下列内容：第一，该事项被认定为审计中最为重要的事项之一，因而被确定为关键审计事项的原因。第二，该事项在审计中是如何应对的，除非存在下列情形之一，注册会计师应当在审计报告中逐项描述关键审计事项：该法律法规禁止公开披露某事项；在极其罕见的情形下，如果合理预期在审计报告中沟通某事项造成的负面后果超过产生的公众利益方面的益处，注册会计师确定不应在审计报告中沟通该事项。

第二节　标准审计报告

标准审计报告是指不含有说明段、强调事项段、其他事项段或其他任何修饰性用语的无保留意见的审计报告。其中，无保留意见是指当注册会计师认为财务报表在所有重大方面按照适用的财务报表编制基础编制并实现公允反映时发表的审计意见。包含其他报告责任段，但不含有强调事项段或其他事项段的无保留意见的审计报告也被视为标准审计报告。

一、标准审计报告的要素及内容

（一）要素

审计报告主要包括下列10项基本要素：①标题；②收件人；③审计意见；④形成审计意见的基础；⑤管理层对财务报表的责任段；⑥注册会计师对财务报表审计的责任；⑦按照相关要求，履行其他报告责任（如适用）；⑧注册会计师的签名及盖章；⑨会计师事务所的名称、地址及盖章；⑩审计报告日期。

（二）审计报告的内容

1. 标题

审计报告的标题应统一规范为“审计报告”。

2. 收件人

审计报告的收件人是指注册会计师按照审计业务约定书的要求致送审计报告的对象，一般是指审计业务的委托人。审计报告应当载明收件人的全称。

3. 意见段

以审计意见作为标题，审计报告的意见段应当包括下列方面：指出被审计单位的名称；说明财务报表已经审计；指出构成整套财务报表的每一财务报表的名称；提及财务报表附注（包括重要会计政策概要和其他解释性信息）；指明构成整套财务报表的每一财务报表的日期或涵盖的期间。

如果认为财务报表符合下列所有条件，注册会计师应当出具无保留意见的审计报告：第一，财务报表已经按照适用的会计准则和相关会计制度的规定编制，在所有重大方面公允反映了被审计单位的财务状况、经营成果和现金流量；第二，注册会计师已经按照中国注册会计师审计准则的规定计划实施审计工作，在审计过程中未受到限制。

当出具无保留意见的审计报告时，注册会计师应当以“我们认为”作为意见段的开头，并使用“在所有重大方面”“公允反映”等术语。

4. 形成审计意见的基础

该部分位于审计意见之后，并包括下列方面：说明注册会计师按照中国注册会计师审计准则的规定执行了审计工作；提及审计报告中用于描述审计准则规定的注册会计师责任的部分；声明注册会计师按照与审计相关职业道德要求独立于被审计单位，并按照这些要求履行了职业道德方面的其他责任；说明注册会计师是否相信获取的审计证据是充分、适当的，为其发表审计意见提供了基础。

5. 管理层对财务报表的责任段

该段应当说明管理层的责任，这种责任包括：按照适用的财务报告编制基础编制财务报表，并使其实现公允反映，并设计、执行和维护必要的内部控制，以使财务报表不存在由于舞弊或错误导致的重大错报；评估被审计单位的持续经营能力和使用持续经营假设是否适当，并披露与持续经营相关的事项。

6. 注册会计师的责任段

该段应当说明下列内容：第一，注册会计师的目标是对财务报表整体是否不存在由于舞弊或错误导致的重大错报获取合理保证，并出具包含审计意见的审计报告；第二，合理保证是高水平的保证，但并不能保证按照审计准则执行审计在某一重大错报存在时总能发现；第三，错报可能由于舞弊或错误导致的财务报表重大错报风险的评估。

此外还包括：在按照审计准则执行审计工作的过程中，注册会计师运用职业判断，并保持职业怀疑。注册会计师的责任描述，这些责任主要有：识别和评估由于舞弊或错误导致的财务报表重大错报风险，对这些风险有针对性地设计和实施审计程序，获取充分、适当的额审计证据，作为发表审计意见的基础；了解与审计相关的内部控制，以设计恰当的审计程序，但目的并非对内部控制的有效性发表意见；评价管理层选用会计政策的恰当性和做出会计估计及相关披露的合理性；对管理层使用持续经营结舌的恰当性得出结论；评价财务报表的总体列报、结构和内容（包括披露），并评价财务报表是否公允反映相关交易和事项。

注册会计师对财务报表审计的责任还包括：注册会计师与治理层就计划的审计范围、时间安排和重大审计发现等进行沟通，包括沟通注册会计师在审计中识别的值得关注的内部控制缺陷；对于上市实体财务报表审计，指出就遵守关于独立性的相关职业道德要求向治理层提供声明，并与治理层沟通可能被认为影响注册会计师独立性的所有关系和其他事项，以及相关的防范措施；上市实体的关键审计事项。

7. 按照相关要求，履行其他报告责任（如适用）

该部分应当作为单独的内容，并以“对其他法律和监管要求的报告”为标题。

8. 注册会计师的签名及盖章

审计报告应当由注册会计师签名并盖章。对于合伙会计师事务所出具的审计报告，应当由一名对审计项目负最终复核责任的合伙人和一名负责该项目的注册会计师签名盖章；对于有限责任会计师事务所出具的审计报告，应当由会计师事务所主任会计师或其授权的副主任会计师和一名负责该项目的注册会计师签名并盖章。

9. 会计师事务所的名称、地址及盖章

审计报告应当载明会计师事务所的名称和地址，并加盖会计师事务所公章。

10. 日期

审计报告日期是指注册会计师完成审计工作的日期。注册会计师签署的审计报告日期不应早于被审计单位管理层签署财务报表的日期。这里的完成审计工作是指注册会计师完成了所有审计程序，获取的审计证据足以支持对财务报表发表意见。注册会计师在界定完成审计工作的日期时，应当考虑以下因素：①应当实施的程序全部完成；②要求被审计单位调整或披露的事项已经提出，被审计单位已经做出或拒绝做出调整或披露；③被审计单位管理层已经正式签署了财务报表。

二、标准审计报告（即无保留审计意见的审计报告）适用条件

主要围绕两个方面进行评价：财务报表的编制基础、是否实现公允反映。

对财务报表编制基础的评价主要包括：

（1）财务报表是否充分披露了选择和运用的重要会计政策；

（2）选择和运用的会计政策是否符合适用的财务报告编制基础，并适合被审计单位的具体情况；

（3）管理层做出的会计估计是否合理；

（4）财务报表列报的信息是否具有相关性、可靠性、可比性和可理解性；

（5）财务报表是否做出充分披露，使预期使用者能够理解重大交易和事项对财务报表所传递的信息的影响；

（6）财务报表使用的术语（包括每一财务报表的标题）是否适当。

在评价财务报表是否实现公允反映时，应当考虑：财务报表的整体列报、结构和内容是否合理；财务报表（包括相关附注）是否公允地反映了相关交易和事项。

如果注册会计师认为财务报表在所有重大方面按照适用的财务报告编制基础编制并实现公允反映，就应当发表无保留审计意见。

三、标准审计报告的格式

表 15-1 为无保留审计意见审计报告的参考格式。

表 15-1

审计报告

ABC 股份有限公司全体股东：

一、对财务报表出具的审计报告

（一）审计意见

我们审计了后附的 ABC 股份有限公司（以下简称 ABC 公司）财务报表，包括 20×1 年 12 月 31 日的资产负债表和 20×1 年度的利润表、现金流量表和相关附表（详细列明附表名称）以及财务报表附注。

我们认为，后附的财务报表在所有重大方面按照企业会计准则的规定编制，公允反映了公司 20×1 年 12 月 31 日的财务状况以及 20×1 年度的经营成果和现金流量。

（二）形成审计意见的基础

我们按照中国注册会计师审计准则的规定执行了审计工作。审计报告的“注册会计师对财务报表审计的责任”部分进一步明确了我们在这些准则下的责任。按照中国注册会计师职业道德守则，我们独立于公司，并履行了职业道德方面的其他责任。我们相信获取的审计证据是充分、适当的，为其发表审计意见提供了基础。

（三）关键审计事项

关键审计事项是根据我们的职业判断，认为对本期财务报表审计最为重要的事项。这些事项是在对财务报表整体进行审计并形成意见的背景下进行处理的，我们不对这些事项提供单独的意见。

（逐一描述关键审计事项）

（四）管理层和治理层对财务报表的责任

管理层负责按照企业会计准则的规定编制财务报表，使其实现公允反映，并设计、执行和维护必要的内部控制，以使财务报表不存在由于舞弊或错误导致的重大错报。

在编制财务报表时，管理层负责评估公司的持续经营能力，披露与持续经营相关的事项（如适用），并运用持续经营假设，除非管理层计划清算公司、停止营运或别无其他现实的选择。

（五）注册会计师对财务报表审计的责任

我们的目标是对财务报表整体是否不存在由于舞弊或错误导致的重大错报获取合理保证，并出具包含审计意见的审计报告。合理保证是高水平的保证，但并不能保证按照审计准则执行审计在某一重大错报存在时总能发现。错报可能由于舞弊或错误导致，如果合理预期错报单独或汇总起来可能影响财务报表使用者依据财务报表做出的经济决策，则错报是重大的。

在按照审计准则执行审计工作的过程中，我们运用了职业判断，保持了职业怀疑，我们同时：①识别和评估由于舞弊或错误导致的财务报表重大错报风险，对这些风险有针对性地设计和实施审计程序，获取充分、适当的审计证据，作为发表审计意见的基础；②了解与审计相关的内部控制，以设计恰当的审计程序，但目的并非对内部控制的有效性发表意见；③评价管理层选用会计政策的恰当性和做出会计估计及相关披露的合理性；④对管理层使用持续经营假设的恰当性得出结论；⑤评价财务报表的总体列报、结构和内容（包括披露），并评价财务报表是否公允反映相关交易和事项。

除其他事项外，我们与治理层就计划的审计范围、时间安排和重大审计发现（包括我们在审计中识别的值得关注的内部控制缺陷）进行沟通。

我们还就遵守关于独立性的相关职业道德要求向治理层提供声明，并就可能被认为影响注册会计师独立性的所有关系和其他事项，以及相关的防范措施与治理层进行了沟通。

从与治理层沟通的事项中，我们确定哪些事项对当期财务报表审计最为重要，因而能构成关键审计事项。我们在审计报告中已逐一描述了这些事项。

二、按照相关法律法规的要求报告的事项

（本部分报告的格式和内容，取决于相关法律法规对其他报告责任的规定。）

××会计师事务所　　　　中国注册会计师（签名并盖章）

（盖章）　　　　中国注册会计师（签名并盖章）

中国××市　　　　二〇×二年×月×日

第三节　非标准审计报告

非标准审计报告是指标准审计报告以外的其他审计报告，包括带强调事项段的无保留意见的审计报告和非无保留意见的审计报告。非无保留意见的审计报告包括保留意见的审计报告、否定意见的审计报告和无法表示意见的审计报告。注册会计师在出具非标准审计报告时，应当遵守《中国注册会计师审计准则第 1502 号——在审计报告中发表非无保留意见》《中国注册会计师审计准则第 1503 号——在审计报告中增加强调事项段和其他事项段》的相关规定。

一、非无保留意见的审计报告

（一）适用情形

当存在下列情形之一时，注册会计师应当在审计报告中发表非无保留意见：

1. 根据获取的审计证据，得出财务报表整体存在重大错报的结论

要判断财务报表整体是否存在由于舞弊或错误导致的重大错报，注册会计师应当根据获取的审计证据来评价未更正错报对财务报表所产生的影响。错报是指某一财务报表项目的金额、分类、列报或披露，与按照适用的财务报表编制基础应当列示的金额、分类、列报或披露之间存在的差异。财务报表的重大错报可能源于：

①选择的会计政策的恰当性；②对所选择的会计政策的运用；③财务报表披露的恰当性或充分性。财务报表的重大错报风险来源及示例如表 15-2 所示。

表 15-2

财务报表重大错报的风险来源	示例
选择的会计政策的恰当性	①选择的会计政策与适用的财务报表编制基础不一致； ②财务报表（包括相关附注）没有按照公允列报的方式反映交易和事项。
会计政策运用的合理性	①管理层没有按照适用的财务报表编制基础的要求一贯运用所选择的会计政策，包括管理层未在不同会计期间或对相似的交易和事项一贯运用所选择的会计政策（运用的一致性）； ②不当运用所选择的会计政策（如运用中的无意错误）。
财务报表披露的恰当性或充分性	①财务报表没有包括适用的财务报表编制基础要求的所有披露； ②财务报表的披露没有按照适用的财务报表编制基础列报； 财务报表没有做出必要的披露以实现公允反映。

2. 无法获取充分、适当的审计证据，不能得出财务报表整体不存在重大错报的结论

不能得出财务报表整体不存在重大错报结论的主要原因是审计范围受到限制：超出被审计单位控制的情形；与注册会计师工作的性质或时间安排相关的情形；管理层施加限制的情形。审计范围受限的原因及示例如表 15-3 所示。

表 15-3

审计范围受限的原因	示例
超出被审计单位控制的情形	被审计单位的会计记录已被毁坏； 重要组成部分的会计记录已被政府有关机构无限期地查封。
与注册会计师工作的性质或时间安排相关的情形	被审计单位需要使用权益法对联营企业进行核算，注册会计师无法获取有关联营企业财务信息的充分、适当的审计证据以评价是否恰当地运用了权益法； 注册会计师接受审计委托的时间安排，使注册会计师无法实施存货监盘； 注册会计师确定仅实施实质性程序是不充分的，但被审计单位的控制是无效的。
管理层施加限制的情形	管理层阻止注册会计师实施存货监盘； 管理层阻止注册会计师对特定账户余额实施函证。

（二）确定非无保留意见的类型

注册会计师确定恰当的非无保留意见类型，取决于下列事项：①导致非无保留意见的事项的性质，是财务报表存在重大错报，还是在无法获取充分、适当的审计证据的情况下，财务报表可能存在重大错报；②注册会计师就导致非无保留意见的事项对财务报表产生或可能产生影响的广泛性做出的判断。

广泛性是描述错报影响的术语，用以说明错报对财务报表的影响，或者由于无法获取充分、适当的审计证据而未发现的错报（如存在）对财务报表可能产生的影响。根据注册会计师的判断，对财务报表的影响具有广泛性的情形包括：①不限于对财务报表的特定要素、账户或项目产生影响；②虽然仅对财务报表的特定要素、账户或项目产生影响，但这些要素、账户或项目是或可能是财务报表的主要组成部分；③当与披露相关时，产生的影响对财务报表使用者理解财务报表至关重要。

表 15-4 列示了注册会计师对导致发生非无保留意见的事项的性质和这些事项对财务报表产生或可能产生影响的广泛性做出的判断，以及注册会计师的判断对审计意见类型的影响。

表 15-4

导致发生非无保留意见的事项的性质	这些事项对财务报表产生或可能产生影响的广泛性	
	重大但不具有广泛性	重大且具有广泛性
财务报表存在重大错报	保留意见	否定意见
无法获取充分、适当的审计证据	保留意见	无法表示意见

在发表非无保留意见时，注册会计师应当对审计意见段使用恰当的标题，如“保留意见”“否定意见”或“无法表示意见”。审计意见段的标题能够使财务报表使用者清楚注册会计师发表了非无保留意见，并能够表明非无保留意见的类型。

1. 保留意见

（1）适用情形

当存在下列情形之一时，注册会计师应当发表保留意见：

①在获取充分、适当的审计证据后，注册会计师认为错报单独或汇总起来对财务报表影响更大，但不具有广泛性。

注册会计师在获取充分、适当的审计证据后，只有当认为财务报表就整体而言是公允的，但还存在对财务报表产生重大影响的错报时，不影响到财务报表的公允反映，才能发表保留意见；如果注册会计师认为错报对财务报表产生的影响极为严重且具有广泛性，影响到财务报表的公允反映，则应发表否定意见。因此，保留意见被视为注册会计师在不能发表无保留意见情况下最不严厉的审计意见。

②注册会计师无法获取充分、适当的审计证据以作为形成审计意见的基础，但认为未发现的错报（如存在）对财务报表可能产生的影响重大，但不具有广泛性。

注册会计师因审计范围受到限制而发表保留意见还是无法表示意见，取决于无法获取的审计证据对形成审计意见的重要性。注册会计师在判断重要性时，应当考虑有关事项潜在影响的性质和范围以及在财务报表中的重要程度。只有当未发现的错报（如存在）对财务报表可能产生的影响重大但不具有广泛性时，才能发表保留意见。

（2）注意事项

如果注册会计师对财务报表发表非无保留意见，除了上述规定的审计报告基本要素外，还需要注意以下事项：

①“审计意见”标题改为“保留意见”。

②将“形成审计意见基础”这一标题改为“形成保留意见的基础”，并就形成此种审计意见的理由进行描述。

③当由于财务报表存在重大错报而发表保留意见时，注册会计师应当根据适用的财务报告编制基础在审计意见部分说明；注册会计师认为，除形成保留意见的基础部分所述事项的影响外，财务报表在所有重大方面按照适用的财务报告编制基础编制，并实现公允反映。

④当由于无法获取充分、适当的审计证据而发表保留意见时，注册会计师应当在审计意见部分使用“除……可能产生的影响外”等术语。

2. 否定意见

（1）适用情形

在获取充分、适当的审计证据后，如果认为错报单独或汇总起来对财务报表的影响重大且具有广泛性，影响到财务报表整体的公允反映，注册会计师应当发表否定意见。

（2）注意事项

如果注册会计师对财务报表发表非无保留意见，除了上述规定的审计报告基本要素外，还需要注意以下事项：

①将“审计意见”标题改为“否定意见”。

②将“形成审计意见基础”这一标题改为“形成否定意见的基础”，并就形成此种审计意见的理由进行描述。

③当发表否定意见时，注册会计师应当根据适用的财务报告编制基础在审计意见部分说明；注册会计师认为，由于形成否定意见的基础部分所述事项的重要性，财务报表并没有在所有重大方面按照适用的财务报告编制基础编制，未能实现公允反映。

3. 无法表示意见

（1）适用情形

如果无法获取充分、适当的审计证据以作为形成审计意见的基础，但认为未发现的错报（如存在）对财务报表可能产生的影响重大且具有广泛性，注册会计师应当发表无法表示意见。在极其特殊的情况下，可能存在多个不确定事项，即使注册会计师对每个单独的不确定事项获取了充分、适当的审计证据，但由于不确定事项之间可能存在相互影响，以及可能对财务报表产生累积影响，注册会计师不可能对财务报表形成审计意见。在这种情况下，注册会计师应当发表无法表示意见。

（2）注意事项

如果注册会计师对财务报表发表非无保留意见，除了上述规定的审计报告基本要素外，还需要注意以下事项：

①将“审计意见”标题改为“无法表示意见”。

②将“形成审计意见基础”这一标题改为“形成无法表示意见的基础”，并就形成此种审计意见的理由进行描述。

③当由于无法获取充分、适当的审计证据而发表无法表示意见时，注册会计师应当说明：

第一，不对后附的财务报表发表审计意见；

第二，由于形成无法表示审计意见的基础部分所述事项的重要性，注册会计师无法获取充分、适当的审计证据以作为对财务报表发表审计意见的基础；

第三，修改财务报表已经审计的说明，改为注册会计师接受委托审计财务报表。

④无法表示意见的审计报告中不应当包含以下要素：提及审计报告中用于描述注册会计师责任的部分；说明注册会计师是否已获取充分、适当的审计证据以作为形成审计意见的基础。

⑤修改对注册会计师责任段的描述。并仅能包含以下内容：

第一，说明注册会计师的责任是按照中国注册会计师审计准则的规定，对被审计的单位财务报表执行审计工作，以出具审计报告；第二，但由于形成无法表示意见的基础部分所述的事项，注册会计师无法获取充分、适当的审计证据以作为发表审计意见的基础；第三，说明注册会计师在独立性和职业道德其他要求方面的责任。

⑥不得在审计报告中包含关键事项部分。

强调事项段是指审计报告中含有的一个段落。该段落提及已在财务报表中恰当列报或披露的事项，根据注册会计师的职业判断，该事项对财务报表使用者理解财务报表至关重要。强调事项应当同时符合下列条件：一是该事项不会导致注册会计师按照《中国注册会计师审计准则第 1502 号——在审计报告中发表非无保留意见》的规定发表非无保留意见；二是该事项未被确定为将要在审计报告中沟通的关键审计事项。

注册会计师可能认为需要强调事项的情形主要有：

（1）尽管已在财务报表中恰当列报或披露，但对财务报表使用者理解财务报表至关重要的事项。

（2）未在财务报表中列报或披露，但与财务报表使用者理解审计工作、注册会计师的责任或审计报告相关的其他事项。

如果在审计报告中包含强调事项段，注册会计师应当采取下列措施：一是将强调事项段作为单独的一部分置于审计报告中，并使用包含“强调事项”这一术语的适当标题；二是明确提及被强调事项以及相关披露的位置，以便能够在财务报表中找到对该事项的详细描述；三是指出审计意见没有因该强调事项而改变。

【案例分析】诚信会计师事务所的 A 和 B 注册会计师对 XYZ 股份有限公司 2014 年度的财务报表进行审计，确定的财务报表层次重要性水平为 30 万元。审计外勤工作结束日是 2015 年 3 月 15 日，并于 2015 年 3 月 28 日递交审计报告。XYZ 股份有限公司 2014 年度审计前财务报表反映的资产总额为 8 200 万元，股东权益总额为 2 600 万元，利润总额为 300 万元。A 和 B 注册会计师经审计发现该公司存在以下 5 个事项：

（1）该公司 2014 年 6 月购置一台价值为 80 万元的设备，已入账，当月由管理部门启用，但当年并未计提折旧。该公司按政策规定，该设备折旧年限为 4 年，预计净残值率为 10%，按直线法提折旧。

（2）2014 年 5 月 1 日，该公司为增加营运资金按面值发行 2 年期、面值为 2 400 万元、票面年利率 10%的企业债券，当日筹足资金并按规定做了相应的会计处理（债券发行费用略）。但当年未计提债券利息。

（3）2014 年 10 月 31 日，该公司清查盘点成品仓库，发现 X 产品短缺 50 万元，作了借记“待处理财产损溢”科目 50 万元、贷记“库存商品”科目 50 万元的会计处理。2015 年 1 月，查清短缺原因，其中属于一般经营损失部分为 35 万元、属于非常损失部分为 15 万元，由于结账时间在前，公司未在 2014 年度财务报表中包含对这一经济业务相应的会计处理。

（4）2014 年 8 月，XYZ 公司与某广告代理公司签订广告代理合同，委托该公司承办本公司产品广告业务，采用路边广告牌形式。广告代理合同约定：路边广告费用为 360 万元，展示时间为 2014 年 9 月—2017 年 8 月共 3 年，若因故在展示期间中止广告，则代理方应退还未展示期间所分担的广告费用。XYZ 公司于 2014 年 8 月支付上述费用计 360 万元，并且考虑到电视广告的受益期间难以准确界定，于当月将路边广告费用计入长期待摊费用，在自 2014 年 9 月起的 36 个月内平均摊入销售费用，2014 年度摊销 10 万元。

（5）2015 年 1 月 10 日，该公司原材料仓库因火灾造成 Z 原材料毁损 280 万元，该公司于当月按规定进行了相应的会计处理。

要求：

①假定不考虑审计重要性水平因素，针对审计发现的上述 5 个事项，注册会计师应分别提出何种处理建议？若需提出调整建议，应列示审计调整分录（不考虑审计调整分录对税费、期末结转损益及利润分配的影响）。

②如果 XYZ 股份有限公司拒绝接受注册会计师针对审计发现的上述 5 个事项所提出的相应的处理建议，注册会计师应当出具何种意见类型的审计报告？并简要说明理由。

③如果 XYZ 股份有限公司只存在上述第（4）和第（5）这两个事项，并且接受 A 和 B 注册会计师对第（4）个事项提出的相应的处理建议，但拒绝接受对第（5）个事项提出的相应的处理建议，注册会计师应当出具何种意见类型的审计报告？并简要说明理由。

④如果 XYZ 股份有限公司只存在上述第（1）和第（3）这两个事项，并且拒绝接受注册会计师对这两个事项提出的相应的处理建议，注册会计师应当出具何种意见类型的审计报告？并简要说明理由。

【案例解析】

要求①：

事项（1），属于核算误差，应补提半年折旧 9 万元［80×(1−10%)÷4÷2］，注册会计师应提请调账。调整分录为：

借：管理费用　　　　90 000
　贷：固定资产——累计折旧　　　　90 000

事项（2），属于核算误差，应补提 8 个月的债券利息 160 万元（2 400×10%÷12×8），注册会计师应提请调账。调整分录为：

借：财务费用　　　　1 600 000
　贷：应付债券——应计利息　　　　1 600 000

事项（3），属于核算误差，注册会计师应提请调账。调整分录为：

借：管理费用　　　　350 000
　　营业外支出　　　　150 000
　贷：待处理财产损溢　　　　500 000

事项（4），属于核算误差，2014 年少摊销 30 万元［2014 年应摊销 40 万元（360÷3÷12×4）］，注册会计师应提请调账。调整分录为：

借：销售费用　　　　300 000
　贷：长期待摊费用　　　　300 000

事项（5），属于期后事项——非调整事项，注册会计师应提请披露。

要求②：汇总错漏报数为 330 万元（9+160+50+30），因为事项（1）（2）（3）（4）均使利润总额减少，因此可以汇总。如果 XYZ 股份有限公司拒绝接受注册会计师针对审计发现的上述 5 个事项所提出的相应的处理建议，注册会计师应当出具否定意见类型的审计报告。

理由是：汇总错漏报数为 330 万元（9+160+50+30），远远超过财务报表层次的 30 万元的重要性水平；事项（5）属于非调整事项，注册会计师的披露建议未被采纳。

要求③：注册会计师应当出具保留意见类型的审计报告。因为存在应披露而被审计单位未予以披露的重大事项。

要求④：注册会计师应当出具保留意见类型的审计报告。因为汇总错漏报数为 59 万元（9+50），略微超过财务报表层次的 30 万元的重要性水平。

第四节　审计报告的编制

编制审计报告是一项严格而细致的工作，为确保审计报告的质量，注册会计师应掌握编制审计报告的步骤和要求，认真做好审计报告的编制工作。

一、编制审计报告的步骤

审计报告主要由审计项目负责人编制。编制审计报告时，审计项目负责人应当仔细查阅注册会计师在审计过程中形成的审计工作底稿，并要检查注册会计师的审计是否严格遵循了中国注册会计师审计准则的要求，被审计单位是否按照企业会计准则及国家其他有关财务会计法规的规定以及有关协议、合同、章程的要求进行会计核算，编制财务报表等，使注册会计师能够在按照审计准则要求进行审计并形成一整套审计工作底稿的基础上，根据被审计单位对国家有关规定和经济关系人有关要求的执行情况，提出客观、公正、实事求是的审计意见。一般来说，编制审计报告需经过以下几个步骤：

（一）整理和分析审计工作底稿

在外勤审计过程中，审计工作底稿是分散的、不系统的。编制审计报告时，审计项目负责人应根据委托审计的内容、范围和要求，对审计工作底稿进行整理和分析，全面总结审计工作。注册会计师及其助理人员都应整理好自己的工作底稿，回顾是否有遗漏的环节，着重列举审计中发现的问题。审计项目负责人应对全部审计工作底稿进行综合分析，并对注册会计师及其助理人员在审计过程中是否遵循了独立审计准则要求进行检查，对审计工作底稿做出综合结论，形成书面记录。

（二）提请被审计单位调整和披露

注册会计师在整理和分析审计工作底稿的基础上，向被审计单位通报审计情况、初步结论、应调整财务报表的事项以及应在财务报表附注中予以披露的事项，提请被审计单位加以调整或披露。对于被审计单位会计记录或会计处理方法上的错误，注册会计师应提请被审计单位改正，并相应调整财务报表的有关项目。注册会计师对于被审计单位会计处理不当、期后事项和或有事项，有的应提请被审计单位调整财务报表，有的应提请被审计单位在财务报表附注中加以披露，有的应在审计报告中予以说明。如审计报告用于对外公布目的，除被审计单位财务报表不需调整者外，注册会计师应在致送审计报告时后附被审计单位调整后的财务报表。

（三）确定审计报告的类型

注册会计师以经过整理和分析的审计工作底稿为依据，并根据被审计单位是否接受其提出的调整和披露意见等情况，确定审计报告的类型和措辞。如被审计单位财务报表已根据调整和披露意见做了调整和披露，其合法性和公允性予以确认后，除专门要求说明的外，审计报告不必将被审计单位已调整和披露的事项再做说明。如果被审计单位不接受调整和披露建议，注册会计师应当根据需要调整和披露事项的性质和重要程度，确定审计报告的类型；对于被审计单位资产负债表日与审计报告日之间发生的期后事项，注册会计师应当根据其性质和重要程度以及被审计单位的处理情况，确定审计报告的类型。对于被审计单位截至报告日止仍然存在的未确定事项，注册会计师应当根据其性质、重要程度和可预知的结果对财务报表反映的影响程度，确定审计报告的类型。

（四）编制和出具审计报告

审计项目负责人在推理、分析审计工作底稿和要求被审计单位调整财务报表、对财务报表附注做出适当披露，并根据被审计单位对审计建议的采纳情况确定审计报告的类型和措辞后，应拟订审计报告提纲，概括和汇总审计工作底稿所提供的资料。标准审计报告可以只拟订简单的提纲，根据提纲进行文字加工就可以编制出审计报告。审计报告一般由审计项目负责人编制，如由其他人员编制时，须由审计项目负责人复核、校对。标准审计报告应按前述规定的审计报告类型、措辞和结构来表述，以便为各财务报表使用者所理解。审计报告完稿后，应经会计师事务所的主任会计师复核，并提出修改意见。如审计证据不足以支持发表审计意见时，则应要求审计项目负责人追加审计程序，以确保审计证据的充分性与适当性。审计报告经复核、修改后定稿，经注册会计师签章并加盖会计师事务所公章后报送委托人。

二、编制和使用审计报告的要求

为便于各财务报表的使用者根据审计意见来了解和判断被审计单位的财务状况、经营成果和现金流量，发挥审计报告的作用，编制及使用审计报告时，应符合下列基本要求：

（一）内容要完整

审计报告是会计师事务所提供给各财务报表使用者的“产品”，各财务报表使用者要根据审计意见，对被审计单位的财务状况、经营成果和现金流量做出正确判断。所以，注册会计师在编制审计报告时，内容一定要全面完整。审计报告的书写格式，应当明确表明收件人、签发人、签发单位等有关内容。审计报告应当按照中国注册会计师审计报告准则的要求编制，确保对审计结论等的明确表述。

（二）责任要明确

注册会计师应当按照审计准则的要求，通过实施适当的审计程序和审计方法，收集必要的审计证据，从而判断被审计单位财务报表的编制是否符合企业会计准则的要求，是否公允地反映了被审计单位的财务状况、经营成果以及现金流量，并把自己判定的结论即审计意见在审计报告中恰当地表达出来。

（三）证据要充分

审计报告是向使用者传递信息，提供其决策的依据。因此，审计报告所列的事实必须证据充分、适当，这也是发挥审计报告作用的关键所在。为此，审计报告一定要从实际出发，凭事实说话，不可虚构证据，提供伪证。一方面，审计报告所列事实必须可靠，引用资料必须经过复核；另一方面，审计报告所列事实必须具有充分性，应足以支持审计意见的形成，绝不能凭主观愿望对被审计单位的财务状况、经营成果和现金流量提出审计意见：“事实胜于雄辩”。只有证据充分、适当，才能使审计报告令人信服，达到客观、公正的要求。

（四）措辞要恰当

审计报告是注册会计师对被审计单位特定时期内与财务报表反映有关的所有重大方面发表审计意见，并不是对被审计单位的全部经营管理活动发表审计意见。因此，在相关审计业务约定书中就必须明确这一点。注册会计师应当要求委托人按照审计业务约定书的要求使用审计报告。委托人或其他第三者因使用审计报告不当所造成的后果，与注册会计师及其所在的会计师事务所无关。

第五节　审计以后发现的事项

审计以后发现的重大事项，可能对财务报表使用者正确理解和使用财务报表产生一定的影响，注册会计师有必要对这些重要事项给予必要的分析。

一、期后发现审计报告日存在的事实

如果注册会计师在已审计财务报表公布后意识到财务报表中的某些信息有重大错误，就有责任保证已审计财务报表使用者了解有关错报的情况。注册会计师在对财务报表发表了无保留意见后，如果确定财务报表存在重大错误时，就形成了“期后发现审计报告日存在的事实”。引起重大错误的原因有重大的虚假销售、未冲销的报废存货、遗漏必不可少的财务报表附注等。未能发现的错误无论是注册会计师的过失，还是被审计单位的过失，注册会计师都有责任采取措施予以纠正。如果注册会计师发现财务报表存在重大错误，最适宜的补救办法是要求被审计单位立即发布一个修正后的财务报表，并解释修正的原因，假若后一期的财务报表在修正的财务报表发布以前完成，就可以在后一期的财务报表中反映错报的情况。注册会计师有责任促使被审计单位采取恰当的措施，向财务报表的使用者通报财务报表的错报情况。

如果被审计单位拒绝在披露错报方面进行合作，注册会计师就须将此情况通知被审计单位董事会。同时，还应向对被审计单位有管辖权的管理机构报告。还有一个更可行的办法，即让那些信任财务报表的使用者知道，财务报表不再值得信赖。如果被审计单位是一个上市公司，也可要求证券监管机构和股票交易所通知股东。如何鉴别期后发现的事实很重要，不能仅仅依据审计报告日后的情况而提出取消或重新公布财务报表的要求。例如，如果对审计报告日的有关事实进行恰当审计后认为，某笔应收账款可以收回，而顾客却在审计报告日后申请破产。在这种情况下，就不需要修改财务报表。只有当审计报告日已经存在的信息表明财务报表未公允表达时，才需撤销或重新公布财务报表。

二、财务报表公布日后发现的重大不一致和重大错报

注册会计师审计的主要对象是被审计单位的财务报表，但这并不等于注册会计师不关注与已审计财务报表一同披露的其他信息。对于被审计单位根据有关法规或惯例在年度报告、招股说明书等文件中披露的、除已审计财务报表以外的其他会计信息或非会计信息，注册会计师也应同样予以必要的关注。注册会计师在财务报表公布日后，获取其他信息时应关注两种情况：①重大不一致。即其他信息与已审计财务报表中的相关信息相互矛盾，并可能导致注册会计师对审计结论和审计意见产生怀疑。②对事实的重大错报。即在其他信息中，对与已审计财务报表所反映事项不相关的重要信息做出了不正确的披露。

注册会计师在查阅财务报表公布日后获取的其他信息时，如注意到存在重大不一致或明显的对事实的重大错报，应当提请被审计单位修改已审计财务报表或其他信息。如果已审计财务报表需做修改，但被审计单位予以拒绝，注册会计师应当根据需做修改的事项对财务报表的影响程度，重新考虑已出具审计报告的适当性。如果在审计报告发出后，注册会计师发现了一些审计报告日已经存在的可能导致修正审计报告的事实，应当与被审计单位讨论如何处理。如果被审计单位同意修改原来提供的有关资料，注册会计师应当将前一次出具的审计报告撤销，在实施必要的审计程序的基础上，针对修改后的资料重新出具审计报告，而不是出具补充审计报告，以免对审计报告使用人造成误导。

如果认定其他信息对事实的重大错报确实存在，且被审计单位同意修改，注册会计师可实施检查被审计单位所采取的措施是否适当等必要的程序，以合理确信财务报表使用人知悉修改情况。如果认定其他信息对事实的重大错报确实存在，而被审计单位却拒绝修改，注册会计师应当考虑以书面形式告知被审计单位最高管理层，并考虑征求律师的意见。

参考文献

［1］伊恩·格雷，斯图尔特·曼森. 审计流程——原理、实践与案例［M］. 2版. 吕兆德，等，译. 北京：中信出版社，2003.

［2］拉里·F. 康里奇. 审计学——一项风险分析方法［M］. 5版. 耿建新，译. 北京：中国人民大学出版社，2004.

［3］阿尔文·A. 阿伦斯，等. 审计学：一种整合方法［M］. 11版. 雷光勇，译. 北京：中国人民大学出版社，2014.

［4］中国注册会计师协会. 审计［M］. 北京：经济科学出版社，2015.

［5］秦荣生. 审计学［M］. 北京：中国人民大学出版社，2014.

［6］宋常. 审计学［M］. 北京：中国人民大学出版社，2014.

［7］张继勋. 审计学［M］. 北京：清华大学出版社，2015.

［8］李晓慧. 审计学［M］. 北京：中国人民大学出版社，2014.